21世纪经济与管理规划教材·物流管理系列

物流学概论

崔介何 编著

北京大学出版社
PEKING UNIVERSITY PRESS

图书在版编目(CIP)数据

物流学概论/崔介何编著. —6 版. —北京：北京大学出版社，2024.1
21 世纪经济与管理规划教材. 物流管理系列
ISBN 978-7-301-34598-6

Ⅰ. ①物… Ⅱ. ①崔… Ⅲ. ①物流—高等学校—教材 Ⅳ. ①F252

中国国家版本馆 CIP 数据核字(2023)第 212051 号

书　　　名	物流学概论（第六版）
	WULIUXUE GAILUN(DI-LIU BAN)
著作责任者	崔介何　编著
责 任 编 辑	周　莹
标 准 书 号	ISBN 978-7-301-34598-6
出 版 发 行	北京大学出版社
地　　　址	北京市海淀区成府路 205 号　100871
网　　　址	http://www.pup.cn
微信公众号	北京大学经管书苑（pupembook）
电 子 邮 箱	编辑部 em@pup.cn　总编室 zpup@pup.cn
电　　　话	邮购部 010-62752015　发行部 010-62750672　编辑部 010-62752926
印 刷 者	河北文福旺印刷有限公司
经 销 者	新华书店
	787 毫米×1092 毫米　16 开本　28.25 印张　687 千字
	1988 年 10 月第 1 版　1997 年 8 月第 2 版
	2004 年 8 月第 3 版　2010 年 5 月第 4 版
	2015 年 6 月第 5 版
	2024 年 1 月第 6 版　2025 年 1 月第 3 次印刷
定　　　价	79.00 元

未经许可，不得以任何方式复制或抄袭本书之部分或全部内容。
版权所有，侵权必究
举报电话：010-62752024　电子邮箱：fd@pup.cn
图书如有印装质量问题，请与出版部联系，电话：010-62756370

丛书出版说明

教材作为人才培养重要的一环,一直都是高等院校与大学出版社工作的重中之重。"21世纪经济与管理规划教材"是我社组织在经济与管理各领域颇具影响力的专家学者编写而成的,面向在校学生或有自学需求的社会读者;不仅涵盖经济与管理领域传统课程,还涵盖学科发展衍生的新兴课程;在吸收国内外同类最新教材优点的基础上,注重思想性、科学性、系统性,以及学生综合素质的培养,以帮助学生打下扎实的专业基础和掌握最新的学科前沿知识,满足高等院校培养高质量人才的需要。自出版以来,本系列教材被众多高等院校选用,得到了授课教师的广泛好评。

随着信息技术的飞速进步,在线学习、翻转课堂等新的教学/学习模式不断涌现并日渐流行,终身学习的理念深入人心;而在教材以外,学生们还能从各种渠道获取纷繁复杂的信息。如何引导他们树立正确的世界观、人生观、价值观,是新时代给高等教育带来的一个重大挑战。为了适应这些变化,我们特对"21世纪经济与管理规划教材"进行了改版升级。

首先,为深入贯彻落实习近平总书记关于教育的重要论述、全国教育大会精神以及中共中央办公厅、国务院办公厅《关于深化新时代学校思想政治理论课改革创新的若干意见》,我们按照国家教材委员会《全国大中小学教材建设规划(2019—2022年)》《习近平新时代中国特色社会主义思想进课程教材指南》《关于做好党的二十大精神进教材工作的通知》和教育部《普通高等学校教材管理办法》《高等学校课程思政建设指导纲要》等文件精神,将课程思政内容尤其是党的二十大精神融入教材,以坚持正确导向,强化价值引领,落实立德树人根本任务,立足中国实践,形成具有中国特色的教材体系。

其次,响应国家积极组织构建信息技术与教育教学深度融合、多种介质综合运用、表现力丰富的高质量数字化教材体系的要求,本系列教材在形式上将不再局限于传统纸质教材,而是会根据学科特点,添加讲解重点难点的视频音频、检测学习效果的在线测评、扩展学习内容的延伸阅读、展示运算过程及结果的软件应用等数字资源,以增强教材的表现力和吸引力,有效服务线上教学、混合式教学等新型教学模式。

为了使本系列教材具有持续的生命力,我们将积极与作者沟通,争取按学制周期对教材进行修订。您在使用本系列教材的过程中,如果发现任何问题或者有任何意见或建议,欢迎随时与我们联系(请发邮件至 em@pup.cn)。我们会将您的宝贵意见或建议及时反馈给作者,以便修订再版时进一步完善教材内容,更好地满足教师教学和学生学习的需要。

最后,感谢所有参与编写和为我们出谋划策提供帮助的专家学者,以及广大使用本系列教材的师生。希望本系列教材能够为我国高等院校经管专业教育贡献绵薄之力!

北京大学出版社
经济与管理图书事业部

21世纪经济与管理规划教材

物流管理系列

第六版前言

2020年11月25日,我收到北京大学出版社责任编辑周莹老师的微信。她说:最近全国各省市相继启动了全国优秀教材申报工作……11月26日,经与学校联系我顺利地进入了北京物资学院"2020教材奖申报群",开始了申报程序。直至2021年10月12日,教育部网站公布了《国家教材委员会关于首届全国教材建设奖奖励的决定》。我编写的教材《物流学概论》(第五版)获得了"全国优秀教材二等奖(高等教育类)",我也受邀参加了"全国教材工作会议暨首届全国教材建设奖表彰会",这也是中华人民共和国成立以来首次全国优秀教材颁奖会议。

其实2021年9月,北京大学出版社就与我签订了《物流学概论》(第六版)的出版合同,这是颁奖以前就订下来的计划,教材获奖则加快了修订的过程。这次修订工作成了《物流学概论》教材在过往30多年的五个版本中压力最大的一次。教材是教育教学的关键要素,是立德树人的基本载体,如何奉献出一本与时俱进、适应时代要求的教材令我深感责任重大。

习近平主席指出:"理念是行动的先导,一定的发展实践都是由一定的发展理念来引领的。发展理念是否对头,从根本上决定着发展成效乃至成败……发展是一个不断变化的进程,发展环境不会一成不变,发展条件不会一成不变,发展理念自然也不会一成不变。"《物流学概论》(第六版)立足中国物流理论的发展和物流产业的进步,研究和明确新文科管理学领域建设原则,并努力坚持与国际变革趋势相一致,尤其要融入和参与到新一轮科技革命中,为培养新时代的物流管理人才服务。

"物流学概论"作为物流管理、物流工程等相关专业的专业基础课,是学习其他专业课的坚实基础。《物流学概论》(第六版)共分为十七章,包含了物流学的理论基础体系、物流的功能、物流的形式及现代物流活动的组织与运作四大模块。本次修订坚持新时代高校教育教学改革精神,突出新技术、新产业、新业态、新模式,不仅全面系统地介绍物流理论和知识,不断完善物流学的基本框架和学科建设,而且凸显中国

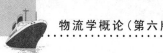

物流产业的特色,力求做到对我国物流业未来的发展进行前瞻性的探讨。

《物流学概论》(第六版)是在第五版的基础上进行修订的。关于此次修订的几点说明如下:

第一,《物流学概论》经过多次修订,体系和内容日趋成熟,因而第六版原则上保持了第五版的学科体系和基本构架。虽然30多年来物流理论研究不断深入,物流业已经成为我国的支柱产业,但关于物流的基本思想和基本功能,以及涉及社会的物流经济、物流工程和物流管理原理的理论已逐渐成为大家的共识。为保证多年来选用《物流学概论》教材的高校老师授课的延续性和一致性,本次修订在教材的体例框架方面不做太大的变动,这样也有助于老师们更好地备课和组织教学。

第二,需要说明的是,在物流和物流学的概念与物流的运输、储存、装卸、搬运、包装、流通加工、配送、信息处理等基本功能的章节中,第六版均在不同程度上进行了修改、删减,同时也补充了一些新内容。如进一步丰富了物流学的研究对象和学科定位;在物流的社会属性中增加了伴随新技术而生的"物流新发展理念"的内容;考虑到随着电子商务的迅速发展而出现的电子商务新形式,将"网络零售与快递""电商直播"写进教材;在"装卸与搬运"一章中增加了"自动导引车技术与智能自动分拣处理系统";在"流通加工与配送"一章中重新梳理了物流作业环节中的分拣、组配货、配载等内容,从而与企业实际运作更接近和一致;在"物流信息与信息系统"一章中增加了课外阅读"云技术与现代物流"等。

第三,《物流学概论》(第六版)区别于其他同类教材的特点之一是,单设了"区域物流"和"国民经济物流"两个章节,从区域物流视角观察近些年来我国在发展经济带物流战略取得的丰硕成果。在"区域物流"一章中增加"加速京津冀物流协同发展""综合运输大通道加速形成""打造第二条'黄金水道'"等内容。"国民经济物流"的概念出现在1988年作者所著的《物流概论》一书中。该书给出的定义是"国民经济物流是指在一国范围内由国家统一计划、组织或指导下的物流"。国民经济物流是宏观物流,它强调的是从国家的角度,高屋建瓴地来规划、组织关系国计民生的重大物流活动。

时隔30多年了,虽然"国民经济物流"一词至今还没有被广泛地使用,但是我国政府近20多年来连续出台了有关国民经济物流的一系列重大举措,从2014年9月国务院发布的《物流业发展中长期规划(2014—2020年)》,到2020年8月国家发展改革委、工业和信息化部等14部门联合印发的《推动物流业制造业深度融合创新发展实施方案》;从2018年12月国家发展改革委、交通运输部发布的《国家物流枢纽布局和建设规划》,到2021年3月第十三届全国人民代表大会第四次会议表决通过的《中华人民共和国国民经济和社会发展第十四个五年规划和2035年远景目标纲要》,对我国国民经济建设起到了重大战略指导作用。本次修订全面改写了"国民经济物流概述"一节,特别增加了"物流政策"和"中国物流业景气指数"等对我国物流发展有巨大影响的内容。作者正在写作新增加的章节"应急物流"时,国务院于2021年12月印发了《"十四五"国家应急体系规划》。该文件是根据《中华人民共和国国民经济和社会发展第十四个五年规划和2035年远景目标纲要》制定的。

第四,第六版中增写了"智慧物流"一章,主要内容包括智慧物流的概念、智慧物流运作体系以及智慧物流在我国的发展等。2021年10月14日,习近平主席出席第二届联合国全球可持续交通大会开幕式并发表主旨讲话。习近平强调,"要大力发展智慧交通和智慧物流,推动大数据、互联网、人工智能、区块链等新技术与交通行业深度融合,使人享其行、物畅其流"。

2021年是我国"十四五"计划开局之年,更被称为我国的"碳中和元年"。国务院于2021年2月颁布了国发〔2021〕4号文件《国务院关于加快建立健全绿色低碳循环发展经济体系的指导意见》。中国将提高国家自主贡献力度,二氧化碳排放力争2030年前达到峰值,努力争取2060年前实现碳中和。第六版的"绿色物流"一章据此进行了大幅度的改动,站在"碳达峰"和"碳中和"的高度对绿色物流再认识,提出绿色物流已经成为物流产业的必然选择,并增加了"企业绿色物流评估"一节。

第五,国家标准《物流术语》(GB/T 18354)是我国物流领域的基础标准,是国家标准化管理委员会发布的第一个物流国家标准,自2001年发布以来,对我国物流的理论研究、物流业健康发展起到了重要的支撑作用。2004年8月《物流学概论》(第三版)出版时正赶上国家标准《物流术语》(GB/T 18354-2001)颁布不久,当时教材中就及时将该标准术语引入。

国家标准是经济活动和社会发展的技术支撑,是国家基础性制度的重要方面。20多年来,经过两次修订,2021年版国家标准《物流术语》于2021年8月20日发布并于2021年12月1日正式实施。本次修订全面引用国家标准《物流术语》(GB/T 18354-2021),更新相关描述达140多条。同时,第六版还引用了其他相关的国家标准,如《绿色物流指标构成与核算方法》(GB/T 37099-2018)、《物流企业分类与评估指标》(GB/T 19680-2013)等。

第六,本次修订在各章后附有课外阅读,与各章的内容紧密结合,是对正文知识点学习的有益补充。在课外阅读的选择中,第六版侧重呈现我国物流业发展的最新成就,尤其是近期新颁布的国家方针、政策,以及我国物流业发展的纲要、规划等。虽然第六版尽可能纳入最新的文件,如《中华人民共和国海关综合保税区管理办法》(2022年4月1日起施行),但随着时间的推移,新的文件和政策规定会不断出台,希望读者养成与时俱进、不断更新知识储备的习惯。各章节的"课外阅读"引入和介绍了一些物流新科技,如5G技术、北斗卫星导航系统、云技术、智慧码头等。选择的企业案例侧重介绍我国优秀的头部企业,如中国物流集团、顺丰速运、京东、日日顺物流等。当然本书也选择了国外的一些经典案例,如罗宾逊全球物流、法国铁路运输等。

1988年由中国商业出版社出版的《物流概论》和1997年由中国计划出版社出版的《物流学概论》是早期我国物流高等教育使用的教材。随后的近20年,北京大学出版社陆续出版了《物流学概论》的第三版、第四版和第五版,每版都印刷了十次以上,累计印刷数量超过20万册。其中,第四版入选普通高等教育"十一五"国家级规划教材;第五版入选"十二五"普通高等教育本科国家级规划教材,被全国逾百所高校选用作为教材。我由衷地感谢北京大学出版社与我20多年的合作,在我们共同的努力下,《物流学概论》教材在物流高等教育中的影响力不断扩大,被众多老师和学生选用和学习。尤其要感谢第三版与我合作的编辑陈莉,没有她的举荐,便没有《物流学概论》教材的今天。我还要感谢第四版的责任编辑石会敏、第五版的责任编辑周莹以及经管部的其他编辑。在他们的精心编辑下,教材的质量不断提高,也在出版社的推荐下,《物流学概论》(第五版)获得了2016年中国物流学会"物华图书奖"一等奖。

2021年3月31日,我正在福建出差,听到中国工程院院士、著名经济学家及管理学家李京文先生因病医治无效在北京逝世的消息后,急忙赶回北京为他送行。1982年我大学毕业后留校任教,一时为找不到学术发展方向而迷茫。1987年12月由李京文、徐寿波院士主编的《物流学及其应用》一书由经济科学出版社出版发行,这部我国最早的物流学著作坚定了我从事物流教学与研究的决心和信心。

2014年11月10日,国家最高科学技术奖获得者、"两院"院士师昌绪先生逝世,当时我在上海参加中国物流学会年会,也是急忙赶回北京与享年94岁的科学巨匠告别。师昌绪和李京文两位院士都是我当年申请教授资格的推荐人。"逝者已矣,生者如斯",我怀着对给我一生带来巨大影响的两位前辈的深深感激与无比敬爱之情将《物流学概论》(第六版)献给他们。

翻回2015年6月30日发布的朋友圈文字,我回忆起收到第五版样书时的激动心情。那是我退休后出版的第一部书,它实现了我对自己许下的"只要能胜任就将物流事业一直做下去"的诺言。我在最后写道:"坚持工作本是兴趣所致,快乐所为。希望读者和学生们对教材提出诚恳的批评和建议,说不定五年后还要出第六版、第七版呢!"如今第六版已经成了现实,第七版还会有吗?

光阴荏苒,日月如梭。《物流学概论》教材伴随我从事物流教学和科研工作30多年了。我爱我的专业,我爱我的讲台,我爱我的学校,我更爱我的学生。在《物流学概论》(第六版)出版之际,我想把它献给培养过我的老师、帮助过我的同事、关心我的同学和朋友以及我的学生们。

在第六版的编写过程中,我参考了大量的文献资料,借鉴和吸收了国内外众多学者的研究成果,尤其在课外阅读中选择了许多与课程相关的政府文件、行业报道、企业案例等,在此对诸位作者们的辛勤劳动深表谢意。为了能够用心打造培根铸魂、启智增慧的精品教材,为大家提供一部令人满意的著作,我尽了很大的努力,但是由于水平所限,恳请广大物流同行和读者批评、指正。

北京物资学院教授

崔介何

壬寅年小暑于北京西坝河畔衔权亭

目 录

第一章　物流的概念 …………………………………………… 1
　　第一节　物流的定义 ………………………………………… 3
　　第二节　商流与物流 ………………………………………… 13
　　第三节　物流形式及其分类 ………………………………… 17

第二章　物流学概述 …………………………………………… 23
　　第一节　物流学的学科定位 ………………………………… 25
　　第二节　物流经济 …………………………………………… 27
　　第三节　物流工程 …………………………………………… 35
　　第四节　物流管理 …………………………………………… 41

第三章　包装与集装 …………………………………………… 51
　　第一节　现代包装概述 ……………………………………… 53
　　第二节　现代包装技法和包装机械 ………………………… 58
　　第三节　集装化与集合包装 ………………………………… 64

第四章　装卸与搬运 …………………………………………… 77
　　第一节　装卸与搬运概述 …………………………………… 79
　　第二节　装卸搬运机械 ……………………………………… 82
　　第三节　物资装卸搬运组织 ………………………………… 89

第五章　仓储管理与储存技术 ………………………………… 103
　　第一节　储存概述 …………………………………………… 105
　　第二节　储存技术 …………………………………………… 109
　　第三节　现代物流中心 ……………………………………… 119

第六章　运输方式与综合运输 ………………………………… 129
　　第一节　运输概述 …………………………………………… 131
　　第二节　现代运输方式 ……………………………………… 133
　　第三节　综合运输 …………………………………………… 146

第七章 流通加工与配送 ······ 157
第一节 流通加工的地位 ······ 159
第二节 流通加工的经济效益 ······ 163
第三节 配送的概念 ······ 169
第四节 配送的类型 ······ 172
第五节 配送中心 ······ 177

第八章 物流信息与信息系统 ······ 187
第一节 物流信息概述 ······ 189
第二节 物流管理信息系统的构成 ······ 197
第三节 物流信息系统管理 ······ 200

第九章 企业物流 ······ 209
第一节 企业物流管理 ······ 211
第二节 制造企业物流 ······ 215
第三节 流通企业物流 ······ 222

第十章 区域物流 ······ 233
第一节 区域物流 ······ 235
第二节 城市物流 ······ 240
第三节 经济带物流 ······ 248

第十一章 国民经济物流 ······ 263
第一节 国民经济物流概述 ······ 265
第二节 应急物流 ······ 274
第三节 战争时期物流的组织 ······ 279

第十二章 国际物流 ······ 285
第一节 国际物流概述 ······ 287
第二节 国际物流中的通关 ······ 291
第三节 国际货运输送方式 ······ 296
第四节 跨境电子商务 ······ 303

第十三章 绿色物流 ······ 315
第一节 绿色物流概述 ······ 317
第二节 逆向物流与回收物流 ······ 321
第三节 企业绿色物流评估 ······ 329

第十四章 电子商务与物流 ······ 337
第一节 电子商务与物流的关系 ······ 339
第二节 电子商务下的物流系统与物流业务流程 ······ 344
第三节 电子商务与快递 ······ 351

第四节　电子商务运行方式及物流支持 …………………………………… 357

第十五章　第三方物流 ………………………………………………………… 367
　　第一节　第三方物流的概念与内涵 …………………………………………… 369
　　第二节　物流企业与物流业 …………………………………………………… 372
　　第三节　物流外包 ……………………………………………………………… 382
　　第四节　制造业与物流业从联动到融合 ……………………………………… 385

第十六章　供应链管理 ………………………………………………………… 393
　　第一节　供应链与供应链管理 ………………………………………………… 395
　　第二节　供应链设计 …………………………………………………………… 403
　　第三节　供应链战略管理 ……………………………………………………… 407

第十七章　智慧物流 …………………………………………………………… 417
　　第一节　智慧物流的概念 ……………………………………………………… 419
　　第二节　智慧物流运作体系 …………………………………………………… 424
　　第三节　智慧物流在我国的发展 ……………………………………………… 429

参考书目 ………………………………………………………………………… 439

第一章

物流的概念

> **学习目的**

全面认识物流的概念,从多角度、多方位、多层面了解物流的内涵与外延。

> **技能要求**

1. 掌握中华人民共和国国家标准《物流术语》(GB/T 18354-2021)对物流的定义及物流活动的基本职能。

2. 深入理解物流的社会属性和现代物流理念,以及涉及的如"第三利润源"、精益物流、一体化物流服务、第三方物流、物流外包等物流概念。

3. 掌握依据物流活动的空间范围和企业中物流作用的不同,物流对应的分类方式和内容;了解商流与物流的关系。

20世纪70年代末期,随着我国开始从国外引进物流的概念,世界上有关物流的定义越来越多。不同的机构从自身需要出发给出了不同的物流的定义,这些定义包含了不同的内容,并涵盖了不同的范围。这里既有各国物流协会的定义,也有学术界、企业界的定义;既有物流发展早期的定义,也有建立在现代科学技术和管理理论基础上的定义;甚至有些学者在研究物流定义时提出了管理派、工程派、军事派和企业派的分类观点,反映出人们从不同的角度,以不同的视角观察和审视物流的结果。

第一节 物流的定义

作者在1988年出版的《物流概论》一书中,曾将物流定义为:物流是物质资料从供应者到需要者的物理性(实物性)流动,是创造时间和空间价值的经济活动。这个定义明显受到历史上两大物流定义的影响。其一是1935年美国市场营销协会(American Marketing Association,AMA)对物流的定义:物流是包含于销售之中的物质资料和服务,从生产地点到消费地点流动过程中伴随的种种经济活动。其二是日本行政管理厅统计审议会对物流的定义:物的流通是与商品的物理性流动相关联的经济活动,包括物资流通和情报流通。

一、两个物流的定义

(一)中国国家标准对物流的定义

国家市场监督管理总局颁布的中华人民共和国国家标准《物流术语》(GB/T 18354-2021)(以下简称国家标准《物流术语》)中对物流的解释为"根据实际需要,将运输、储存、装卸、搬运、包装、流通加工、配送、信息处理等基本功能实施有机结合,使物品从供应地向接收地进行实体流动的过程。"

(二)美国物流管理协会对物流的定义

1998年,美国物流管理协会(现为美国供应链管理专业协会)将物流定义为:物流是供应链过程的一部分,是对商品、服务及相关信息从起源地到消费地的高效率、高效益的流动及储存所进行的计划、执行与控制的过程,其目的是满足客户要求。[①]

二、物流的自然属性

物流的自然属性是与生产力发展直接联系的属性,它取决于物资自身的物理、化学性

---

① 英文定义为:Logistics is that part of the supply chain process that plans, implements, and controls the efficient, effective forward and reverse flow and storage of goods, services, and related information between the point of origin and the point of consumption in order to meet customers' requirements.

能和物资的流量、流向和流程。实现物资的空间位移需要具备生产力的三要素,即劳动力、劳动资料和劳动对象,从这个意义上说,物流活动就是具有一定物流工作技能的劳动者通过各种物流设施、物流机械、劳动工具对物资的空间位移所进行的生产活动。

物流技术体现了物流生产力的水平,它包括物流硬技术和物流软技术。物流硬技术是指物流发展初期起主导作用的技术,主要指在物流活动中所涉及的各种机械设备、运输工具、仓库建筑、场站设施、车站码头等。物流软技术是指组织高效率的物流系统所使用的应用技术,是对物流生产力的合理调配和使用。物流软技术能够在不改变物流硬技术的情况下,充分地发挥现有物流的能力,主要包括各种物流专业技术的开发、推广和引进,物流作业流程的制定,技术情报和技术文件的处理,物流技术人员的开发和培训等。

物流自然属性的集中表现是物流活动的构成。

物流活动由物资包装、装卸和搬运、运输、储存、流通加工、配送、物流信息等七项工作构成,上述这些构成也常被称为"物流活动的基本职能"。

(一)包装活动

国家标准《物流术语》(GB/T 18354-2021)所定义的包装概念是"为在流通过程中保护产品、方便储运、促进销售,按一定技术方法而采用的容器、材料及辅助物等的总体名称。注:也指为了达到上述目的而采用容器、材料和辅助物的过程中施加一定技术方法等的操作活动。"

包装包括产品的出厂包装,生产过程中制品、半成品的包装以及在物流过程中换装、分装、再包装等活动。包装大体可分为工业包装与商业包装。其中,工业包装纯属物流的范围。它是为了便于物资的运输、保管,提高装卸效率、装载率而进行的。商业包装是把商品分装成方便客户购买和易于消费的商品单位,其目的是向消费者显示出商品的内容,这属于销售学研究的内容。包装与物流的其他职能有密切的关系,对于推动物流合理化有重要的作用。

(二)装卸和搬运活动

国家标准《物流术语》(GB/T 18354-2021)所定义的装卸是"在运输工具间或运输工具与存放场地(仓库)间,以人力或机械方式对物品进行载上载入或卸下卸出的作业过程。"搬运是"在同一场所内,以人力或机械方式对物品进行空间移动的作业过程。"

装卸活动包括物资在运输、保管、包装、流通加工等物流活动中进行衔接的各种机械或人工装卸活动。在全部物流活动中,只有装卸活动贯穿物流活动的始终。运输和保管活动的两端作业是离不开装卸的,其内容包括物品的装上卸下、移送、拣选、分类等。对装卸活动的管理包括选择适当的装卸方式,合理配置和使用装卸机具,减少装卸事故和损失等内容。

(三)运输活动

国家标准《物流术语》(GB/T 18354-2021)所定义的运输是"利用载运工具、设施设备及人力等运力资源,使货物在较大空间上产生位置移动的活动。"运输是物流的核心,因而在许多场合,它成为整个物流的代名词。运输活动包括供应和销售中的用车、船、飞机等方式的输送,以及生产中管道、传送带等方式的输送。对运输活动的管理要求选择技术与经济综合效果最好的输送方式及联运方式,合理地确定输送路线,以达到运输的安全、迅速、准时、廉价的要求。

（四）储存活动

国家标准《物流术语》(GB/T 18354-2021)所定义的储存是"贮藏、保护、管理物品。"

储存活动也称保管活动,是为了克服生产和消费在时间上的距离而形成的。物品通过储存活动产生了商品的时间效用。储存活动是借助各种仓库,完成物资的保管、保养、码堆、维护等工作,以使物品使用价值的损耗下降到最低的程度。储存活动要求合理确定仓库的库存量,建立各种物资的保管制度,确定保管流程,改进保管设施和保管技术等。储存活动也是物流的核心,与运输活动具有同等重要的地位。

（五）流通加工活动

国家标准《物流术语》(GB/T 18354-2021)所定义的流通加工是"根据顾客的需要,在流通过程中对产品实施的简单加工作业活动的总称。注:简单加工业活动包括包装、分割、计量、分拣、刷标志、拴标签、组装、组配等。"流通加工活动又称为流通过程的辅助加工。流通加工是在物品从生产者向消费者流动的过程中,为了促进销售、维护产品质量、实现物流的高效率所采取的使物品发生物理和化学变化的功能。商业和物流企业为了弥补生产过程中加工程度的不足,更有效地满足消费者的需要,更好地衔接产需,往往需要进行各种不同形式的流通加工活动。

（六）配送活动

国家标准《物流术语》(GB/T 18354-2021)所定义的配送是"根据客户要求,对物品进行分类、拣选、集货、包装、组配等作业,并按时送达指定地点的物流活动。"配送活动是按用户的订货要求,在物流节点进行分货、配货工作,并将配好的货物送交收货人的物流活动。配送活动以配送中心为始点,且配送中心本身具备储存的功能。分货和配货工作是为满足用户要求而进行的,因而在必要的情况下要对配送货物进行流通加工。配送的最终实现离不开运输,这也是人们把面向城市内和区域范围内的运输称为"配送"的原因。

（七）物流信息活动

国家标准《物流术语》(GB/T 18354-2021)所定义的物流信息是"反映物流各种活动内容的知识、资料、图像、数据的总称。"在物流活动中大量信息的产生、传送、处理活动为合理组织物流活动提供了可能性。物流情报对上述各种物流活动的相互联系起着协调作用。

物流情报包括有关上述各种活动的计划、预测、动态信息,以及相关费用情况、生产信息、市场信息等。对物流情报的管理,要求建立情报系统和情报渠道,正确选定情报科目和情报收集、汇总、统计、使用方法,以保证指导物流活动的可靠性和及时性。现代情报采用网络技术、电子计算机处理手段,为达到物流的系统化、合理化、效率化提供了技术条件。

三、物流的社会属性

物流的社会属性是由一定的社会生产关系所决定的属性。在不同的社会、经济形态中,物流除受到它自身运动规律的影响之外,也常常受到物资所有者、物流组织者、物流供给方和物流需求方意志的影响。这种由一定社会生产关系所决定的物流的社会属性,提醒人们在研究物流时应注重社会形态的研究,使物流能满足我国社会主义市场经济建设的需要,能反映我国社会主义市场经济的交换关系,并为运行物流的主体提供经济效益。

物流的社会属性是现代物流理念的体现,并推动着其不断发展。

(一)物流是市场的延伸理念

物流的实践活动是与人类的生产、生活活动始终联系在一起的。1922年,著名营销专家弗雷德·克拉克(Fred Clark)在他所著的《市场营销学原理》(*Principles of Marketing*)一书中,将市场营销定义为商品所有权转移所发生的包含物流在内的各种活动,从而将物流纳入日常经营行为的研究范畴。之后,包括物资运输、储存等业务的实物供应(Physical Supply)这一名词在一些有关市场营销的教材中反复出现。应当说,这一时期对物流的认识虽然开始得到人们的重视,但是在地位上,物流是包含于销售之中的物质资料和服务,从生产地点到消费地点流通过程中伴随的种种经济活动,它被视为流通的附属机能。此时人们从有利于商品销售的愿望出发,探讨如何进行"物资的配给"和怎样加强对"物资分布过程"的合理化管理,其核心部分正如日本学者羽田升史所说,物流被看成是市场的延伸。

关于"物流被看成是市场的延伸"这一理念,今天人们又赋予了其新的内涵:

(1)通过为用户提供物流服务来开拓市场;

(2)将物流功能和物流设施的建设视为潜在的市场机会;

(3)物流被视为市场竞争的手段和策略;

(4)物流被视为企业的核心竞争力之一。

(二)"军事后勤"与物流服务理念

在第二次世界大战期间,美国根据军事上的需要,在军火和军需品的战时供应中,运用后勤管理(Logistics Management)方法,对军火的运输、补给、屯驻、调配等实物运动进行全面管理,此举对战争的胜利起到了保障作用。第二次世界大战后,后勤学逐步形成了相对独立的学科体系,并不断发展出"后勤工程"(Logistics Engineering)、"后勤分配"(Logistics of Distribution)等领域。

后勤管理的理念和方法,被引入到工业部门和商业部门后,其定义中包括下列一些业务活动:原材料的流通、产品分配、运输、购买与库存控制、贮存、用户服务等。

军事后勤为部队和战争服务,工业后勤为制造业的生产和经营服务,商业后勤为商业运行和客户服务,总之,物流管理的核心是服务。1985年下半年,物流也完成了从Physical Distribution向Logistics的转变,更加凸显了物流的服务地位。

"服务中心说"代表了美国和欧洲等一些国家学者对物流的论点。他们认为,物流活动最大的作用并不在于为企业节约了消耗、降低了成本或增加了利润，而在于提高了企业对用户的服务水平，进而增强了企业的竞争能力。因此，他们特别强调物流的服务保障职能。

国家标准《物流术语》(GB/T 18354-2021)所定义的物流服务是"为满足客户物流需求所实施的一系列物流活动过程及其产生的结果。"其中，"结果"包括：供方为客户提供人员劳务活动完成的结果；供方为客户提供通过人员对实物付出劳务活动完成的结果；供方为客户提供实物实用活动完成的结果。随着服务理念的深化，物流服务出现了层次性变化，从物流的基本服务延伸到增值服务、高水平的"零缺陷"服务和高投入高产出的高端服务。

（三）物流价值与利润理念

物流既独立于商品市场，又包含于商品市场。当我们从市场供求配置资源的财富观认识物流时，物流实际上是商品市场的延伸，它不仅实现和转移价值，而且不断创造着更多的社会价值。

1962年，美国著名管理学家彼得·德鲁克(Peter Drucker)在《财富》(*Fortune*)杂志上发表了《经济的黑暗大陆》(The Economy's Dark Continent)一文，他将物流比作"一块处女地"，强调应高度重视流通及流通过程中的物流管理、物流的价值和利润，这一理念在实业界引发了巨大的震动。

1973年，席卷全球的石油危机使全世界范围内的石油价格扶摇直上。石油消费量占20%～30%的运输业处于十分困难的境地，运输费用和包装费用同比分别上升了20%和30%。由此还引发原材料价格的猛涨和人工费用支出的不断增加等连锁反应。西方国家依靠廉价原材料、燃料、劳力而获取高额利润的传统方式面临挑战。它们转而在物流方面采取强有力的管理措施，以大幅度降低流通费用，在一定程度上弥补由于原材料、燃料、人工费用上涨而失去的利润。

日本早稻田大学教授西泽修在其所写的《流通费用》一书中，把改进物流系统称为尚待挖掘的"第三利润源"。

德鲁克指出，物流是"降低成本的最后边界"。物流价值和利润的观念逐渐为人们所接受，人们对物流价值和利润的认识不断加深，正如西泽修教授在《主要社会的物流战》一书中所阐述的，现在的物流费用犹如冰山，大部分潜在海底，可见费用只是露在海面的小部分。

（四）精益物流理念

精益物流是一种物流管理思想，在国家标准《物流术语》(GB/T 18354-2021)中被定义为"消除物流过程中的无效和非增值作业，用尽量少的投入满足客户需求，并获得高效率、高效益的物流活动。"它是旨在追求消灭包括库存在内的一切浪费，并围绕此目标发展的一系列具体方法。物流学者基于物流管理角度的大量研究，并融合供应链管理的思想，提出了精益物流的新概念。

精益物流的内涵是运用精益思想对企业物流活动进行管理，其基本原则是：

(1) 从客户的角度而不是从企业或职能部门的角度来研究什么可以产生价值;

(2) 按整个价值流(Value Flow)确定供应、生产和配送产品中所有必需的步骤和活动;

(3) 创造无中断、无绕道、无等待、无回流的增值活动流;

(4) 及时创造仅由客户拉动的价值;

(5) 不断消除浪费,追求完善。

精益物流的目标可概括为:企业在提供令客户满意的服务水平的同时,把浪费降到最低程度。

(五) 物流一体化理念

国家标准《物流术语》(GB/T 18354-2021)中的"一体化物流服务"是"根据客户物流需求所提供的全过程、多功能的物流服务",这一定义突破了"物流管理主要涉及实物资源在组织和企业内部最优化的流动"的狭义界定,而从供应链的角度将物流管理视为整个物流过程中物资流与资金流、信息流的协调,并以满足用户的需求和充分实现用户的价值为目标。

1. 从纵向一体化到横向一体化

20世纪80年代中期前的传统管理模式是纵向一体化,即表现为企业对制造资源的占有要求和对生产过程的控制要求。企业主要通过扩大自身规模、参股到供应商企业等举措实现经营目标。纵向一体化带来了诸如增加企业投资负担、迫使企业从事不擅长的业务活动、导致企业在每个业务领域都面临众多竞争对手和增大企业的行业风险等问题,驱使管理模式走向横向一体化。

横向一体化是指形成从供应商到制造商,再到分销商的贯穿所有企业的"链"。它以利用企业外部资源快速响应市场需求和从事企业擅长的核心业务为出发点,形成了"从供应商到制造商,再到分销商的贯穿所有企业的链"的管理模式。

2. 从企业内部物流一体化到供应链一体化

企业内部物流一体化是企业根据商品的市场销售动向决定商品的生产和采购,从而保证生产、采购和销售的一致性。它的产生源于市场的不透明化。

随着消费者需求的日益多样化和个性化,市场的需求动向将越来越难以把握:如果企业生产的产品数量无法满足市场需求,市场上将会出现缺货的情况;相反,如果企业生产的产品的数量超过预测的销售量,部分产品就会积压在仓库里。为了解决这个问题,企业需要正确把握每一种商品的市场销售动向,尽可能地根据销售动向来安排生产和采购,改变过去那种按预测进行生产和采购的方法。企业内部物流一体化正是建立在这样一种思考上的物流管理方式,如图1-1所示。

物流是被视为使企业与客户和供应商相联系的能力,这个能力的强弱直接影响着企业的发展。首先,来自客户的订单、产品需求等信息会通过销售活动、预测及其他各种形式传遍整个企业,随后这些信息被提炼成具体的制造计划和采购计划,并通过启动增值存货流最终将制成品的所有权转移给客户。也就是说,将所有涉及物流的功能和工作结合起来,就形成了企业内部物流一体化的作业方式。

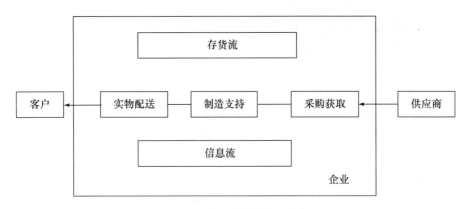

图 1-1　企业内部物流一体化

虽然内部物流一体化是企业取得成功的必要条件,但它并不足以保证企业实现其经营目标。要在今天的激烈竞争中占据有利地位,企业必须将其物流活动扩大到客户和供应商相结合的方面,这种通过外部物流一体化的延伸被称为供应链一体化,如图 1-2 所示。

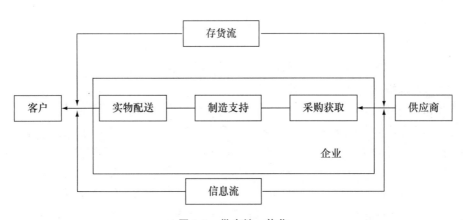

图 1-2　供应链一体化

(六) 联盟与合作理念

20 世纪 80 年代至 90 年代,美国为了实现物流复兴,提出了"将基于物流的联盟作为最可观的合作形式"的理念,把发展物流联盟和广泛开展合作关系的思想作为物流实践的基础。在过去的几十年时间里,物流业务关系的特点是建立在权利基础上的对手间的谈判,而今,合作最基本的形式是发展有效的组织间联合作业,形成多种形式的业务伙伴关系。一方面促使企业从外部资源寻求物流服务以提高效率,降低成本;另一方面促使企业间形成物流联盟,物流联盟是指"两个或两个以上的经济组织为实现特定的物流目标而形成的长期联合与合作的组织形式"(GB/T 18354-2021)。

1. 物流企业

国家标准《物流术语》(GB/T 18354-2021)中的物流企业是"从事物流基本功能范围

内的物流业务设计及系统运作,具有与自身业务相适应的信息管理系统,实行独立核算、独立承担民事责任的经济组织。"物流业系指物流企业的集合。在商品流通中,商流与物流已实现分流,物流已经形成独立的组织化、系统化、规模化的新兴产业。物流企业是物流联盟的主体,我国目前物流企业主要的类型有由传统运输公司或仓储公司演变而来的物流企业、新兴内资跨区域物流企业和大型外资跨区域物流企业。

2. 第三方物流

国家标准《物流术语》(GB/T 18354-2021)中给出了"第三方物流"的概念,即"由独立于物流服务供需双方之外且以物流服务为主营业务的组织提供物流服务的模式"。"第三方"就是指提供物流交易双方的部分或全部物流功能的外部服务提供者。现代的第三方物流主要是指能够提供现代化、系统化物流服务的第三方的物流活动,其具体标志是:

(1) 有提供现代化、系统化物流服务的企业素质;

(2) 可以向货主提供包括供应链物流在内的全程物流服务和定制化服务;

(3) 不是货主向物流服务商偶然的、一次性的物流服务购销活动,而是采取委托—承包形式的业务外包的长期物流活动;

(4) 不是向货主提供的一般性物流服务,而是提供增值物流服务的现代化物流活动。

3. 物流外包

业务外包是企业为了获得比单纯利用内部资源更多的竞争优势,将其非核心业务交由合作企业完成的企业经营运作方式。企业业务外包使企业将主要精力放在其关键业务上,即企业在充分发挥自己的核心竞争力的同时,与其他企业建立合作伙伴关系,将企业的非核心业务交给合作伙伴来完成。

国家标准《物流术语》(GB/T 18354-2021)所定义的物流外包是"企业将其部分或全部物流的业务交由合作企业完成的物流运作模式。"物流外包是由物流企业作为承包方、物流需求企业为发包方的物流联盟形式。物流外包已成为各个国家企业物流管理的主流模式。

4. 供应链管理

国家标准《物流术语》(GB/T 18354-2021)所定义的供应链是"生产及流通过程中,围绕核心企业的核心产品或服务,由所涉及的原材料供应商、制造商、分销商、零售商直到最终用户等形成的网链结构。"供应链管理是"从供应链整体目标出发,对供应链中采购、生产、销售各环节的商流、物流、信息流及资金流进行统一计划、组织、协调、控制的活动和过程。"

供应链理论要求企业内外的广泛合作,需要一种与传统组织观念不一样的、创新的组织定位,从而形成一套科学的、相对独立的集合物流、商流、信息流的统一体系。在产品的生产和流通过程中,所涉及的原材料供应商、生产商、批发商、零售商和最终用户,建立起信息共享、计划共有、风险分担、业务共同化的积极为合作者提供利益的业务伙伴关系。

5. 全球化物流

随着全球化的发展,世界大市场概念已成现实,经济全球化对企业的作业方式产生了巨大影响。企业从世界市场获取原材料、在世界各地的工厂组织生产,然后将产品运送到世界各地的用户手中。这种在不同国家建立生产基地,并将这些全球化产品销往国际市场的作业方式,必然导致物流的全球化。全球化物流是企业全球战略的支持与保证,是世界范围内的物流的联盟与合作。

（七）绿色物流理念

在国家标准《物流术语》(GB/T 18354-2021)中,绿色物流被定义为"通过充分利用物流资源,采用先进的物流技术,合理规划和实施运输、储存、装卸、搬运、包装、流通加工、配送、信息处理等物流活动,降低物流活动对环境影响的过程。"

1987 年,世界环境与发展委员会(World Commission on Environment and Development,WCED)发表了《我们共同的未来》(Our Common Future)的研究报告。这份报告提出,当代资源的开发和利用必须有利于下一代环境的维护及资源的持续利用。因此,为了实现长期、持续、稳定的发展,我们就必须采取各种措施来维护自然环境。这种可持续发展战略同样适用于物流活动。环境共生型的物流管理就是要改变原来经济发展与物流、消费生活与物流的单向作用关系,在抑制物流对环境造成危害的同时,形成一种能促进经济发展和人类健康发展的物流系统,即向绿色物流、循环物流转变。尽管关于"绿色物流"的定义很多,但其主要内涵是一致的,即节能、环保、低碳。

（八）物流新发展理念

2017 年 10 月 18 日,国家主席习近平代表第十八届中央委员会向大会作了《决胜全面建成小康社会 夺取新时代中国特色社会主义伟大胜利》的报告,习近平在报告中详细地展开了"贯彻新发展理念,建设现代化经济体系"的论述。

2021 年 10 月 14 日,国家主席习近平以视频方式出席第二届联合国全球可持续交通大会开幕式并发表主旨讲话。习近平强调:"坚持创新驱动,增强发展动能。要大力发展智慧交通和智慧物流,推动大数据、互联网、人工智能、区块链等新技术与交通行业深度融合,使人享其行、物畅其流。"

1. 互联网＋物流

2016 年 7 月 20 日,时任国务院总理李克强主持召开国务院常务会议,通过"十三五"国家科技创新专项规划,以创新型国家建设引领和支撑升级发展;部署推进互联网＋物流,降低企业成本、便利群众生活。会议认为:物流业是现代服务业重要组成部分,也是突出短板。发展互联网＋高效物流,是适度扩大总需求、推进供给侧结构性改革的重要举措,有利于促进就业、提高全要素生产率。一要构建物流信息互联共享体系,建立标准规范,加快建设综合运输和物流交易公共信息平台,提升仓储配送智能化水平。鼓励发展冷链物流。二要推动物流与"双创"相结合,发展多种形式的高效便捷物流新模式,促进物流与制造、商贸、金融等互动融合。推进互联网＋车货匹配、运力优化,实现车辆、网点、用户等精准对接。探索实行"一票到底"的联运服务,推动仓储资源在线开放和实时交易。三要加大用地等政策支持,结合营改增创新财税扶持,简化物流企业设立和业务审批,鼓励金融机构重点支持小微物流企业发展。创新监管方式,规范市场秩序,强化安全管理。使现代物流更好地服务发展、造福民生。

2. 物流自动化

1983年12月在联邦德国多特蒙德召开了第四届国际物流会议,其中心主题是以面向企业物流为主的"对自动化产业挑战的回答"[①]。

物流自动化是充分利用各种机械和运输设备、计算机系统和综合作业协调等技术手段,通过对物流系统的整体规划及技术应用,使物流的相关作业和内容省力化、效率化、合理化,精准、可靠地完成物流的过程。目前,物流自动化技术已广泛运用于汽车制造、食品、航空、邮电、物流等行业。

物流自动化提高了物流的作业水平。由于采取了计算机控制管理,各受控设备完全自动地完成顺序作业,使物料周转速度更快,作业周期更短,作业量更大,劳动力更省,物流效率更高。

物流自动化的基础是现代科学技术在物流中的广泛应用,如无人引导车、高速堆垛机、工业机器人、输送机械及通信联系等有关设备。物流自动化是集激光、机械、微电子技术为一体的系统工程。物流作业过程的自动化涵盖运输、装卸、包装、分拣、识别等作业过程,包括自动识别系统、自动检测系统、自动分拣系统、自动存取系统、自动跟踪系统等。

3. 物流智能化

近年来,"工业4.0"成为制造业内最热的名词之一,全球制造业正迎来新一轮升级机遇。随着"互联网＋"的发展,物流行业进入了智能化时代,物流智能化目前正处于快速发展阶段。

物流智能化是以信息交互为主线,使用条形码、射频识别、传感器、全球定位等先进的物联网技术,集成自动化、信息化、人工智能技术,通过信息集成、物流全过程优化以及资源优化,使物品运输、仓储、配送、包装、装卸等环节自动化运转并实现物流高效率的管理。

物流智能化是物流自动化、信息化的一种高层次应用,是物流作业过程中的运筹和决策,如库存水平的确定、运输(搬运)路线的选择、自动导向车的运行轨迹和作业控制、自动分拣机的运行以及物流配送中心经营管理的决策支持等问题,都可以借助专家系统、人工智能和机器人等相关技术加以解决。

物流智能化的关键技术主要有:① 识别与采集信息技术,包括射频识别、传感器等;② 移动通信技术,包括3G网、4G网、5G网等移动无线通信技术;③ 智能终端,与其他行业的信息化相比,物流业中特有的两种装备是机载终端和手持终端;④ 位置服务,其中发展最快的是通过智能手机提供的位置服务。

4. 智慧物流

国家标准《物流术语》所定义的智慧物流是"以物联网技术为基础,综合运用大数据、云计算、区块链及相关信息技术,通过全面感知、识别、跟踪物流作业状态,实现实时应对、智能优化决策的物流服务系统。"

智慧物流是通过智能软硬件、物联网、大数据等智慧化技术手段,实现物流各环节精

---

① 参考中国物资经济学会,国家物资局研究室编译,《对自动化产业挑战的回答:第四届国际物流会议论文选辑》,北京:物资出版社,1985年1月。

细化、动态化、可视化管理,提高物流系统智能化分析决策和自动化操作执行能力,提升物流运作效率的现代化物流模式。智慧物流标志着信息化在整合网络和管控流程中进入到一个新的阶段。

智慧物流利用集成智能化技术,使物流系统能模仿人的智能,具有思维、感知、学习、推理判断和自行解决物流中某些问题的能力。智慧物流的理念顺应了历史潮流,也契合了现代物流业的发展趋势。

第二节　商流与物流

一、商品流通过程中"三流"地位的演变

商贸是指以商品交换为中心的各种事物及管理活动,它包含商品从生产到交换,从交换到消费的全过程中扣除纯生产和消费的各个方面,如图1-3所示。

从商贸活动的演变历史来看,首先是商品的买卖,然后是商业、贸易行业的兴起,再是商业贸易的管理,由其联系着商品的生产者与消费者。从图1-3中可以看出,现代商贸活动是联系生产、供应、销售等社会再生产各个环节的纽带。

图1-3　商贸活动示意图

商品交换中必然包含商流、物流和信息流。在商品流通的原始阶段,只能采取"以物易物"的方式进行产品交换,具体到"三流",主要以物流为主,而商流、信息流紧紧伴随其间。随着生产力的进步、货币的产生,在商品流通的第二阶段出现了"以钱买物"的方式,但人们遵守的交货原则是"一手交钱,一手交货"。当经济进一步发展,商品交换规模进一步扩大,商业信用随之发展起来了,于是在商品流通的第三阶段产生了"钱庄""银行"这样专门从事货币中介服务和货币买卖业务的行业,使得物流可以与商流分离,并出现了多种交易付款方式,如预付款、定金、支票、汇票、分期付款、延期付款、托收承付等。随着商流与物流的分离,商品流通的水平进一步提高,人们可按照资金(货币)和实物各自的运行规律去交易,从而不仅加快了流通的速度,也提高了交易的方便性和安全性。此时,信息流的地位也突出地表现出来。在商品交换的前期、中期、后期,交易双方为了各自的利益,都要尽力掌握对方和中介方手中有关商品交易的各种信息,如商品信息、支付能力、商业信誉等。随着电子技术的高度发展,在商品流通的第四阶段,信息流已明显处于最重要的地位,它使整个商品流通过程发生了根本性的变化。图1-4表现了"三流"地位的演变过程,

从图中可以看出当今社会商品流通过程中商流、物流、信息流的相互依存关系。

图 1-4　商品流通过程中"三流"地位的演变

注：W 表示商品；G 表示货币。

二、商流的概念

商品流通是人类社会出现商品生产和商品交换的产物。在生产和消费的水平不太高、规模不太大的时候，流通的重要性并不显著，商品流通对整个社会的进步也不会产生太大的影响。

工业革命以后，社会生产和消费的水平越来越高、规模越来越大，商品流通对生产的反作用越来越突出，以至于在特殊条件下流通对生产起着决定性作用。

现代的生产和消费在空间、时间和人这三个要素上都表现为分离的形式。其中，在空间场所上的分离表现为生产和消费不是在同一地点，而是有一定距离。随着市场的范围不断扩大，生产与消费的距离也在不断增加，甚至相距万里。要将生产与消费在空间上联结起来，就必须进行物资输送。在时间上的分离表现为生产和消费的时间不同步，要使生产和消费在时间上联结起来，就必须进行物资储存。现代生产和消费的人（或单位）也是分离的：某些人生产的产品会有成千上万的消费者，而某些人消费的产品又包含诸多不同生产者的劳动。要将生产和消费的人联结起来，就必须进行买卖与交换；只有通过买卖与交换，商品才能从一方所有转变为另一方所有。

上述买卖、输送、储存这三方面的基本功能综合在一起构成了流通，而流通过程中发生的一系列活动，大体可分为两个方面：一是以产品的所有权转移为前提，通过买卖活动而发生商品价值形式的变化，叫作商业流通，简称商流；二是商品的运输、储存，以及与此相联系的包装、装卸等物资的实物流通，即物流。可见，流通活动是由商流活动和物流活动两部分构成的。

商流活动主要包含商业交易活动和商流信息活动两个方面。商业交易活动或以批发的形式，或以零售的形式完成所有权的转移。围绕着买卖活动而进行的订货、合同签订、交易安排、采购销售、售后服务等，体现了现代商业交易活动的特征。商流信息活动是由服务于商流活动的商流计划、市场调查、资源调查、市场预测及广告宣传、资料处理等多项工作组成的。

三、商流与物流的关系

商流和物流是商品流通活动的两个方面。它们相互联系又相互区别，相互结合又相互分离。

（一）商流与物流的统一

商流是物流的前提。因为商品交换活动中没有发生商品所有权的转移，即没有发生买卖活动，所以实物的空间位移便无从谈起。实物运动方向与商品交易方向具有一致性。

物流是商流的保证。商品所有权的转移之所以发生，从根本上来讲是因为购买者对商品的使用价值情有独钟。如果由于物流条件的不具备或实物运动过程受阻，商品不能到达购买者手中，那么商流就失去了保证。

在小额零星的交易活动中，在"一手交钱，一手交货"的情况下，商流和物流会始终结合在一起。但是，随着商品经济的发展，上述商流与物流结合在一起的情况虽然仍存在，但是站在现代流通管理和科学技术的角度上考察商品流通的全过程，会发现商流和物流并不完全一致。

（二）商流与物流的分离

商流与物流的分离是物流科学赖以存在的先决条件，是指流通中的两个组成部分——商业流通和实物流通，各自按照自己的规律和渠道独立地运动。

图 1-5 是经过一次批发的简单流通形式。厂商所生产的产品，其商流方面的路线为厂商→批发商→用户，这是很普遍的情况。在物流和商流渠道一致的时候（双箭头线所示），物流路线也是如此。然而经过考察，人们发现厂商和用户之间的实物流通存在直达的渠道，即图中双线箭头所示。如果物流通过这一渠道，物资实物运动路程则明显变短，装卸次数减少、运送速度加快。现代的商品交易活动十分频繁，有时某种物资要经过多次买卖交易，而物流的最短运行路线完全不因交易活动的次数增减而改变。

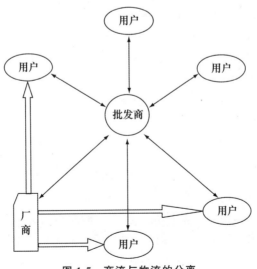

图 1-5 商流与物流的分离

商流与物流产生分离的根本原因是商流运动的基础，即资金与物流运动的实体——物资——具有相对独立性。物资的运动是通过资金的运动来实现的，也就是说资金的分配是物资运动的前提。但是,正是受到实物形态的限制,物资的运动渠道、运动形式与资金运动不尽相同。比如,资金的运动是通过财政、信贷、价格、工资等形式进行,而物资运动则是通过空间位移来实现;资金的转移可以通过邮局汇款、银行转账瞬间完成,而物资的空间位移,则需经过运输、储存等一系列漫长的过程来实现。

在商品交易中,也存在只有商流而没有物流的特殊现象,比如房屋、建筑物等的交易。这些商品虽然会发生所有权转移,但并不发生位置上的转移。

总之,商流和物流构成了商品流通的两大支柱。商流搞活了,能加快物流的速度,给物流带来活力。而物流的畅通无阻能使商品源源不断地送到消费者手中。商流与物流分离的积极意义在于,充分发挥资金运动和实物运动各自的规律性和有效性,从而推动商品流通向更现代化的方向发展。

四、商流与物流分离的表现形式

(一)结算程序引起的商流与物流分离

采用"信汇""电汇"进行结算时,一旦买方付款行为发生,买方就从法律上获得了商品的所有权,这时商流发生了。但是卖方在收到货款后可能要延迟一段时间才能发运物资,此时物流尚未开始,形成了商流在前、物流在后的分离形式。

采用"托收承付"结算时,卖方先发运物资,再凭运输凭证通过银行办理托收手续,这时物流已经开始,但买方可能还未向卖方付款,或者卖方虽然已经办理了托收手续,而实际意义的商流尚未发生,即商品所有权的转让没有真正实现,出现了物流在前、商流在后的情况。

"三角结算"指商品交换的三方当事人采用三方结算货款,商品实行直达供应的购销方式。这种交易行为多发生在批发企业的经营活动中。如一批物资在A、B、C三方之间发生交易时,先是B付给A货款,但商品仍然停留在A的仓库中,这时商品的所有权已从A转移到B手中,而A与B之间并没有发生物流;此后,B又将商品的所有权转让给C,C付给B货款,C与B也只发生了商流而没有发生物流,最后A把商品直接发运给C,A与C之间没有商流却有物流,形成商流迂回、物流直达的分离形式。

(二)购销方式引起的商流与物流分离

商品购销方式引起的商流与物流的分离,主要有三种情况:

第一种是预购,即买方预先将货款支付给卖方,一段时间后,卖方再向买方交货。这是一种商流在前、物流在后的分离形式。

第二种、第三种分别为赊销和分期付款。这两种商业信用方式是卖方先把商品交给买方,买方延期或分期付款,形成物流在前、商流在后的分离形式。赊销和分期付款的购销方式在现代商品经济中已经普遍为人们所用。尤其当商品总供给不断增长,甚至出现供过于求的时候,这种分离形式表现得尤其突出。

(三)期货市场引起的商流与物流分离

期货市场所表现的商流与物流的分离形式可谓是一种极端形式。期货交易是指买卖双方支付一定数量的保证金,通过商品交易所进行的约定在将来的某一特定时间和地点交割某一特定品质、规格的商品的标准合约的买卖。此时,买卖双方关心的不是期货合约背后的真实商品,而是市场波动的商品价格差,即利用市场价格的波动进行套期保值或者利用价格差投机。只有当实物交割时,才发生物流行为。

(四)电子商务环境下的商流与物流分离

电子商务是集信息流、商流、资金流、物流于一身的完整的贸易交易过程。但是我们必须看到,在电子商务环境下,信息流、商流、资金流可通过鼠标的轻轻点击瞬间完成。而物流,即具体的运输、储存、装卸、配送等各种活动是不可能直接通过网络传输的方式来完成的。物流是电子商务的组成部分,缺少了现代化的物流系统,电子商务过程就不完整并会受到巨大的制约。

第三节　物流形式及其分类

由于物流几乎涉及社会再生产的各个领域,从生产、流通、消费直至废弃物的回收、处理和再利用等,因而物流存在多种形式。在众多的物流形态下,物流表现出不同的技术特征和运作形式。

一、按物流活动的空间范围分类

(一)企业物流

国家标准《物流术语》(GB/T 18354-2021)所定义的企业物流是"生产和流通企业围绕其经营活动所发生的物流活动"。

美国供应链管理专业协会认为企业物流是研究对原材料、半成品、产成品、服务以及相关信息从供应始点到消费终点的流动与存储进行有效计划、实施和控制,以满足客户需要的科学。

企业物流属于微观物流。

(二)城市物流

城市物流可表述为:在一定的城市行政规划条件下,为满足城市经济的发展要求,基于城市发展特点而组织的城市范围内的物流活动。城市物流属于中观物流,其研究目标是实现一个城市的物流合理化。

(三)区域物流

区域经济是按照自然经济联系、民族、文化传统以及社会发展需要而形成的经济联合体,是社会经济活动专业化分工与协作在空间上的反映。区域物流是指在一定区域范围内的物流活动,属于中观物流。

区域物流与区域经济是相互依存的统一体,区域物流是区域经济的主要构成要素,是区域经济系统形成与发展的一种主导力量。它对提高生产领域、流通领域的效率和经济效益,增强区域市场竞争能力,改变生产企业的布局和生产方式都发挥着积极的作用。

国家标准《物流术语》(GB/T 18354-2021)所定义的区域配送中心是"具有完善的配送基础设施和信息网络,可便捷地连接对外交通运输网络,配送及中转功能齐全,集聚辐射范围大,存储、吞吐能力强,向下游配送中心提供专业化统一配送服务的场所"。

(四)国民经济物流

国民经济物流是指在一国范围内由国家统一计划、组织或指导下的物流,属于宏观物流。它是一国范围内最高层次的物流,其涉及的范围广、部门多、问题复杂,因而必须从整个系统上加强研究和组织。

(五)国际物流

国家标准《物流术语》(GB/T 18354-2021)将国际物流定义为"跨越不同国家(地区)之间的物流活动。"即供应和需求分别处在不同的国家(地区)时,为了克服供需时间上和空间上的矛盾而发生的商品物质实体在国家(地区)与国家(地区)之间跨越边境的流动。

国际贸易是国际物流的前提。具体来说,当生产和消费分别在两个以上国家(或地区)进行时,为了克服生产和消费之间的空间隔离和时间距离,将会产生对物资进行物理性移动的国际商品贸易或交流活动。在我国加入世界贸易组织(World Trade Organization,WTO)后,根据具体国情,构筑既体现我国特色,又与世界接轨的国际物流体系已成为我国物流界的共识。

二、按物流作用的不同分类

(一)供应物流

国家标准《物流术语》(GB/T 18354-2021)所定义的供应物流是"为生产企业提供原材料、零部件或其他物料时所发生的物流活动。"

这是为生产企业提供原材料、零部件或其他物料时,物资在提供者与需要者之间所发生的实体流通。这一物流活动包括组织物资供应商将物资送达本企业的企业外部物流和本企业仓库将物资送达生产线的企业内部物流。随着采购供应一体化及第三方物流分工专业化的发展,供应物流直接扩展到了企业车间、工段,即生产所需物料可以被直接从供应商仓库(货场)送到生产第一线。应当指出,在非生产企业,如流通企业为组织产品的营销活动,同样存在供应物流。

(二)生产物流

国家标准《物流术语》(GB/T 18354-2021)所定义的生产物流指"生产企业内部进行的涉及原材料、在制品、半成品、产成品等的物流活动。"

生产过程中的零部件或其他物品的物流是按企业生产流程的要求,在各生产环节之间组织和安排物资进行的内部物流。生产阶段的物流主要包括物流的速度,即物资停顿的时间尽可能地短、周转速度尽可能地加快;物流的质量,即物资损耗少、搬运效率高;物流的运量,即物资的运距短、无效劳动少等方面的内容。

(三)销售物流

国家标准《物流术语》(GB/T 18354-2021)所定义的销售物流是"企业在销售商品过

程中所发生的物流活动。"销售物流是企业为实现产品销售,组织产品送达用户或市场供应点的外部物流。商品生产的目的在于销售,能否顺利实现销售物流是关系到企业经营成果的大问题。销售物流对工业企业物流经济效果的影响很大,应当成为企业物流研究和改进的重点。

（四）返品的回收物流

所谓返品的回收物流,是指由于产品本身的质量问题或用户因其他原因的拒收,而使产品返回原工厂或发生节点而形成的物流,其流程如图1-6所示。

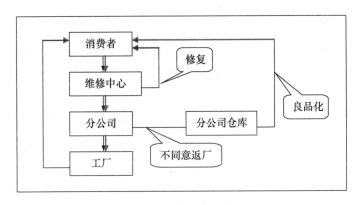

图 1-6 返品的回收物流流程

（五）废旧物资物流

废旧物资主要是指在生产过程中产生的各种废旧物品。

废旧物资物流又可分为废品回收物流和废弃物物流两个部分。废品回收物流是指对生产中所产生的废旧物品通过回收、加工等方式转化为新的生产要素的流通过程。国家标准《物流术语》(GB/T 18354-2021)所定义的废弃物物流是"将经济活动或人民生活中失去原有使用价值的物品,根据实际需要进行收集、分类、加工、包装、搬运、储存等,并分送到专门处理场所的物流活动。"废弃物物流也是对不能回收利用的废弃物通过销毁、填埋等方式予以处理的流通过程。

三、按物流运作主体的不同分类

（一）自营物流

自营物流是一种传统的物流模式,它是企业依赖自有的物流设施和人员的物流模式。自营物流具有较大的灵活性,由于企业自身是物流的组织者,所以可以按照企业的要求和产品的特点对物流进行设计与布局。根据国家标准《物流术语》(GB/T 18354-2021),自营仓库是"由企业或各类组织自主经营和自行管理,为自身的物品提供储存和保管的仓库",是自营物流的主要运作形式。

如果自有物流设施能得到充分的利用,物流成本将低于外包物流,这是由于长期使用自有物流资源会降低单位货物的物流成本,在某种程度上说这也是一种规模经济的表现。

但是由于自营物流使企业物流资源不能随着需求的增减而增减,因而它存在很大的局限性。当企业的物流需求减少时,仍需承担自有物流设施中未利用部分的成本;反之,当企业对物流资源有额外需求时,自有物流却无法满足。总之,在市场经济环境下自营物流存在巨大的风险。

(二)第三方物流

第三方物流通常又被称为"契约物流"或"物流联盟",它是指从生产到销售的整个流通过程中进行服务的第三方,通过签订合作协定或结成合作联盟,在特定的时间段内按照特定的价格向客户提供个性化的物流代理服务。

(三)第四方物流

第四方物流服务的提供者是一个供应链的集成商,它对公司内部和具有互补性的物流服务提供者所拥有的不同的物流资源、能力和技术进行整合和管理,提供一整套供应链解决方案。

第四方物流的前景非常诱人,但是成为第四方物流的门槛非常高。欧美国家的经验表明,要想进入第四方物流领域,企业必须在某一个或几个方面具备很强的核心竞争力,并且有能力通过战略合作伙伴关系顺利进入其他领域。

四、按物流组织的特征分类

(一)虚拟物流

虚拟物流是利用计算机网络技术进行物流运作与管理,实现企业间物流资源共享和优化配置的物流模式。虚拟物流要求把物流资源视为商品,这就意味着物流资源可以被借进、借出或交易、合并和配置,从而为物流系统的设计创造了具有强大潜力的可能性,也意味着可能在物流资源的配置效率方面取得重大突破。

(二)定制物流

国家标准《物流术语》(GB/T 18354-2021)所定义的定制物流是"根据用户的特定要求而为其专门设计的物流服务模式。"定制物流是物流企业快速响应客户个性化的物流需求,及时按照客户的特定需求设计并提供物流服务。定制物流产生的动力源于物流服务购买者的物流外包,而且是独一无二的物流产品。因此,物流服务提供者必须根据每个潜在客户的需要制订不同的解决方案。

(三)精益物流

根据国家标准《物流术语》(GB/T 18354-2021),精益物流指"消除物流过程中的无效和非增值作业,用尽量少的投入满足客户需求,并获得高效率、高效益的物流活动。"精益物流的目标可概括为:企业在提供给客户满意的服务的同时,把浪费降到最低程度。

(四)绿色物流

绿色物流是在物流过程中抑制物流对环境造成危害的同时,实现对物流环境的净化,使物流资源得到最充分的利用。

五、其他物流分类

第一,按物流的对象划分,包括农产品物流、煤炭物流、钢铁物流和医药物流等。

第二,按对物流环境和运作有无特殊要求划分,包括军事物流、危险品物流、冷链物流、集装箱物流和托盘物流等。

第三,按物流服务方式划分,包括门到门物流、快递物流和电子商务配送等。

课外阅读(一)

几个经典的物流概念

1935年,美国市场营销协会(American Marketing Association,AMA)对物流进行了定义:物流是包含于销售之中的物质资料和服务,从生产地点到消费地点流动过程中伴随的种种经济活动。

20世纪60年代,日本将"物流"这一概念解释为"物的流通""实物流通"。日本通产省物流调查会将物流定义为制品从生产地到最终消费者的物理性转移活动,具体由包装、装卸、运输、保管以及信息等活动组成。

1963年,美国物流管理协会对物流的定义为:物流是为了计划、执行和控制原材料、在制品库存及制成品从起源地到消费地的有效率的流动而进行的两种或多种活动的集成。这些活动可能包括但不限于:客户服务、需求预测、物料搬运、订货处理、零件及服务支持、工厂及仓库的选址、采购、包装、退货处理、废弃物回收、运输及仓储管理。

1974年,美国物流工程师学会(The Society of Logistics Engineers,SOLE)对物流的定义是:物流是与需求、设计、资源供给及维护有关,以支持目标、计划及运作的科学、管理、工程及技术活动的艺术。

1981年,美国空军(United States Air Force,USAF)将物流定义为:物流是计划、执行军队的调动与维护的科学。按照最全面的定义,物流与军队活动诸方面有关:① 军事物资的设计、开发、采购、储存、运输、分配、保养、疏散及废弃物处理;② 军事人员的运输、疏散和安置;③ 军事装备的采购或建设、保养、运营及废弃物处理;④ 军事服务的采购或提供。

1985年下半年,美国物流管理协会(现美国供应链管理专业协会)将名称从National Council of Physical Distribution Management变更为Council of Logistics Management。该协会在1986年为物流下的经典定义是:物流是对货物、服务以及相关信息从起源地到消费地的有效率、有效益的流动和储存,进行计划、执行和控制,以满足客户要求的过程。该过程包括进向、去向、内部和外部的移动以及以环境保护为目的的物料回收。

1985年,加拿大物流管理协会(现加拿大供应链与物流管理协会)将物流定义为:物流是对原材料、在制品库存、产成品及相关信息从起源地到消费地的有效率的、有效益的流动和储存,进行计划、执行和控制,以满足客户要求的过程。该过程包括进向、去向和内部流动。

1994年,欧洲物流协会(European Logistics Association,ELA)将物流定义为:物流是在一个系统内对人员及商品的运输、安排及与此相关的支持活动的计划、执行与控制,以达到特定的目的。

资料来源:作者根据相关资料整理。

思考题

一、名词解释

国家标准(GB/T 18354-2021)对以下名词的界定:

物流	包装	装卸	搬运
运输	储存	流通加工	配送
物流信息	物流服务	精益物流	一体化物流服务
物流联盟	物流企业	物流外包	供应链
供应链管理	绿色物流	定制物流	企业物流
供应物流	生产物流	销售物流	废弃物流
物流联盟	国际物流		

二、问答题

1. 何谓物流的自然属性?结合物流(GB/T 18354-2021)概念,谈谈如何认识物流的自然属性?

2. 何谓物流的社会属性?结合物流(美国物流管理协会)概念,谈谈如何认识物流的社会属性?

3. 举例说明为什么"物流是市场的延伸"。

4. "精益物流"的内涵是什么?

5. 现代化物流强调"联盟与合作",举例说明"联盟与合作"的理念与运作。

6. 结合物流认识新发展理念,谈谈对智慧物流的认识。

7. 简述物流活动的构成。

8. 何谓商流?举例阐述物流与商流的关系。

9. 按照物流活动的空间范围,物流是如何分类的?

10. 按照企业中物流作用的不同,物流是如何分类的?

11. 在完成课外阅读后,谈谈对物流概念的进一步理解。

第二章

物流学概述

> **学习目的**

　　1. 研究和明确管理学领域新文科建设原则:(1)坚持正确的政治方向;(2)立足中国大地,服务国家发展;(3)融入和参与新一轮科技革命;(4)探索新时代管理人才培养的规律和方法;(5)弘扬与创新中国的管理理念和管理文化;(6)突出管理学领域人才培养的中国应用生态优势。

　　2. 全面认识物流学的概念、研究对象、研究任务、学科性质以及由物流经济、物流工程和物流管理构成的学科体系。

> **技能要求**

　　1. 掌握物流经济的经典理论、物流服务的供给与需求、物流成本的概念及构成,了解物流系统的经济效益分析。

　　2. 掌握物流系统的概念及物流系统的特征。

　　3. 掌握物流管理概念和物流管理的原则,了解物流管理的三个阶段和物流管理组织的结构形态。

1987年1月，在中国物流研究会首届年会上，与会代表们对"物流学"建立的必要性进行了热烈的讨论，大家达成共识："当前迫切需要建立和发展物流学"。三十多年来，我国物流领域的工作者们从未停止过对物流理论的研究和物流运行的实践。物流理论从物流实践中汲取营养，伴随着经济的不断发展和科学技术的进步，物流观念、物流模式、物流技术、物流管理也在不断地创新、发展。在深入探讨物流科学的发展规律，研究物流运行本质的过程中，物流学的研究也进入到一个新的阶段。

第一节　物流学的学科定位

物流学是研究物品在生产、流通、消费各环节的流转规律，寻求获得最大的空间效益和时间效益的科学。在国家标准《物流术语》(GB/T 18354-2021)中，物品是指"经济与社会活动中实体流动的物质资料"。

物流学科的建立本身依赖于其他已经成熟的学科，物流理论就是在这些理论的基础上发展起来的，这也是物流与其他相关学科联系的具体反映。与物流学科相联系的学科很多，其中与物流学科联系最紧密的经济学、管理学和工程学这三个学科领域，共同支撑起物流学科体系。

一、物流学的研究对象

物流学是以物的动态流转过程作为研究对象的。物流学的研究对象包括处于持续不断运动过程中的物资及影响物资流转的各种相关因素。它涉及社会经济各个领域物资空间位移过程中的技术问题和经济问题，以及与之相适应的物流管理和物流工程的理论和方法。

物流学的研究对象主要体现在以下几个方面：
(1) 物流的基本概念、基本原理和理论体系；
(2) 物流的结构与功能；
(3) 不同物流对象的理化特征及与其相适应的技术和方法；
(4) 物流的流量、流向、流速、流程和经济组织；
(5) 物流载体的形式、分工、合作与优化。

从另一个角度看，物流学科的研究对象是物流系统。物流系统本身是一个非常复杂的系统，以制造企业的物流系统为例，它包括一系列的子系统，如原材料供应物流系统、生产物流系统、销售物流系统、废弃物物流系统、回收物流系统等。

二、物流学的学科性质

物流学是科学技术的重要组成部分。物流依赖于其他行业而存在，并为其他行业提供服务,其他行业则通过物流实现行业价值乃至企业价值。经济社会的表象是一个物的社会,其内容是物的价值的实现,这些都必须通过物流来完成。

(一)物流学是一门综合性学科

物流学的综合性主要反映在以下两个方面:

其一,物流学是自然科学与社会科学的交叉,它的理论与方法是在综合多学科的基本理论上形成的,是经济学、管理学、工学、理学的集成。物流科学的发展渗透着现代科学技术、现代经济理论和现代管理方法与物流实践的结合和应用。

其二,在组织物流运行的过程中,物流涉及生产领域(包括工业生产、农业生产)、流通领域以及交通运输、邮电等服务领域和消费领域。

(二)物流学是一门系统分析的学科

物流系统本身是一个复杂的社会系统,同时又处在国民经济、世界经济等比它更大的、更复杂的系统之中。一些系统的观点,如全局观念、发展和变化观念、环境对系统的影响和制约等观念和系统分析方法、系统综合方法等,都是物流研究中极为重要的观点和方法。

(三)物流学是一门应用性学科

物流学的产生与发展同社会经济与生产密切相关,其研究的出发点和归宿都在于满足社会实践需求。正是由于物流学的实际应用所体现的巨大经济意义而广受人们的高度评价,所以研究、分析、论证每一个物流问题,都必须从实际出发,为社会经济发展服务。物流学所具备的广泛的社会应用价值,决定了物流学具有极强的生命力。

三、物流学研究的任务

物流学研究的根本任务是实现在物流活动中适时、合理地采用先进的物流技术和管理方法,使物流投入与物流目标达到平衡,使物流经济效益得到最大的体现。

物流学研究的目的可概括如下:

(一)促进物流学科的发展

在深入探讨物流学科的发展规律,研究物流运行本质的过程中,物流学从提出、建立,到尝试、发展,再到完善,要经过很长的历程。到目前为止,物流学尚未构建起相对规范的体系,有大量的问题仍未研究清楚,因此需要更多的同仁进行更深入的研究。

(二)促进物流学科专业人才的培养,提高物流从业者的综合素质

物流学科的发展必然需要培养一批物流人才。物流学的科学理论、工程技术、经济分析、管理方法等是物流专业学生必备的专业知识,是物流人才的基本素质。多年来,由于人们认识的偏见,以及我国长期落后的物流发展水平,物流从业人员的专业知识和素质水平还有待提升。物流学研究为从业人员学习物流专业知识提供了指导,它必将对提高我国整体物流人员的综合素质发挥重要作用。

(三)促进物流产业的发展

对于物流产业而言,物流学肩负如下任务:

（1）提高物流企业的服务水平，降低物流的服务成本；
（2）充分整合并合理利用物流资源；
（3）增强物流企业的核心竞争力，推动物流产业整体水平的提高；
（4）提高国民经济物流宏观管理水平，为我国经济建设服务。

第二节 物流经济

物流学研究物流资源优化配置、物流市场的供给与需求、宏观物流产业的发展与增长等问题，解决这些问题需要借助经济学理论，包括宏观经济学和微观经济学理论在物流研究中的具体应用。

一、物流经济的经典理论

（一）"黑大陆"学说

1962年，美国著名管理学家彼得·德鲁克在《财富》杂志上发表了《经济的黑暗大陆》一文，他将物流比作"一块处女地"，强调流通及流通过程中的物流管理、物流的价值。

"黑大陆"学说揭示了尚未认识、尚未了解物流的"经济"意义，是对20世纪经济学界愚昧认识的批驳和反对，指出在市场经济繁荣和发达的情况下高度重视物流的必要性。

（二）"物流成本冰山"学说

日本学者西泽修教授的"物流成本冰山"学说从物流成本核算的角度，具体地说明了德鲁克的"黑大陆"学说。西泽修教授在研究物流成本时发现，财务会计制度和会计核算方法都不能反映物流费用的实际情况，企业在计算盈亏时，销售费用和管理费用项目所列的"运输费用"和"保管费用"的金额一般只包括企业支付给其他企业的运输费用和仓库保管费用，而这些外付费用不过是企业整个物流成本的"冰山一角"，如图2-1所示。

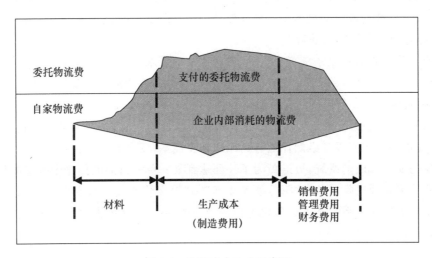

图2-1 物流成本冰山示意图

物流成本之所以可以用冰山学说来解释,一般认为主要有以下三个方面的原因:其一,物流成本的可计算范围太宽,包括供应物流、生产物流、销售物流、返品物流、回收物流和废弃物物流等,要将"物流活动的始终"的成本计算清楚的难度很大。其二,物流运行环节太多,包括包装、装卸、运输、储存、流通加工、配送、物流信息和物流管理等。其三,物流成本的支付形态太复杂。除了对外支付的费用,内部支出形态,如材料费、人工费、设备设施的折旧费、维护修理费、燃料费、水电费、管理费等,几乎涵盖了会计核算中的所有支付形态。正是由于上述原因,导致物流成本难以计算,更何况我们看到的仅仅是物流成本的一部分。

（三）"第三利润源"学说

第三利润源(The Third Profits Source)是研究物流经济效益时使用的物流术语,是由西泽修教授在1970年提出的。从历史的发展来看,人类社会经济的发展曾经出现过几个比较重要的提供大量利润的领域,如物质资源领域、人力资源领域、销售领域等。

在物质资源领域与人力资源领域,企业通过降低制造成本来谋求利润的提高。此二者习惯性地被人们称为"第一利润源"。

使用先进的营销技术来提高企业的销售额,从而为企业带来丰厚的利润,成为企业经营的"第二利润源"。

随着科学技术、营销手段的不断进步以及市场机制的日臻完善,第一利润源和第二利润源已日趋枯竭。人们将目光从生产领域投向流通领域。物流成为企业的第三利润源是由其自身的特点及它在经济领域发挥的作用所决定的。要更好地挖掘企业的"第三利润源",应该从物流系统获得战略优势的长远角度出发,设计和配置出性能良好的物流系统,降低企业物流成本,提高综合服务质量,进而增强企业竞争力。

（四）"物流效益背反"学说

在国家标准《物流术语》(GB/T 18354-2021)中,物流效益背反指"一种物流活动的高成本,会因另一种物流活动成本的降低或效益的提高而抵消的相互作用关系"。

1. 物流功能之间的效益背反

以成本为核心的物流系统,就是按照最低成本的要求,使整个物流系统优化。它强调的是调整各个要素之间的矛盾,把它们有机地结合起来,使物流总成本最小化。

2. 物流成本与服务水平的交替损益

高水平的物流服务在带来企业业务量和收入增加的同时,也带来了企业物流成本的增加,即高水平的物流服务必然伴随着高昂的物流成本;反之亦然。把物流看成是由多个效益背反的要素构成的系统,可避免为了片面达到某一单一目的而损害企业整体利益。

企业物流管理通常肩负着"降低物流成本"和"提高物流服务水平"两大任务,这是一对相互矛盾的对立关系。物流合理化不但需要反映企业物流系统的合理化,还要反映企业整体目标的合理化。

（五）"成本中心"学说

物流是企业成本的重要来源,因而解决物流问题不仅是为了支持和保证其他活动,也是为了通过物流管理和物流的一系列活动降低企业成本。所以,物流"成本中心"学说既关注主要成本的产生,也关注降低成本。物流是"降低成本的宝库"等说法,正是对这种认识的形象表述。

二、物流服务的供给与需求

美国著名经济学家保罗·萨缪尔森(Paul Samuelson)认为,关于经济学,我们只要掌握两件事情,一个是供给,另一个是需求。很明显,对于经济问题,只研究和关注供给是不行的;同样,只研究和关注需求也是不行的,必须掌握矛盾的双方,对于物流研究而言也是如此。经济学认为,供给和需求是一对矛盾的双方,是矛盾的统一体。

(一)物流服务的供给

在整个国民经济中,物流企业是物流供给服务的提供商。在国家标准《物流术语》(GB/T 18354-2021)中,物流服务指"为满足客户物流需求所实施的一系列物流活动过程及其产生的结果"。供给方要切实把自身定位于"服务"提供商,按照物流需求方的要求提供有效的供给,并且根据物流需求方潜在的理性物流需求对物流供给进行创新,这样才能出现和谐发展的良好局面。

物流的供给是分层次的,其层次结构有如下四种:

1. 满足普遍物流需求的基本供给

这是物流的普遍服务,其对象是绝大多数能够接受并普遍认同的物流服务标准的一般物流需求。

2. 满足不同领域不同要求的有针对性的基本供给

不同领域物流的对象存在差别,当其规模足够大时,也要求普遍服务具有一定的针对性。这种针对性的服务,在初期的创新形成了有效的增值服务和特殊供给,但是随着规模的扩大,会逐渐变成这个领域的普遍服务,变成一种有针对性的基本供给。

3. 满足增值服务要求的特殊供给

增值服务是现在的热门话题,物流的这种供给形式是需要条件的,一是物流需求方在实行物流管理之后,对本身的物流需求更加理性,有此需求并且能够承受;二是物流供给方确有水平能够提供这种创新的服务。因而,这种供给显然不存在普遍性。

4. 满足系统服务要求的系统供给

"为客户提供专项或全面的物流系统设计或系统运营的物流服务",这是目前最高层次的物流供给,其面对的是高端客户系统的物流需求。当然,对我国现在的经济领域而言,这更缺乏普遍性。

对于提供物流供给的物流企业,不断更新服务理念、创新服务体制、使用先进的物流技术和采取多种服务方式是物流产业科学发展的具体体现。

(二)物流服务的需求

从物流的概念来看,物流行为至少包含两个基本的行为主体,即物流服务提供者和物流服务需求者。提供物流服务的一方,以自己提供的物流服务作为商品参与物流市场的竞争。需要物流服务的一方,根据企业或者个人嗜好在物流市场上去寻求适合自己需要的物流服务,从而满足己方的物流需求。

物流服务的需求,一般会从如下几个因素来考虑:

1. 物流价格

不同的物流供应商可能具有不同的物流服务的价格。而对于不同的物流服务,价格也不一样。对于物流需求者来说,在决策时,必然会考虑到物流的价格特性,价格越高,物流外包的需求越小;价格越低,物流外包的需求越大。

2. 企业的经济效益

企业的经济效益越好,生产规模越大,企业对外包物流的需求越大。企业的效益越低,生产越不景气,企业对外包物流的需求越小。

3. 物流需求者的行为信心

协作关系的好坏,企业领导者的新旧更替,以及其他一些因素,都会影响到物流需求者对物流商品选择是否有信心。

4. 物流形态的变化

一种新的物流商品的出现与繁荣,必定会影响到其他物流商品的需求变化,因为新的物流形态可以作为替代品来替代原有的物流形态。比如,空运成本的降低必定会影响到汽车或者铁路运输量的变化。

5. 物流服务质量

对于服务质量较好的物流供应商,企业可能会产生更多的服务需求;反之,对于服务质量较差的物流供应商,企业就会产生较少的甚至不产生物流需求。

以上因素的影响效果可以用表2-1来表示:

表2-1 影响物流市场需求的因素

排序	影响因素	影响趋势
1	物流价格	价格上升,需求减少;价格降低,需求增加
2	企业的经济效益	效益上升,需求增加;效益降低,需求减少
3	物流需求者的行为信心	信心上升,需求增加;信心下降,需求减少
4	物流形态的变化	形态变化快,需求减少;形态变化慢,需求不变
5	物流服务质量	质量好,需求增加;质量差,需求减少

(三)物流服务的供给与需求关系

在物流市场上,物流需求与物流服务的供给大体平衡时,就决定了物流服务企业的存在总量。因此,物流企业的保有总量是由物流需求的总量决定的。由于市场的平衡是以价格为基准的,也就是在某一临界价格点上,企业可能对进出物流行业做出选择。

在物流市场上,物流服务供应商通过给物流需求者提供各种各样的物流服务,从而获取物流收入,取得物流利润。物流服务提供者和物流需求者通过物流市场的需求与供给的市场调节来共同繁荣与维持物流市场。

三、物流成本的管理与控制

（一）物流成本

国民收入或国民生产总值是所有要素投入的价值总和，这里当然包括物流行业的要素投入。在市场经济条件下，一定时期的全部最终产品的价值的计算，包含着所有物流行业为生产和流通这些产品所创造的增加值。然而，在国民收入这一总量的抽象分析和计算中，物流所创造的国民收入却是隐含的，这就给人们一个错觉，似乎物流仅仅涉及财富的转移。其实，所有的物流行业都是通过投入生产要素而运转的。

在国家标准《物流术语》(GB/T 18354-2021)中，物流成本是"物流活动中所消耗的物化劳动和活劳动的货币表现"。

从物流费用支出的形式看，物流成本是由下列几个方面构成的：

（1）从事物流工作人员的工资、奖金及各种形式的补贴等；
（2）物流过程中的物质消耗，如固定资产的磨损，包装材料、电力、燃料消耗等；
（3）物资在保管、运输等过程中的合理损耗；
（4）用于保证物流顺畅的资金成本，如支付银行贷款的利息等；
（5）在组织物流的过程中发生的其他费用，如差旅费、办公费等。

交易是市场经济存在的基础，经济学用"交易费用"这一概念来说明完成市场交易所需要的费用。由于交易费用的存在，交易者在价格之外必须另行支付一笔费用，这笔费用如果太大会致使交易不能进行。因此，交易费用的降低直接关系到经济运行的效率和物流业的发展。

（二）物流成本管理的基本内容

物流成本管理系统由三个层次构成，如图 2-2 所示。

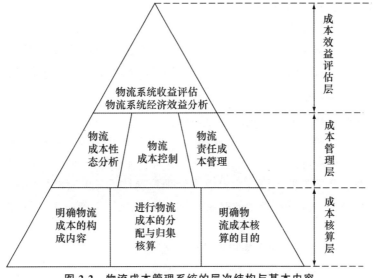

图 2-2 物流成本管理系统的层次结构与基本内容

1. 物流成本核算层

物流成本核算层的主要工作包括：

(1) 明确物流成本的构成内容。物流成本的各项目之间存在此消彼长的关系，某一项目成本的下降将会带来其他项目成本的上升。因此，在达到一定服务标准的前提下，不明确物流总成本的全部构成，仅仅对其中的某一部分或某几部分进行调整和优化，未必会带来全部物流成本的最优。所以明确物流成本的构成，将全部物流成本从原有的会计资料中分离出来是十分必要的。在此基础上，才能进行有效的物流成本核算、物流成本管理和物流成本的比较分析。

(2) 对物流总成本按一定标准进行分配与归集核算。物流总成本可以按照不同的标准进行归集。较常用的方式有：根据不同的产品、不同的客户或不同的地区等成本核算对象来进行归集；根据装卸费用、包装费用、运输费用、信息费用等物流职能来进行归集；按照材料费、人工费等费用支付形式来进行归集。这些归集方法与目前的财务会计核算口径是一致的。现在，越来越多的企业在推行作业成本（Activity-Based Costing，ABC）法，这也是一种进行物流成本归集核算的有效方法。

(3) 明确物流成本核算的目的。在进行企业物流成本核算时，要明确物流成本核算的目的，使得整个核算过程不是停留在会计核算层面上，而是能够充分运用这些成本信息，开展多种形式的物流成本管理。

2. 物流成本管理层

物流成本管理层是指在物流成本核算的基础上，采用各种成本管理方法，来进行物流成本的管理与控制。国家标准《物流术语》（GB/T 18354-2021）将物流总成本分析定义为"判别物流各环节中系统变量之间的关系，在特定的客户服务水平下使物流总成本最小化的物流管理方法"。

结合物流成本的特征，可以采用的成本管理方法主要包括物流成本性态分析、物流成本控制和物流责任成本管理等。

3. 物流成本效益评估层

这是指在物流成本核算的基础上，对物流系统的收益和经济效益进行评估与分析。在此基础上，对物流系统的变化或改革做出模拟模型，寻求最佳物流系统的设计。

(三) 物流成本控制

物流成本控制是物流成本管理的中心环节。

根据现代成本管理与控制理论，企业物流成本管理是由物流成本的预测、决策、计划、核算、控制、分析和考核等多个环节组成的一个有机整体。物流成本管理的各环节相互联系、相互作用，通过其不断循环构成物流成本管理控制体系，这一体系的中心环节便是物流成本的日常控制。物流成本控制的对象有很多种，在实际工作中，一般可以分为以下三种主要形式：

1. 将物流成本的形成阶段作为成本控制对象

以制造企业为例，就是将供应物流成本、生产物流成本、销售物流成本、废弃物物流成本和回收物流成本作为成本控制的对象，从物流成本的形成阶段寻求物流技术的改善和物流管理水平的提高,来控制和降低各个阶段的物流成本。

2. 将物流服务的不同功能作为成本控制对象

将物流服务的不同功能作为成本控制对象,就是从仓储、运输、包装、装卸、流通加工等各个物流作业或物流功能的角度来寻求物流管理水平的提高和物流技术的创新,控制和降低物流成本。

3. 将物流成本的不同项目作为成本控制对象

将物流成本的不同项目作为物流成本的控制对象是以材料费、人工费、燃油费、办公费及其他费用等物流成本项目为控制对象,通过控制各项费用项目的节约,谋求物流总成本的降低。当然,企业在进行物流成本的日常控制过程中,这三种物流成本的控制形式并非孤立的,而是结合在一起的,某一种形式的成本控制方式也会影响到另一种形式的物流成本。三者的关系如图2-3所示。

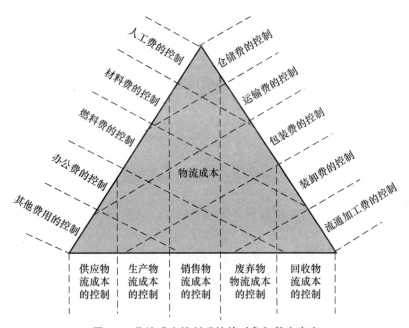

图 2-3　物流成本控制系统的对象与基本内容

物流成本的综合管理与控制,就是要将物流成本管理系统与日常控制系统结合起来,形成一个不断优化的物流系统的循环。通过一次次循环、计算、评价,使整个物流系统不断优化,最终找出总成本最低的最佳方案。物流成本综合管理与控制方法如图2-4所示。

四、物流系统经济效益分析

物流系统是由相互关联、相互作用的物流活动要素构成的具有物流功能的有机整体。

（一）物流系统的投入与产出分析

物流系统是在一定的物流设施基础上运行的,包括运输线路、港站码头、仓储设施等,是物质实体通过这些物流设施从供应者经过若干节点和连线到达需求者的过程。一个物

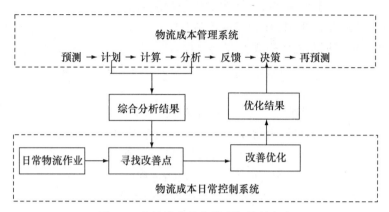

图 2-4　物流成本综合管理与控制方法

流系统可以基于物流网络节点的储存能力、连线的通过能力(如运输线路的货物运输能力)来实现物流活动的产出,即某一时刻各节点的库存量和储存时间,以及某一时期内物质实体的流入流出量(物流量)、储存周转量和运输周转量等。

物流系统有两项基本功能,即物质实体的时间转移和空间(或称地点)转移,它们分别主要通过储存和运输活动来完成。除此之外,物流系统中还需要包装、装卸搬运、流通加工和物流信息处理等几项功能活动,配合储存和运输以完成物质实体的时间和空间转移。物质实体的时间和空间转移消除了供给者和需求者在同一物质实体上存在的时间和空间差异,从而创造了该物质实体的时间和空间效用。而从物流系统的形成看,需要建设一个完善的物流网络,同时需要投入一定的劳动量,这些都构成了物流系统的成本。

对物流系统进行总体效益评价要解决的问题是:一定的劳动投入量能形成多大的物流能力;一定量的物流能力又能完成多大的物流工作量;一定的物流工作量又能取得多大的物流效用或效益。物流系统的经济效益分析,就是要分析物流系统的投入与产出之比。图 2-5 描述了物流系统的投入与产出关系。

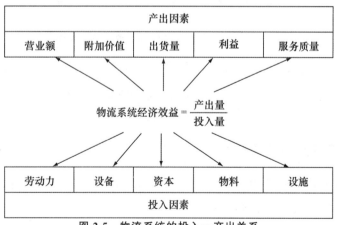

图 2-5　物流系统的投入—产出关系

(二) 物流系统投资的经济效益分析

物流系统投资的经济效益分析是指在进行物流项目长期投资时,通过一定的财务分析方法,来进行投资收益和投资效益等方面的经济评价。

随着我国物流业的快速发展,越来越多的物流投资项目要投入建设。这些项目主要包括:由各地政府部门或者企业投资兴建的物流园区;由各物流企业或货主企业投资兴建的物流中心和配送中心;企业投资兴建的各种现代化仓储设施和企业物流系统的整体改造等。这些物流系统投资建设的特点是初始投资额大、投资回收期长。因此,在进行投资决策时,除了进行市场定位分析、技术可行性分析、投资环境等的分析,还要对其投资成本、投资建设期、资金来源、投资建成后的收入、运营成本、投资回收期、投资收益率等经济效益指标进行评价,以保证投资项目在经济效益上的可行性。

长期投资决策一般都具有一定的风险,一旦决策失误,就会严重影响投资主体的财务状况和现金流量,甚至会使企业破产。因此,进行物流项目长期投资的决策不能在缺乏调查研究的情况下轻易制定,而必须按照一定的程序,运用科学的方法进行可行性分析,以保证决策的正确有效。

(三) 物流系统运营的经济效益分析

物流系统运营的经济效益分析是指一个物流系统建设完成投入使用之后,对其投资收益率和运营效益进行的评价。

物流系统投入运营使用后,可以通过其定期编制的财务会计报告,采用专门的方法,系统地分析和评价企业的经营成果、财务状况的变动情况。

通过投资额、股东权益、营业收入、营业利润、净利润和税金等指标和相应的比率计算及趋势分析,评价整个企业物流系统的运营效益。

通过财务分析透彻地观察物流系统的生产、经营全过程,不断揭示生产经营及财务运行过程中的问题,查明原因,纠正偏差,实现快速发展。

第三节 物 流 工 程

物流工程指在物流管理中,从物流系统整体出发,把物流、信息流融为一体,把生产、流通和消费全过程看作一个整体,运用系统工程的理论和方法进行物流系统的规划、管理、控制,选择最优方案,以低的物流费用、高的物流效率、好的客户服务,实现提高社会经济效益和企业经济效益目标的综合性组织管理活动过程。

一、物流工程概述

(一) 物流工程是一个高技术含量的学科

物流工程被视为"从工程角度研究物流系统的设计与实现"。

大型的物流中心和配送中心一般都是高度自动化的物流设施,建设前需要大量的工程技术人员进行分析和工程设计,建成后需要工程技术人员进行维护和管理。

物流的载体——运输车辆、自动化立体仓库、装卸搬运设施的建设等,也需要进行科学的规划和设计。

物流系统分析、设计、实施都涉及大量的工程和技术。

物流工程涉及工学的许多学科方向,如机械、建筑、电子、信息、材料、交通运输等。

(二) 物流工程的研究对象

物流工程的研究对象是多目标决策的、复杂的动态物流系统。

物流工程主要是对物流系统的规划、设计、实施与管理的全过程进行研究。设施设计是工程的灵魂,规划设计是物流系统优劣的先决条件。

物流工程为物流系统提供了软件和硬件平台。一个良好的物流系统不能仅停留在规划阶段,而需要通过具体的工程建设来实现。物流工程的实施过程就是完成整个系统的硬件设计、制造、安装、调试等过程,同时也需要规划软件的功能。

在进行物流系统分析、设计和实现的过程中,既要考虑其经济性指标,又要考虑技术上的先进性、科学性。因此,物流工程主要是以工学学科为理论基础,既是技术学科,也有经济学科和管理学科的渗透。

(三) 物流工程的目标

物流工程学科具备自然科学与社会科学相互交叉的跨学科特征。物流工程的研究,不仅要运用自然科学中常用的科学逻辑推理和逻辑计算,也常采用对系统进行模型化、仿真与分析的方法。研究中常采用定量计算与定性分析相结合的综合研究方法。

物流工程学科的目标可概述为:运用工学的理论、方法和工具,根据物流系统的基本要求,对复杂物流系统进行分析、设计和实施,以提高物流技术水平,更好地服务人类社会。

物流工程需要培养一批具有工科背景的物流人才。物流业的发展需要大批掌握物流工程知识,同时掌握管理理论和专业知识,能够熟练运用现代物流工程理论、系统规划设计方法和计算机技术,具备独立从事大型物流工程项目规划、实施、管理等工作能力的专门技术人才。

二、物流工程的两大系统

物流工程是支撑物流活动的总体工程系统,可以分成具体的技术工程系统和总体的网络工程系统两大类。

(一) 物流技术工程系统

按物流技术所支持的活动不同,具体的物流技术工程系统可以进行如下细分:

1. 包装工程

这个工程通过运用各种材料、装备、设施来形成各种形态的包装,进一步支撑物流。

包装工程主要分成一般物流包装工程和集装工程。支撑物流的包装工程对被包装物具有防护性和便于物流操作两个功能。

集装工程是包装工程向现代化发展的产物。很多研究者认为,集装工程已经不再属于包装工程范畴,而是可以完全独立形成体系。集装工程包括托盘工程、集装箱工程、集装袋工程等。

2. 储存工程

储存工程运用仓库和其他存储设备、设施以使储存这一项物流环节按物流的总体要求运作。

储存工程系统是物流领域向现代化发展过程中最强劲的系统之一,也是自动化的重点领域。高层立体货架系统、自动化存取系统、无人搬运系统、计算机库存管理系统等是储存工程系统的重要内容。

3. 输送工程

输送工程涵盖了整个传统交通运输领域,并从现代物流角度,运用系统的物流技术,对传统的交通运输工程进行了大幅度的提升。除了一般的公路运输工程、铁路运输工程、水路运输工程、航空运输工程,现代物流系统的输送工程还特别重视不同传统运输方式的组合,出现了"门到门""库到库"甚至"线到线"的高水平输送方式。在一体化的物流系统范围内,出现了跨越不同传统运输方式的驮背运输、滚装运输、多式联运等输送方式和工程系统。

4. 装卸搬运工程

装卸搬运工程系统运用各种装卸搬运机具及设备来实现物的运动方式转变和场所内物的空间位移。

装卸搬运工程经常是其他物流工程的分支或附属,而对于大体量的物流系统而言,装卸搬运工程有相当强的独立性和很高的技术要求。比如港口的集装箱装卸工程,煤炭、矿石装卸工程等。

5. 配送工程

配送工程系统通过配送中心、配送装备,把物最终送达用户。

配送工程系统曾经是输送工程的一个组成部分,是末端输送工程。由于这个工程系统在管理方式、科学技术、装备设施等方面有别于干线输送工程,同时现代社会强调服务水平,因此需要特别构筑直接面向用户的工程系统,配送工程则是最近特别引起物流界重视的工程系统。配送工程的重要性还在于,它是直接和电子商务连成一体的物流工程系统,所以与新经济的联系更为密切。配送工程可保障新经济体系的"零库存生产方式",其所依赖的科学技术主要有配送装备、网络技术和系统规划技术。

6. 流通加工工程

流通加工工程通过流通过程的加工活动来提高物的附加价值和物流操作的便利程度。流通加工工程所依托的科学技术、机械装备,源于各种产品的生产和应用领域,由于被流通物涉及面广,使得流通加工工程系统非常复杂。比较重要的流通加工工程有冷链工程、混凝土工程、钢板剪板工程等。

(二)物流网络工程系统

物流网络工程系统是支撑各种物流活动和各种物流经营方式进行运作的平台。这个平台由两部分构成。

1. 物流信息网络工程

物流信息网络工程通过大范围的信息生成、收集、处理和传递,以支持物流系统的管理和经营以及所有的物流活动。物流系统的主要特点是跨地区、大范围、多节点,因此,只有在信息技术和网络技术的支持下,才能解决物流系统的构筑问题。物流信息网络工程是维持庞大且复杂的物流系统进行运转的不可或缺的手段。

除了基本的管理信息系统,决策支持系统、库存管理系统、条形码系统、全球卫星定位系统、远程数据交换系统、分销配送系统等信息工程技术,近年来也特别受到人们的关注。

2. 实物流网络工程

资源配置最终的、具体的实现,必须要通过实物流网络。实物流网络是实现物流的重要生产力要素,它集中了物流系统的主要设备、设施、技术、管理、劳动人员。这些生产力要素配置在由物流节点和物流线路构筑而成的实物流网络上,并以此覆盖生产企业、供应商、用户。

实物流网络的构筑和运行是物流系统建设和运行的主要资本投入领域,也是对人力、物力、能源消耗最大的领域,因此,这是成本集中的领域。实物流网络工程是个复杂的系统工程,它的水平反映了综合物流的水平。

三、物流系统工程

(一)物流系统的概念

物流系统是指在一定的时间和空间里,由所需位移的物资与包装设备、搬运装卸机械、运输工具、仓储设施、人员和通信联系等若干相互制约的动态要素,所构成的具有特定功能的有机整体。物流系统的目的是实现物资的空间和时间效益,在保证社会再生产顺利进行的前提条件下,实现各种物流环节的合理衔接,并取得最佳的经济效益。

人、财、物、设备、信息等对物流发生的作用和影响被称为外部环境对物流系统的"输入"。物流系统本身所拥有的各种手段和特定功能,在外部环境的某种干扰作用下,对输入进行必要的转化活动,如物流管理、物流业务活动、信息处理等,使系统产生对环境有用的产成品,这便是物流系统的"输出"。显然,物流系统的输出是产品的位移、各种劳务服务和各种信息。从输入到输出的中间转化过程,被称为物流系统的"转换处理",如图2-6所示。需要指出,川流不息的物流信息是以物流输入为相对起点的,经过一个物流周期的运动,以反馈的形式回到原来的起点。

物流系统从四个方面构成了物流系统的基本原理:

(1)物流系统的约束条件。怎样通过调节物流系统的输入来控制物流系统的输出?

(2)物流系统的内部结构。怎样的物流系统组成要素及其内部构造,是物流系统成立和运作的必要条件和充分条件?

(3)物流系统的内部运作。物流系统的内部运作的规范、程序遵循什么规律?降低运作成本、优化内部运作的规律是什么?

(4)物流系统的输出。物流系统的输出与输入的相关性的规律是什么?物流系统的

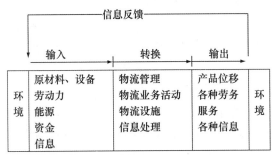

图 2-6 物流系统的运行

规划和管理怎样影响物流系统的输出？

（二）物流系统的特征

物流系统是一个复杂而庞大的系统。在这个大系统中又有众多的子系统，系统间具有广泛的横向和纵向的联系。物流系统具有一般系统所共有的特点，即整体性、相关性、目的性、环境适应性，同时还具有规模庞大、结构复杂、目标众多等大系统所具有的特征。

1. 物流系统是一个"人—机"系统

物流系统由人和形成劳动手段的设备、工具所组成。它表现为物流劳动者运用运输设备、搬运装卸机械、仓库、港口、车站等设施，作用于物资的一系列生产活动。在这一系列的物流活动中，人是系统中的主体。因此在研究物流系统的各方面问题时，要把人和物有机地结合起来，作为不可分割的整体，加以考察和分析，而且始终把如何发挥人的主观能动作用放在首位。

2. 物流系统是一个可分系统

物流系统，无论其规模多么庞大，都是由若干相互联系的子系统组成的。这些子系统的数量、层次的阶数，是随着人们对物流的认识和研究的深入而不断扩充的。系统与子系统之间、子系统与子系统之间，存在时间和空间、资源利用方面的联系，也存在总的目标、总的费用及总的运行结果等方面的相互联系。

3. 物流系统是一个动态系统

物流活动受到社会生产和社会需求的广泛制约。也就是说，社会物资的生产状况、社会物资的需求变化、社会能源的波动，以及企业间的合作关系，都随时随地影响着物流；物流系统是一个具有满足社会需要、适应环境能力的动态系统。为适应经常变化的社会环境，为使物流系统良好地运行，人们必须对物流系统的各组成部分不断地修改、完善。在较大的社会变化情况下，甚至需要重新进行物流系统的设计。

4. 物流系统是一个复杂的系统

物流系统拥有大量的资源，资源的大量化和多样化带来了物流的复杂化。在物流系统中，物资品种成千上万，数量极大；从事物流活动的人数以百万计，规模庞大；资金占用多，包括大量的流动资金；物资供应经营网点多，遍及全国城乡各地。这些人力、物力、财力等资源的组织和合理利用，是一个非常复杂的问题。

在物流活动的全过程中，始终贯穿着大量的物流信息。物流系统要通过这些信息把各个子系统有机地联合起来。如何把信息收集、处理好,并使之指导物流活动,这也是非常复杂的。

物流系统的边界是广阔的。物流横跨了生产、流通、消费三大领域,给物流系统的有效运行带来了很大的困难。而且随着科学技术的进步、生产的发展、物流技术的提高,物流系统的边界范围还将不断地向内深化,向外扩张。

5. 物流系统是一个多目标函数系统

物流系统的总目标是实现物资空间位置的转移。但是,围绕这个总目标也常常会出现一些矛盾。对物流数量,人们希望最多;对物流时间,希望最短;对服务质量,希望最好;对物流成本,希望最低。显然,要满足上述所有要求是很难的。这些相互矛盾的问题,在物流系统中广泛存在,而物流系统又恰恰要求在这些矛盾中运行。要使物流系统在各方面满足人们的要求,显然要建立物流多目标函数,并在多目标中求得物流的最佳效果。

(三)物流系统工程的概念

系统工程不是研究某种技术,而是为了完成某项特定任务,使用若干事物组织成一个完整的过程集合体。它是以系统为研究对象,把要研究和管理的事物用分析、判断、推理等方式,借助概率、统计、运筹、模拟等方法,经过"工程"处理,给出定量的最优化结果。

物流系统工程是指在物流管理中,从物流系统的整体利益出发,把物流与信息流融为一体,运用系统工程的理论和方法,为物流系统的规则、管理和控制选择最优方案的综合性组织管理技术。

(四)物流系统工程的基本方法

系统工程方法论的基础就是运用各种数学方法、计算技术和控制论,实现系统的模型化和最优化,来进行系统分析和系统设计。

1. 模型化技术

所谓模型就是由实体系统经过变换而得到的一个映象,是对系统的描述、模仿或抽象。模型化就是通过说明系统的结构和行为,采用适当的数学方程、图像甚至是以物理的形式来表达系统实体的一种科学方法。模型表现了实际系统的各组成因素及其相互间的因果关系,反映实际系统的特征。

模型可分为形象模型和数学模型两大类。形象模型包括实体模型和类比模型。实体模型即系统本身,它能较好地反映实物的某些特征。类比模型又称图形模型,包括点线图、矩阵图、流程图、方框图、树枝图、曲线图等。数学模型是指运用数学方法描述系统变量之间相互作用和因果关系的模型,它用各种数学符号、数值描述工程、管理、技术和经济等有关因素及它们之间的数量关系。它最抽象,应用最广,效果也较好。

对于物流系统工程,综合使用类比模型和数学模型的效果比较显著。比如,处理物资的合理调运以及网点设置等问题时,使用的既有类比模型(矩阵图、点线图等),又有数学模型。

2. 最优化理论和方法

最优化的观念贯穿于物流系统工程始终,也是物流系统工程的指导思想和力争的目标。

物流系统工程应根据社会生产发展的需要和发展水平,根据物流的规模及流通的各种装备情况和可能,提出预期实现的任务目标。但是,仅有实现的目标,而不具备实现的条件,目标就成为空话。因而建立物流系统工程的模型时,应充分考虑到客观条件是否具备,并进行全面分析。要使物流系统在外界环境约束条件下,正确处理好众多因素之间的关系,就要采用系统优化技术。

物流系统优化方法很多,如数学规划法、动态规划法、分割法、运筹法等。物流系统中的大部分问题是用数学模型来处理的,如物资调运的最短路径问题、最大流量问题、最小物流费用问题、最佳储存量问题、物流网点的合理选择问题等。数学模型把设计目标归纳成目标函数 $F(x)$,把工作条件归纳为约束条件:

$$\begin{cases} g_i(x) = 0, & i = 1,2,3,\cdots,p \\ h_j(x) \geqslant 0, & j = 1,2,3,\cdots,m \end{cases}$$

利用最优化方法,选择出满足约束方程的最优化方案,使 $\max F(x)$ 成立。

其中:x 为最优设计方案;$F(x)$ 为评价系统好坏的标准;$g_i(x)$,$h_j(x)$ 为系统工作环境约束方程,也就是允许的工作条件。

第四节 物流管理

国家标准《物流术语》(GB/T 18354-2021)中,物流管理指"为达到既定的目标,从物流全过程出发,对相关物流活动进行的计划、组织、协调与控制"。物流管理是对物流的计划—实施—评价,并反复进行。

美国管理学家彼得·德鲁克认为,物流管理是"降低成本的最后边界"。

一、物流管理的三个阶段

物流管理按管理进行的顺序可以划分为三个阶段,即计划阶段、实施阶段和评价阶段。

(一)物流计划阶段的管理

物流计划是为了实现物流预想达到的目标所做的准备性工作。

首先,物流计划要确定物流所要达到的目标,以及为实现这个目标所进行的各项工作的先后次序。

其次,要分析在实现物流目标的过程中可能受到的各种外界影响,尤其是不利因素,并确定应对这些不利因素的对策。

最后,决定实现物流目标的人力、物力、财力的具体措施。

(二)物流实施阶段的管理

物流计划确定以后,为实现物流目标,终将要把物流计划付诸实施。物流的实施管理就是对正在进行的各项物流活动进行管理,在物流各阶段的管理中具有最突出的地位。

这是因为在这个阶段各项计划将通过具体的执行而受到检验。同时,它也把物流管理与物流各项具体活动紧密结合在一起。

1. 对物流活动的组织和指挥

为了使物流活动按物流计划所规定的目标正常地发展和运行,对物流的各项活动进行组织和指挥是必不可少的。物流的组织是指在物流活动中把各个相互关联的环节合理地结合起来形成一个有机的整体,以便充分发挥物流中的每个部门、每个物流工作者的作用。物流的指挥是指在物流过程中对各个物流环节、部门、机构进行的统一调度。

2. 对物流活动的监督和检查

物流活动实施的结果必须通过检查和监督才能得到充分的了解。监督的作用是考核物流执行部门或执行人员工作完成的情况,监督各项物流活动有无偏离既定目标。各级物流部门都有被监督和检查的义务,也有监督、检查其他部门的责任。通过监督和检查了解物流的实施情况,揭露物流活动中的矛盾,找出存在的问题,分析问题发生的原因并提出解决方法。

3. 对物流活动的调节

在执行物流计划的过程中,物流的各部门、各环节总会出现不平衡的情况。遇到上述问题,就需要根据物流的影响因素,对物流各部门、各个环节的能力做出新的综合平衡,重新布置实现物流目标的力量。这就是对物流活动的调节。通过物流调节可以解决各部门、各环节之间,上、下级之间以及物流内部、物流外部之间的矛盾,而使物流各部门、各环节协调一致,以便紧紧围绕物流总目标开展活动,从而保证物流计划的实现。

(三) 物流评价阶段的管理

在一定时期内,人们对物流实施后的结果与原计划的物流目标进行对照、分析,这便是物流评价。通过对物流活动的全面剖析,人们可以确定物流计划的科学性、合理性如何,确认物流实施阶段的成果与不足,从而为今后制订新的计划、组织新的物流活动提供宝贵的经验和资料。

按照对物流评价的范围不同,物流评价可分为专门性评价和综合性评价。专门性评价是指对物流活动中的某一方面或某一具体活动做出的分析,如仓储中的物资吞吐量完成情况、运输中的吨公里完成情况、物流中的设备完好情况等。物流的综合性评价是对在某一物流管理部门或机构的物流活动进行全面衡量的综合性分析,如某仓库的全员劳动生产率、某运输部门的运输成本、某部门对物流各环节的综合性分析等。

按照物流各部门之间的关系,物流评价又可分为物流纵向评价和物流横向评价。所谓物流纵向评价是指上一级物流部门对下一级部门和机构的物流活动进行的分析。这种分析通常表现为本期完成情况与上期或历史完成情况的对比。所谓物流横向评价是指执行某一相同物流业务的部门之间的各种物流结果的对比。它通常能表示出某物流部门在社会上所处的水平高低。

应当指出无论采取什么样的评价方法,其评价手段都要借助具体的评价指标。这种指标通常表示为实物指标和综合指标。

二、物流管理的原则

（一）物流管理的总原则——物流合理化

物流管理的具体原则很多，但最根本的指导原则是保证物流合理化的实现。所谓物流合理化，就是对物流设备配置和物流活动组织进行调整改进，实现物流系统整体优化的过程，具体表现在兼顾成本与服务上。物流成本是物流系统为提高物流服务所投入的活劳动和物化劳动的货币表现，物流服务是物流系统投入后的产出。合理化是投入和产出比的合理化，即以尽可能低的物流成本，获得可以接受的物流服务，或可以接受的物流成本达到尽可能高的服务水平。

物流活动各种成本之间经常存在着此消彼长的关系，物流合理化的一个基本的思想就是"均衡"的思想，从物流总成本的角度权衡得失。不求极限，但求均衡，均衡造就合理。例如，对物流费用的分析，均衡的观点是从总物流费用入手，即使某一物流环节要求高成本的支出，但如果其他环节能够降低成本或获得利益，就认为是均衡的，即是合理可取的。在物流管理实践中，切记物流合理化的原则和均衡的思想，有利于防止"只见树木，不见森林"，做到不仅注意局部的优化，也注重整体的均衡。这样的物流管理对于企业最大化经济效益才是最有成效的。

（二）物流管理经济核算原则

全面经济核算是讲究经济效果、提高经济效益的重要手段，也是物流经济管理的重要内容。全面经济核算是运用货币和实物的计量方法对整个物流的各环节进行的经济核算。经济核算的方法有：

（1）会计核算，主要指物流资金流动过程、结果的核算；

（2）统计核算，是指对物流活动中的主要经济指标，如产量、质量、消耗、成本、利润、劳动生产率等，进行综合计算和分析；

（3）业务核算，是指对物流企业中每个单项业务、技术经济活动的核算。

（三）经济、技术、法律相结合的原则

经济原则是指利用经济杠杆，如价格、利润、贷款、税金、罚款等经济手段进行物流管理。

技术原则是指采用技术手段，如计算机网络技术、信息技术、经济计量模型技术等进行物流管理。

法律原则是指利用法律、法规等手段加强物流管理，包括物流管理立法的内容和效力，政府关于物流的规章制度、政策等。

经济原则、技术原则和法律原则是相互联系、相互补充、相互结合发挥作用的。

三、物流管理组织

物流管理组织是指从事物流管理的机构设置、管理权限及范围划分的组织形式。

（一）物流管理组织的分类

1. 根据物流管理组织所处的领域不同,可划分为生产领域的物流组织和流通领域的物流组织

各生产企业的物流管理机构即生产领域的物流组织。它的主要职责是组织生产所需的各种生产资料的进货物流、产品的出厂物流,以及生产工序间的物流等。

流通领域的物流组织是指那些专门从事产品空间位移的组织机构,因此也可称为专业性物流组织。专业性物流组织的特点是:各项机构的设置完全是以实施各项物流活动为目的的。

2. 按物流组织在物流管理中的任务不同,可划分为物流管理的行政机构和物流管理的业务机构

物流管理的行政机构是指那些负责制定物流管理的制度和办法,管理和编制物流计划并组织实施的组织。

物流管理的业务机构是指那些负责执行物流计划,具体进行各项物流活动的组织,如运输管理组织、仓储管理组织等。

3. 按物流管理组织的设置与职权划分

现代物流是一个极其广泛而复杂的系统。物流形式的多样性要求物流管理组织必须是多层次的。

(1) 中央一级的物流管理组织。我国中央一级的物流管理组织是国家直接设立和领导的物流管理组织。它享有物流管理的最高权限,负有制定物流政策、下达物流计划、指导国民经济物流任务完成的职责。中央一级的物流管理组织按专业化程度可分为两类:其一,物流是其全部的或主要的业务功能;其二,物流功能仅为其主要生产业务服务。中央一级的物流管理组织之间不存在互相领导的关系,而是表现为相互协作、相互补充的关系。

(2) 地方的物流管理组织。地方的物流管理组织是指在各省、自治区、直辖市以至各区、县的地方物流管理机构。这种物流管理组织的特点表现为管理权限主要集中在地方。同级地方的物流管理组织之间的联系较少或不存在联系。地方的物流管理组织负责在其管辖范围内的物流组织活动并有权制定地方物流活动的政策、方法,组织完成物流活动。地方的物流管理组织有承担中央一级的物流管理组织下达的物流任务的义务,并有权向中央提出物流合理化的建议。

(3) 企业的物流管理组织。生产企业的物流管理组织是生产企业的一个部门,它的主要职责是完成生产所需要的原材料的供应、产品的销售及半成品的物流任务。流通企业的物流管理组织是围绕着流通活动的各种职能设置的,通常是流通企业生产活动的组织保证。

（二）物流管理组织的结构形态

1. 顾问式结构

顾问式结构是一种物流整体功能最弱的过渡型物流管理组织结构。

物流部门只是作为顾问的角色,负责整体物流的规划、分析、协调和物流工程,并提出决策性建议,对各部门的物流活动起指导作用,但物流活动的具体运作管理仍由所属的原部门负责,物流部门无权管理,如图 2-7 所示。

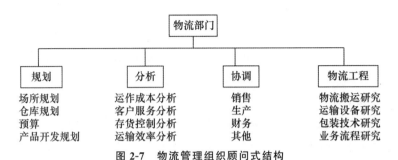

图 2-7　物流管理组织顾问式结构

2. 直线式结构

直线式结构是物流部门对所有物流活动具有管理权和指挥权的物流管理组织结构,它是一种较为简单的组织结构形式,如图 2-8 所示。

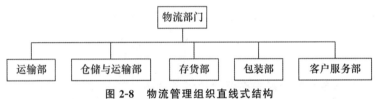

图 2-8　物流管理组织直线式结构

在直线式结构下,物流部门总经理一方面管理下属部门的日常业务工作,另一方面兼顾物流系统的分析、设计和规划,这对其业务水平提出了较高的要求。

物流管理组织直线式结构由物流部门总经理全权负责,职权清晰,物流效率较高。

3. 直线顾问式结构

单纯顾问式结构和直线式结构都存在一定的缺陷,逻辑上的解决办法是将两者结构形式合二为一。在直线顾问式结构中,物流部门对业务部门均实行垂直式领导,且有指挥和命令权力,如图 2-9 所示。

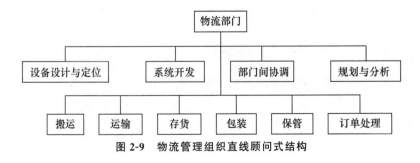

图 2-9　物流管理组织直线顾问式结构

诸如规划、协调等活动中,物流部门要与其他部门合作,才能使企业物流整体得到改进。

4. 矩阵式结构

矩阵式结构的设计原理是将物流作为思考问题的角度和方法,而不是把它作为企业内的另外一种功能。完成物流业务需要跨越多个部门,历时长、涉及人员广,所以在某种程度上,一项物流业务也可以视为一个项目。

矩阵式结构表现为完成物流业务所需要的各种物流活动仍由原部门(垂直方向)管理,但水平方向又加入了类似于项目管理的部门(也称物流部门),负责管理一个完整的物流业务,从而形成了纵横交错的物流管理组织结构。

在矩阵式结构下,物流项目经理在一定的时间、成本、数量和质量约束下,负责整个物流项目的实施(水平方向),各个部门负责对物流项目的支持(垂直方向)。

课外阅读

《新文科建设宣言》

2020年11月3日,全国有关高校和专家齐聚中华文化重要发祥地山东,共商新时代文科教育发展大计,共话新时代文科人才培养,共同发布《新文科建设宣言》。

我们的共识:

新时代新使命要求文科教育必须加快创新发展

提升综合国力需要新文科。一个国家的发展水平,既取决于自然科学发展水平,也取决于哲学社会科学发展水平。哲学社会科学发展水平反映着一个民族的思维能力、精神品格和文明素质,关系到社会的繁荣与和谐。新时代,把握中华民族伟大复兴的战略全局,提升国家文化软实力,促进文化大繁荣,增强国家综合国力,新文科建设责无旁贷。

坚定文化自信需要新文科。文化自信是实现中华民族伟大复兴的精神力量。核心价值观是文化最深层次的要素,文化自信在根本上取决于核心价值观的生命力、凝聚力、引领力。围绕举旗帜、聚民心、育新人、兴文化、展形象的使命任务,大力推动中华优秀传统文化创造性转化、创新性发展,培育践行社会主义核心价值观,为中华民族伟大复兴注入强大的精神动力,新文科建设大有可为。

培养时代新人需要新文科。面对世界百年未有之大变局,要在大国博弈竞争中赢得优势与主动,实现中华民族复兴大业,关键在人。高等文科教育作为培养青年人自信心、自豪感、自主性的主战场、主阵地、主渠道,坚持以文化人、以文培元,大力培养具有国际视野和国际竞争力的时代新人,新文科建设任重道远。

建设高等教育强国需要新文科。高等教育是兴国强国的"战略重器",服务国家经济社会高质量发展,根本上要求高等教育率先实现创新发展。文科占学科门类的三分之二,占专业种类和在校生数的半壁江山。文科教育的振兴关乎高等教育的振兴,做强文科教育推动高教强国建设,加快实现教育现代化,新文科建设刻不容缓。

文科教育融合发展需要新文科。新科技和产业革命浪潮奔腾而至,社会问题日益综合化复杂化,应对新变化、解决复杂问题亟需跨学科专业的知识整合,推动融合发展是新文科建设的必然选择。进一步打破学科专业壁垒,推动文科专业之间深度融通、文科与理工农医交叉融合,融入现代信息技术赋能文科教育,实现自我的革故鼎新,新文科建设势在必行。

我们的遵循:

坚持走中国特色的文科教育发展之路

坚持尊重规律。尊重文科教育特点和人才成长规律是新文科建设高质量推进的基本前提。文科教育教学兼具价值性与学术性,强化价值引领是新文科建设内在要求。要坚持以习近平新时代中国特色社会主义思想为指导,不断提高高等文科教育的时代性、科学性和创造性。

坚持立足国情。新时代改革开放和社会主义现代化建设的伟大实践是深耕新文科的肥沃土壤。推进新文科建设,要坚持不懈挖掘新材料、发现新问题、提出新观点、构建新理论,加强对实践经验的系统总结,形成中国特色文科教育的理论体系、学科体系、教学体系,为新一轮改革开放和社会主义现代化建设服务。

坚持守正创新。在传承中创新是文科教育创新发展的必然要求。丢弃传统,就是自断根基;不求创新,必然走向枯竭。新文科建设既要固本正源,又要精于求变,要立足两个大局,不断从中华优秀传统文化中汲取力量,主动适应并借力现代信息技术手段,实现文科教育高质量高水平发展。

坚持分类推进。文科门类众多、特色各异的特点决定了新文科建设必须分类推进。要根据各自学科专业特点,结合行业领域特定问题,促进八大学科门类特色发展,实现文史哲促人修身铸魂、经管法助力治国理政、教育学培元育才、艺术学美人化人。

我们的任务:

构建世界水平、中国特色的文科人才培养体系

明确总体目标。推动文科教育创新发展,构建以育人、育才为中心的哲学社会科学发展新格局,建立健全学生、学术、学科一体的综合发展体系,推动形成哲学社会科学中国学派,创造光耀时代、光耀世界的中华文化,不断增强自信心、自豪感、自主性,提升影响力、感召力、塑造力。

强化价值引领。牢牢把握文科教育的价值导向性,坚持立德树人,全面推进高校课程思政建设,推动习近平新时代中国特色社会主义思想进教材、进课堂、进头脑,提高学生思想觉悟、道德水准、文明素养,培养担当民族复兴大任的新时代文科人才。

促进专业优化。紧扣国家软实力建设和文化繁荣发展新需求,紧跟新一轮科技革命和产业变革新趋势,积极推动人工智能、大数据等现代信息技术与文科专业深入融合,积极发展文科类新兴专业,推动原有文科专业改造升级,实现文科与理工农医的深度交叉融合,打造文科"金专",不断优化文科专业结构,引领带动文科专业建设整体水平提升。

夯实课程体系。紧紧抓住课程这一最基础最关键的要素,持续推动教育教学内容更新,将中国特色社会主义建设的最新理论成果和实践经验引入课堂、写入教材,转化为优质教学资源。鼓励支持高校开设跨学科跨专业新兴交叉课程、实践教学课程,培养学生的跨领域知识融通能力和实践能力。

推动模式创新。以培养未来社会科学家为目标,建设一批文科基础学科拔尖人才培养高地。聚焦应用型文科人才培养,开展法学、新闻、经济、艺术等系列大讲堂,促进学界业界优势互补。聚焦国家新一轮对外开放战略和"一带一路"建设,加大涉外人才培养,加强高校与实务部门、国内与国外"双协同",完善全链条育人机制。

打造质量文化。坚持学生中心、坚持产出导向、坚持持续改进,构建中国特色的文科教育质量保障体系,建设文科特色质量文化。建立健全以大数据为基础的文科教育质量常态监测体系,实施文科专业认证,强化高校质量保障主体意识,促进文科人才培养能力持续提升。

中国高等文科教育为弘扬中国精神、凝聚中国力量、践行中国道路,为托起国家富强、民族复兴、人民幸福的中国梦而坚定前行!

不忘本来、吸收外来、面向未来,中国新文科建设,我们从这里启航!

资料来源:教育部.新文科建设工作会在山东大学召开[EB/OL].(2020-11-03)[2022-07-30].
http://www.moe.gov.cn/jyb_xwfb/gzdt_gzdt/s5987/202011/t20201103_498067.html.

思考题

名词解释

物流学　　　　物流效益背反　　物流管理　　　　物流管理组织
物流专门性评价　物流综合性评价　物流纵向评价　　物流横向评价
物流管理行政机构　物流管理业务机构　物流工程　　物流系统工程
物流成本　　　　物流总成本分析

问答题

1. 谈谈你对物流学研究对象的认识。
2. 阐述物流管理有哪几个阶段?每个阶段管理的主要内容都包括哪些?

3. 简述物流管理的原则。
4. 说明各种不同的物流管理组织的结构形态,并阐述各自的特点。
5. 物流技术工程系统可以细分为哪几个主要的工程领域?
6. 如何认识物流系统?结合实际谈谈物流系统的特征。
7. 阐述"物流成本冰山"学说的内容。
8. 谈谈你对"第三利润源"的认识。
9. 物流的供给是分层次的,谈谈其层次结构如何划分。
10. 在选择物流服务时,一般会从哪些因素来考虑?
11. 从物流费用支出的形式看,物流成本是由哪几个方面构成的?
12. 谈谈物流成本管理的基本内容。
13. 谈谈你对物流系统经济效益分析的认识。

21世纪经济与管理规划教材

物流管理系列

第三章

包装与集装

学习目的

　　包装的物质形态和盛装商品时所采取的技术手段及工艺操作过程是现代物流活动的基础,通过该章的学习,学生能从概念到操作了解现代包装和集装箱等集合包装的知识。

技能要求

　　掌握包装的基本知识,如包装的功能、现代包装的分类、包装标记、包装标志等;了解包装材料、包装技法、常用的包装机械;重点认识以集装箱、托盘为代表的集装化技术与集合包装形式。

现代包装把包装的物质形态和盛装商品时所采取的技术手段、工艺操作过程,乃至装潢形式和包装的作用连成一体。中华人民共和国国家标准《物流术语》(GB/T 18354-2021)明确指出,包装是"为在流通过程中保护产品、方便储存、促进销售,按一定技术方法而采用的容器、材料及辅助物等的总体名称",并且包括为了达到上述目的而进行的操作活动。

第一节 现代包装概述

一、包装的功能

（一）保护功能

包装的保护功能,即保护物品不受损伤的功能,它体现了包装的主要目的。

1. 防止物资的破损变形

为了防止物资的破损变形,物资包装必须能承受在装卸、运输、保管等过程中的各种冲击、振动、颠簸、压缩、摩擦等外力的作用,形成对外力的防护。

2. 防止物资发生化学变化

为防止物资受潮、发霉、变质、生锈等化学变化,物资包装必须能在一定程度上起到阻隔水分、潮气、光线,以及空气中各种有害气体的作用,避免受到外界不良因素的影响。

3. 防止有害生物对物资的影响

鼠、虫及其他有害生物对物资有很大的破坏性。包装封闭不严,会给细菌、虫类造成侵入之机,导致物资变质、腐败,特别是对食品危害性更大。

4. 防止异物混入、污物污染、丢失、散失

（二）方便功能

物资包装具有方便流通、方便消费的功能。

1. 方便储存

从搬运、装卸的角度看,包装的规格尺寸、重量、形态要适合作业。从物资保管角度看,物资的包装为保管工作提供了方便条件,便于维护物资本身的原有使用价值。包装物的各种标志,使管理者易于识别、存取和盘点,有特殊要求的物资易于引起注意;从验收角度看,易于开包、便于重新打包的包装方式为验收提供了方便。包装的集合方法、定量性,以及为节约验收时间而加快验收速度也会起到十分重要的作用。

2. 方便装卸

物资经适当的包装后便于各种装卸、搬运机械的使用,有利于提高装卸、搬运机械的运作效率。包装规格尺寸的标准化,为集合包装提供了条件,从而能极大地提高装载效率。

3. 方便运输

包装的规格、形状、重量等与货物运输关系密切。包装尺寸与运输车辆、船、飞机等运输工具箱、仓容积的吻合性,方便了运输,提高了运输效率。

(三) 销售功能

销售功能是促进物资销售的包装功能。在商业交易中促进物资销售的手段很多,其中包装的装潢设计占有重要地位。精美的包装能唤起人们的购买欲望。包装的外部形态是商品很好的宣传品,能刺激客户的购买行为。

综上所述,包装的保护功能和方便功能是与物流密切相关的两大功能。销售功能是与商流相关的功能。

二、现代包装的分类

现代包装门类繁多,品种复杂,这是由于要适应各种物资性质差异和不同运输工具等各种不同的要求及目的,使包装在设计、选料、技法、形态等方面呈现出多样化特征。

(一) 按包装功能分类

1. 工业包装

工业包装又被称为运输包装,是"以满足运输、仓储要求为主要目的的包装"(GB/T 18354-2021)。运输包装以强化运输、保护商品、便于储运为主要目的。

2. 商业包装

商业包装是以促进商品销售为主要目的的包装。这种包装的特点是:外形美观,有必要的装潢,包装单位适合客户购买量和商店设施的要求。

(二) 按包装层次分类

1. 个包装

个包装是指以一个商品为一个销售单位的包装形式。个包装直接与商品接触,在生产中与商品装配成一个整体。它以销售为主要目的,一般随同商品销售给客户,又被称为销售包装或小包装。

2. 中包装(内包装)

中包装是指若干单体商品包装组成一个小的整体包装。它是介于个包装与外包装的中间包装,属于商品的内层包装。中包装在销售过程中,一部分随同商品出售,一部分则在销售中被消耗掉,因而被列为销售包装。在商品流通过程中,中包装起着进一步保护商品、方便使用和销售的作用,方便商品分拨和销售过程中的点数和计量,方便包装组合等。

3. 外包装(运输包装或大包装)

外包装是指商品的最外层包装。在商品流通过程中,外包装起着保护商品,方便运输、装卸和储存等作用。

（三）按包装使用范围分类

1. 专用包装

专用包装是指专供某种或某类商品使用的一种或一系列的包装。

2. 通用包装

通用包装是指一种能盛装多种商品、被广泛使用的包装容器。通用包装一般不进行专门设计制造，而是根据标准系列尺寸制造，用以包装各种无特殊要求的或标准规格的产品。

（四）按包装使用的次数分类

1. 一次用包装

一次用包装是指只能使用一次，不再回收复用的包装。它是随同商品一起出售或销售过程中被消耗掉的销售包装。

2. 多次用包装

多次用包装是指回收后经适当的加工整理，仍可重复使用的包装。多次用包装主要是商品的外包装和一部分中包装。

3. 周转用包装

周转用包装是指工厂和商店用于固定周转、多次复用的包装容器。

（五）包装的其他分类方法

按运输方式，包装可分为铁路货物包装、卡车货物包装、船舶货物包装、航空货物包装及零担包装和集合包装等。

按包装防护目的，包装可分为防潮包装、防锈包装、防霉包装、防震包装、防水包装、遮光包装、防热包装、真空包装、危险品包装等。

按包装操作方法，包装可分为罐装包装、捆扎包装、裹包包装、收缩包装和缠绕包装等。

三、现代包装材料

包装材料是指构成包装实体的主要物质。由于包装材料的物理性能和化学性能的千差万别，所以选择合理的包装材料对保护产品有着非常重要的作用。

（一）金属包装材料

金属包装材料主要指钢材和铝材，其形式为薄板、金属箔、捆扎带、捆扎丝（绳）等。

金属作为包装材料的优点有：

（1）金属牢固、不易破碎、不透气、防潮、防光，能有效地保护内装物；

（2）金属有良好的延展性，容易加工成型，其加工技术成熟；钢板镀上锌、锡、铬等具有很好的防锈能力；

（3）金属表面有特殊的光泽，使金属包装容器具有良好的装潢效果；

（4）金属易于再生使用。

但是，金属在包装上的应用受到成本高、能耗大、在流通中易变形、生锈等的限制。

(二)玻璃包装材料

玻璃作为包装材料的优点是:

(1) 玻璃的保护性能良好,不透气、不透湿,有紫外线屏蔽性,化学稳定性高,耐风化、不变形、耐热、耐酸、耐磨,无毒无异味,有一定强度,能有效地保护内装物;

(2) 玻璃的透明性好,易于造型,具有特殊的真实展现商品的效果;

(3) 玻璃易于加工,可制成各种样式,对产品包装的适应性强;

(4) 随着玻璃的强化、轻量化技术及复合技术的发展,更加强了对产品包装的适应性,尤其是在一次性使用的包装材料中有较强的竞争力;

(5) 玻璃包装容器易于复用、回收,便于洗刷、消毒、灭菌,能保持良好的清洁状态,一般不会造成公害;

(6) 玻璃原材料资源丰富且便宜,价格较稳定。

但是,玻璃用作包装材料存在耐冲击强度低、碰撞时易破碎、自身重量大、运输成本高、能耗大等缺点,限制了其广泛应用。

(三)木制包装材料

木材是一种天然材料,因树种不同、生长环境不同、树干部位不同而在性质上有很大差异,因此使用时应进行合理的选择和处理。

木材作为包装材料的主要优点有:

(1) 木材具有优良的强度/重量比,有一定的弹性,能承受冲击、振动、重压等作用;

(2) 木材加工方便,不需要复杂的加工机械设备;

(3) 木材可加工成胶合板,外观好,可减轻包装重量,提高木材的均匀性,因此扩大了木材的应用范围。

但是,木材又存在易于吸收水分、易于变形开裂、易腐朽、易受白蚁蛀蚀等缺点,再加之受资源限制、价格高等的影响,限制了其在包装中的应用。

(四)纸和纸板包装材料

纸和纸板作为包装材料的优点有:

(1) 成型性和折叠性优良,便于加工并能高速连续生产;

(2) 容易达到卫生要求;

(3) 易于印刷,便于介绍和美化商品;

(4) 价格较低,不论是单位面积价格还是单位容积价格,与其他材料相比都是经济的;

(5) 本身重量轻,能降低运输费用;

(6) 质地细腻、均匀、耐摩擦、耐冲击、容易黏合,不受温度影响,无毒、无味、易于加工,适用于不同包装的需要。

但是,纸和纸板也有一些弱点,如受潮后强度下降,气密性、防潮性、透明性差等。

(五)塑料包装材料

塑料作为包装材料的主要优点有:

(1) 塑料具有优良的物理机械性能,如有一定的强度、弹性、耐折叠、耐摩擦、抗震动、可防潮和气体阻漏等;

(2) 塑料的化学稳定性好,具有耐酸碱、耐化学试剂、耐油脂、防锈蚀、无毒等特点;

(3) 塑料属于轻质材料,其比重(相对密度)约为金属的1/5,玻璃的1/2;

(4) 塑料加工成型简单,可制成薄膜、片材、管材、编织布、无纺布、发泡材料等多种样式;

(5) 塑料具有优良的透明性和表面光泽,印刷效果和装饰性良好。

塑料作为包装材料也有不少弱点,如强度不如钢铁,耐热性不及玻璃等;塑料最大的缺陷是易产生公害,造成白色污染等。

(六) 复合包装材料

复合包装材料是将两种或两种以上具有不同特性的材料,通过各种方法复合在一起,以改进单一材料的性能,发挥更多材料的优点的包装材料。复合包装材料在包装领域有广泛的应用。目前已开发研制出的复合材料有三四十种,使用较多的是塑料与玻璃复合材料、塑料与金属箔复合材料等。此外还有纸基复合材料、塑料基复合材料、金属基复合材料等。

四、包装标记和包装标志

(一) 包装标记

包装标记是根据物资本身的特征用文字和阿拉伯数字等在包装上标明规定的记号。

1. 一般包装标记

一般包装标记也被称为包装的基本标记。它是指在包装上写明物资的名称、规格、型号、计量单位、重量、尺寸、出厂时间等。

对于使用时效性较强的物资还要写明储存期限或保质期限。

2. 表示收发货地点和单位的标记

这是注明商品起运、到达地点和收发货单位的文字记号,反映的内容是收发货具体地点(收货人地点、发货人地点,收货站、收货港和发货站、发货港等),以及收发货单位的全称。

对于进口物资,商务部还统一编制了向国外订货的代号,称为收货人唛头。这种标记主要有三方面的作用:① 加强保密性,有利于物流中商品的安全;② 减少了签订合同和运输过程中的翻译工作;③ 在运输中具有导向作用,可减少错发、错运事故。

3. 标牌标记

标牌标记是在物资包装上涂打说明商品性质特征、规格、质量、产品批号、生产厂家等内容的标识牌。标牌一般用金属制成。

(二) 包装标志

包装标志是用来指明被包装物资的性质和物流活动安全,以及出于理货分运的需要而进行的文字和图像的说明。

1．指示标志

指示标志用来指示运输、装卸、保管人员在作业时需注意的事项,以保证物资的安全。这种标志主要表示物资的性质,物资堆放、开启、吊运等的方法。

根据国家标准《危险货物包装标志》(GB 190-73)规定,在有特殊要求的货物外包装上应粘贴、涂打、钉附以下不同名称的标志,如向上、防湿、小心轻放、由此吊起、由此开启、重心点、防热、防冻等。

在国际物流中则要求在包装上应正确绘制货物的运输标志和必要的指示标志。标志至少应包括下列内容:

(1) 目的地相关信息,如收货人的最终地址、中转地点、订货单号。

(2) 装卸货指示标志,特别是对于易碎商品,更应在包装上标记出装卸操作的方向以防商品损坏。

2．危险品标志

危险品标志是用来表示危险品的物理、化学性质,以及危险程度的标志。它可提醒人们在运输、储存、保管、搬运等活动中应注意的事项。

根据国家标准《危险货物包装标志》(GB 190-2009)规定,在水陆、空运危险货物的外包装上应拴挂、印刷或标打以下不同的标志,如爆炸品、氧化剂、无毒不燃压缩气体、易燃压缩气体、有毒压缩气体、易燃物品、自燃物品、遇水燃烧品、有毒品、剧毒品、腐蚀性物品、放射性物品等。

(三) 包装标记和包装标志的要求

(1) 必须按照国家有关部门的规定办理。我国对物资包装标记和标志所使用的文字、符号、图形及使用方法,都有统一的规定。

(2) 必须简明清晰、易于辨认。包装标记和标志要文字少,图案清楚,易于制作,一目了然,方便查对。标记和标志的文字、字母及数字号码的大小应和包装件的标记和标志的尺寸相称,笔画粗细要适当。

(3) 涂刷、拴挂、粘贴标记和标志的部位要适当。所有的标记和标志,都应位于搬运、装卸作业时容易看得见的地方。为防止在物流过程中某些标记和标志被抹掉或不清楚而难以辨认,应尽可能在同一包装物的不同部位制作两个相同的标记和标志。

(4) 要选用明显的颜色做标记和标志。制作标记和标志的颜料应具备耐温、耐晒、耐摩擦等性能,以避免褪色、颜色脱落等现象。

(5) 标志的尺寸一般分为三种:用于拴挂的标志为 74 mm×52.5 mm;用于印刷和标打的标志为 105 mm×74 mm 和 148 mm×105 mm 两种。必须说明的是,特大和特小的包装不受此尺寸限制。

第二节 现代包装技法和包装机械

一、产品包装技法

产品包装技法是指在包装作业时所采用的技术和方法。

（一）产品包装的一般技法

1. 对内装物进行合理置放、固定等

外形规则的产品，要注意套装；薄弱的部件，要注意加固；包装内重力分布要均衡；产品与产品之间要隔离和固定等。

2. 对松泡产品进行压缩

松泡产品如果不进行压缩，则不仅占用包装的容积太大，还会导致运输、储存费用的增加。有效的应对方法是采用真空包装技法，它可大大缩小松泡产品的体积。

3. 合理选择包装的形状尺寸

在外包装形状尺寸的选择中，应采用包装模数系列，要避免过高、过扁、过大、过重。运输包装件尺寸要与托盘、集装箱的尺寸相配合，以便在托盘码放、装箱时减少空隙。

内包装（盒）在选择其形状尺寸时，要与外包装（尺寸）相配合。

4. 包装外的捆扎

捆扎的直接目的是将单个物件或数个物件捆紧，以便于运输、储存和装卸。捆扎不仅能压缩货物体积，还能使容器的强度得到提高。

（二）产品包装的特殊技法

1. 缓冲包装技法

缓冲包装技法又称防震包装技法，是使被包装产品免受外界的冲击力、振动力等作用，从而防止产品破损的包装技术和方法。产品在流通过程中发生破损的主要原因是受运输中的振动、冲击及在装卸作业过程中的跌落等外力作用。不同产品承受外力的作用程度虽然有所不同，但基本是超过一定程度就会发生毁损。为使外力不完全作用在产品上，有必要采用某些缓冲的办法，使外力对产品的作用限制在损坏限度之内。缓冲包装技法一般分为全面缓冲、部分缓冲和悬浮式缓冲。

全面缓冲是指产品或内包装的整个表面都用缓冲材料衬垫的包装方法。如压缩包装法、模盒包装法、就地发泡包装法等。

部分缓冲是指仅在产品或内包装的拐角或局部地方使用缓冲材料衬垫。通常对整体性好的产品或有内包装容器的产品特别适用。部分缓冲有天地盖、左右套、四棱衬垫、八角衬垫和侧衬垫几种。

悬浮式缓冲是指先将产品置于纸盒中，产品与纸盒间各面均用柔软的泡沫塑料衬垫妥当，盒外用帆布包装装入胶合板箱，然后用弹簧张吊在外包装箱内，使其悬浮吊起。这样可以同时通过弹簧和泡沫塑料起缓冲作用。这种方法适用于极易受损的产品，如精密机电设备、仪器、仪表等。

2. 防潮包装技法

防潮包装技法就是采用防潮材料对产品进行包装，以隔绝外部空气相对湿度变化对产品的影响，使包装内的相对湿度符合产品的要求，从而保护产品质量。实施防潮包装是用低透湿度或透湿度为零的材料，将被包装物与外界潮湿大气相隔绝。主要防潮包装技法有刚性容器密封包装、加干燥剂密封包装、不加干燥剂密封包装、多层密封包装、复合薄膜真空包装、复合薄膜充气包装和热收缩薄膜包装等。

3. 防锈包装技法

防锈包装技法是运输储存金属制品与零部件时,为了防止其因生锈而降低使用价值或性能所采用的包装技术和方法。其目的是:减少和消除致锈的各种因素,采取适当的防锈处理;在运输和储存中除了要防止防锈材料的功能受到损伤,还要防止一般性的外部物理性破坏。

金属防锈可在金属表面涂覆防锈材料,或采用气相蚀剂、塑料封存、充氮和干燥空气等方法。

4. 防霉包装技法

防霉包装是为了防止因真菌侵袭内包装物长霉而影响产品质量,所采取的一定防护措施的包装技法。耐低温包装一般是用耐冷耐潮的包装材料制成,经过耐冷处理过的包装能较长时间在低温下存放,而包装材料在低温下不会变质,从而达到以低温抑制微生物的生理活动,达到内装物不霉腐的目的。采用陶瓷、金属、玻璃等高密封容器进行真空和其他防腐处理(如加适量防腐剂),是防止真菌侵袭的好方法。

(三) 包装操作技术

1. 充填技术

充填是将商品装入包装容器的操作,分为装放、填充与灌装三种形式。

(1) 装放。装放是按照一定的顺序将商品置于包装容器中的操作,可分为一次装放(将成件商品直接放入容器中)和多层装放(将小包装的单位商品再放入大的容器中)。装放的特点是商品在容器中的有序性。装放按装入容器的不同分为装箱、装盒、装袋等。

(2) 填充。填充是将干燥的粉状、片状或颗粒状商品装入包装中。其主要特点是商品具有流动性,商品在容器中没有一定顺序,主要是对盒、袋、瓶等进行填充。填充时一般要进行定量。

(3) 灌装。灌装是将液体或半液体商品灌入容器内。灌装商品具有更强的流动性,容器要有不渗漏的特点,主要有桶、罐、瓶等。灌装有定位与定量两种基本方法:定位灌装是将商品灌到瓶口或容器的某一部位(液体平面保持在一定位置上);定量灌装是通过定量装置准确地灌入一定容量的液体。

2. 封口和捆扎技术

(1) 封口。包装的封口是包装操作的一道重要工序,它直接关系着包装作业的质量与包装密封性能。由于不同容器的密封性能要求不同,因而有不同的封口方法,主要有黏合封口、胶带封口、捆扎封口、热熔封口、压接封口、缝合封口等。

(2) 捆扎。捆扎是将商品或包装件用适当材料扎紧、固定或增强的操作,主要有直接捆扎、夹板捆扎、成件捆扎和密缠捆扎等形式。

3. 裹包

裹包是用一层挠性材料包覆商品或包装件的操作。用于裹包的材料主要有纸张、织品、塑料薄膜等。裹包的方法主要有直接裹包、多件裹包、压缩捆包等。

4. 贴标和检重

贴标就是将标签粘贴或拴挂在商品或包装件上,标签是包装装潢的标志。检重是检查内装物的重量,目前大多采用电子检重机进行检测。

二、包装机械

(一)包装机械的分类

按包装操作方法分为充填、捆扎、裹包、泡罩、缠绕、封口、贴标、检重、清洗和灭菌等机械;

按包装使用用途分为工业包装机械和商业包装机械;

按包装产品分为食品、药品、日用工业品、化工产品等包装机械;

按包装容器分为装箱、装盒、装袋、装瓶、装罐、装桶等包装机械;

按包装层次分为单层包装、多层包装机械;

按包装大小分为小包、中包、大包等包装机械;

按被包装物形态分为固体(包括块状、粒状和粉状)和液体(包括高黏度、中黏度、低黏度)等包装机械;

按传送方式分为单位包装机、间歇运动多工位包装机、单头连续运动多工位包装机、多头连续运动多工位包装机等。

此外,还有干燥机、上蜡机、包装组合机、上塞机、旋盖机等。

(二)包装机械的基本结构

1. 进给机构

进给机构包括被包装产品的进给和包装材料或容器的进给,进给被包装物需要整齐排列。

2. 计量装置

为了保证包装工作不间断地进行,在物料供送前或供送过程中,计量装置被用来计量供给。计量方法主要有容量(积)计量法、称重计量法、计数定量法和重量流量法。

3. 传动机构

它起着动力传递的作用,直接驱动各执行机构运动,完成包装作业,在包装机械中占有重要地位。

4. 输送装置

它是包装机械上的主要部件,其任务是将待包装产品和已包装好的产品,从一个工位运送到另一个工位上,或从外部结构上把自动线上的各台单机相连,直至最后把包装制品输送入库。

5. 动力部件

动力部件有电动机、液压泵、压缩机、气缸、液压缸等,其中以电动机最为普遍。

6. 控制系统

按被控制对象的状态不同,控制系统可分为流动自动化控制和机械自动化控制。流动自动化控制主要是以连续进行变化的液体或粉状物等为对象,对其温度、流量、压力、料位等参数进行长期的连续定量控制;机械自动化控制主要以固体为控制对象,对它们的位置、尺寸、形状、姿势等因素进行定性的间断性控制。

三、几种常见的产品包装机械

1. 充填机械

(1) 装箱机械。装箱机械以纸箱为主。根据机械工作的程序不同,有的是已装订成型的平叠纸箱,有的则是未装订接口的瓦楞平板,后者在包装过程中一边填装产品,一边黏合接口,如图3-1所示。

图 3-1　装箱机械示意图

(2) 灌装机械。灌装机械是指灌装液体与半液体产品或液体与固体混合制品的机械,灌装所用的容器主要有桶、罐、瓶、听、软管等。按照灌装产品的工艺可分为常压灌装机、真空灌装机、加压灌装机等。灌装机械通常与封口机械、贴标机械等连接使用。

(3) 填充机械。填充机械主要指填装干燥粉状、颗粒状商品于盒、瓶、罐中的机械。因被装的产品不同,机械的结构也不相同。刚性或半刚性容器(瓶或罐)是由各种抬板、推板和链板的传送带自动送入填充装置。填充机械包括直接填充机和制袋填充机两种:直接填充机是利用预先成型的纸袋或塑料袋进行填充,也可以直接填充于其他容器;制袋填充机则既要完成袋容器的成型,又要将产品填充入袋容器内。

2. 裹包、捆扎、贴标及封口机械

裹包、捆扎及贴标机械不同于充填机械,它们是直接使用材料来包装产品的。

(1) 裹包机械。裹包机械又称挠性材料裹包机械,如图3-2所示。裹包机械主要用于包装单件商品,也可用于包装多件商品。常见的裹包机械有扭结式包装机、枕式包装机、信封式包装机和拉伸式包装机等。

(2) 捆扎机械。捆扎机械是利用纸、塑料、纺织纤维和金属的绳、带对单个或数个包装物进行捆扎的机械。捆扎机械的种类繁多,类型各异,大小也不相同。根据被捆扎产品的特点和捆扎要求不同,可分为带状捆扎机、线状或绳状捆扎机等。

(3) 贴标机械。贴标机械主要用于在容器上加标,如图3-3所示。贴标机械分为标签未上胶和上胶两种,其操作方法各有不同。

图 3-2 裹包机械示意图

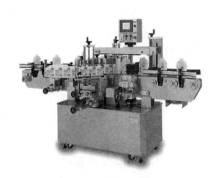

图 3-3 贴标机械示意图

(4) 封口机械。封口机械用于各种包装容器的封口。按封口的工艺不同,可分为玻璃加盖机械、布袋封口缝纫机械、封箱机械、各种塑料袋和纸袋的封口机械。

3. 包装技术机械

由于收缩、拉伸和热成型等包装机械与塑料包装材料和包装容器的工艺特性密切相关,因而统称包装技术机械。

(1) 收缩包装机械。收缩包装机械应用于经过拉伸的热收缩薄膜包装产品,是对薄膜进行适当的加热处理,使薄膜收缩而裹紧物品的包装机械,如图 3-4 所示。这种包装机械的最大特点是通用性强,适合各种形状产品的包装,特别是不规则产品的包装。它可以简化包装过程,并达到紧贴透明、富有弹性、整洁卫生的包装效果,同时还有包装体积小、成本低,可进行集合包装的优点。收缩包装机械的收缩膜由上、下两个卷筒张紧,产品由机械部件推向薄膜,薄膜包裹产品后,由封口部件将薄膜的三面封合,随后由输送带输送,通过加热装置裹紧产品,待冷却后形成收缩包装。

图 3-4 收缩包装机械示意图

(2) 拉伸包装机械。拉伸包装机械是依靠机械装置在常温下将弹性塑料薄膜围绕着待包装产品拉伸、裹紧,并在末端进行封合的一种包装机械。这种包装机械一般是为集装在托盘上成堆的包装而设计的,所用的塑料为聚乙烯薄膜。

（3）热成型包装机械。热成型包装机械又被称为吸塑包装机械,根据成型工艺的不同,可分为泡罩包装机、贴体包装机、热压成型充填机和真空包装机等。热成型包装机械可以连续地或间歇地将聚氯乙烯等塑料薄膜(薄片)靠真空压缩成型为泡罩或盘状;当包装产品自动装进泡罩或盘内,并热合于纸板或铝箔上后,再冲裁成一定形状的片状,形成一种特殊的包装形态。热成型包装具有透明美观、防潮、隔气和防渗透等优点,因此,热成型包装机械的应用范围十分广泛。

第三节　集装化与集合包装

集装化也被称为组合化和单元化,是"用集装器具或采用捆扎方法,把物品组成标准规格的货物单元,以便进行装卸、搬运、储存、运输等物流活动的作业方式"(GB/T 18354-2021)。

集装化物资的载体是集合包装。集合包装就是将若干相同或不同的包装单位汇集起来,最后包装成一个更大的包装单位或装入一个更大的包装容器内的包装形式。

一、集装箱

（一）物流模数

物流模数即"物流设施、设备或货物包装的尺寸基数"(GB/T 18354-2021)。

国际标准化组织(International Organization for Standardization, ISO)已经制定了许多有关物流设施、设备等方面的技术标准,并且制订了国际物流基础尺寸的标准方案:

(1) 物流基础模数尺寸:600 mm×400 mm。

(2) 物流集装箱基础模数尺寸:1 200 mm×1 000 mm 为主,也允许 1 200 mm×800 mm 和 1 100 mm×1 100 mm。

(3) 物流基础模数尺寸与集装箱基础模数尺寸的配合关系,如图 3-5 所示(单位:毫米)。

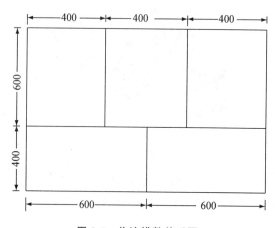

图 3-5　物流模数关系图

(二)集装箱的定义

集装箱(Container)是集合包装容器中最主要的形式,也称货箱或货柜。中华人民共和国国家标准《物流术语》(GB/T 18354-2021)对集装箱的定义是:"具有足够的强度,可长期反复使用的适于多种运输工具而且容积在 1 m^3 以上(含 1 m^3)的集装单元器具。"

根据 ISO 对集装箱所下的定义和技术要求,集装箱应具有如下特点和技术要求:

(1) 具有足够的强度,能长期反复使用;

(2) 适于一种或多种运输方式运送货物,途中无须倒装;

(3) 设有供快速装卸的装置,便于从一种运输方式转到另一种运输方式;

(4) 便于箱内货物装满和卸空;

(5) 内容积等于或大于 1 m^3。

(三)集装箱的分类

1. 按集装箱的用途分类

(1) 通用集装箱。通用集装箱适用于对装载运输条件无特殊要求的各种不同规格的干杂货,进行成箱、成件集装运输。这类集装箱一般有全密封防水装置,故也被称为密封式集装箱。

(2) 专用集装箱。专用集装箱是在结构上有一定特点的一般货物集装箱的总称,是根据某些商品对运输条件的特殊要求而专门设计的集装箱。常见的有:① 透气式集装箱,在箱内装货空间的上部设有透气装置;② 通风式集装箱,设有为加速箱外空气流动提供条件的集装箱,但要求有专供进气和出气的通道;③ 敞顶式集装箱,为了适于装载超重超长的货物,可以卸掉箱顶的集装箱。

(3) 冷藏集装箱。冷藏集装箱箱内备有制冷装置,一般具有在设定温度条件下自动控温的功能。

(4) 罐式集装箱。这是一种全密封式的大型容器,由罐体和框架组成,是为装运液态、气态货物和加压干散货物而设计的有压或无压集装箱。

(5) 干散货集装箱。干散货集装箱一般用钢板、铝板或铝合金制造,属于无压容器,它适用于装载散装固体货物,如粮食、化肥、砂石、化工产品等粉状或颗粒状物资。

(6) 其他方面用途的集装箱:① 折叠式集装箱。这种集装箱的箱体侧端壁和箱顶等部件能折叠或分解。回空时体积可缩小,以降低回空时的舱损,从而降低运输费用。再用时,又可重新组合。② 挂式集装箱。这种集装箱专用于装挂服装,其优点是衣服不折叠,成套直接吊挂于集装箱内,既可节省包装材料,又有利于保持服装式样,故也被称为服装专用集装箱。还有柱式集装箱、多层合成集装箱、抽屉式集装箱、牲畜集装箱等。

2. 按集装箱的制作材质分类

(1) 钢集装箱。这是由钢材和不锈钢焊接而成的集装箱。它具有强度大、结构牢固、水密封性好的优点;其缺点是耐腐蚀性差。目前多采用不锈钢材质,耐腐蚀性有所增强,外观也漂亮,但造价较高。

(2) 铝合金集装箱。铝合金集装箱的主要部位是用铝合金铆接而成,具有重量轻、美观、抗腐蚀等优点。

(3) 玻璃钢集装箱。这是由玻璃纤维和树脂混合,添加适当的加强塑料后,胶附于胶合板两面而制成的集装箱。它具有强度高、刚性好、隔热性强、耐腐蚀性好的优点;其缺点是重量较大,塑料老化问题也不好解决。

3. 按集装箱的规格尺寸分类

根据我国的集装箱国家标准《系列1集装箱 分类、尺寸和额定质量》(GB/T 1413-2023),集装箱的外部尺寸和额定质量如表3-1所示。

表3-1 集装箱的外部尺寸和额定质量

型号	高度(mm)	宽度(mm)	长度(mm)	额定质量(kg)
1AAA	2 896	2 438	12 192	30 480
1AA	2 591	2 438	12 192	30 480
1A	2 438	2 438	12 192	30 480
1AX	<2 438	2 438	12 192	30 480
1BBB	2 896	2 438	9 125	30 480
1BB	2 591	2 438	9 125	30 480
1B	2 438	2 438	9 125	30 480
1BX	<2 438	2 438	9 125	30 480
1CC	2 591	2 438	6 058	30 480
1C	2 438	2 438	6 058	30 480
1CX	<2 438	2 438	6 058	30 480
1D	2 438	2 438	2 991	10 160
1DX	<2 438	2 438	2 991	10 160

通用集装箱的最小内部尺寸和门框开口尺寸如表3-2所示。

表3-2 通用集装箱的最小内部尺寸　　　　　　　　　　　　单位:mm

型号	最小内部尺寸			最小门框开口尺寸	
	高度	宽度	长度	高度	宽度
1AAA	2 655	2 330	11 988	2 566	2 286
1AA	2 350	2 330	11 988	2 261	2 286
1A	2 197	2 330	11 988	2 134	2 286
1AX	<2 197	2 330	11 988	—	2 286
1BBB	2 655	2 330	8 931	2 566	2 286
1BB	2 350	2 330	8 931	2 261	2 286
1B	2 197	2 330	8 931	2 134	2 286
1BX	<2 197	2 330	8 931	—	2 286
1CC	2 350	2 330	5 867	2 566	2 286
1C	2 197	2 330	5 867	2 261	2 286
1CX	<2 197	2 330	5 867	—	2 286
1D	2 197	2 330	2 802	2 134	2 286
1DX	<2 197	2 330	2 802	—	2 286

ISO体系中的1CC型集装箱,是钢制普通货物集装箱中有代表性的一种箱型,是以一个20英尺集装箱为标准的集装箱,被称为集装箱标准箱,即在集装箱数量统计中所使用的TEU单位。

（四）集装箱的结构

1. 集装箱的主要结构

集装箱通常是六面形的箱体，如图 3-6 所示。它由两个侧壁、一个端壁、一个箱顶、一个箱底和一对箱门组成。现将集装箱各主要部分简述如下：

图 3-6　集装箱结构示意图

（1）框架。集装箱的框架有前端部框架、后端部框架和两侧的侧框架。框架是承受外力最大的集装箱构件。集装箱在经受最大载重量被吊起时，框架的作用是确保集装箱不会发生永久变形。

（2）箱壁。集装箱的箱壁一般设在箱的前端部。它由端壁板和端柱组成。端壁镶嵌在前端部框架上，具有密封性。

（3）箱门。集装箱箱门设在箱的后端部，两扇门多为对分开启。用铰链与后角柱连接，具有防风、防雨的密闭性能，门上配有门锁。

（4）侧壁。侧壁由侧壁板和侧柱组成。侧壁板具有一定的强度，可防水。侧柱是以一定间距配置在侧壁板上的提高强度的材料。

（5）箱顶。箱顶由上桁材、箱顶梁和箱顶板组成。为了防止箱顶漏水，箱顶最好采用一张整板制作。

（6）箱底。箱底由下桁材、下横梁和箱底板组成。在组合时，应用填料黏缝，使之密封防水。箱底横梁是提高箱底强度的主要材料，与箱底板相连接。箱底强度要满足承受叉车进箱作业时的集中负载。

2. 集装箱的重要构件——角件

在集装箱每个箱角上都设有一个三面有孔的金属构件，即角件，如图 3-7 所示。集装箱作业中出现的任何载荷，都是由角件来承受或通过它来传递的。在起吊集装箱时，角件与装卸机械上的集装箱专用吊具上的转锁（如图 3-8 所示）相连接，完成起吊装卸任务。在船舱内、甲板上、平板运输车上等，角件可用于箱与箱之间、箱与甲板、平板车等之间的连接。在集装箱设计中把它安排在箱体的最外缘，还可以起到保护其他部件的作用。

图 3-7　集装箱角件示意图

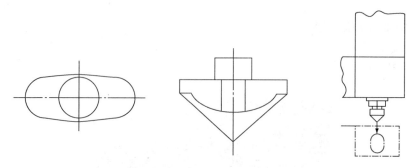

图 3-8　集装箱转锁与集装箱角件的配合

可见,角件是集装箱中一个十分关键的构件。它要有足够的强度,以满足装卸、固定等作业的需要。

二、托盘

(一) 托盘的概念

托盘是"在运输、搬运和存储过程中,将物品规整为货物单元时,作为承载面并包括承载面上辅助结构件的装置"(GB/T 18354-2021)。托盘具有和集装箱类似的作用,即能把零散的物资组成一个较大的整体,以利于物资的装卸和运输,如图 3-9 所示。

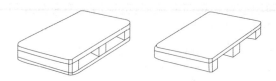

图 3-9　托盘示意图

托盘既是一种装卸工具、储存工具,也是一种运输工具。托盘从在企业内、车站内、港口内的使用发展到随船运输。托盘交流与联营业务组织好的国家,又把托盘发展成售货工具。托盘已深入到生产、流通、消费各领域。从生产终点将货物码上托盘开始,到货物销售给消费者或供应给新的生产线使用为止,它经过了包装、装卸、搬运、储存、运输等环节,贯穿于物流的全过程。

(二) 托盘的分类

1. 按托盘的实际操作和运用分类

(1) 两个方向进出的托盘。这主要指叉车的货叉可以从前面和后面两个方向进出的托盘(见图 3-10(a))。此种托盘又可分为两个方向单面用托盘和双面用托盘。

(2) 四个方向进出的托盘。这主要指叉车的货叉可以从托盘的前后、左右四个方向进出的托盘(见图 3-10(b))。这种托盘同样可分为四个方向单面用托盘和双面用托盘。

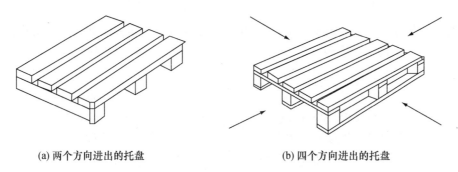

(a) 两个方向进出的托盘　　　　(b) 四个方向进出的托盘

图 3-10　托盘按实际操作和运用分类

2. 按托盘的材质分类

按托盘的材质分类,可分为木托盘、钢托盘、铝托盘、纸托盘、塑料托盘和复合材料托盘等。

3. 按托盘的结构分类

(1) 平板式托盘,即平托盘,如图 3-10 所示。

(2) 箱式托盘,指在托盘上面带有箱式容器的托盘。箱式托盘的构造特点是,托盘的上部至少在三个面上有垂直的侧板,可采用完全封闭,也可采用条状或网状形式。箱式托盘有固定式、折叠式和盖顶式等。图 3-11 所示的即为普通箱式托盘。

图 3-11　普通箱式托盘示意图

(3) 立柱式托盘。这种托盘没有侧板,但设有四根立柱,如图 3-12 所示。还有的在柱与柱之间有连接的横梁。

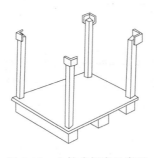

图 3-12　立柱式托盘示意图

(三) 托盘的规格

托盘的规格是指托盘的长与宽,通常用长×宽来表示。因为托盘的长与宽及其乘积,会涉及货物在托盘上的堆码,以及与运输工具内容尺寸和内容面积的配合,因此十分受物流界重视。

1988年,ISO 托盘委员会(ISO/TC 51)将1961年 ISO/R 198 推荐采用的三个规格(1200系列:1 200 mm×800 mm、1 200 mm×1 000 mm、1 000 mm×800 mm)、1963年 ISO/R 329 增加采用的两个规格(1200系列:1 200 mm×1 600 mm、1 200 mm×1 800 mm),以及1971年增加的三个规格(1100系列:1 100 mm×800 mm、1 100 mm×900 mm 和 1 100 mm×1 100 mm)整合为四个规格(1 200 mm×800 mm、1 200 mm×1 000 mm、1 219 mm×1 016 mm 和 1 140 mm×1 140 mm)。2003年,ISO 在难以协调世界各国物流标准的情况下,在保持原有四个规格的基础上又增加了两个规格(1 100 mm×1 100 mm 和 1 067 mm×1 067 mm)。

为了推行中国标准化事业,我国专家在1996年首次对托盘尺寸标准进行了修订,并于2006年再次提出对托盘标准进行修订。在充分考虑我国对欧美贸易、东北亚贸易和东盟贸易发展的现实需要,以及我国托盘使用现状和当前物流设备之间的系统性,比较 ISO 于2003年推荐的六个规格之间的互换性与相近性,并充分借鉴国际经验和广泛听取托盘专家意见的基础上,国家市场监督管理总局和国家标准化管理委员会联合发布了国家标准《托盘单元货载》(GB/T 16470-2008),确定了1 200 mm×1 000 mm 和 1 100 mm×1 100 mm 两个规格作为我国托盘的国家标准,并向企业推荐优先使用前者。

(四) 托盘码放的形式

货物可在托盘上码放成各种形式。

(1) 重叠式码放。其特点是货物的四个角上下对应,承载能力大,但货物间缺乏联系,货垛牢固性差,如图3-13(a)所示。

(2) 纵横交错式码放。它与重叠式码放相似,适合码成正方形垛,其特点是货物之间的相互交错增加了摩擦力,使货垛稳固,如图3-13(b)所示。

(3) 旋转交错式码放。其特点是每两层货物之间有交叉,便于码成正方形垛,使货垛更加稳固。但由于中央形成孔穴,从而容易降低托盘表面积的利用率,如图3-13(c)所示。

(4) 正反交错式码放。货垛上下左右均有联系,使货垛稳固。但由于四个角不对应,削弱了托盘的承载能力,如图3-13(d)所示。

三、其他形式的集装化

集装箱和托盘是物流集装化最普遍、最主要的两种形式。根据货物的特性,除集装箱和托盘外,还有多种集装形式。

(一) 集装袋

集装袋(Flexible Freightbag)是"用柔性材料制成的袋式集装器具"(GB/T 18354-2021)。

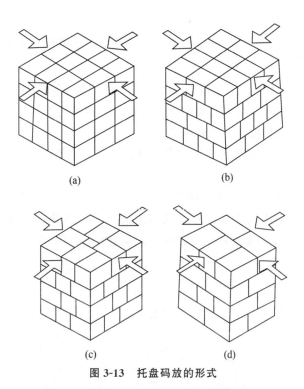

图 3-13 托盘码放的形式

使用集装袋的范围很广,几乎所有的粉状和颗粒状的物资都可以使用集装袋完成流通过程。

1. 集装袋的用途(按商品分类)

(1) 盛装食品,如面粉、食糖、淀粉、食盐、大米、玉米、豆类等。

(2) 盛装矿砂,如白云石烧结块、重烧菱苦土、萤石粉、水泥、黏土、石膏等。

(3) 盛装化工原料和产品,如硫酸铵、尿素、硝酸铵、化肥、纯碱、芒硝、染料及高分子塑料树脂等。

2. 集装袋的类型

(1) 按袋形分,主要有圆筒形、方形两种。

(2) 按吊袋位置分,可分为顶部吊袋、侧面吊袋。

(3) 按制造材料分,可分为胶布集装袋、树脂加工布袋和交织布袋等。

3. 集装袋的操作过程

(1) 装料。将集装袋口对准灌装料漏斗口,一般采用人工接通,有时用绳子临时扎紧,以免粉尘或颗粒滑出,顺利完成充满集装袋的任务。

(2) 运输。根据集装袋的类型和种类,选用吊车、叉车、传动带进行装卸,采用卡车、船舶等车船运输,完成物资的空间转移。

(3) 卸料。运输物资到达目的地以后,用吊车或叉车将集装袋吊起,对准料槽的进料口及其他堆放容器的口,打开集装袋漏料口的绳索,袋内的物资很快即可卸完。

(4) 回收。能多次反复使用的集装袋卸完货物后,可进行空袋回收。

集装袋的出现和使用,是粉状和颗粒状物资运输方法的一次革命。采用集装袋代替纸袋、塑料袋及其他包装物,极大地提高了装卸、运输效率,降低了包装费用和人工费用。

(二)货捆

货捆是集装化的一种形式。它是采用各种材料的绳索,将货物进行多种形式的捆扎,使若干单件货物汇集成一个单元。集装化的货物可以更好地利用运输工具,提高运载能力,更好地利用仓容面积,提高仓容利用率。

图 3-14 所示的是长型圆钢捆扎成集装货件的情形。当货件小于 6 米时,一般采用双捆方法,即离货件端部 1.5 米处用金属线捆绑两扎,如图 3-14(a)所示。当货件长于 6 米时,则需捆绑三扎,捆绑金属线一般距离货件端部 0.3—0.5 米,如图 3-14(b)所示。对于钢板、带钢等,可采用钢质包皮包装成捆,根据包装后的长度来确定捆绑道数和位置。金属管材的集装,一般是先把管材码放在钢丝(或其他捆扎物)上后,收紧钢丝,形成端面呈圆形或梯形的集装件。

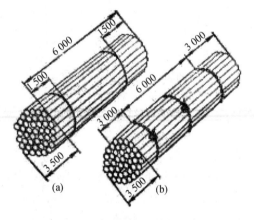

图 3-14　长型圆钢的捆扎(单位:毫米)

(三)框架

框架是集装化的一种重要手段。这是一种根据物资的外形特征选择或特制各种形式的框架,以适用于物资的集装方法。有些框架对物资的适应性较广,如门字形框架几乎对所有的长型材都适用;而有些框架则专用性很强,只适用于某种形状的物资使用。

图 3-15 所示的是用门字形框架集装钢管的情况。这种门字形集装框架由较小的钢管制作的卡箍和木条构成。如果在框架底部使用刚性材料(如钢板),而侧面和顶面贯通使用柔性材料(如金属钢丝),则适用范围会更广泛,而且不同的码放会形成不同的集装形式,如图 3-16 所示。

对于一些外观特殊物资的集装,往往需要专门设计框架,以适应其要求。图 3-17 所示的是捆扎铝锭的专用框架。图 3-18 所示的是一种专门集装陶瓷管件的框架。

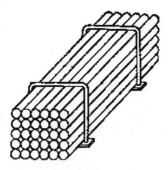 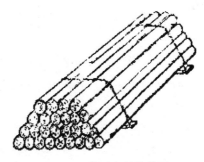

图 3-15　门字形框架图　　　图 3-16　梯形木材集装图

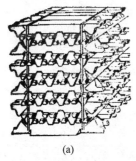 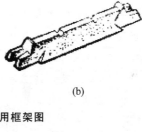

(a)　　　　　　　　　　(b)

图 3-17　捆扎铝锭的专用框架图

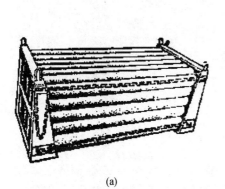 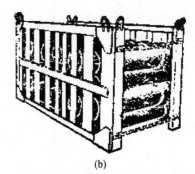

(a)　　　　　　　　　　(b)

图 3-18　专门集装陶瓷管件的框架图

课外阅读

中国"集装箱大王"连续25年全球第一,拿下45%的市场份额

目前全球贸易90%的运输量,都是通过海运完成的。作为装载工具,集装箱的重要性不言而喻。

中集集团(CIMC),全称是中国国际海运集装箱(集团)股份有限公司,总部位于深圳。前身是1980年由招商局与丹麦宝隆洋行共同出资300万美元成立的中国第二家合资企业。但投产之后一直处于亏损状态,加之当时国际航运业低迷,公司内部管理出现问题等,公司处境一度举步维艰,集装箱全面停产。1987年,全球集装箱市场开始复苏,企业重组为中国远洋运输总公司、招商局、宝隆洋行三方合资企业,恢复集装箱生产。

彼时,全球60%的集装箱产自韩国,日本等国家和地区瓜分剩下40%的市场。为了实现突围,一方面,企业高层决定实施成本领先战略,在接单、设计、采购等方面对成本实行严格控制,并积极进行技术创新。中集集团一个集装箱的总成本,比行业平均水平还要低50—100美元,竞争力大大增强。另一方面,由于缺乏资金,企业采取了先承包经营、通过生产经营就地获取资金再收购的策略,先后将青岛、上海、大连、天津等沿海城市的10多家集装箱企业纳入企业版图,迅速扩大企业规模。到了90年代中期,中集集团成功取代韩国现代和进道,以20%的市场份额成为全球集装箱行业老大。自此之后,其集装箱产销量一直保持世界领先地位。

如今中集集团已成为全球规模最大、品种最齐全的集装箱制造集团,市场份额在45%左右。其中,干货集装箱份额基本稳定在50%以上,年产能200万标准箱;冷藏集装箱份额一直保持在55%以上;特种集装箱在品种和占有量方面同样是世界第一。

资料来源:牛人牛话.中国"集装箱大王":连续25年全球第一,拿下45%的市场份额[EB/OL].(2021-08-20)[2022-07-30]. https://www.sohu.com/a/484672522_100235743.

思考题

名词解释

包装	商业包装	运输包装	包装标记
包装标志	指示标志	危险品标志	集装化
集合包装	托盘	货捆	框架
集装箱	集装袋	集装箱标准箱	

问答题

1. 请结合实例说明包装的功能。
2. 包装的分类都有哪些?请简述具体分类。

3. 谈谈各种包装材料的优缺点。
4. 产品包装的主要特殊技法都有哪些？分别是如何进行操作的？
5. 简述包装机械的基本结构。
6. 何谓物流模数？国际物流基础尺寸的标准是怎样规定的？
7. 集装箱应满足哪些条件和技术要求？
8. 简述集装箱的分类。集装箱按规格尺寸是如何分类的？
9. 简述集装箱的结构构成。
10. 集装箱角件的结构有哪些特点？它具有什么作用？
11. 关于集装箱的标记都有哪些规定？
12. 简述托盘的分类。
13. ISO 提出的托盘建议规格标准有哪些？我国国家标准确定的是哪两个？
14. 托盘的流通方式都有哪些？分别是如何操作的？
15. 简述集装袋的用途和类型。

21世纪经济与管理规划教材

物流管理系列

第四章

装卸与搬运

> **学习目的**

　　全面认识物资装卸与搬运活动中的技术、装备和组织与管理。装卸与搬运活动伴随着物流的始终,是提高物流效率、降低物流成本、改善物流条件、保证物流质量最重要的物流环节之一。

> **技能要求**

　　掌握装卸与搬运的基本知识、作业特点和方法等;了解装卸与搬运机械主要的分类;重点掌握起重机械和装卸搬运车辆的基本性能参数;深入认识装卸搬运作业合理化措施,如提高物资装卸搬运的灵活性、推广组合化装卸搬运等;了解集装箱的装卸与搬运活动。

物品的装卸与搬运活动渗透到物流各环节,有联系物流各种活动的功能。装卸与搬运活动伴随着物流过程的始终,成为提高物流效率、降低物流成本、改善物流条件、保证物流质量最重要的物流环节之一。物流各环节的前后和同一环节不同活动之间,都必须进行装卸与搬运作业。

第一节　装卸与搬运概述

一、装卸与搬运的概念

（一）装卸

装卸与搬运的概念见第一章。

装卸是在指定地点对物品进行的以垂直移动为主的物流作业。装卸作用的结果是物资从一种支承状态转变为另一种支承状态,前后两种支承状态无论是否存在垂直距离差别,总是通过一定的空间垂直位移的变化得以实现的。

（二）搬运

搬运是在同一场所内对物品进行的以水平移动为主的物流作业。搬运使物品在区域范围内（通常指在某一个物流节点,如仓库、车站或码头等）所发生的短距离、以水平方向为主的位移。

装卸与搬运就是指在某一物流节点范围内进行的,以改变物料的存放状态和空间位置为主要内容和目的的活动。

在流通领域,人们常把装卸与搬运活动称为"物资装卸",而生产企业则把这种活动称为"物料搬运"。

（三）装卸与搬运伴随流通活动的始终

在第五届国际物流会议上,美国产业界人士明确指出,当前美国全部生产过程中只有5%的时间用于加工制造,95%的时间则用于装卸、搬运、储存等物流过程。根据美国运输部门考察,在运输的全过程中,装卸与搬运所占的时间为全部运输时间的50%。在生产企业物流中,装卸与搬运成为各生产工序间连接的纽带,它是以原材料、设备等的装卸与搬运为起点,以产品的装卸与搬运为终点的连续作业过程。从宏观物流考察,物资从离开生产企业到进入再生产消费和生活消费,装卸与搬运像影子一样伴随流通活动的始终。

现代装卸搬运[①]是由劳动者、装卸搬运设备设施、货物及信息、管理等多项因素组成的作业系统。装卸搬运作业系统中设备设施的规划与选择取决于物资的特性和组织要求,只有按照装卸搬运作业本身的要求,在进行装卸搬运作业的场合,合理配备各种机械

---

① 在不区分界定装卸与搬运概念、属性的情况下,装卸与搬运统称为装卸搬运,以下不再单独说明。

设备和合理安排劳动力,才能使装卸搬运各个环节互相协调、紧密配合。装卸搬运既是使其他物流环节相互联系的纽带,又不附属于其他环节,而是作为一项独立的作业系统而存在的。

二、装卸搬运的特点

（一）装卸搬运作业量大

人们经常谈论的物流量,实际不是一个具体的量。具体的物流量经常通过货运量和货物周转量来表现,但是很少通过装卸搬运作业量来表现,究其原因是装卸搬运的作业量几乎是无法计算清楚的。在同一地区生产和消费的产品,物资的运输量会因此而减少,然而物资的装卸搬运量却不一定减少。在满足远距离的供应与需求过程中,装卸搬运作业量有可能随运输方法的变更、仓库的中转、货物的集疏、物流的调整等大幅度提高。

（二）装卸搬运对象复杂

在物流过程中,货物是多种多样的,它们在性质（物理、化学性质）上、形态上、重量上、体积上和包装方法上都有很大区别。即便是同一种货物,在装卸搬运前的不同处理方法,可能也会产生完全不同的装卸搬运作业。从装卸搬运的结果来考察,有些货物经装卸搬运后要进入储存,有些物资经装卸搬运后将进行运输,不同的储存方法和运输方式对装卸搬运设备的运用、装卸搬运方式的选择都提出了不同的要求。

（三）装卸搬运作业不均衡

在生产领域,生产企业内装卸搬运作业相对稳定。然而,一旦物资进入流通,由于受到产需衔接、市场机制的制约,物流量便会出现较大的波动。商流是物流的前提,某种货物的畅销和滞销、远销和近销,销售批量的大与小,会围绕着货物实物流量发生巨大变化。从物流领域内部观察,运输路线上的"限制口",也会使装卸搬运量出现忽高忽低的现象。另外,各种运输方式由于运量上的差别、运速的不同,也会使得港口、码头、车站等不同物流节点出现集中到货或停滞等待的不均衡的装卸搬运。

（四）装卸搬运作业对安全性要求高

装卸搬运作业需要人与机械、货物、其他劳动工具相结合,工作量大、情况变化多、作业环境复杂等都会导致装卸搬运作业中存在安全隐患。装卸搬运的安全性,一方面直接关乎人身,另一方面涉及物资。装卸搬运同其他物流环节相比,其安全系数较低,因此,就要求企业更加重视装卸搬运作业的安全问题。

（五）具有伴生性和起讫性

装卸搬运的目的总是与物流的其他环节密不可分的,因此与其他环节相比,它具有伴生性特点。如运输、储存、包装等环节,一般都以装卸搬运为起始点和终结点,因此它又有起讫性特点。

（六）具有保障性和提供劳务性

装卸搬运制约着生产与流通领域其他环节的业务活动,这个环节如果处理不好,整个物流系统将处于瘫痪状态。装卸搬运保障了生产与流通其他环节活动的顺利进行,具有保障性质,但不产生有形产品,因此具有提供劳务的性质。

三、装卸搬运的方法

(一) 按装卸搬运作业对象划分

1. 单件作业法

单件、逐件的装卸搬运是人工装卸搬运阶段的主要方法。即使在装卸机械几乎运用到各种装卸搬运作业中时,单件、逐件的装卸搬运方法也依然存在。这一方面表现在某些物资出于它本身特有的属性,采用单件作业法更加安全;另一方面表现在某些装卸搬运场合,没有设置或难以设置装卸搬运机械而被迫实施单件作业。

2. 集装作业法

集装作业法是指将物资先进行集装,再对集装件进行装卸搬运的方法。

(1) 集装箱作业法。集装箱作业法分为垂直装卸和水平装卸两种作业方法:垂直装卸法即"吊上吊下"方法,指采用岸边集装箱装卸桥、轮胎龙门起重机、轨道龙门起重机等垂直装卸集装箱的方法;水平装卸法即"滚上滚下"方法,指以拖挂车和叉车为主要装卸设备平移装卸集装箱的作业方式。

(2) 托盘作业法。叉车托盘化说明叉车是托盘装卸搬运的主要机械。水平装卸主要采用搬运车辆和辊子式输送机;垂直装卸采用升降机、载货电梯等。在自动化仓库中,采用巷道堆垛机和桥式堆垛机完成在仓库货架内的取存装卸。

(3) 其他集装件作业法。货捆单元化的货物,可以使用叉车、门式起重机和桥式起重机进行装卸搬运作业。各种框架集装化货物则采用配套专用吊具的门式起重机和叉车进行装卸搬运作业。

3. 散装作业法

煤炭、建材、矿石等大宗物资多采用散装装卸搬运。谷物、水泥、化肥、原盐、食糖等随着其作业量增大,为提高装卸搬运效率,也日益走向散装装卸搬运。散装作业法主要包括重力作业法、倾翻作业法、气力输送法和机械作业法。

(1) 重力作业法。重力作业法是利用货物的位能来完成装卸作业的方法。比如,重力法卸车是指底门开车或漏斗车在高架线或卸车坑道上自动开启车门,煤或矿石依靠重力自行流出的卸车方法。

(2) 倾翻作业法。倾翻作业法是将运载工具载货部分倾翻而将货物卸出的方法。铁路敞车被送入翻车机,夹紧固定后,敞车和翻车机一起翻动,货物倒入翻车机下面的受料槽;自卸汽车则靠液压油缸顶起货厢实现货物卸载。

(3) 气力输送法。这是利用风机在气力输送机的管内形成单向气流,依靠气体的流动或气压差来输送货物的方法。

(4) 机械作业法。机械作业法是指采用各种机械,通过送、舀、抓、铲等作业方式,达到装卸搬运的目的。常用的装卸搬运机械有带式输送机、链斗装车机、抓斗机、挖掘机等。

(二)按作业手段和组织水平划分

1. 人工作业法

人工作业法是一种完全依靠人力和人工,使用无动力机械来完成装卸搬运的方法。

2. 机械化作业法

机械化作业法指以各种装卸搬运机械,采用多种操作方法来完成装卸搬运的作业方法。它也是目前装卸搬运作业的主流方法。

3. 综合机械化作业法

综合机械化作业法是代表装卸搬运作业发展方向的作业方式。它要求作业机械设备与作业设施、作业环境的理想配合,要求对装卸搬运系统进行全面的组织、管理、协调,并采用自动化控制手段,从而完成高效率、高水平的装卸搬运作业。

(三)按装卸设备作业的特点划分

1. 间歇作业法

在装卸搬运作业过程中有重程和空程两个阶段,间歇作业法即指在两次作业中存在一个空程准备过程的作业方法,如门式起重机和桥式起重机作业。

2. 连续作业法

连续作业法指在装卸搬运过程中,设备不停地作业,可连绵不断、如流水般持续地对物资实施装卸搬运作业的方法,如带式输送机、链斗装车机作业。

第二节 装卸搬运机械

装卸搬运机械是指用来搬移、升降、装卸和短距离输送物料或货物的机械。它不仅要完成船舶与车辆货物的装卸,而且要完成库场货物的堆码、拆垛、运输,以及舱内、车内、库内货物的起重、输送和搬运。

装卸搬运机械按机械的主要用途或结构特征分类,可分为起重机械、输送机、装卸搬运车辆等。

一、起重机械

起重机械是"一种以间歇作业方式对物品进行起升、下降和水平移动的搬运机械"(GB/T 18354-2021)。

(一)起重机械的分类

起重机械的种类很多,按照起重机械的综合特征可分为多种类型,如图4-1所示。

(二)起重机械的基本性能参数

起重机械的基本性能参数,表示起重机械的技术特征。它既是各种使用要求的反映,也是设计计算的前提,同时还是选择、配置装卸搬运设备的重要依据。

1. 起重量

起重量是指起重机械在正常的工作条件下(保持必需的机械结构的稳定性和牢固性

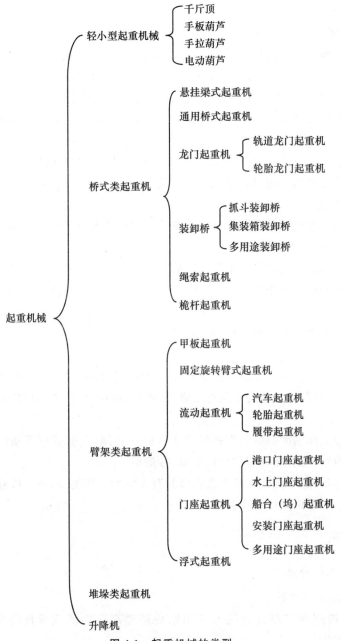

图 4-1 起重机械的类型

的安全系数),被起升的额定载荷加取物装置(如抓斗、电磁吸盘等)的重量。起重吊钩重量一般可忽略不计。

2. 起升高度

起升高度是指起重机械可以提升物品的最大有效高度。起升高度主要根据工作需要和工作环境来决定。一般是指由起重工作场地的地面至吊钩中心的最高位置之间的距离。在装卸物资时,物资被提升的实际高度,往往小于规定的起升高度参数,这是货物本身和吊索具限制的结果。

3. 工作速度

装卸搬运机械的工作速度包括提升速度、走行速度、旋转速度等。

(1) 提升速度,指被提升的物资在单位时间内垂直位移的距离。

(2) 起重机械走行速度,指起重机在单位时间内走行的距离。通常将门式起重机和桥式起重机的专行速度视为大车运行速度。起重机械小车走行速度指单位时间内起重小车走行的距离。

(3) 旋转速度,指旋转式起重机的起重臂在单位时间内的旋转次数。

上述参数除旋转速度用"转/分"表示外,其他都用"米/分"表示。

4. 跨度和幅度

跨度是表示起重机械吊具工作范围的参数。如桥式起重机和门式起重机的跨度是指两根走行轨道中心线之间的距离。

幅度也是表示起重机械吊具工作范围的参数。它指旋转式起重机吊钩垂直中心线至旋转轴中心线之间的水平距离。

5. 外形尺寸

外形尺寸指起重机械的最大长、宽、高尺寸。

6. 自重

自重也可用轮压表示。它是指起重机械在无负载时的自身重量,或者每一走行轮所承担的重量和压力(起重机械的负载有吊索具、燃料、润滑材料、水和操作人员等)。

7. 工作制度

起重机械的工作制度是指起重机械的工作时间和温度、暂载率等条件。起重机械按工作制度分为四种类型,即轻型、中型、重型、特重型。

需要说明的是,起重机械的各个机构可具有不同的工作类型,通常按起升机构的工作类型来确定整个起重机械的工作类型。

二、输送机

(一) 输送机的分类

1. 按安装方式不同划分

输送机是"按照规定路线连续地或间歇地运送散状物品或成件物品的搬运机械"(GB/T 18354-2021)。

(1) 固定式输送机。固定式输送机是指整个设备固定安装在一个地方,不能再移动。它主要用于固定输送场合,如专用码头、仓库、工厂专用生产线等,具有输送量大、效率高等特点。

(2) 移动式输送机。移动式输送机是指整个设备固定安装在车轮上,可以移动,具有机动性强、利用率高和调度灵活等特点。

2. 按机械结构特点划分

(1) 具有挠性牵引构件的输送机。其工作特点是物料和货物在牵引构件的作用下,利用牵引构件的连续运动使货物朝一个方向输送。常见的有带式输送机、链式输送机、斗式提升机、悬挂输送机等。

(2) 无挠性构件的输送机。其工作特点是利用工作构件的旋转运动或振动,使货物朝一定方向输送。它的输送构件不具有往复循环形式。常见的有气力输送机、螺旋输送机、振动输送机等。

(二) 输送机的基本性能参数

1. 生产率

生产率是指输送机在单位时间内输送货物的质量,单位为吨/小时。它是反映输送机工作性能的主要指标,它的大小取决于输送机承载构件上每米长度所载物料的质量和工作速度。

2. 输送速度

输送速度是指被运输货物或物料沿输送方向的运行速度。其中,带速是指输送带或牵引带在被运输货物前进方向的运行速度;链速是指牵引链在被运输货物前进方向的运行速度;主轴速度是指传动滚筒转动或传动链轮轴的转速。

3. 充填系数

充填系数是指输送机承载件被物料或货物填满程度的系数。

4. 输送长度

输送长度是指输送机装载点与卸载点之间的展开距离。

5. 提升高度

提升高度是指输送机将货物或物料在垂直方向上的输送距离。

(三) 输送机的作业

1. 输送机的特征

输送机与起重机械相比,它的特点是可以沿一定的线路不停地连续输送货物;其工作构件的装载和卸载都是在运动过程中完成的,无需车辆,即起动、制动少;被运输的散货以连续形式分布在承载构件上,按一定的次序以连续的方式移动。

2. 输送机的优点

输送机可采用较高的运动速度,且速度稳定;具有较高的生产率;在同样的生产率下,自重轻,外形尺寸小,成本低,驱动功率小;传动机械的零部件负荷较低,且冲击小;结构紧凑,维修容易;在工作过程中,负载均匀,所消耗的功率几乎不变。

3. 输送机的缺点

它只能沿一定的线路输送,每种机型只能用于特定类型的货物,一般不适用于输送质量很大的单件物品,通用性差;大多数输送机不能自行取货,因而需要配置一定的供料设备。

三、装卸搬运车辆

装卸搬运车辆是指依靠本身的运行和装卸机构的功能,实现货物的水平搬运和短距离运输、装卸的各种车辆。装卸搬运车辆机动性好、实用性强,被广泛地应用于仓库、港口、车站、货场、车间、船舱、车厢内和集装箱内作业。

(一) 装卸搬运车辆的分类

装卸搬运车辆按照作业方式可分为三大类:固定平台搬运车、牵引车和起升车辆。具体分类如图4-2所示。

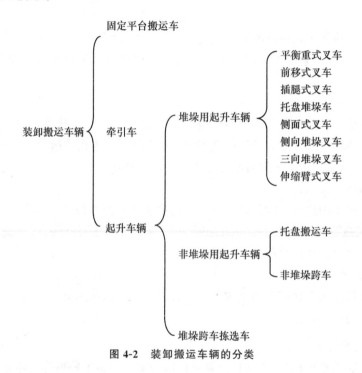

图 4-2　装卸搬运车辆的分类

按装卸搬运车辆所使用的动力进行分类,可分为电动式和内燃式。电动式装卸搬运车辆由电动机驱动,由蓄电池供电,结构简单,操作较容易,环境污染小,维修方便;但因受电池容量的限制,驱动功率小,作业效率低,只有在对环境要求高的场合下使用。内燃式装卸搬运车辆以内燃机作为动力,结构比较复杂,维修不方便,环境污染大;但因其车辆动率大,工作效率高,对路面的要求低,使用场合广泛。

(二) 装卸搬运车辆的基本性能参数

1. 额定载重量

额定载重量是指车辆在规定条件下正常使用时,可起升和搬运货物的最大重量。

2. 水平行驶速度

水平行驶速度是指车辆在平直的路面上行驶时,所能达到的最大速度。水平行驶速度的高低直接影响着车辆的作业效率。

3. 起升速度和下降速度

它们分别指车辆在一定载荷条件下,载荷装置所能上升和下降的最大速度。起升速度和下降速度的高低与车辆本身的性能和制造材料有关。

4. 最小转弯半径

最小转弯半径是指车辆在空载低速行驶、打满方向盘即转向轮处于最大偏转角时,转向中心与车辆纵向中心线之间的距离。最小转弯半径的大小影响车辆作业的灵活性。

5. 车辆的自重

车辆的自重是指车辆空载时的总重量。

6. 车辆的尺寸

车辆的尺寸即车辆的总长、总宽和总高。

(三)固定平台搬运车和牵引车

1. 固定平台搬运车

固定平台搬运车是室内经常使用的短距离的搬运车辆。

2. 牵引车

牵引车是具有牵引装置,专门用于牵引载货挂车进行水平搬运的车辆。牵引车没有取物装置和载货平台,不能装卸货物,也不能单独搬运货物。它分为内燃牵引车和电动牵引车两种。

内燃牵引车一般采用性价比较高的柴油机进行驱动,只有小型牵引车才采用汽油机进行驱动。

电动牵引车一般采用蓄电池和直流电动机进行驱动,主要用于室内的牵引作业。

(四)自动导引车技术与智能自动分拣处理系统

1. 自动导引车技术

自动导引车(Automatic Guided Vehicle,AGV)是"在车体上装备有电磁学或光学等导引装置、计算机装置、安全保护装置,能够沿设定的路径自动行驶,具有物品移载功能的搬运车辆"(GB/T 18354-2021)。

现代的 AGV 都是由计算机控制的,车上装有微处理器。多数的 AGV 配有系统集中控制与管理计算机,用于对作业过程进行优化,发出搬运指令,跟踪传送中的构件及控制 AGV 的路线。AGV 的引导方式主要有电磁感应引导、激光引导等,其中激光引导方式发展较快。

电磁感应引导是利用低频引导电缆形成的电磁场及电磁传感装置引导 AGV 运行。其基本工作原理是,交变电流流过电缆时,在电缆周围产生电磁场,离导线越近则磁场强度越大,越远则磁场强度越小。通过感应线圈的电磁场在线圈两端感应出电压,这一电压与磁场强度成正比。当电缆处于线圈中间时,左右线圈的电压相等,转向信号为零。当引导天线偏向引导电缆的任一侧时,一侧线圈电压升高,另一侧的电压降低,两个感应线圈的电位差就是操纵 AGV 转向的信号,从而控制转向电机来校正 AGV 的运行方向。这种电磁感应引导的搬运车可以在无人监督的情况下完成物资的搬运,人只要在第一次搬运时引导搬运车完成一次学习,搬运车就会自动完成剩下的任务。

激光引导的工作原理是,利用安装在 AGV 上的激光扫描器识别设置在其活动范围内的若干定位标志来确定其坐标位置,从而引导 AGV 运行,这种工作方式属于导航式引导。激光扫描器一般安装在 AGV 的较高位置,便于各定位标志与激光扫描器较好地呼应,并通过系统的串行口与 AGV 的控制板连接。定位标志由高反光材料制成,固定在沿途的墙壁或支柱上。激光扫描器利用脉冲激光器发出激光并通过一个内部反射镜以一定的转速旋转,对周围进行扫描,测出每个定位标志的距离和角度,计算出 AGV 的 X 轴、Y 轴坐标,从而引导 AGV 按照预先设定的路线运行。

随着传感技术和信息技术的发展,AGV 也在朝智能化方向发展,因此 AGV 又被称为智能搬运车。而智能化技术的应用一定会将 AGV 推向一个更广阔的发展境地。

2. 智能自动分拣处理系统

在智能自动分拣处理系统中一般有以下几个组成部分:

(1)包裹输送系统。它包括胶带输送机、模组分流器及滑槽。包裹打包后通过输送设备进入分拣区域,其中模组分流器对包裹流量的自动分配为关键技术点,可将包裹按比例分配至两侧分拣区域。

(2)视觉识别及机械臂抓取系统。由前端视觉识别系统扫描拍照,识别包裹位置和尺寸信息后,机械臂根据相关信息和指令抓取输送机上正在被运输的包裹并将其放置于分拣 AGV 上,此为分拣系统的关键环节之一,需要保证识别的准确性、抓取的可靠性以及包裹的不重叠供应。

(3)小 AGV 分拣系统。机械臂抓取包裹并将其放至分拣 AGV 上后,通过再次扫描确认分拣路向,小 AGV 在小车调度系统控制下,自动运行至对应格口后,将货物倾翻至格口滑槽落格入袋。这一环节是分拣系统的主要流程,即自动将包裹按路向分拣,实现分拣自动化。

(4)中 AGV 集包系统。它包括格口滑槽及集包架的集成控制,双位滚筒 AGV 和格口滑槽下的滚筒机自动对接,完成空袋、满袋集包架的交换,并运输满袋集包架至集包处理区。

(5)集包区工作站系统。AGV 将满袋集包架送达并和输送系统自动对接,由人工将集包袋封袋打包贴签并给集包架换上空袋,贴签完成的集包袋由胶带输送机自动送至大 AGV 对接等待区。

(6)大 AGV 发运系统。胶带输送机和大 AGV 发运系统自动对接,完成接送集包袋的工作。

(7)发运区系统。由伸缩胶带输送机和暂存胶带输送机组成,大 AGV 将集包袋搬运至伸缩胶带输送机或暂存胶带输送机,大 AGV 需要自动对接运输集包袋,如果装运车未到,则需对集包袋进行暂存;如果车辆已就位可发运,则调度大 AGV 直接从暂存区运输集包袋至伸缩胶带输送机从而完成发运。

(8)集包袋通过伸缩胶带输送机传送到车辆,装车后发运。

第三节　物资装卸搬运组织

一、装卸搬运机械的选择

(一) 机械选择要与物流量相吻合

在选择装卸搬运机械时,由于生产发展水平的制约及作业现场物流量的需要,应力求做到机械的作业能力与现场作业量之间形成最佳的配合状态。这就是说,机械的作业能力达不到或超过这一状态点都可能形成不良后果。当机械的作业能力达不到现场作业的要求时,物流受阻;当超过现场作业的要求时,表现为生产能力过剩,机械的作用能力得不到充分发挥,超过得越多,经济损失也就越大。

影响物流现场装卸搬运作业量的因素很多,通常有以下几个方面:

1. 吞吐量

无论是车站、码头还是仓库等各种物流作业现场,吞吐量都是装卸搬运作业量核定的最基本的因素。

2. 堆码、搬倒作业量

在装卸搬运作业现场,物资并非都是经过一次装卸搬运作业就能完成入港、离港、入库、出库、入站、出站的。往往由于货场的调整、保管的需要、发运的变化等因素,必须对物资进行必要的堆码、搬倒作业。堆码、搬倒的次数越多,装卸搬运作业量越大。这部分作业量当然越少、越接近于零越好。

3. 装卸搬运作业的高峰期

由于装卸搬运作业直接受到物资流动时的不均衡影响,导致相关作业机械在使用上可能发生忙闲程度不同的情况。为了能适应作业现场可能出现的高峰期,机械的作业能力应对此有必要且充分的准备。

(二) 装卸搬运机械作业发生的主要费用

1. 机械投资额

装卸搬运机械投资额,是平均每年机械的总投资与相应的每台机械在一年内完成装卸作业量之比。

$$C_{机} = C_{投}/365G \tag{4-1}$$

式(4-1)中:

$C_{机}$——装卸搬运机械投资额;

$C_{投}$——平均每年装卸搬运机械的总投资;

G——装卸搬运机械平均每日装卸搬运作业量。

其中,$C_{投}$包括装卸搬运机械的购置费用、安装费用以及与机械直接有关的附属设备费用。即

$$C_{投} = (C_{机} + C_{装})K_{折} + C_{附}K_{折} \tag{4-2}$$

式(4-2)中:

$C_{机}$——装卸搬运机械的购置费用；

$C_{装}$——装卸搬运机械的安装费用；

$K_{折}$——各项机械的基本折旧率；

$C_{附}$——附属设备费用。此项费用包括车库、充电设备、电网、起重运行轨道等费用。

2. 装卸搬运机械的运营费用

运营费用是指在某一种装卸搬运机械作业现场，一年内运营总支出和机械完成装卸量之比。

$$C_{运} = C/G_{年} \tag{4-3}$$

式(4-3)中：

$C_{运}$——装卸搬运每吨货物支出的运营费用；

$G_{年}$——装卸搬运机械年作业量；

C——一年内运营总费用。此项费用包括设备维修、劳动力工资、燃料和电力以及照明等费用。

(1) 设备维修费用。为了延长机械的使用年限，确保机械工作安全，不降低设备的作业效率，各项设备都需要定期进行大、中修或必要的维修保养。这部分费用即维修费用。

$$C_{修} = (C_{机} + C_{装})(\alpha_{大} + \alpha_{中} + \alpha_{维}) + \sum C_{附} \alpha_{大} \tag{4-4}$$

式(4-4)中：

$C_{修}$——装卸搬运机械的维修费用；

$C_{机}$——装卸搬运机械的购置费用；

$C_{装}$——装卸搬运机械的安装费用；

$C_{附}$——附属设备费用；

$\alpha_{大}$——大修折旧率；

$\alpha_{中}$——中修折旧率；

$\alpha_{维}$——日常维修、保养折旧率。它包括一、二级保养和日常养护（一般取 0.5%～20%）。

(2) 劳动力工资费用。其公式表达如下：

$$C_{资} = m_{人}[12A_{基}(1 + \beta_{补} + \gamma_{奖}) + C_{保}] \tag{4-5}$$

式(4-5)中：

$C_{资}$——工人一年劳动工资总支出；

$m_{人}$——从事物资装卸搬运作业的工人人数；

$A_{基}$——工人的基本工资，一般按平均数计；

$\beta_{补}$——补助工资系数（包括文教、卫生、节日、取暖补贴等）；

$\gamma_{奖}$——奖金系数；

$C_{保}$——每人一年的劳动保护费用。

(3) 燃料和电力费用。其公式表达如下：

$$C_{燃} = 0.365gc \cdot N_{率} K_{利} K_{损} \cdot JC \cdot TA_{燃} K_1 \tag{4-6}$$

式(4-6)中：

$C_{燃}$——每台机械一年的燃料费用；

gc——每马力耗油量(克/马力)；

$N_{率}$——内燃机组功率(马力)；

$K_{利}$——功率利用系数；

$K_{损}$——空转损耗系数；

JC——相对结合时间；

T——每天工作时间；

$A_{燃}$——每千克燃料单价；

K_1——时间利用系数；

0.365——换算系数(0.365＝365/1 000)。

$$C_{电} = 365 W_{率} K_{利} K_{损} \cdot JC \cdot TK_1 A_{电} \tag{4-7}$$

式(4-7)中：

$C_{电}$——每台机械一年的耗电费用；

$W_{率}$——电动机组总功率；

$K_{利}$——功率利用系数；

$K_{损}$——空转损耗系数；

JC——相对结合时间；

T——每天工作时间；

K_1——时间利用系数；

$A_{电}$——每度工业电费用；

365——年工作天数。

（4）照明费用。其公式表达如下：

$$C_{照} = 365 S n_0 T_0 K_{损} A_{电} \tag{4-8}$$

式(4-8)中：

$C_{照}$——每年照明费用；

S——照明面积；

n_0——每平方米面积需要的照明度数；

T_0——每天照明时间；

$K_{损}$——损失系数；

$A_{电}$——每度工业电费用；

365——年工作天数。

3. 装卸搬运作业成本

装卸搬运作业成本是指某一物流作业现场，装卸搬运机械每装卸 1 吨货物所支出的费用。即每年平均机械投资支出和运营费用支出的总和与每年装卸搬运机械作业现场完成的装卸搬运总吨数之比：

$$C_{作} = (C_{投} + C_{运})/G_{年} \qquad (4-9)$$

式(4-9)中：

$C_{作}$——装卸搬运1吨货物支出的费用；

$C_{投}$——每年机械投资支出的费用；

$C_{运}$——每年运营的总支出费用；

$G_{年}$——装卸搬运机械每年完成的总吨数。

(三)装卸搬运机械的选择

(1)装卸搬运机械的选择应以满足现场作业为前提。根据物流作业现场的具体作业情况不同，可根据作业需要，选择合适的装卸搬运机械类型。例如，在有铁路专用线的车站、仓库等，可选择门式起重机；在库房内可选择桥式起重机；在使用托盘和集装箱作业的生产条件下，可尽量选择叉车。

(2)装卸搬运机械吨位的选择，应以现场作业量、物资特性为依据。一般来说，吞吐量较大的车站、码头、货场，应选择较大吨位的装卸搬运机械，这样可满足在作业次数相对较少的情况下，完成较大的装卸搬运作业量。对于体长、笨重的物资，可选择较大吨位的起重设备；对于重量较轻的物资可选择相应较小吨位的机械。装卸搬运机械吨位的确定，应对现场要求进行周密的计算和分析。

(3)在能完成同样作业效能的前提下，应选择性能好、节省能源、便于维修、有利于环境保护、成本较低的装卸搬运机械。

二、装卸搬运机械的配套

装卸搬运作业往往靠一两台机械设备是不能胜任的，那么在采用几台相同设备或数台不同类型的设备协同作业时，机械设备如何做到配套合理？

(一)装卸搬运机械在生产作业区的衔接

各种起重机都具有各自的作业特色，如门式起重机由于受到横向和纵向运行轨道的限制，其作业范围往往被限制在一定的区间内。为了使物流畅通，各种机械就必须要相互联系、相互补充、相互衔接。

(二)装卸搬运机械在吨位上的配套

装卸搬运机械在作业吨位上的配套，可以使每台机械的能力都得到充分的发挥。这样，在单位时间里可以使装卸搬运作业量达到最大值。在数台不同的装卸搬运机械协同作业的时候，如果其中某个环节机械作业吨位不协调，则必然会带来整个作业过程的受阻。

(三)装卸搬运机械在作业时间上的紧凑性

机械设备的作业时间与作业场地关系很大，一般来说，运行距离越长则时间花费得越多。要使机械设备在作业时间上配套，首先应合理安排机械的运行距离。此外，前一个作业过程与后一个作业过程若能满足和接近下列关系，即前一装卸搬运机械每吨作业所需时间与后一装卸搬运机械每吨作业所需时间相等,即装卸搬运速率相同,则作业时间就可得到很好的衔接。例如,采用传动带进行装卸搬运作业,其作业活动由输送带上的移动、输送带两端的装卸等环节组成。如果上述作业不能以同一速率进行,就不能达到协调和高效率。

（四）装卸搬运机械配套的方法

1. 按装卸搬运作业量和被装卸搬运物资的种类进行机械配套

在确定各种机械生产能力的基础上,按每年装卸1万吨货物需要的机械台数、每台机械所承担装卸搬运物资的种类和每年完成装卸搬运货物的吨数进行配套。

装卸搬运机械配置的计算方法如下：

$$Z_{配} = (\eta Q_{年} - Q_{地})Z_1 \tag{4-10}$$

或

$$Z_{配} = (\eta Q_{年} - Q_{地})/G_{台} \tag{4-11}$$

式(4-10)和式(4-11)中：

$Z_{配}$——配置装卸搬运机械台数；

$Q_{年}$——年装卸搬运总作业量；

η——某种货物占 $Q_{年}$ 的百分比；

$Q_{地}$——货主或地方单位承担的装卸量；

Z_1——每年装卸搬运1万吨需要的机械台数；

$G_{台}$——1台机械每年完成的装卸搬运作业量。

2. 运用线性规划方法,设计装卸搬运机械的配套方案

运用线性规划方法是根据装卸搬运作业现场的要求,列出数个线性不等式,并确定目标函数,然后求其最优解。

例如,以寻求物资装卸搬运的最小费用为目标函数的设计方法,可如下所列：

$$\text{s.t.} \begin{cases} \sum_{i=1}^{n} X_i R_i \geqslant Q \\ \sum_{i=1}^{n} X_i T_i \leqslant T_e \\ \sum_{i=1}^{n} X_i U_i \leqslant U_e \\ X_i \geqslant Y \\ X_i \geqslant 0 \end{cases} \tag{4-12}$$

$$\text{Min} G = \sum_{i=1}^{n} G_i X_i \tag{4-13}$$

式(4-12)和式(4-13)中：

X_i——设计方案中的各种机械设备；

R_i——各种设备的日作业量；

Q——现场要求的日最低装卸搬运量；

T_i——各种设备的电耗定额；

T_e——现场耗电指标；

U_i——各种设备的油耗定额；

U_e——现场耗油指标；

Y——对 i 种设备的限定台数；

G_i——各种设备的作业费用。

应指出，用线性规划方法求出的各种设备的种类和台数，很可能与装卸搬运作业现场的具体要求有一定的差距。因此，在具体设置配套机械时，可在求解的基础上作适当的、必要的调整。

3. 运用综合费用比较法来确定装卸搬运机械的配套方案

运用综合费用比较法的原则是先比较初始方案的作业费用，再比较初始方案的利润情况，最后选出最佳方案。

表 4-1 列出了三个方案的综合费用。

表 4-1 综合费用比较表

经济指标	初始方案		
	Ⅰ	Ⅱ	Ⅲ
机械年作业费用 C	C_1	C_2	C_3
利润 $L=A-G$	L_1	L_2	L_3

表 4-1 中：A——仓库年度收入总额；

L——仓库年度利润总额；

G——仓库年度费用支出总额。

上表中，如果 $C_1<C_2$，并且 $L_1>L_2$，那么在方案Ⅰ、Ⅱ中，当然方案Ⅰ更好；

如果 $C_1>C_2$，但 $L_1<L_2$，这时可比较两方案的费用比。若 $C_1/C_2>L_1/L_2$，则方案Ⅱ更好；若 $C_1/C_2<L_1/L_2$，则方案Ⅰ更好。

在比较初始方案时，若方案较多，可先两个一组分别进行比较，然后选择较好者再进行比较，直至选出最佳的方案为止。

三、装卸搬运作业合理化措施

（一）防止和消除无效作业

所谓无效作业是指在装卸搬运作业活动中超出必要的装卸、搬运量的作业。显然，防止和消除无效作业对装卸搬运作业的经济效益有重要作用。为了有效地防止和消除无效作业，可从以下几个方面入手：

1. 尽量减少装卸搬运次数

物资进入物流领域之后，常常要经过多次的装卸搬运作业。要使装卸搬运次数减到最少，尤其要避免没有物流效果的装卸搬运作业。

2. 提高被装卸搬运物资的纯度

物资的纯度指物资中含有水分、杂质等与物资本身使用无关的物质的多少。物资的纯度越高,则装卸搬运作业的有效程度越高;反之,则无效作业就会越多。

3. 包装要适宜

包装是物流中不可缺少的辅助作业手段。包装的轻型化、简单化、实用化会不同程度地减少作用于包装上的无效劳动。

(二)选择适宜的搬运路线

搬运路线通常分为直达型、渠道型和中心型,如图4-3所示。

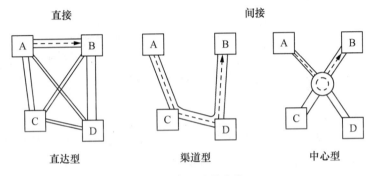

图 4-3 搬运路线分类

1. 直达型

直达型是指物资经由最近路线到达目的地。在直达型路线上,各种物资从起点到终点经过的路线最短。当物流量大、距离短或距离中等时,一般采用这种形式是最经济的,尤其当物资有一定的特殊性而时间又较紧迫时则更为有利。

2. 渠道型

渠道型是指一些物资在预定路线上移动,同来自不同地点的其他物资一起运到同一个终点。当物流量为中等或较少,而距离为中等或较长时,采用这种形式是经济的。尤其当物资分布是不规则且分散时,则更为有利。

3. 中心型

中心型是指各种物资从起点移动到一个中心分拣处或分发地区,然后再运往终点。当物流量小而距离中等或较远时,这种形式是非常经济的。尤其当厂区外形基本上是正方形的且管理水平较高时,则更为有利。

图 4-4 说明,直达型适用于距离短而物流量大的情况,渠道型或中心型适用于距离长而物流量小的情况。

依据物资搬运的规则,如果在企业内部形成的物流量大且距离又长,则说明这样的企业布置是不合理的。距离与物流量指示图有助于我们根据不同的搬运活动来确定适宜的搬运路线。

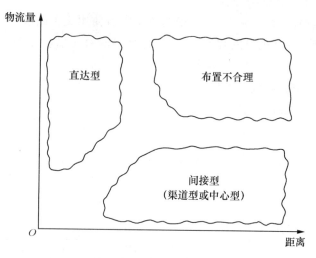

图 4-4　距离与物流量指示图

（三）提高物资装卸搬运的灵活性

所谓物资装卸搬运的灵活性，是指对物资进行装卸搬运作业的难易程度。在堆放货物时，事先要考虑到物资装卸搬运作业的方便性。

物资装卸搬运的灵活性，根据物资所处的状态，即物资装卸搬运的难易程度，可分为不同的级别，如图 4-5 所示。

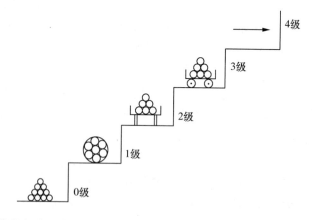

其中，0 级——货物杂乱地堆在地面上的状态；
1 级——物资装箱或经捆扎后的状态；
2 级——装箱或被捆扎后的物资，下面放有枕木或其他衬垫，便于叉车或其他机械作业的状态；
3 级——被放于台车上或用起重机吊钩钩住，可即刻被移动的状态；
4 级——被装卸搬运的物资已经被启动，处于直接作业的状态。

图 4-5　装卸搬运活性图

从理论上讲,活性指数越高越好,但也必须考虑到实施的可能性。例如,物资在储存阶段中,活性指数为 4 的输送带和活性指数为 3 的车辆,在一般的仓库中很少被采用,这是因为大批量的物资不可能存放在输送带和车辆上。为了说明和分析物资装卸搬运的灵活程度,通常采用计算平均活性指数的方法。这个方法是对某一物流过程中物资所具备的活性情况,累加后计算其平均值,用 δ 表示。δ 值的大小是确定改进装卸搬运方式的信号。如:

当 $\delta \leqslant 0.5$ 时,指所分析的装卸搬运系统中半数以上物资处于活性指数为 0 的状态,即大部分物资处于散装情况,其改进方式为采用料箱、推车等存放物资;

当 $0.5 < \delta \leqslant 1.3$ 时,则是大部分物资处于集装状态,其改进方式为采用叉车和动力搬动车;

当 $1.3 < \delta \leqslant 2.3$ 时,指装卸搬运系统中大多物资处于活性指数为 2 的状态,可采用单元化物资的连续装卸和运输来改进;

当 $\delta > 2.3$ 时,则说明大部分物资处于活性指数为 3 的状态,可通过选用拖车、机车车头拖挂的装卸搬运方式来改进。

装卸搬运的活性分析,除了上述指数分析法,还可采用活性分析图法。它是将某一物流过程通过图示来表示出装卸搬运的活性程度。该方法具有明确的直观性能,使人一看就明白,容易发现和改进薄弱环节。运用活性分析图法通常分三步进行:第一步,绘制装卸搬运图;第二步,按装卸搬运作业顺序作出物资活性指数变化图,并计算活性指数;第三步,对装卸搬运作业的缺点进行分析改进,作出改进设计图,计算改进后的活性指数。

(四)实现装卸搬运作业的省力化

在物资装卸搬运中应尽可能地消除重力的不利影响。在有条件的情况下利用重力进行装卸搬运,可降低劳动强度和能量的消耗。将设有动力的小型运输带(板)斜放在货车、卡车或站台上进行装卸,使物资在倾斜的输送带(板)上移动,这种装卸是靠重力的水平分力完成的。在搬运作业中,不用手搬,而是把物资放在台车上,由器具承担物体的重量,人们只要克服滚动阻力,使物资水平移动,这无疑是十分省力的。

重力式货架也是一种利用重力实现省力化的装卸搬运方式之一。这种货架因每层格均有一定的倾斜度,货箱或托盘可沿着倾斜的货架层板滑到输送机械上。由于物资滑动的阻力越小越好,因此通常货架表面均处理得十分光滑。或者在货架层上装有滚轮,或者在承重物资的货箱或托盘下装有滚轮。这样将滑动摩擦变为滚动摩擦,物资移动时所受到的阻力会更小。

(五)装卸搬运作业的机械化

在整个物流过程中,装卸搬运是实现机械化较为困难的环节。装卸搬运与其他物流环节相比,其机械化水平较低。在我国,依靠人工的装卸搬运活动还占有很大的比例。

人们从事装卸搬运活动,首先要考虑到经济上的合理性。在整个装卸搬运活动中,我们可以把装卸搬运作业费用简化为机械设备所花费的费用 $K_机$ 和人工费用 $K_人$ 两个部分。在机械正常工作的前提下,上述两种费用应符合下列曲线,如图 4-6 所示:机械化程度越高,$K_机$越大,而$K_人$越小。在一定生产水平下,人工费用总是占有一定的比例。这样,在机械与人员的配备之间存在一个最佳的配比,在图4-6中,A点为总费用最低值,其所对应的机械化程度为A'。随着生产力和物流业的发展,A'点必然具有向右移动(即机械化程度不断提高)的趋势。此外,由于装卸搬运的机械化能把工人从繁重的体力劳动中解放出来,尤其在危险品的装卸搬运作业中,机械化能保证人和货物的安全,因此这也是不断提高装卸搬运机械化程度的驱动力。

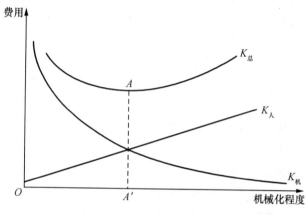

图4-6 机械化程度与费用关系

(六)推广组合化装卸搬运

在装卸搬运作业过程中,应根据不同物资的种类、性质、形状、重量来确定不同的装卸搬运作业方式。处理物资装卸搬运的方法有以下三种:① 普通包装的物资逐个进行装卸搬运,叫作"分块处理";② 将颗粒状物资不加小包装而原样装卸搬运,叫作"散装处理";③ 将物资以托盘、集装箱、集装袋为单位进行组合后再实施装卸搬运,叫作"集装处理"。对于包装的物资,尽可能进行"集装处理",实现单元组合化装卸搬运。

组合化装卸搬运具有很多优点:① 装卸搬运单位大、作业效率高,可节约大量装卸搬运作业时间;② 能提高物资装卸搬运的灵活性;③ 操作单位大小一致,易于实现标准化;④ 不用手去触及各种物资,可达到保护物资的效果。

四、集装箱装卸搬运

集装箱是具有一定强度和规格,适于全天候进行储存、运输的主要集装化形式。集装箱的装卸搬运在集装箱流通中具有十分重要的地位。

(一)集装箱装卸搬运方式

1. 吊装方式

在专用集装箱码头前沿一般都配备岸边集装箱起重机械,以进行船舶的集装箱装卸搬运作业。

完成集装箱吊装作业的集装箱起重机械一般配有集装箱吊具。集装箱通过吊具上的转锁对准集装箱顶部或底部的四个角配件孔,提取、吊运集装箱。集装箱吊具主要有固定吊具和伸缩吊具两种。固定吊具(见图4-7)是不可伸缩的吊具;伸缩吊具(见图4-8)则是为适应集装箱的尺寸可伸缩的吊具。

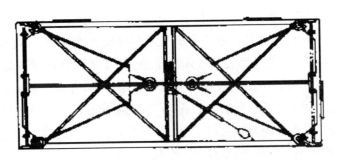

图 4-7　固定吊具示意图

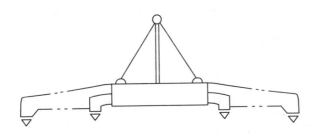

图 4-8　伸缩吊具示意图

2. 滚装方式

滚装方式是将集装箱放置在底盘车(挂车)上,由牵引车拖带挂车通过与船艏门、艉门或舷门铰接的跳板,进入船舱,牵引车与挂车脱钩卸货实现装船。或者将集装箱直接码放在船舱内,船舶到港后,将叉车和牵引车驶入船舱,用叉车把集装箱放在挂车上,由牵引车拖带到码头货场,或者仅用叉车通过跳板装卸集装箱。

(二) 岸边集装箱装卸桥

岸边集装箱装卸桥是集装箱码头前沿装卸集装箱船舶的专用起重机。它是由金属结构、机房、司机室、大车行走机构、小车行走机构、起升机构、仰俯机构、减摇装置和吊具等组成。大车沿着与岸线平行的轨道行走,小车沿桥架的轨道吊运集装箱,进行装(卸)船作业。为了便于船舶靠近码头,桥架伸出码头的前大梁可以仰俯。装卸桥上装有集装箱专用吊具。高速型岸边集装箱装卸桥还装有吊具减摇装置。

(三) 集装箱装卸搬运设备

1. 集装箱跨车

集装箱跨车是在码头前沿和堆场之间搬运集装箱的专用无轴车辆。它是以门形车架跨在集装箱上,由装有集装箱吊具的液压升降系统吊起集装箱,通过车辆运行进行搬运,并可将集装箱堆码两三层高。跨车机动性强,适用范围广,并可灵活适应作业量的变动。但集装箱跨车机构比较复杂,对操作技术要求较高,且可靠性较差。

2. 轮胎式集装箱门式起重机

轮胎式集装箱门式起重机是集装箱码头货场进行堆码作业的专用机械。它是由前后两个门形框架和底梁组成的门架,通过支腿支承在橡胶充气轮胎上,可在货场上直线行走,并可作90°直角转向。装有集装箱吊具的行走小车沿着门框横梁行走,用以装卸底盘车和进行堆码、拆垛作业。小车下面有伸缩式集装箱吊具,并附吊具回转装置和减摇装置,可以迅速地进行吊装作业。轮胎式集装箱门式起重机比跨车的场地利用率高,安全可靠,对司机技术要求较低。与轨道式门式起重机相比,轮胎式集装箱门式起重机可以方便地从一个堆场转移到另一个堆场,机械利用率高。

3. 轨道式集装箱门式起重机

轨道式集装箱门式起重机是集装箱堆场进行装卸、搬运、堆码作业的专用机械。它由两个门架、两根上端梁和两根横梁组成。端梁和横梁把门架连接成一个空间金属框架。四个支腿分别通过横梁支承在行走台车上,台车在固定的轨道上行走。

4. 集装箱牵引车和挂车

集装箱牵引车和挂车用于港口码头、铁路货站与集装箱堆场之间的运输。它还适用于码头、货站到用户的"门对门"运输。集装箱牵引车和挂车与集装箱起重机配合使用,搬运方便,疏运能力强。

集装箱挂车按照拖拉方式可分为半拖挂式、全拖挂式和双拖挂式等。半拖挂式的挂车和载货重量的一部分由牵引车直接支承,牵引能力强,车身短,便于转向和倒车,适用范围最广。全拖挂式挂车是通过牵引杆与挂车连接,牵引车本身亦可作为普通货车单独使用,挂车由车轮独立支承,可以与牵引式普通货车配合使用。全拖挂式挂车车身较长,转向、倒车不甚方便,牵引力利用率较低。双拖挂式挂车是用牵引车拖带半拖挂式挂车和全拖挂式挂车各一辆,可同时运输两个20英尺标准集装箱。

5. 集装箱叉车

集装箱叉车是一种大型平衡重式叉车,是集装箱码头和堆场的常用设备。它主要用在集装箱吞吐量不大的综合性码头和堆场。它的优点是既可以堆码集装箱,又可以作短距离的运输。它的缺点是直角堆码通道宽度要在14米以上,因而影响堆场的面积利用率。此外,其轮压大,对路面的承载能力要求高。

> 课外阅读

中小件商品全流程无人仓的装卸搬运系统

京东无人仓采用中小件商品分离存储的理念,主要针对中件商品及小件商品两个场景进行存储与拣选。京东无人仓概念图如图4-9所示。

图4-9 京东无人仓概念图

1. 中件商品存储拣选流程

根据存储区域实现高密度存储,拣选区域保证灵活来回作业的特性,该流程主要使用无人叉车、堆垛机、Kiva机器人、六轴拣选(码垛)机器人、交叉带分拣设备等自动化物流设备。

物流流程如下:① 收货过程采用无人叉车进行自动收货,托盘上装有射频识别芯片,当无人叉车经过射频门时,系统检测到托盘信息进行车货绑定;② 无人叉车送货至立体仓库区域,由堆垛机自动取放货并进行存储;③ 收到出库拣选信息后,由Kiva机器人从立体仓库区域向拣选区补货,由六轴拣选机器人完成拣选;④ 统一拣选完毕,通过交叉带分拣设备输送至各发货口,由六轴拣选机器人自动码垛至料架上,无人叉车自动将料架送至发货车辆,发货完成。

2. 小件商品存储拣选流程

小件商品主要指高度小于30厘米、重量在5千克以下的商品。与中件商品采用托盘存储方式不同,小件商品均使用周转箱,存放于立体仓库,由多层穿梭车负责存取,由并联拣选机器人负责拣选。

物流流程如下:① 周转箱收货后自动输送至立体仓库区域,由多层穿梭车自动取放货进行存储;② 用户下单后,系统定位出货周转箱,由穿梭车根据订单进行排序,将货取出送至输送线,并通过周转系统流转至并联拣选机器人工作站;③ 并联拣选机器人实施自动拣选,货物拣选完毕后自动打包贴标,再由翻板式 AGV 系统进行自动化落袋分拣,最后由 AGV 搬运至发货车辆处准备发货。

资料来源:作者根据相关资料整理。

思考题

名词解释

装卸　　　　搬运　　　　　单件作业法　　集装作业法

起重机械　　输送机　　　　间歇作业法　　连续作业法

自动导引车　装卸搬运的灵活性

问答题

1. 说明装卸、搬运的概念和装卸搬运的特点。
2. 装卸搬运有哪些方法?
3. 简述装卸搬运机械的分类。
4. 起重机械的基本性能参数都包括哪些?各自的含义是什么?
5. 输送机的基本性能参数包括哪些?各自的含义是什么?
6. 装卸搬运车辆的基本性能参数包括哪些?各自的含义是什么?
7. 简述主要的装卸搬运机械的工作特征。
8. 装卸搬运机械的选择应从哪些方面考虑?
9. 装卸机械配套的方法有哪些?分别是如何操作的?
10. 何为物资装卸搬运的灵活性?灵活性的级别是如何划分的?
11. 阐述装卸搬运作业合理化措施。
12. 简述集装箱装卸搬运的机械和设备。
13. 说明集装箱装卸搬运方式。
14. 岸边集装箱装卸桥的主要技术参数有哪些?各是什么含义?

21世纪经济与管理规划教材

物流管理系列

第五章

仓储管理与储存技术

学习目的

　　掌握两个中心：其一，以维持物资使用价值的储存保管、保养活动为中心的管理活动和技术措施；其二，以物资储存数量为中心的库存控制。

技能要求

　　掌握库存的概念及仓库的分类；全面认识自营仓库仓储与公共仓库仓储、仓库布局技术、物资检验技术、物资堆码苫垫技术、库房温湿度控制技术等；深刻认识库存控制技术；加强对现代物流中心的认识、掌握自动化仓库的概念和分类、了解自动化仓库出入库作业过程。

物资的储存和运输是整个物流过程中的两个关键环节,被人们称为"物流的支柱"。

第一节 储存概述

一、库存的类型

库存即"储存作为今后按预定的目的使用而处于备用或非生产状态的物品。注:广义的库存还包括处于制造加工状态和运输状态的物品"(GB/T 18354-2021)。

从不同的角度可以将库存进行不同的分类。

(一)按库存在再生产过程中所处的领域进行分类

1. 制造库存

制造库存是制造企业为了满足生产消耗的需要,保证生产的节奏和连续性而建立的储备。其中,按库存的用途可分为原材料、材料、工具、零件、设备、半成品、产成品库存等。

2. 流通库存

流通库存是为了满足生产和生活消费的需要,补充制造和生活消费储备的不足而建立的库存。它包括批发商、零售商为了保证供应和销售而建立的商品库存,以及在车站、码头、港口、机场中等待中转运输和正在运输过程中的物资和商品。

3. 物资储备

物资储备是"为应对突发公共事件和国家宏观调控的需要,对备用物资进行较长时间的储存和保管的活动"(GB/T 18354-2021)。物资储备也被称为国家储备,它是流通库存的一种形式,是国家为了应对自然灾害、战争和其他意外事件而建立的长期储备,是国民经济动员中的重要组成,如石油储备、粮食储备等。

(二)按库存在企业中的用途进行分类

1. 原材料库存

原材料库存是指企业通过采购和其他方式取得的用于制造产品并构成产品实体的物品,以及供生产消耗但不构成产品实体的辅助材料、修理用备件、燃料和外购半成品等,是用于支持企业内制造或装配过程的库存。

2. 在制品库存

在制品库存是指已经过一定生产过程,但尚未全部完工、在销售以前还要进一步加工的中间产品和正在加工中的产品。在制品库存之所以存在是因为生产一件产品需要时间(称为循环时间)。

3. 维护/维修/作业用品库存

维护/维修/作业用品库存是指用于维护和维修设备而储存的配件、零件、材料等。

4. 包装物和低值易耗品库存

包装物和低值易耗品库存是指企业为了包装本企业产品而储备的各种包装容器和由于价值低、易损耗等原因而不能作为固定资产的各种劳动资料的储备。

5. 产成品库存

产成品库存是已经完成制造过程、等待装运，可以对外销售的制成品的库存。

(三) 按照企业库存的目的进行分类

1. 周转库存

周转库存又称经常库存，是指在正常的经营环境下，企业为满足日常需要而建立的库存。即在前后两批货物正常到达期之间，满足生产经营需要的储备。

2. 保险库存

保险库存又称安全库存，是指用于防止和减少因订货期间需求率增长或到货期延误所引起的缺货而设置的储备。保险库存对作业失误和发生随机事件起着预防和缓冲作用，它是一项以备不时之需的存货。

3. 战略库存

战略库存是指企业为整个供应链系统的稳定运行（如在淡季仍然安排供应商继续生产，使供应商维持生产线的生产能力和技术水平）而持有的库存。战略库存虽然会导致库存持有成本有较大幅度的增长，但从整个供应链的运作成本来看却是经济可行的。

二、仓库的分类

仓储是"利用仓库及相关设施设备进行物品的入库、储存、出库的活动"（GB/T 18354-2021）。仓库是储存物资的场所。仓库按照不同的特征和标志，形成了不同的分类：

(一) 按照储存物资的不同保管条件分类

1. 普通仓库

它指储存一些在保管上没有特殊要求的物资的仓库。

2. 保温仓库

它指设有采暖设备，能使库房保持一定温度的仓库。

3. 恒温恒湿仓库

它指能使库房保持一定温度和湿度的仓库。

4. 冷藏仓库

它指设有制冷设备，能使库房保持一定低温的仓库。

5. 特种仓库

它指用于存放易燃、易爆、有毒、有腐蚀性等一些对人体或建筑物有一定危害的物资的仓库。

（二）按仓库的建筑类型分类

1. 平库

它一般为砖木结构的平房式仓库。

2. 楼库

它指两层或两层以上的楼房式仓库。

3. 筒仓库

它指以储存散装颗粒和液体物资为主的储罐类仓库。

4. 高层货架仓库

它指以高层货架为储存物资方式的仓库。

三、自营仓库仓储与公共仓库仓储

（一）自营仓库仓储

自营仓库是"由企业或各类组织自主经营和自行管理，为自身的物品提供储存和保管的仓库"（GB/T 18354-2021）。

1. 自营仓库仓储的优势

（1）更大程度地控制仓储。由于企业对仓库拥有所有权，所以企业作为货主能够对仓储实行更大程度的控制。这种控制使企业易于将仓储的功能与企业的整个分销系统进行协调。

（2）自营仓库更具灵活性。企业可以按照企业要求和产品的特点对仓库进行设计与布局。高度专业化的产品往往需要专业的保管和搬运技术，而公共仓库仓储难以满足这种要求。

（3）长期仓储时，自营仓库仓储的成本低于公共仓库仓储。如果自营仓库得到长期的、大规模的充分利用，货物的仓储成本会得到降低，这也是一种规模经济的表现。

2. 自营仓库仓储的缺陷

（1）局限性。自营仓库固定的容量和成本使得企业的一部分资金被长期占用，无论企业对仓储空间的需求如何，自营仓库的容量是固定的，不会随着需求的增加或减少而扩大或缩小。当企业对仓储空间的需求减少时，仍须承担自营仓库中未利用部分的成本；而当企业对仓储空间有额外需求时，自营仓库却无法满足。此外，自营仓库还存在位置和结构的局限性，如果企业只能使用自营仓库，则会由于市场的大小、位置和客户的偏好经常变化，而企业适应这种变化的能力较差，最终失去许多商业机会。

（2）投资风险大。由于自营仓库的成本高，许多企业因资金问题而难以成功设立。自营仓库仓储是一项长期且有风险的投资，同时因其专业性而难以出售。

（二）公共仓库仓储

企业通常可以委托提供营业性服务的公共仓库进行物资的储存。公共仓库是"面向社会提供物品储存服务，并收取费用的仓库"（GB/T 18354-2021）。

1. 公共仓库仓储的优势

（1）企业不需要资本投资。公共仓库仓储不要求企业对其设施和设备作任何投资，企业只需支付相对较少的租金即可得到仓储服务。利用公共仓库仓储，企业可以避免资本投资和财务风险。

（2）满足企业在不同情况下对仓储空间的需求。大多数企业由于产品的季节性、促销活动或其他原因而导致存货水平变化，利用公共仓库仓储，则没有仓库容量的限制，从而能够满足企业在不同时期对仓储空间的需求，尤其是库存高峰时大量额外的库存需求。同时，使用公共仓库仓储的成本将直接随着储存货物数量的变化而变动，从而便于管理者控制成本。

（3）使用公共仓库仓储可以避免管理上的困难。仓库管理既需要一批有管理经验的工作人员，还需要一系列管理手段和技术，尤其是特殊产品对储存的要求更高。使用公共仓库仓储则可以避免管理上的困难。

（4）公共仓库仓储的规模效益可以使货主仓储成本降低。公共仓库仓储会产生自营仓库仓储难以达到的规模效益。由于公共仓库仓储为众多企业保管大量库存，因此，与自营仓库仓储相比，仓库的利用率提高，存货的单位储存成本降低；另外，公共仓库仓储能够采用更加有效的物料搬运设备，从而提供更好的服务。公共仓库仓储的规模效益还体现在仓库能组织大批量运输从而降低运输成本上。

（5）使用公共仓库仓储时，企业的经营活动更加灵活。如果企业自己拥有仓库，那么当库存的位置需要发生变化时，原来的仓库就变成了企业的负担。当市场、运输方式、产品销售或企业财务状况发生变化时，使用公共仓库仓储的企业能灵活地改变委托仓库方。

2. 公共仓库仓储的缺陷

（1）企业对公共仓库中的库存难以控制。在控制库存方面，由于公共仓库将比自营仓库更难以控制，因而选择公共仓库仓储方式的企业会承担更大的风险。

（2）增加包装成本。公共仓库中存储了各种不同性质的货物，而各种不同性质的货物有可能互相影响。因此，企业使用公共仓库仓储时必须对货物进行保护性包装，从而增加了包装成本。

（三）自营仓库仓储和公共仓库仓储的成本分析

自营仓库仓储和公共仓库仓储各有优势，企业决策的依据是仓储的总成本最低，如图5-1所示。公共仓库仓储的成本只包含可变成本，而自营仓库仓储的成本结构中还存在固定成本。

一家企业是选择自营仓库还是选择公共仓库需要考虑以下因素：

1. 周转量

由于自营仓库的固定成本相对较高，而且与使用程度无关，所以必须有大量存货来分摊这些成本，使自营仓库仓储的平均成本低于公共仓库仓储的平均成本。因此，如果企业的存货周转量较高，选择自营仓库更经济；反之，选择公共仓库更为明智。

2. 需求的稳定性

需求的稳定性是选择自营仓库的一个关键因素。许多厂家具有多种产品线，使仓库

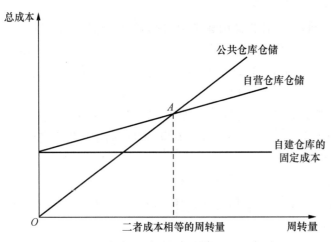

图 5-1　自营仓库仓储与公共仓库仓储的成本比较

具有稳定的周转量,因此自营仓库的运作更为经济。

3. 市场密度

市场密度较大或供应商相对集中的企业更适合选择自营仓库。这是因为前述情况下,企业的零担运输费率相对较高,经自营仓库拼箱后,整车装运的运费率会大大降低;相反,如果市场密度较低,则在不同地方使用几个公共仓库要比建立一个自营仓库更经济。

4. 管理水平

自营仓库通常是企业的一个附属部门,其管理水平一般相对较低;而公共仓库属于专业的仓库管理机构,既具有较先进的仓储设施,又具备高水平的管理技术。从直接管理费用和管理所带来的经济效果来看,租赁公共仓库比自建仓库的综合效益更佳。

第二节　储存技术

一、仓库布局技术

仓库布局是指在一定的区域内,根据备选地的交通、地理、气候、客户需求、周边环境等因素对仓库的数量、规模、位置、设施等各要素进行合理规划和设计。我们这里所要讨论的仓库布局主要指仓库区域内各种作业设施的合理布置问题。

(一) 仓库内部区域的规划

仓库内部区域一般可划分为生产作业区和辅助作业区。生产作业区是仓库的主体,辅助作业区是为仓库提供生活服务和业务管理的设施。库区平面布局就是根据库址的地理形状、气候条件和客户类别、仓库使用功能、存储特性、拣选模式以及作业流程、防火要求等因素,合理规划库区内的作业区、装卸作业区、辅助作业区、办公区、停车场、库区出入口与通道、排水系统的位置与设计参数,做到布局合理、安全、高效,并能充分提高土地利用率。

（二）分区分类规划的方法

仓库是"用于储存、保管物品的建筑物和场所的总称"（GB/T 18354-2021）。库房和货场是储存物资的主要场所。库房是"在仓库中,用于储存、保管物品的封闭式建筑物"（GB/T 18354-2021）。货场是"用于储存和保管货物、办理货物运输,并具有货物进出通道和装卸条件的场所"（GB/T 18354-2021）。

分区分类规划是指按照库存物品的性质（理化性质或使用方向）划分出不同类别,根据各类物品储存量的计划任务,结合各种库房、货场、起重运输设备的具体条件,确定各库房和货场的分类储存方案。

1. 按库存物品理化性质不同进行规划

按照库存物品的理化性质进行分类分区,如化工品区、金属材料区、冷藏品区、危险品区等。

2. 按库存物品的使用方向或按货主不同进行规划

在仓库中,经常出现同样的物品却分属不同的客户。在这种情况下,就需要根据物品的所有权关系来进行分区分类管理,以便于仓库发货或货主提货。

3. 混合货位规划

通用物品多按理化性质分类保管,专用物品则按使用方向分类保管,这就是所谓的混合货位规划。

（三）货位布置方式

1. 垂直或平行的布置方式

传统的仓库货位布置方式一般采用"垂直或平行"的布置,常见的有：① 横列式,这是将货位或货架的长边与主作业通道形成垂直关系的布置方式；② 纵列式,这是将货位或货架的长边与主作业通道形成平行关系的布置方式；③ 混合式,这是货位或货架的长边与主作业通道既存在垂直关系,也存在平行关系的布置方式。

2. 倾斜式布局

所谓倾斜式布局是指货位或货架的长边与主作业通道形成既非垂直关系也非平行关系的布置方式,如图 5-2 所示。采用倾斜式布局对叉车作业较为有利。

3. 按收发状态的库内布局

ABC 分类法是"将库存物品按照设定的分类标准和要求分为特别重要的库存（A类）、一般重要的库存（B类）和不重要的库存（C类）三个等级,然后针对不同等级分别进行控制的管理方法"（GB/T 18354-2021）。

按物资收发状态进行库房内的布置规划,也称为 ABC 动态布局法。

ABC 动态布局法是一种科学的管理方法。其原理在于,在任何复杂的经济工作中,都存在"关键的少数和一般的多数"这样一种规律。在一个系统中,关键的少数可对系统具有决定性的影响,而其余多数影响较小或者没有多大影响。这样如果将工作重点放在解决那些具有决定性影响的关键少数上,比不分轻重缓急、同等对待的效果显然要好得多。ABC 动态布局法就是根据这种思想,通过分析找出重点（即关键少数）,并确定与之

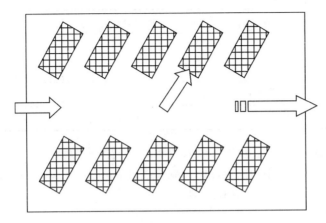

图 5-2 倾斜式布局

相适应的管理方法。

按物资收发状态的库内布局,是根据物资出入库频繁程度的差异,对出入库物资进行 ABC 分析,并根据分析结果对库存物资进行合理安排。

按物资收发状态进行库内布局的操作方法有如下步骤:

第一,收集数据。即对一定时期内物资出入库流转情况、出入库动态的数据进行收集。例如,某金属材料库房在 2015 年分类物资吞吐量的数据收集如下:扁钢 700 吨、槽钢 420 吨、方钢 1400 吨、线材 4900 吨、工字钢 560 吨、螺纹钢 3500 吨、角钢 2100 吨、其他类型钢 420 吨。

第二,数据处理。收集的数据资料开始往往是杂乱无章的,因而要进行整理。可对上述数据进行从大到小的排序,其排序结果可反映在统计表中。

第三,制作 ABC 分析表。ABC 分析表(也称物资出入库品种统计表)由序号、品种、数量、累计百分比等栏目组成。具体情况如表 5-1 所示。在数量栏目中,按吞吐量由大至少顺序排列,并计算吞吐总量。在累计百分数栏目中,分别计算出各种物资吞吐量占总吞吐量的百分比,并进行累加。0~75%所包含的物资品种定为 A 类;75%~90%所包含的定为 B 类,其余 90%~100%所包含的定为 C 类。

表 5-1 ABC 分析表

序号	品种	数量(吨)	累计百分比(%)
1	线材	4 900	35
2	螺纹钢	3 500	60
3	角钢	2 100	75
4	方钢	1 400	85
5	扁钢	700	90

(续表)

序号	品种	数量（吨）	累计百分比（%）
6	工字钢	560	94
7	槽钢	420	97
8	其他类型钢	420	100
总计		14 000	

第四，绘制 ABC 分析图。以物资收发数量的比例关系为纵坐标，以物资的品种序号为横坐标，按 ABC 分析表中的内容，画出 IQ 曲线(Item Quantity Curve)，并在 ABC 分析图上标明 A、B、C 代表的品种，如图 5-3 所示。

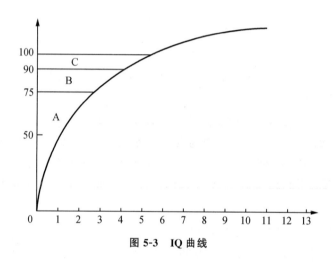

图 5-3　IQ 曲线

第五，库内布局。物资在仓库内入库和出库的流向有三种类型，即 I 型、L 型和 U 型，如图 5-4 所示。根据 ABC 分析图，将属于 A、B、C 不同类别的物资，按顺序分别配置在库房的出口处和出入库作业方便处，以便收发，并缩短运输距离。

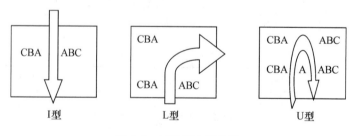

图 5-4　ABC 库内布局图

（四）统一编号、四号定位

在品种、数量很多和进出库频繁的仓库里，保管人员必须正确掌握每种货物的存放位置。货位编号就是根据不同库房条件、货物类别，做出统一编号，以达到"标志明显易找、编排循规有序"的目的。

四号定位是将库内货区、货架、层数、货位四者按规律编号,并同账面统一起来的规划方法。这样的编号方法可使实物与账面保持一致,从而见物知账、见账知物。

二、物资检验技术

物资的检验工作贯穿于储存全过程。如物资入库时的检验、保管期间的抽验、发货阶段的复验、盘点检查中的查验等。

(一)计量设备及应用

1. 常用的称量装置

称量装置是"针对起重、运输、装卸、包装、配送以及生产过程中的物品实施重量检测的设备"(GB/T 18354-2021)。

称量装置也称计量设备,常用的有以下几种:

(1)天平。天平用于称量范围小、计量精度要求高的物品,如贵金属,单位一般用"克"或"毫克"。

(2)案秤。案秤有等臂式和不等臂式两种。所谓等臂式是指秤杆的支点位于重点和力点中间,两力臂相等,因此所称物重应与秤砣重量相等;不等臂式指秤杆支点不位于重点和力点中间,而是靠近重点一端,施于短臂上的重力矩与施于长臂上的秤砣的重力矩相互平衡等量。案秤准确度较高,但称量范围较小。

(3)台秤。它是一种不等臂衡器。由于物重与秤砣重量之比,等于短臂与长臂之比,分别为10、100、1 000等,故不等臂台秤在结构上可分为十比秤、百比秤、千比秤等。

(4)汽车衡。它是一种地下磅秤,是将磅秤的台面安装在汽车道路面同一水平上,以便进出的运货车辆通过时,迅速称重。

(5)轨道衡。它是大型有轨式地下磅秤。载重车辆在轨道上称出毛重,减去车皮重,即可得出所装物资的净重。

2. 自动称量设备

自动称量设备即在装卸物资时能自动呈现出物资重量的一种装置。自动称量设备通常悬挂在起重机吊臂之下、被起重货物之上。运用自动称量设备可以省去一般衡器检斤所发生的装卸搬运劳动,对提高工作效率、降低劳动强度具有重要意义。常用的自动称量设备有液压秤、电子秤和电子汽车衡等。

(二)物资的理化性能检验

物资的物理、化学检验,是在专业理化检验室进行的。检验室的设备取决于待验物资的品种、价值和使用的重要性。物资理化性能检验所用的设备主要有:

(1)金相组织观察用的显微镜;

(2)材料力学试验用的各种机械设备,如拉力试验机、压力试验机、弯曲试验机、剪切试验机、扭曲试验机、冲击试验机、硬度试验机、疲劳试验机、蠕变试验机、磨耗试验机等;

(3)无损探伤仪,如超声波和磁性探伤仪等;

(4) 电气性能的测量仪表,如电压、电流、电阻测定仪表等;

(5) 对化学元素的定量分析仪器,如定量色谱分析仪;

(6) 其他理化性能检验的辅助设备,如热处理炉等。

(三) 物资的盘点和检查

1. 物资的保管损耗

物资在储存过程中,因其本身的性质、自然条件的影响都可能产生重量的损失,被称为物资的自然损耗。所谓物资的保管损耗是指在一定时期内,保管某种物资所允许发生的自然损耗(一般用保管损耗率表示)。如物资在储存过程中由于本身性质、包装情况、运输工具、技术操作等因素造成的物资的挥发、升华、飞散、风化、潮解、漏损,或换装、倒桶等过程中发生的自然减量等。

2. 物资的盘点

盘点是"对储存物品进行清点和账物核对的活动"(GB/T 18354-2021)。物资的盘点是为了能及时掌握库存物资的变化情况,避免发生短缺和长期积压,保证卡、账、物相符的重要手段。

盘点检查的内容包括查规格、点数量、查质量、查有无超过保管期或长期积压情况、查保管条件、查安全等。

常见的盘点形式主要有:

(1) 动态盘点,又称永续盘点,即保管员每天对有收发状态的物资盘点一次,以便及时发现问题,防止出现收发差错;

(2) 循环盘点,即保管员根据保管物资的性质特点,分轻重缓急,做出月盘点计划,然后按计划逐日轮番盘点;

(3) 定期盘点,即指在月末、季末、年中及年末按计划进行的对物资的全面清查;

(4) 重点盘点,即指根据季节变化或工作需要,出于某种特定目的而进行的盘点工作。

3. 物资的检查

检查工作主要包括:检查物品保管条件是否满足要求;检查物品质量的变化动态;检查各种安全防护措施是否落实,消防设备是否正常等。

三、物资堆码苫垫技术

(一) 物资堆码技术

堆码是将"将物品整齐、规则地摆放成货垛的作业"(GB/T 18354-2021)。货垛即"按一定要求将货物堆码所形成的货物单元"(GB/T 18354-2021)。

最常见的堆码方法有以下五种:

1. 重叠式堆码

它是逐件逐层地向上重叠码高,特点是货垛各层的排列方法一致。

2. 纵横交错式堆码

对于狭长且长短规格一致的物资或其包装箱体,将上一层物资横放在下一层物资上面,纵横交错地上码,形成方形垛。

3. 仰伏相间式堆码

它是一层仰放、一层伏放,仰伏相间相扣,使堆垛稳固;也可伏放几层再仰放一层或仰伏相间成组。

4. 衬垫式堆码

它是在每层或每隔两层物资之间夹进衬垫物(如木板),使货垛的横断面平整,物资间互相牵制,增强了货垛的稳定性。此方法适用于四方整齐的裸装物资。

5. 压缝式堆码

它是将垛底排列成正方形、长方形或环形,然后沿脊背压缝上码。

除上述介绍的堆码类型外,还有许多其他形式。如通风式,码成的货垛中间含有空隙,有利于通风,木材常使用这种堆垛方法。

在物资堆码作业中,常常运用"五五化"方法。所谓"五五化",即以五为基本计算单位,根据物资的不同形状,码成各种垛形,其总数均是五的倍数。五五化只提出了数量的控制,并没有垛形的限制。凡适合五五化的垛形均可考虑采用。

(二)货架储存技术

货架是"由立柱、隔板或横梁等结构件组成的储物设施"(GB/T 18354-2021),是在仓库中被广泛应用的一种储存设备。货架的种类很多,其储存技术也在不断发展。

1. 通用货架

通用货架是指可适于存放多种形状物资、使用范围较大的货架。

(1) 层架。它是仓库中使用最广泛的货架形式,由框架和层板构成,具有结构简单、适用性强、便于收发作业等优点。

(2) 层格架。在层架的基础上,每层用隔板分成若干格。其间隔大小视存放的物资形状而定。

(3) 抽屉式和柜式货架。这两种均为封闭式货架。其结构与层格架相似,只是在层格中的抽屉外面装有柜门密封。这类货架封闭性能好,多用于存放精密仪器等。

上述几种货架一般所存放的物资都限于体积较小的。对于一些较笨重的长型材料,如金属型材、管材等,常选用下列一些长型物资货架:

(1) U型架。因其形状呈U形而得名,这是一种最简单的上开式货架。

(2) 栅架。栅架也是上开式货架,有固定式和活动式两种。一般采用铁木结构。

(3) 悬臂架。它是一种边开式货架,分单面和双面两种。使用单面时,一面应靠仓库墙壁。仓库多采用双面式,这种货架可用来储存各种中、小型长型金属材料。

除上述通用货架外,还有一些适应某些特殊形状或性能要求的特殊货架,如存放汽车轮胎的轮胎架及存放气体钢瓶的钢筒架等。

2. 几种新型货架

(1) 调节式货架。根据货架调节部位不同,又分为层架调节货架和单元调节货架。层架调节货架在其外形结构不变的情况下,可根据储存物的外形尺寸,调整货架的层距。

(2) 装配式货架,又称组合式货架。它是用货架标准配件,如立柱、隔板、联结板,根据需要组装成各种规格的货架。

(3) 转动式货架。这种货架外形呈圆筒状,每一层皆能围绕主轴转动故称为转动式货架。每组货架都由轨道、货架、托盘(货盘等容器)、驱动装置及控制装置等组成。

(4) 活动货架,也称移动式货架。在货架的底部装上轮子,用人力或电力驱动,使之沿着轨道方向移动。

(5) 高层货架。它是与高层自动化仓库相配合使用的货架。其特点是储存的物资要求单元化,它的高度一般在五米以上,高的可达十几米,甚至二十几米。

(三) 苫盖衬垫技术

1. 苫盖

在露天货场存放物资时,为防止受雨淋、风雪及日光曝晒等危害,垛上需加适当的苫盖物,这就是物资的苫盖。

仓库中常用的苫盖物有芦席、油毡、油布、苫布、铁皮等。无论使用何种苫盖物,苫顶都应平整,防止雨后积水;应注意垛底的垫木、石墩不要露在苫盖物外面,以防止雨水渗入垛内。同时,苫盖物下端应保证通风的空隙,以利于空气流通。

许多仓库中使用的活动料棚,不仅可以迅速地对物资进行苫盖,而且通风好,便于机械化装卸作业。

2. 衬垫

在物资堆垛时,按照垛形的尺寸和负重情况,先在垛底放上适当的衬垫物,这种方法即为衬垫。衬垫的目的在于减少地面潮气对物资的影响,使物资与地面互有间隔,有利于垛底的通风。

衬垫物的种类很多,最普遍的是枕木、垫板、水泥块、石墩等。无论采用什么衬垫物,都应注意放平,并注意保护地坪。露天场地的地面一定要平整夯实,防止堆码后发生地面下沉和倒垛事故。

四、库房温湿度控制技术

各种物资按其内在特性,要求有与之适应的温湿度范围。如果库房内温湿度超过这个范围,就会引起或加速物资的质量变化。

(一) 温湿度变化的观测

对温湿度的观测是了解温湿度的主要方法。一般采用干湿球温度计、毛发湿度表、电子温湿度表等。

为了准确地测定库房的温湿度,通常要根据库房面积的大小、物资性质特点及季节气候情况,适当确定安置温湿度计的地方和数量。观测一般每日上下午各1次,并将记录结果作为调节库房温湿度的依据和研究温湿度变化规律的可靠资料。

(二) 仓库温湿度控制和调节方法

当仓库内的温湿度适合物资的保管时,人们要力图保持这种有利的环境;当环境不适合物资储存保管时,就要考虑调节库房温湿度。

1. 通风

通风是根据空气的流动规律,有计划地组织库内外空气的交换,以达到调节库内温湿度的目的。通风操作简单,对降低库内温湿度都可以起到一定的效果,同时还可以排除库房内的污浊空气。

2. 吸潮

吸潮是利用吸潮设备或吸潮剂吸附空气中的水蒸气,以达到降低空气湿度的目的。

3. 密封

密封是指采用一定的方式将物资尽可能地封闭起来,防止或减弱外界空气的不良影响,以达到安全保管的目的。

五、库存控制技术

库存即储存作为今后按预定的目的使用而处于备用或非生产状态的物品。

库存控制技术是将库存量控制到最佳的数量,并获取期望的供给保障,通常是以经济、合理为目标的决策技术。

(一)库存控制的基本内涵

库存控制是以控制库存为目的的相关方法、手段、技术、管理及操作过程的总和。

1. 需求

库存是为了满足未来的需求,随着需求的被满足,库存量就减少。需求可能是间断的,也可能是连续发生的。需求可以是确定的,也可以是随机的。

2. 补充

由于需求的发生,库存量不断减少,为保证未来的需求,必须及时补充库存物品。补充相当于存储系统的输入。

3. 费用分析

在存储理论中,一个存储决策,通常是指决定在什么时候对存储系统进行补充,以及补充多少库存量。在众多的存储决策中,评价一项决策的优劣所采用的一般标准是该决策所耗用的平均费用。存储模型中经常考虑的费用包括订货费、生产费、存储费和缺货损失费。

由于库存成本在企业总成本中占有相当大的比重,因此控制和保持库存不仅是每个企业所面临的现实问题,而且对于企业物流整体功能的发挥有着非常重要的作用。

传统的库存管理任务涉及两个基本问题:订货多少和何时订货。通过简单的计算,管理者可以很容易地做出决策。但是在当前的企业环境中,库存管理的任务变得越来越复杂,库存管理的方法也越来越多,库存决策也变得越来越复杂。在管理实践中,管理者需要根据企业的具体情况来选择适当的库存管理方法以提高企业物流系统的效率。无论企业选择什么样的库存管理方法,使总成本最小化是库存管理的关键。

(二)库存控制要素

在库存控制中,起决定作用或较大作用的要素主要有以下五个:

1. 企业的选址和选产

企业的选址和选产是库存控制系统中决定库存控制结果的最初要素。在规划一个企业时，企业的选址对未来控制库存水平的关系极大，如果企业远离原材料产地而运输条件又差，则库存水平将很难控制到低水平，库存的稳定性也很难保持。

企业产品的决策本身也是库存控制的一个影响因素，因产品决策脱离该地库存控制的可能而导致产品失败的例子不胜枚举。企业的选址和选产是库存对象对供应条件的选择，即该供应条件是否能保证或满足某种方式的控制。

2. 订货批次和订货数量

对于一家企业而言，库存控制是建立在一定要求的输出前提下的，因此，需要对输入进行调整。输入的调整依赖于订货，因而，订货与库存控制关系十分密切。订货批次和订货数量是决定库存水平的重要因素，不少企业把库存控制转化为订货控制，以解决库存问题。

定量订货制和定期订货制是最常运用的订货方式。定量订货制是指"当库存量下降到预定的库存数量（订货点）时，立即按一定的订货批量进行订货的一种方式"（GB/T 18354-2021）；定期订货制是"按预先确定的订货间隔期进行订货的一种方式"（GB/T 18354-2021）。

3. 运输的保障

运输是库存控制的一个外部影响要素，有时候库存控制不能达到预期目的并不是控制本身或订货的问题，而是运输的提前或延误。运输提前会提高库存水平，延误则使库存水平下降甚至会出现失控状态。

4. 信息

信息要素主要表现在库存控制过程中信息的采集、传递、监控、反馈等。

5. 管理

库存控制系统并不是仅靠一条流水线或一种高新技术工艺等硬件系统就能支撑的，而是通过全过程的管理实现的。

（三）库存控制的影响因素

库存控制是受许多环境条件制约的，库存控制系统内部也存在"交替损益"的现象，这些制约因素可以影响控制效果，乃至决定控制的成败。库存控制的影响因素主要有需求的不确定性、订货周期的不确定性、运输的不稳定和不确定性、资金的暂缺和周转不畅、管理水平达不到控制的要求，以及价格和成本的制约。

（四）库存成本

库存成本是物流总成本的一个重要组成部分，库存成本的高低常常取决于库存管理成本的大小。合理的库存水平直接影响着客户服务水平。库存成本主要包括以下四个方面：

1. 库存持有成本

库存持有成本是指为保持库存而发生的成本，它可以分为固定成本和变动成本。固定成本与库存数量的多少无关,如仓库折旧、仓库人员的固定工资等;变动成本与库存数量的多少有关,如库存占用资金的应计利息、破损和变质损失、保险费用等。

2. 订货成本

订货成本是指企业向外部的供应商发出采购订单的成本,包括处理订货的差旅费、邮资、通信费等支出。订货成本中有一部分是与订货次数无关的,如常设采购机构的基本开支等,称为订货的固定成本;另一部分与订货次数有关,如差旅费、邮资等,称为订货的变动成本。

3. 缺货成本

缺货成本是指因库存供应中断而造成的损失,包括原材料供应中断造成的停工损失、产成品库存缺货造成的延迟发货损失和丧失销售机会的损失(还应包括商誉损失)。如果生产企业通过紧急采购待用材料来解决库存材料的供应中断之急,那么缺货成本表现为紧急额外购入成本。

4. 在途库存持有成本

如果企业以目的地交货价出售产品,就意味着企业要负责将产品运达客户,当客户收到订货产品时,产品的所有权才完成转移。从财务观点来看,产品在实际交付前仍是卖方的库存,因为这种在途库存直到交付客户之前仍然属于企业所有,运货方式及所需的时间是库存成本的一部分,企业应该对运输成本与在途库存成本进行分析。

第三节 现代物流中心

一、物流中心的类型

物流中心是"具有完善的物流设施及信息网络,可便捷地连接外部交通运输网络,物流功能健全,集聚辐射范围大,存储、吞吐能力强,为客户提供专业化公共物流服务的场所"(GB/T 18354-2021)。

仓储的观念和功能的改变,引起了库存形态和内容的变化。现代化物流力求进货与发货的同期化理念,库存从静态管理到动态管理的要求,必将使仓库设备、结构、流程等方面发生全面变化,为了和传统的仓库相区别,这种新型的物流节点通常被称为"物流中心"。

(一)集货中心

将零星货物集中成批量货物称为"集货",集货中心可设在生产点数量很多而每个生产点产量有限的地区,只要这一地区某些产品总产量达到一定程度,就可以设置这种有"集货"作用的物流据点。

(二)分货中心

将大批量运到的货物分成批量较小的货物称为"分货",分货中心是主要从事分货工作的物流据点。企业可以采用大规模包装、集装货散装的方式将货物运到分货中心,然后按企业生产或销售的需要进行分装,利用分货中心可以降低运输费用。

（三）配送中心

配送中心是指"具有完善的配送基础设施和信息网络，可便捷地连接对外交通运输网络，并向末端客户提供短距离、小批量、多批次配送服务的专业化配送场所"（GB/T 18354—2021）。

配送中心的主要工作包括集货、储存、分货、拣选、配货和送货。

（四）转运中心

转运中心的主要工作是承担货物的转运。转运的具体形式可以是不同运输方式的衔接，也可以是同种运输方式的换载。

（五）加工中心

加工中心的主要工作是进行流通加工。

二、现代物流中心的业务和功能

现代物流中心内在体系的建设是随着流通系统中商品品种少量化、多频度、小单位化发展，以及准时制等新型生产、流通体制的进化而演变来的。流通系统中的种种变革带来了仓库机能上的重大变化。现代物流中心的业务和功能的内容如表5-2所示。

表5-2　现代物流中心的一般业务和功能

业务	主要作业
进货	1. 进货检查：主要为商品检查，即进货商品与进货清单的核对（质量核对、数量核对） 2. 入库作业：主要为入库准备，以及保管场所标示，包括保管条形码的粘贴（固定放货时标示货架号）；在流动场所放置货物时，输入入库货物的货架号后保管；在固定场所放置货物时，在粘贴条形码的货架中保管
保管	1. 保管作业：主要为数量管理和质量管理，包括检查在库量是否适当（是否需补充发货）；保持正确的库存记录（核查库存实物与账目是否相符）；把握库存物在库时间 2. 发货准备：主要为流通加工，包括按客户的要求进行包装作业；根据客户的要求粘贴价格标签等
发货	1. 发货作业：主要为备货和分拣包装，包括根据装箱商品和小件商品划分备货；备货品与客户订单核对（商品号、数量、配送对象）；根据不同配送对象分拣包装 2. 配送：主要为配车安排，包括制作发货单、运送单等单据；根据发货数量进行派车；装车后进行积载确认

三、立体仓库

立体仓库又称高层货架仓库，是"采用高层货架，可借助机械化或自动化等手段立体储存物品的仓库"（GB/T 18354—2021）。

立体仓库是在生产力不断发展和科学水平不断提高的情况下出现的崭新的物流技术。它一般是指用货架—托盘系统储存单元化的货物，采用电子计算机控制或人工控制的巷道式起重设备取送货物的一种新型仓库，如图5-5所示。

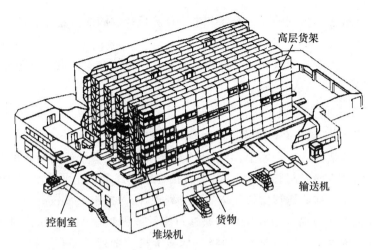

图 5-5 立体仓库示意图

（一）立体仓库的分类

立体仓库有以下五种分类方法：

1. 按仓库的建筑形式分

（1）整体式立体仓库，如图 5-6(a)所示；

（2）分离式立体仓库，如图 5-6(b)所示。

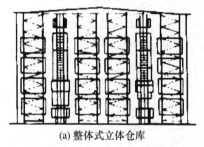 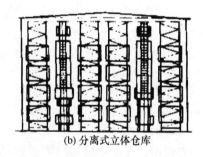

(a) 整体式立体仓库　　　　　　　(b) 分离式立体仓库

图 5-6　按建筑形式区分的立体仓库

2. 按仓库高度分

（1）12 米以上的为高层立体仓库；

（2）5～12 米的为中层立体仓库；

（3）5 米以下的为低层立体仓库。

3. 按仓库库容量分

（1）托盘数量在 2 000 个以下的为小型立体仓库；

（2）托盘数量在 2 000～5 000 个的为中型立体仓库；

（3）托盘数量在 5 000 个以上的为大型立体仓库。

4. 按控制方法分

这种分类下有手动控制的立体仓库和电子计算机控制的立体仓库。

5. 按货架形式分

这种分类下有固定货架式立体仓库和重力货架式立体仓库。重力货架式立体仓库借助重力作用,使物资自动从一端进,另一端出。

(二) 立体仓库的运行

1. 电子计算机控制巷道式堆垛机的运行

在采用托盘货架的立体仓库中,物资的入库出库作业主要依靠巷道式堆垛机来完成。电子计算机对堆垛机的控制有两种方式,即直接控制方式和由电子计算机输出纸带或卡片的间接控制方式。前者能够实现完全的实时处理,因而控制水平较高。

电子计算机直接控制巷道式堆垛机是通过卡片或键盘输入出入库信息,经巷道式堆垛机上控制系统接收并控制其运行、升降及货叉等机构的运行,以完成对托盘货物的存取,如图 5-7 所示。

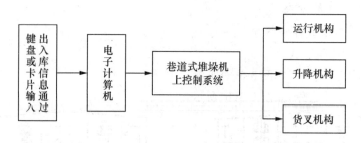

图 5-7 电子计算机直接控制巷道式堆垛机

出入库信息包括确定"入库"还是"出库",以及入库货格或出库货格的地址码。货格地址码包括巷道序号,货架列数、层数,以及货格在巷道内的方位左侧或右侧。货格地址码可以采用键盘输入,也可以采用穿孔卡片在读卡器中输入。穿孔卡片是在卡片上按一定的编码方式用穿孔的数量和位置的不同来表示不同的货格地址,每个货格各有一张对应的穿孔卡片。此外,货格中有托盘货物的称为满格,没有的称为空格。满格的货格卡片和空格的货格卡片分别在满格卡片盒和空格卡片盒中保管。在设定"入库"(或"出库")的指令后,从盒中取出空格卡片(或满格卡片)插入读卡器中以便"读出"货格地址码,指令巷道式堆垛机运行到指定货格处存入(或取出)托盘货物,并在巷道入(出)库口完成入(出)库动作。巷道式堆垛机在运行过程中不断地向电子计算机反馈包括认址信息在内的各项执行信息,通过电子计算机运算、确认后,再不断发出新的指令,使巷道式堆垛机按序进行各项动作,并及时切换各种速度,直至最终完成作业要求。

2. 入库作业过程

(1) 码盘。物资运到仓库后,首先应在入库作业中验收、理货、按码盘工艺要求将成件货物集合码放在托盘上,使之成为托盘单元化货物。

(2) 将托盘货物置于入库货台上。将托盘货物置于入库货台上有两种手段:使用叉车和由输送机自动进行。输送机的控制方式又分为两种：由单独设置的顺序控制器控制和由电子计算机集中控制。对由电子计算机集中控制的，向电子计算机输入"入库"指令，从空格卡片盒中抽出一张空格卡片插入读卡器内，输送机控制系统即根据货格地址的巷道序号顺序进入入库货台。

（3）巷道式堆垛机叉取托盘货物。在输送机完成上述动作后，经电子计算机对反馈信息的检查、确认，再顺序发出巷道式堆垛机的各项动作指令。首先是巷道式堆垛机叉取置于入库货台上的托盘货物。货叉外伸，载货台起升，货叉缩回，于是托盘货物被移载到巷道式堆垛机的载货台上，如图 5-8 所示。

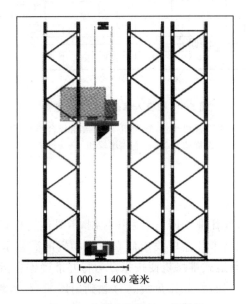

图 5-8 巷道式堆垛机工作简图

（4）巷道式堆垛机运行。巷道式堆垛机沿巷道作纵向运行。同时，载货台沿立柱垂直起升。在运行和起升中，巷道式堆垛机向电子计算机不断反馈认址信息，通过电子计算机运算、确认而向巷道式堆垛机的运行机构和升降机构发出切换速度直至最终停止的指令，使巷道式堆垛机的货叉部位准确停在货架的预定位置。

（5）向货格存入托盘货物。货叉根据伸叉指令而向左或向右伸出。当货叉接近货格时，货叉上探测装置会探明该货格是否为"空格"，以避免对满格重入货而发生事故。在确认"空格"无误后，货叉继续外伸到位，载货台略为下降，放下托盘货物后货叉缩回。于是，托盘货物便由载货台移载到指定货格中了。

（6）巷道式堆垛机回到原位。为了继续进行出入库作业，巷道式堆垛机一般回到原位待命。这里所说的原位，通常为巷道的入库口。

根据仓库平面布置的不同，入库口与出库口有分布在巷道两端的，也有合在一端共用的。如果出入库口共用，则巷道式堆垛机回到原位时可顺便把需要出库的托盘货物带出。以上入库作业控制可由图 5-9 表示。

电子计算机除了对机械作业进行自动控制，还可以对温湿度、消防、报警等方面实行

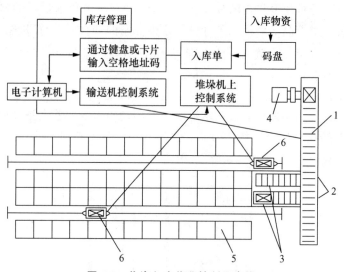

图 5-9 物资入库作业控制示意图

1. 入库输送机 2. 转角机 3. 入库货台 4. 叉车
5. 托盘式货架 6. 巷道式堆垛机

自动控制。

3. 出库作业过程

物资的出库作业与入库作业受同一套系统控制,但具体过程有所不同。简言之,操作人员根据出库通知单从满格卡片盒中找出储存所需物资的满格卡片,将此卡片插入读卡器中,发出"出库"指令。巷道式堆垛机便按指令运行并准确停在指定货格处,由货叉取出托盘货物,送到巷道出库口处,将此托盘货物移载到出库货台上,然后由叉车或输送机运送出库。

(三) 立体仓库的发展

1. 立体仓库已进入智能技术储存阶段

进入 20 世纪 90 年代后,仓库进入智能技术储存阶段。智能技术储存包括两种方式,即人工(或机械)智能和自然(或人类)智能,内容涉及智能物料储运设计和智能物料储运作业。目前,在人工智能及物料储运领域中的专家系统技术研究与开发工作正大规模进行。例如,将专家系统应用于自动导引车和单轨系统,使它们具有确定的路线和合理的运行决策。在接受物料入库、装运出库方面,专家系统能控制机器人进行物料入库和出库操作,能控制堆垛机的装卸,以及指定物料储存地点。为了设计智能化的仓储系统,应不断深化研究物料处理的基础知识和复杂的仓储大系统技术。

2. 堆垛技术的快速、准确

在堆垛机方面,除不断推出具有美观外形的产品外,机械的性能也在不断增强。例如:巷道式堆垛机垂直和水平方向的运行速度在大幅度提高,最大运行速度超过 200 米/分、最大起升速度可达近 90 米/分;巷道式堆垛机作业双循环次数由最初的 15~20 次/小时提高到 60~80 次/小时;一个大型的立体仓库每小时可完成 500~800 次出入库作业。

由于电子和控制技术在巷道式堆垛机上的广泛应用,巷道式堆垛机具有了更高的定位精度、更强的搜索能力和更快的运行速度。

3. 信息处理技术实时、可靠

先进的立体仓库发展的一个重要方面是信息处理技术的不断更新。目前,为了提高信息的传输速度和信息的准确性,扫描技术的应用是一个明显的特征。将相关数据的采集、处理和交换在搬运工具与中央计算机之间快速进行传递,使物品的存取和信息的发送做到快速、实时、可靠和准确。

4. 立体仓库的规模

立体仓库的建设规模形成了一条先由小到大,再从大到小的运行曲线。最初的主体仓库的规模仅有几百个或上千个货位,后来发展到上万个,甚至十几万个货位,美国的 Hallmark 公司使用的多达 120 条巷道的立体仓库将建库规模推向了顶峰。如今大型的立体仓库已不再是发展方向,甚至 10~20 条巷道的立体仓库也经常不是建库的首选了。为了适应市场多变的新形势,人们越来越多地钟情于规模较小的、反应速度更快的、用途更广的立体仓库。

5. 立体仓库更适应现代生产方式

现代生产方式的发展以柔性制造和精益生产为主流,计算机集成制造系统和工厂自动化生产对立体仓库又提出了新的要求。从工厂与仓库的关系角度考察,工厂和仓库中的物流必须伴随着并行的信息流。射频数据通信、条形码技术、扫描技术等对信息的实时传递和处理,与立体仓库中的巷道式堆垛机、激光自动导引车、移动式机器人等先进物流手段的配合,已证明是适合柔性制造的理想选择。

课外阅读

绿色低碳、智慧化运营
普洛斯摘取上交所"仓储物流类"基础设施公募 REITs 第一单

2021 年 5 月 14 日,上海证券交易所(以下简称上交所)审核通过普洛斯申报的基础设施公募不动产投资信托基金(Real Estate Investment Trusts,REITs)。此次申报发行的 REITs 为"中金普洛斯仓储物流封闭式基础设施证券投资基金"(以下简称中金普洛斯 REITs),是首批获得国家发展改革委推荐的基础设施公募 REITs 试点项目之一,也是上交所"仓储物流类"基础设施公募 REITs 第一单。

公开资料显示,此次申报的"中金普洛斯 REITs"的基础设施资产为位于北京、长三角及大湾区核心物流枢纽地区的 7 处物流园区,总建筑面积达 70.5 万平方米,估值约 53.5 亿元人民币。截至 2020 年末,资产总体出租率在 98% 以上,运营高效稳定,一直以来有力地承载和支持了所在地区的民生和经济发展。

梳理其发展脉络,普洛斯正是从基础设施创立了第一块里程碑。2010年,普洛斯在新加坡证券交易所上市,是当时全球最大的不动产IPO(公开募股);2018年,普洛斯从新加坡证券交易所退市,是当时亚洲最大的上市公司私有化交易。至2020年,普洛斯已逐渐形成集物流、不动产、基础设施、金融及相关科技领域的投资管理与商业创新为一体的资管巨头。

作为最早开始在中国市场开发、建设和运营高标准物流基础设施的投资管理公司,普洛斯树立了高标准仓库的规划设计以及管理运营的行业标准。多年以来,普洛斯坚持匠心品质,不断打造行业标杆项目,其中包括为客户打造的亚洲自动化水平最高的智能化运营中心、LEED铂金级认证物流仓储项目等。

普洛斯在中国43个战略性区域市场投资、开发和管理着400多个物流园区,旗下际链科技团队从普洛斯遍布全国的物流园区场景内的真实痛难点出发,形成了面向物流园区、仓库及供应链的一站式智慧园区、自动仓储解决方案。这套方案背后依托的关键底层技术是物联网,以及以计算机视觉为基础的人工智能、大数据科技。通过物联网设备连接道闸、人闸、车、月台、电子围栏等设备,实现数据的全域流转;计算机视觉可以低成本地对车体、货体和人员的状态和位置进行识别和分析,达到实时的监控、校准;所有关键环节的数据实时和统一的管理,形成了整个业务流的数字化闭环,成就高水平、高标准的智慧园区管理体系。

在智慧化运营的同时,普洛斯的园区设计充分考虑安全节能要求,遵循绿色环保理念,采用最先进的环保技术,减少碳排放,节约客户运营成本。截至2021年5月,普洛斯在全球已拥有245项全球可持续建筑认证,其中90多项于2020年获得,分别具有不同的节能环保特色,包括太阳能电池板发电、先进的雨水收集系统、节能照明、隔热材料以及采购当地材料(包括环保木材),减少因运输产生的碳排放等。

资料来源:新浪财经.绿色低碳、智慧化运营 普洛斯摘取上交所"仓储物流类"基础设施公募REITs第一单[EB/OL].(2021-05-18)[2022-06-30].https://baijiahao.baidu.com/s?id=1700014791438358699&wfr=spider&for=pc.

思考题

名词解释

库存	物资储备	仓储	自营仓库
公共仓库	原材料库存	在制品库存	制造库存
流通库存	周转库存	保险库存	仓库布局技术
分区分类规划	四号定位	五五化	物资的保管损耗
库存控制技术	定量订货制	定期订货制	物流中心
配送中心	立体仓库		

问答题

1. 从不同的角度可以将库存进行哪些不同的分类？
2. 说明仓库分类的方法和内容。
3. 物流中心可分为哪几种类型？它们各自的功能是什么？
4. 说明自营仓库仓储和公共仓库仓储的优缺点。
5. 简述仓库内部区域的规划包含哪些内容。
6. 简述货位的布置方式。
7. 何谓 ABC 分类法？按收发状态的库内布局（ABC 动态布局）是怎样操作的？
8. 谈谈物资盘点与检查的内容和盘点形式。
9. 说明怎样对库房温湿度进行控制。
10. 谈谈库存控制的基本内涵。
11. 简述现代物流中心的业务和功能。
12. 何谓立体仓库？立体仓库是如何进行分类的？
13. 简述立体仓库的入库作业过程。

21世纪经济与管理规划教材

物流管理系列

第六章

运输方式与综合运输

学习目的

深刻认识运输在物流中的重要地位。全面了解铁路运输、公路运输、水路运输、航空运输和管道运输等现代运输方式的特点。

技能要求

掌握货运量、货物周转量、综合运输体系、国际多式联运的概念;熟悉铁路运输、水路运输的组织方法;了解国际多式集装箱联运的主要特点。

没有现代化的交通运输,经济活动就要停顿,社会再生产也无法进行。物资运输活动可分为两类:一类是作为具体生产过程的有机组成部分的生产企业内部的运输;另一类是作为物质生产部门的专门运输者从事的运输活动。本章讨论的是后者。

第一节　运输概述

一、现代运输方式的产生和发展

运输是"利用载运工具、设施设备及人力等运力资源,使货物在较大空间上产生位置移动的活动"(GB/T 18354-2021)。

在资本主义发展初期,为解决运输需要与运输能力的矛盾,人们曾经致力于修建公路、开凿运河。产业革命后,越来越多的商品投入流通领域,新开辟的远方市场代替了本地市场,生产和交换对运输的需要使运输量和运输距离都迅猛地增长起来,并且要求大大地加快运行速度。1807年,世界上第一艘蒸汽轮船"克莱蒙特号"在纽约哈得孙河下水。1825年,英国斯托克顿至达灵顿之间的第一条长32公里的蒸汽牵引铁路开始了货运业务。此后,水、陆交通运输工具日趋完善,适应了资本主义发展的需要。

运输作为社会生产力的有机组成部分,主要是通过完成社会产品的流转表现出来的。同时,它也保证了人们在各地之间、一个国家乃至世界范围内政治、经济等方面交流的顺利进行。现代运输的发展,一般可划分为五个阶段:

1. 水路运输阶段

水路运输是古老而现代化的运输方式。在18—19世纪资本主义发展早期,工厂大多沿通航水道设立,对水路运输的依赖性很大。

2. 铁路运输阶段

从19世纪初铁路投入使用后,工业发达国家相继筑路。铁路运输已成为占货运量比重最大的运输方式。

3. 新运输方式的发展阶段

进入20世纪30年代,公路、航空、管道运输相继崛起,发展迅速,方兴未艾。

4. 综合运输阶段

对综合运输问题的认识始于20世纪50年代。其核心在于调整铁路、公路、内河水运、管道运输的分工配合,形成均衡、衔接、协调的现代化运输体系。

5. 集装箱运输阶段

20世纪50年代中叶,集装箱运输开始在海、陆出现并得到发展。特别是80年代后,集装箱运输发展得尤为迅速,这种现代运输方式由公路、铁路、水路推及航空领域,并逐步形成了世界性的集装箱运输体系。

二、运输生产的特征

(一) 运输生产是在流通过程中完成的

运输表现为产品的生产过程在流通领域中的继续。自工农业生产的产品投入流通领域之日起,就企业来讲,即已完成了生产过程,而运输则在流通领域继续从事生产,表现为经济部门生产过程的延续。运输组织的主要参与者包括:

1. 发货人

发货人是"按运输合同将货物交付承运人运送的单位、个人或其受托人、代理人"(GB/T 18354-2021)。

2. 收货人

收货人是"由托运人或发货人指定,依据有关凭证与承运人交接并收取货物的当事人或其代理人"(GB/T 18354-2021)。

3. 托运人

托运人是"本人或者委托他人以本人名义与承运人订立货物运输合同,并向承运人支付相应费用的一方当事人"(GB/T 18354-2021)。

4. 承运人

承运人是"本人或者委托他人以本人名义与托运人订立货物运输合同并承担运输责任的当事人"(GB/T 18354-2021)。

由于运输业不断为企业生产提供原料、材料、燃料和半成品,以保证企业不间断地从事生产,因此,它对于充分发挥生产资金的作用和加速流通资金的周转有着重要作用。

(二) 运输不产生新的实物形态产品

运输不改变劳动对象的属性和形态,只是改变它的空间位置。它参与社会总产品的生产,但社会产品量不会因运输而增大。运输生产所创造的价值,附加于其劳动对象上。

(三) 运输产品计量的特殊性

运输生产的劳动产品是以运输量和运输距离进行复合计量的。两者中任何单一的计量都不能确切地反映运输产品的数量。运输产量的大小直接决定着运输能力和运输费用的消耗。

(四) 交通运输的劳动对象十分庞杂

就交通运输的货物而言,其品种之繁多、性质之复杂是其他生产部门所无法比拟的。由于大多数运输的劳动对象的所有权属于其他单位,因而运输业对于劳动对象无权进行支配与选择。换言之,也就是构成生产力的三要素中,有一个要素不是运输部门所能掌握的,而且这不能掌握的劳动对象同时又是服务对象,这种两重性增加了运输业计划与管理的复杂性。

三、运输在物流中的地位

物资运输将生产和消费所处的不同空间联结起来,为实现实物从生产到消费的移动起到了决定性的作用。在现代生产中,由于生产的专门化、集中化,生产与消费被分割的状态越来越严重,被分隔的距离也越来越大,从而运输的地位也越来越高。运输如今被人们称为"经济的动脉"是毫不夸张的。

早期人们在研究物流时,片面地认为解决了运输问题便解决了物流问题。显然这个看法是不全面的,但从另一个角度看,也表现了运输在物流中的重要地位。

(一)运输是实现物资实物转移的关键

物流,可简单地解释为物资的实物运动。在物资的实物运动中,运输是实现的关键。任何产品的生产与消费严格来说都必然存在空间位置的差异,当然这种差异与生产率的高低、生产力的布局等都存在必然的联系。为达到生产的目的,满足消费者的愿望,物资转移必然要借助不同的运输工具和运输手段来实现。

(二)物资运输对其技术、组织等工作有特殊的要求

为实现物资的空间转移,有可能采取不同的运输方式。运输方式和运输工具等方面技术水平的高低,对完成运输量的大小,以及物资运输途中的安全程度有非常重要的影响。运输工具的种类繁多,性能各异,这对运输技术提出了特殊的要求。运输工作的组织,在一定的运输技术水平条件下,能对合理选择运输工具、运输方式和运输路线起决定作用。

(三)运输费用在物流成本中占有较大的比重

在整个物流费用中,运输费用与其他环节的支出相比是比较高的。为了实现不断降低物流费用的目标,运输就成了"大有所为"的领域。一种运输方式的改变,一条运输路线的择优,一项运输任务的合理组织等,都会对降低运输费用起到重要作用。

(四)运输对社会产品的需求有其特殊地位

当消费者需要在一定的时间获得一定数量的产品时,物资运输应在时间和数量上满足用户的需求。有时,由于存在地区差价,对使用价值相同的商品进行适当的运输有利于获得更高的产品收益。

第二节 现代运输方式

现代运输方式包括铁路运输、公路运输、水路运输、航空运输和管道运输等。

一、铁路运输

铁路运输是一种重要的现代陆地运输方式。它是使用机动车牵引车辆,用以载运旅客和货物,从而实现人和物发生位移的一种运输方式。

(一)铁路运输的特点

1. 适应性强

依靠现代科学技术,铁路几乎可以在任何需要的地方修建,可以实现全年、全天候不间断运营,受地理和气候条件的限制很少。铁路运输具有较高的连续性和可靠性,而且适合长短途各类不同重量和体积货物的双向运输。

2. 运输能力强

铁路运输是通用的运输方式,能承担大批量的大宗货物运输。铁路运输能力取决于列车重量(列车载运吨数)和昼夜线路通过的列车对数。如复线铁路每昼夜通过的货物列车可达百余对,因而其货物运输能力每年单方向可超过1亿吨。

3. 安全程度高

随着先进技术的发展以及在铁路运输中的应用,铁路运输的安全程度越来越高。特别是许多国家的铁路广泛采用了电子计算机和自动控制等高新技术,安装了列车自动停车、列车自动控制、列车自动操纵、设备故障和道口故障报警、灾害防护报警等装置,可有效地防止列车运行事故。在各种现代运输方式中,按所完成的货物吨公里计算的事故率,铁路运输是最低的。

4. 运送速度较快

常规铁路的列车运行速度一般为每小时60~80公里,少数常规铁路可高达140~160公里,高速铁路的列车运行速度可达每小时210~300公里。据了解,在国铁集团组织下,2023年6月28日在湄洲湾跨海大桥,试验列车实现单列最高时速453公里、双向两列相对交会最高时速891公里运行;6月29日在海尾隧道,试验列车实现单列最高时速420公里、双向两列相对交会最高时速840公里运行,对新技术部件进行了有效的性能验证,各项指标表现良好,为"CR450科技创新工程"的顺利实施打下了坚实基础。

5. 能耗小

铁路运输轮轨之间的摩擦阻力小于汽车车辆和地面之间的摩擦力。铁路机车车辆单位功率所能牵引的重量约比汽车高10倍,从而铁路运输单位运量的能耗也就比公路运输的小得多。

6. 环境污染程度小

工业发达国家的社会、经济与自然环境之间的平衡受到了严重的破坏,其中运输业在某些方面起了主要作用。对空气和地表的污染最为明显的是公路运输,相比之下铁路运输对环境和生态平衡的影响程度较小,特别是电气化铁路,其影响更小。

7. 运输成本较低

铁路运输固定资产折旧费所占比重较大,而且与运输距离长短、运输量的大小密切相关。运输距离越长,运输量越大,单位成本越低。一般来说,铁路运输的单位运输成本比公路运输和航空运输要低得多,有的甚至低于内河航运。

(二) 铁路运输的主要技术设施

铁路运输的各种技术设施是组织运输生产的物质基础。它可分为固定设备和活动设备。其中,固定设备主要包括线路、车站、通信信号设备、检修设备、给水设备和电气化铁路的供电设备等;活动设备主要有机车、客车、货车等。

1. 线路

线路是列车运行的基础设施,是由轨道、路基和桥隧等建筑物组成的一个整体的工程结构。

2. 机车

机车是运行于铁路线上、本身不能载荷的车辆,主要有蒸汽机车、内燃机车、电力机车。

3. 货车

货车是铁路运输的基本运载工具。传统的货车分为敞车、棚车、平车、罐车和保温车五大类。

4. 车站

车站是运输生产的基地,是办理货物运输业务,编组和解体列车,以及组织列车始发、到达、交会、通过等作业的基层单位。车站按业务性质可分为客运站、货运站、客货运站、编组站、区段站、中间站等。

5. 铁路专用线

铁路专用线是"与铁路运营网相衔接,为特定企业、单位或物流节点服务的铁路装卸线及其联结线"(GB/T 18354-2021)。

(三) 组织铁路运输的方法

1. 整车运输

整车运输是指"一批属于同一发(收)货人的货物且其重量、体积、形状或性质需要以一辆(或多辆)货车单独装运,并据此办理承托手续、组织运送和计费的运输活动"(GB/T 18354-2021)。

这是根据被运输物资的数量、形状等选择合适的车辆,以车厢为单位的运输方法。货车的形式有棚车、敞车、平车等。

2. 零担运输

零担运输是指"一批货物的重量、体积、形状和性质不需要单独使用一辆货车装运,并据此办理承托手续、组织运送和计费的运输活动"(GB/T 18354-2021)。零担运输也被称为小件货物运输。这种运输办法多是因待运量少而不够一个整车装载量时采用。与整车运输相比,这种运输方法的费用较高。

3. 混装运输

混装运输是小件货物运输的一种装载情况。一般可将到达同一地点的若干小件物资装在一个货车上。不同的物资分装在同一个集装箱中也属于混装运输。

4. 集装运输

集装运输是"使用集装器具或利用捆扎方法,把裸状物品、散状物品、体积较小的成件物品,组合成为一定规格的集装单元进行运输的一种组织形式"(GB/T 18354-2021),这种运输方法是发挥铁路运输量大、迅速的特点,并与其他运输方式相结合的理想运输方法。

集装箱运输指采用集装箱专用列车运输物资。近些年来"铁路双层集装箱运输"的方式发展很快,这是铁路利用专用平车,运输双层装载的集装箱的一种组织形式。

5. 驮背运输

驮背运输是"将装有货物的道路运输车辆固定在铁路车辆上,并由铁路实现的运输活动"(GB/T 18354—2021)。

6. 班列

班列是"按照固定车次、线路、班期、全程运输时刻开行的铁路快运货物列车"(GB/T 18354—2021)。

二、公路运输

公路运输是现代运输的主要方式之一。

(一)公路运输的特点

1. 机动、灵活,可实现"门到门"运输

汽车不仅是其他运输方式的接运工具,还可进行直达运输,减少中转环节和装卸次数。在经济运输距离之内可以到广大的城镇和农村,在无水路或铁路运输的地区更是如此。

2. 货损货差小,安全性高,灵活性强

公路运输能保证运输质量,及时送达。随着公路网的建设和发展,公路的等级不断提高,汽车的技术性能不断改善,公路运输的货损货差率不断降低,而安全水平不断提高。由于公路运输的灵活性强,送达速度快,它有利于保持货物的质量,提高货物运输的时间价值。

3. 原始投资少,资金周转快,技术改造容易

汽车车辆购置费较低,原始投资回收期短。据美国有关资料表明:公路货运企业每收入 1 美元,仅需投资 0.72 美元,而铁路则需 2.7 美元;公路运输的资本每年可周转 3 次,铁路则需 3～4 年周转 1 次。

4. 适合中短途运输,不适合长途运输

公路运输在中短途运输中的效果最突出。公路运输在担负长途运输中费用较高,这是其难以弥补的缺陷。造成其长途运费高的原因主要有三个:其一,也是主要原因,是耗用燃料多;其二,设备磨损大,折旧费高;其三,耗费人力多。

(二)公路运转的技术经济指标

1. 公路

(1) 高速公路。这是一种专供汽车快速行驶的道路。高速公路是一种具有分隔带、多车道(双向 4～8 车道)、出入口受限制、立体交叉的汽车专用道。根据功能,它可以细分为以联系其他城市之间的高速公路和城市内部的快速路。

(2) 一级公路。一般指连接重要的政治、经济中心的道路。汽车分道行驶并且部分控制出入,部分立体交叉。

(3) 二级公路。它是连接政治、经济中心或较大工矿区等地的干线公路,以及运输任务繁忙的城郊公路。

(4) 三级公路。它是沟通县及县以上城市的公路。

(5) 四级公路。它是沟通县、乡、村之间的支线公路。

2．汽车及其技术经济特征

(1) 评价载重汽车使用性能的主要指标。汽车使用性能表明汽车在具体使用条件下所能适应的程度，评价使用性能的主要指标有容载量、运行速度、安全性能、经济性、重量利用系数(即汽车有效载重量与汽车自重的比值)等。

(2) 具有特殊功能的载重汽车。一般的汽车都是以车厢或车台平板承载物资，但为了适应特殊要求的物资运输，具备特殊功能的汽车应运而生，主要表现为装载容器不同。

第一，油罐汽车。这是运输各种油类的专用汽车。车台上的油罐代替了一般汽车的车厢。油罐分别设有注入油孔和出油孔。运输前将油罐注满，运达目的地后将油放出。油罐汽车运输实际上是散装运输的一种形式。

第二，混凝土搅拌汽车(见图 6-1)。这是专门用于建筑材料场地与建筑现场之间的特殊运输汽车。材料场将水泥、石子及其他所需的建筑材料和水，根据建筑现场的技术要求按比例配合好，装进混凝土搅拌汽车的搅拌罐内。汽车在开往作业现场的运输途中，搅拌罐同时在不停地转动搅拌。到达现场后，经搅拌好的材料可直接投入使用。混凝土搅拌汽车节省了生产所需要的时间，代替了施工现场的搅拌机械，体现了运输与流通加工的紧密配合。

图 6-1　混凝土搅拌汽车

第三，粉粒运输汽车。粉粒运输常被人们称为散装运输。这种汽车的车厢是一个封闭的箱体。诸如粮食、水泥等被装进车厢后，关闭厢盖即可运输。

第四，冷藏冷冻汽车。这种汽车装有专门的制冷设备，可用于一些需要低温保鲜的食品。这是一种运输与储存相结合的特殊运输汽车。

第五，集装箱运输汽车。这是一种专门从事集装箱运输的汽车。汽车的车台规格尺寸与集装箱平放的规格相吻合，并在车台上设有与集装箱相对应的固定位置，以保证集装箱运输时的安全牢固。

第六，自动卸货汽车(见图 6-2)。车厢本身有可以向后或一侧倾斜的起升装置，在物资运达目的地后，车厢倾斜即完成卸车任务。这种运输汽车体现了运输和装卸作业的密切配合，可节约物资卸货时间和人力。但是由于自动卸车，车厢内的物资自由滑落，故适用范围有一定的限制，多适用于一些坚固、不怕撞击的散体物资。

图 6-2　自动卸货汽车

（三）组织公路货物运输的方法

1. 多班运输

多班运输是指在一昼夜内车辆工作超过一个工作班以上的货运形式。多班运输是增加车辆工作时间、提高车辆生产率的有效措施。

2. 定时运输

定时运输多指车辆按运行计划中所拟定的行车时刻表进行工作。行车时刻表中一般对汽车从车场开出的时间、每个运次到达和开出装卸站的时间及装卸工作时间等进行规定。

3. 定点运输

定点运输指发货点相对固定的车队，专门完成固定货运任务的运输组织形式。定点运输既适用于装货地点和卸货地点都比较固定集中的货运任务，也适用于装货地点集中而卸货地点分散的固定性货运任务。

4. 直达运输

直达运输通常是"货物由发运地到接收地，采用同一种运输方式、中途不需要中转的运输组织方式"（GB/T 18354-2021）。为了发挥直达运输的效率，有时可采用直达联运，这是指以车站、港口和物资供需单位为中心，按照运输的全过程，把产供销部门、各种运输工具组成一条龙运输，一直把货物从生产地运到消费地。

5. 中转运输

中转运输是指"货物由发运地到接收地，中途经过至少一次落地、换装、铁路解编或公路甩挂的运输组织方式"（GB/T 18354-2021）。

6. 零担货物集中运输

零担货物运输一般指一次托运量不满一整车的少量货物的运输。而零担货物集中运输是指定线、定站的城市间货运班车将沿线零担货物集中起来进行运输的一种形式。

7. 甩挂运输

这是"用牵引车拖带挂车至物流节点，将挂车甩下后，牵引另一挂车继续作业的运输组织方式"（GB/T 18354-2021）。

8. 带板运输

这是"将货物按照一定规则，合理码放到标准托盘上并整合为标准化物流单元，进而开展装卸、搬运、运输、配送等作业的一种运输活动"（GB/T 18354-2021）。

9. 门到门运输

门到门运输是指"承运人在托运人指定的地点收取货物，负责将货物运抵收货人指定地点的一种运输服务方式"（GB/T 18354-2021）。

三、水路运输

水路运输由船舶、航道和港口组成。其中，海上运输是历史悠久的运输方式。

（一）水路运输的特点

1. 运输能力强

在海上运输中，货轮载重量大多数在万吨及十几万吨左右。

油轮大小不等，小的一二千吨，大的几万吨、几十万吨。超过 16 万吨的油轮被称为超大型油轮，超过 20 万吨的油轮都被称为超级油轮，超过 40 万吨的油轮被称为超级巨型油轮；用于载运集装箱的船舶称为集装箱船。一艘超大型集装箱货轮，如"中远荷兰"号长 366 米、宽 51 米、高 67 米，一次可装载 13 386 个标准集装箱。

海上运输利用天然航道，不像内河运输受航道限制较大，如果条件许可，可随时改造为最有利的航线，因此，海上运输的通过能力比较强。

2. 运输成本低

水路运输成本之所以能低于其他运输方式，主要是因为其船舶的运载量大、运输里程远、路途费用低。

3. 投资省

海上运输航道的开发几乎不需要支付费用。内河虽然有时要花费一定的开支疏浚河道，但比修筑铁路的费用要少得多。

4. 劳动生产率高

水路运输因运载量大，故劳动生产率较高。一艘 20 万吨的油船只需配备 40 名船员，平均人均运送货物达 5 000 吨。在内河运输中，采用分节驳顶推船队运输，也提高了劳动生产率。

5. 航速较慢

由于船舶体积较大，水流阻力高，所以航速较慢。慢速航行所需克服的阻力小，能够节约燃料；反之，如果航速加快，所需克服的阻力则直线上升。例如，船舶行驶速度从每小时 5 公里上升到每小时 30 公里，所受阻力将会增加到原来的 35 倍。因此，一般船只的行驶速度只能达到 40 公里/小时，比铁路和公路运输慢得多。

（二）船舶

1. 技术指标

（1）船舶的航行性能。船舶为了完成运输任务，经常在风浪大、急流多等极为复杂的条件下航行，因此，要求船舶具有良好的航行性能。船舶的航行性能主要包括浮性、稳性、抗沉性、快速性、适航性和操纵性等。

（2）船舶的排水量和载重量。排水量是指船舶浮于水面时所排开水的重量，也等于船的空船重量和载重量之和。载重量是指船舶所允许的装载重量，包括营利载重量和非营利载重量。排水量和载重量的计量单位都为吨。

（3）船舶的货舱容积和登记吨位。货舱容积是指船舶货舱实际能容纳货物的空间，以立方米或立方英尺表示。登记吨位是指为船舶注册登记而规定的一种根据船舶容积大小而折算出的专门吨位。

（4）船舶的装卸性能。船舶的装卸性能是由船舶的结构、容积和装卸设备所反映的装卸效率指标。船舶装卸效率的高低在很大程度上决定了船舶在港的停泊时间。

2. 船舶的种类及特性

（1）客货船。以载运旅客为主、兼运一定数量货物的船舶，其结构和运营技术特征是多种多样的。

（2）杂货船。一般是指定期行驶于货运繁忙的航线，以装运杂货为主要业务的货船。

（3）散装船。指供装运无包装的大宗货物，如煤炭、粮食、矿砂等货物的船舶。

（4）冷藏船。这是利用冷藏设备使货舱可保持一定低温，从事运输易腐货物的船舶。

（5）油船。指用来专门装运散装石油类液体货物（原油及石油产品）的船舶。

（6）液化气船。它是专门用来装运液化天然气和液化石油气的船舶。专门装运液化天然气的船称为液化天然气船；专门装运液化石油气的船称为液化石油气船。

（7）滚装船。它是专门用来装运以载货车辆为货物单元的船舶。货物在装船前已装在牵引车上，装船和卸船时，载货车辆通过设在船上的跳板（一般在船的尾部）开往船上或岸上。海运中所讲的滚装运输就是"货物通过自身车轮或其他滚动行驶系统驶上、驶下/离滚装船舶而实现的运输活动"（GB/T 18354-2021）。

（8）载驳船。它是用来专门装运以载货驳船为货物单元的船舶。载驳船的运输方法是先将各种货物装在统一规格的货驳里，然后再将货驳装到载驳船上，到达中转港后，卸下货驳，用拖船或推船把成组的货驳拖带或顶推到目的港。

（9）集装箱船。它指"用于载运集装箱的船舶"（GB/T 18354-2021）。

（10）内河货船。内河货船本身带有动力，并有货舱可供装货，具有使用方便、调动灵活等优点。但因载重量小、成本高，故一般作为内河定期经营船舶使用。

（三）港口

港口是"位于江、河、湖、海或水库等沿岸，由一定范围的水域和陆域组成的且具有相应的设施设备和条件开展船舶进出、停靠、货物运输、物流等相关业务的区域"（GB/T 18354-2021）。

港口是海上运输和内陆运输之间的重要联系枢纽。船舶的装卸、修理，货物的集散都要在港口进行。

1. 港口的分类

（1）按港口位置划分，可以分为海湾港、河口港和内河港：① 海湾港。它地处海湾，常有岬角或岛屿等天然屏障作保护，具有同一港湾容纳数港的特点，如大连港、秦皇岛港。② 河口港。它位于河流入海口处，如上海港、广州港。③ 内河港。它位于内河沿岸，一般与海港有航道相通，如南京港、汉口港等。

（2）按使用目的划分，可分为存储港、转运港和经过港：① 存储港。它一般地处水陆联络的枢纽，同时又是工商业中心。其港口设施完备，便于进出口货物和转口货物的存储、转运，如伦敦、纽约、上海等港。② 转运港。它位于水陆交通衔接处。一面将陆路货物转由海路运出，一面将海运货物疏散，转由陆路运入。港口本身对货物的需求不多，如鹿特丹、香港等港。③ 经过港。它地处航道要塞，为往来船舶必经之地。船舶如有必要，可在该港作短暂停留以便补充给养。

(3) 按国家政策划分,可分为国内港、国际港和自由港:① 国内港。它是指经营国内贸易,专供本国船舶出入的港口;外国船舶除特殊情况外,不得任意出入。② 国际港,又称开放港,它是指进行国际贸易、依照条约规定规则开放的港口,任何航行于国际航线的外籍船舶,经办理手续,均准许进出港口,但必须接受当地航政机关和海关的监督。③ 自由港。所有进出该港的货物,允许其在港内储存、装配、加工、整理、制造再转运到其他国家或地区,均免征关税。只有在转入中国内地时才收取一定的关税。

2. 现代化港口的条件

港口的生产效率是由港口的通过能力来衡量的。港口的通过能力指在一定时期内港口能够装船、卸船的货物数量,也就是港口的吞吐量。

(1) 拥有大量的泊位。码头是"供船舶停靠,装卸货物等相关作业的水工建筑物及场所"(GB/T 18354—2021)。港口的泊位数取决于港口码头的建设,码头岸线的长度决定了能够停泊船舶的数量。

为了适应运量的不断发展,同时防止堵塞现象,要求港口具有大量的泊位和较长的码头岸线。

(2) 具有深水航道和深水港区。为了高效率地接纳大型船舶,新建或扩建的现代化港口或港区都建有深水港区。目前,油船泊位已超过 50 万吨级,矿石船泊位达 35 万吨级,集装箱船泊位已达 10 万吨级。

(3) 具有高效率的专业化装卸设备。港口的装卸设备包括岸上起重机、水上起重机、堆码机械和拖车、抓斗等。集装箱装卸桥作业效率可达 60~70 箱/台时;新型连续式卸粮机可达 100 吨/小时以上;煤炭泊位使用的专业化抓斗卸船机最高作业效率为 4 200 吨/小时;输送机输送效率则高达 10 000 吨/小时。

(4) 具有畅通的集疏运设施。港口的集疏运设施包含仓储设施、交通设施等。仓储设施包括仓库、货场、货棚、储煤场、储油库等;交通设施则包括陆上交通的铁路与公路,水上交通的驳船、海船等。

(5) 其他设施。包括供船舶安全通行的航道,防止港外风浪海流袭击的防波堤、安全与助航设备,如灯塔、浮标、海岸电台等。

(四) 水路运输方式

1. 国际航运

国际航运的经营方式主要有班轮运输和租船运输两大类。前者又称定期船运输,后者又称不定期船运输。

(1) 班轮运输。这是指"在固定的航线上,以既定的港口顺序,按照事先公布的船期表航行的水上运输经营方式"(GB/T 18354—2021)。

班轮运输是按事先公布的费率收取运费。班轮运输具有"四定"的特点,即固定航线、固定港口、固定船期和相对固定的费率。

(2) 租船运输。租船运输是指"船舶出租人把船舶租给承租人,根据租船合同的规定或承租人的安排来运输货物的运输方式"(GB/T 18354—2021)。

租船运输又被称为不定期船运输。它没有特定的船期表、航线和港口。船主将船舶出租给租船人使用,以完成特定的货运任务。租船运输以承运价值较低的大宗货物为主,如粮食、矿砂、煤炭、石油等,而且整船装运。据统计,国际海上货物运输总量中,租船运输量约占 4/5。国际上使用的租船运输方式主要有三种:

第一种是定程租船,又称航次租船。它是以航程为基础的租船方式。船主按租船合同规定的船程完成货运任务,并负责船舶经营管理及支付航行费用,租船人按约定支付租金。

第二种是定期租船。这是由租船人使用一定的期限,并由租船人自行调度与管理,租金按月计算的租船方式。

第三种是光船租船。光船租船是定期租船的一种,但船主不提供船员。由于船主不放心把空船交给租船人,故此种方式较少使用。

2. 航线运营形式

航线运营形式也称航线形式,即在固定的港口之间,为完成一定的运输任务,配备一定数量的船舶并按一定的程序组织船舶运行活动。在国内的沿海和内河运输中,航线形式是主要的运营形式。它定期发送货物,有利于吸收和组织货源,缩短船舶在港时间,提高运输效率,并为联运创造条件。

3. 航次运营形式

航次运营形式是指船舶的运行没有固定的出发港和目的港,船舶仅为完成某一特定的运输任务按照预先安排的航次计划运行,其特点是机动灵活。

4. 客货船运营形式

这是一种客运和货运同船运输的形式,其运营特点是需要定期、定时发船。

5. 多式联运

多式联运是"货物由一种运载单元装载,通过两种或两种以上运输方式连续运输,并进行相关运输物流辅助作业的运输活动"(GB/T 18354-2021)。

水陆多式联运通常以集装箱为媒介,把铁路、水路、公路和航空等单一的运输方式有机地结合起来,组成一个连贯的运输系统。1980 年的《联合国国际货物多式联运公约》规定:国际多式联运是指按照多式联运合同,以至少两种不同的运输方式,由多式联运经营人将货物从一国境内接管货物的地点运到另一国境内指定交付货物的地点。为履行单一方式运输合同而进行的该合同所规定的货物接送业务,不应视为国际多式联运。

四、航空运输

(一)航空运输的特点

1. 航空运输的高科技性

航空运输的主要工具是飞机,其本身就是先进科学技术及工艺水平的结晶。此外,如通信导航、气象、航行管制、机场建设等无不涉及高科技。

2. 航空运输的高速度

与其他运输方式相比,高速度无疑是航空运输最明显的特征。它在物流中具有无可比拟的价值。

3. 航空运输的灵活性

航空运输不受地形、地貌、山川、河流的影响,只要有机场,有航空设施保证,即可开辟航线。如果用直升机运输,则机动性更强。在自然灾害的紧急救援中,对于其他运输方式不可到达的地方,均可采用飞机空投方式,以满足特殊条件下特殊物流的要求。

4. 航空运输的安全性

航空运输平稳、安全,货物在物流中受到的震动、撞击等均小于其他运输方式。

5. 航空运输的国际性

严格说起来,任何运输方式都有国际性,都有可能在国家间完成运输任务。这里所要体现的国际性是指国际交往中航空运输的特殊地位。国际航空运输的飞行标准、航空器适航标准、运输组织管理、航空管制、机场标准等都有国际上统一的规范和章程。国际民航组织制定了各种法规、条例、公约来统一和协调各国的飞行活动和运营活动。

6. 航空运输量在物流中占的比重较小

航空运输与其他运输方式相比,其运输量少得多。一方面受其运输工具运输量的限制,另一方面其运输成本高,一般的货物运输使用航运方式在经济上不合算。但是,随着快递业务的发展,对于最看重时效的消费者来说,航空运输显然是能够大大缩短运输时间的,这便是我国一些快递企业开始购置全货运飞机,从事航空运输发展的动力。

(二) 航空运输的技术指标

航空运输中的实际载运量与最大载运量之比被称为载运比率。载运比率又分为两种情况。

1. 航站始发载运比率

它是指某航站出港飞机实际载运量与最大载运量之比,即

$$航站始发载运比率 = 实际载运量/最大载运量 \times 100\%$$

2. 航线载运比率

$$航线载运比率 = 实际总周转量/最大周转量 \times 100\%$$

其中,最大周转量是飞机在满载的情况下可完成的吨公里数,它等于最大载运量与航距的乘积。

(三) 航空港

航空港又称机场,是"位于航空运输线上,依托机场的建筑物和设施,开展货物装卸暂存、中转分拨等物流业务的基础设施(区域)"(GB/T 18354-2021)。航空港是航空线的枢纽,它供执行客货运业务、保养维修飞机和航空器起飞、降落时使用。

按照设备情况,航空港可分为基本航空港和中途航空港。前者配备有为货运及其所属机群服务的各种设备,后者是专供飞机作短时间逗留,上、下旅客及装卸货物之用。

以飞行距离为标准,航空港可分为国际航空港、国内航空港及短距离机场等。航线上各航空港间的距离取决于沿线城镇的大小及重要性、航空线的用途(短途或长途运输)、飞机类型、飞行速度及高度等。

中国航空港分级是依每昼夜起飞次数而定的。

(四)航空线

航空线是指在一定方向上沿着规定的地球表面飞行,连接两个或几个城市,进行运输业务的航空交通线。航班飞行一般分为班期飞行、加班飞行及包机或专机飞行。

航空线按其性质和作用可分为国际航线、国内航空干线和地方航线三种。

1. 国际航线

该航线主要根据国家和地区政治、经济和友好往来,通过建立双方的民航协定建立。它是由两个或两个以上的国家和地区共同开辟,主要担负国际旅客、邮件、货物的运送。

2. 国内航空干线

该航线的布局首先要为国家的政治、经济服务,其次是根据各种运输方式的合理分工,承担长途和边远地区的客、货运转任务。

3. 国内地方航线

该航线一般是为省内政治、经济联系服务,主要在一些省区面积大而区内交通不发达的地区和边疆地区。

五、管道运输

管道运输是使用管道输送流体货物的一种方式。

(一)管道运输的特点

1. 运量大

管道能够进行不间断的输送,输送连续性强,不产生空驶,运输量大。如管径为529毫米的管道,年输送能力可达1 000万吨;管径为1 200毫米的管道,年输送能力可达1亿吨。

2. 管道运输建设工程比较单一

管道埋于地下,除泵站、首末站占用一些土地外,管道占用土地少,建设周期短,收效快。同时,管道铺设可翻越高山、横跨沙漠、穿过海底等,易取捷径,缩短运输里程。

3. 管道运输具有高度的机械化

管道输送流体货物,主要依靠每60~70公里设置的增压站提供压力能,设备运行比较简单,且易于就地自动化和进行集中遥控。先进的管道增压站已完全做到无人值守。

4. 有利于环境保护

管道运输不产生噪声,货物漏失污染小。它不受气候影响,可以长期安全、稳定运行。

5. 管道运输适用的局限性

管道运输本身工程结构上的特点,决定了其适用范围的局限性。

(二)管道运输的形式

管道以所输送的介质命名。如输送原油,称之为原油管道;输送加工后的成品油称为成品油管道;还有天然气管道、煤浆管道等。

1. 原油管道

被开采出来的原油先经油气分离、脱水、脱沉淀物,再经过稳定后进入管道。用管道输送时,针对所输原油的物理性质(如比重、黏稠度、易凝状况等),采用不同的输送工艺。

原油管道输送工艺可分为加热输送和不加热输送两种。稀质的原油(如中东原油)采用不加热输送,而我国的原油属于易凝高黏原油,则需采用加热输送。

2. 成品油管道

成品油管道是输送经炼油厂加工原油提炼出来、可直接使用的燃料油,如汽油、煤油、航空煤油、柴油及液化石油气等。经炼制加工生产的最轻质到重质的燃料油等,都是成品油管道输送的介质。

成品油管道是等温输送,没有沿途加热的问题。由于成品油管道是多来源、多品种顺序输送,因而其管理的复杂程度远超原油管道。成品油管道使连通的多个炼油厂所生产的油品可进入同一管道,同时直接向沿线的各大城市及乡镇供应成品油。

3. 天然气管道

天然气管道是将天然气(包括油田生产的伴生气),从开采地或处理厂送达城市配气中心或企业用户的管道。天然气管道区别于煤浆管道之处在于,煤浆管道是将煤经增压转化为气体,其起输压力比较低,而天然气则由气田中气井生产,伴有较高的压力,可以利用气井的压力长距离输送。

4. 煤浆管道

煤浆管道是固体料浆管道的一种。后者是将固体捣碎成粉粒状与适量的液体混合配制成浆液,经管道增压进行长距离输送。第一条煤浆管道是于1957年在美国俄亥俄州修建的一条长173公里、管径为254毫米的输煤管道。世界著名的煤浆管道是从美国亚利桑那州北部黑梅萨地区的露天煤矿,到内华达州的莫哈夫电厂的输煤管道,它于1970年建成投产,全长439公里,管径为457毫米,设计年输送量为500万吨。固体料浆管道除用于输送煤浆外,还可用于赤铁矿、铝矾土和石灰石的输送等。

(三)输油管道的构成

大型输油管道是由输油站和输油管线两大部分组成的。

1. 输油站

输油站是管道运输的重要组成设备和环节,在管道运输过程中,通过输油站对被输送物资进行加压,克服运行过程中的摩擦阻力,使原油或其制品能通过管道由始发地运到目的地。输油站按其所在位置可以分为:

(1)首输油站。首输油站多靠近矿场或工厂,收集沿输油管道输送的原油及其制品,进行石油产品的接站、分类、计量和向下一站的输油。如果是加热输送还要配有加热设备。

(2)中间输油站。中间输油站承担把前一站输送的油转往下一站的任务。

(3)终点基地。终点基地收受、计量、储藏由输油管道输送来的油,并分配到各消费单位,或转交其他运输工具。

(4)其他主要设施。输油站设有一系列复杂的构筑物,包括泵房、油池、阀室等。泵房的作用在于造成一定的压力,以便克服管道输送时产生的阻力,把油输往下一站。根据压力大小,在每一间隔距离的线路上设置一个泵站;在矿场、炼油厂和各输油站设有收油和发油的专用油池,利用管道从发油企业收油或从油池往外发油。

2. 输油管线

(1) 内部输油管式辅助输油管。这是指炼油厂、石油基地中的各种线路系统,是输送加工原油和灌注油罐车、内河及港内驳船、远洋油轮及油桶用的。

(2) 局部性输油管。这是指把石油从矿场输往石油基地与大型输油管首站的短距离矿场管道。

(3) 大型输油管或干线输油管。这是输油管线中的主体,这种输油管自成系统,其线路可长达数百公里乃至数千公里。除必要的检修工作外,该输油管能全年不间断地输送油品。

第三节 综合运输

一、现代运输是各种运输方式的组合

现代运输是由铁路、公路、水路、航空和管道五种主要运输方式组成的。每一种运输方式都有其特定的运输工具,并形成了各自的技术运营特点、经济性能和合理的使用范围。

(一) 各种运输方式的计量

1. 货运量

货运量是指各种运输方式所担负和完成的实际货物运输量。运输量是运输需求的主要表现。从较长时期观察,运输量的增长一般表现为平滑式增长,而运输能力(物资供应)的增长表现为跳跃式增长。

货运量一方面是考核运输部门在一定时期内完成国家计划的指标,另一方面反映了运输业为国民经济服务的数量关系。目前中国对各种运输方式的货运量的统计方法尚未达成共识;铁路货运量是货物的发送吨数;公路货运量按货物到达量计算;交通运输部直属水运部门中,长江线按发送量计算,沿海各线则按到达量统计。

货运量按货物品类分别统计,划分货物品类的一般原则是:
(1) 根据工农业生产的需要和各类货物在国民经济中的地位和作用;
(2) 根据各种货物的性质及运量的大小;
(3) 根据各种货物对运输工具和运输条件的要求与影响。

目前中国铁路、水路和公路运输的货物品类大致分为煤炭、焦炭、石油、钢铁、金属矿石、非金属矿石、矿物性建筑材料、水泥、木材、化肥、农药、粮食、棉花、盐和其他等。其中,煤炭和石油等能源运输的运量在铁路运输和水路运输中占较大的比重。

2. 货物周转量

货物周转量是指运输货物的数量(吨)与运输距离(公里)的乘积。其表示方法为吨公

里或吨海里。

货物周转量可以分为总周转量、各种运输方式的货物周转量和分货物品类的周转量。在中国,货物周转量和货运量的货物品类的划分是一致的。

影响货物周转量的因素,主要是货运量的大小和货物平均运输距离的长短。同时,货物周转量也受国民经济的发展水平,生产力布局的变化,宏观经济结构、产品结构和地区经济结构的发展变化,以及运输网的发展等因素的影响。在货运量一定的条件下,货物平均运输距离决定着货物周转量的大小。货物平均运输距离反映了各类货物产销之间、各地区和各企业之间的经济联系状况。缩短货物平均运输距离,可以加速运输工具的周转,缩短货物的送达时间,节约运输费用,并且对加速国民经济流动资金的周转及降低商品的流通费用都有重要作用。

(二) 各种运输方式的基本技术经济特征

不同现代运输方式(铁路、公路、航空、水路和管道),无论在成本、速度、频率、可靠性和可用性方面,还是在适应的运输距离、规模、运输能力上都存在较大差别。表 6-1 对不同运输方式的技术经济特征进行了对比。

表 6-1 不同运输方式的技术经济特征对比

	铁路	公路	航空	水路	管道
成本	中	中	高	低	很低
速度	快	快	很快	慢	很慢
频率	高	很高	高	有限	连续
可靠性	很好	好	好	有限	很好
可用性	广泛	有限	有限	很有限	专业化
运输距离	长	中、短	很长	很长	长
规模	大	小	小	大	大
运输能力	强	强	弱	最强	最弱

(三) 各种运输方式合理分工的原则

各种运输方式的合理分工,在不同国家、不同地区和不同历史时期各不相同。

各种运输方式合理分工的原则主要包括以下五个方面:

1. 自然地理条件

各种运输方式的合理分工,要根据具体地区的自然地理条件,在了解铁路、公路、海洋、江河等具体情况的基础上,进行合理分工,宜水则水,宜陆则陆。

2. 社会经济条件

各种运输方式的合理分工及协调发展,必须要同这个地区的经济与社会发展相适应,要充分满足这个地区运输量的增长要求。

3. 运输结构条件

各种运输方式的合理分工应考虑历史上已经形成的运输结构,如水陆分工、铁公分工;已经形成的运输设备能力,如铁路专用线、站场、港口、码头等。在分工中应充分利用这些设备,同时要根据今后国民经济的发展,逐步发展或调整运输方式分工,形成合理的运输结构。

4. 运输技术条件

各种运输方式的合理分工,并不是机械的分工,在很多情况下,是要通过两种或两种以上运输方式的联运,才能实现整个运输过程。如在水陆联运中,既要考虑铁路和公路的运输能力、陆水衔接换装和港口能力、航运能力,又要考虑在采用运输新技术后,运输能力和运输效率将有怎样的提高,以及这些因素将对运输方式的分工产生什么样的影响。

5. 国家运输政策

各种运输方式的合理分工,还要在国家制定的运输政策指导下进行。国家的政策是多方面的,如产业政策、技术政策、投资政策、运输政策、价格政策等。这些都与运输方式的合理分工和协调发展密切相关。

二、各种运输方式合理分工的研究方法

(一)调查研究各种运输方式的现状及运输结构

具体包括:对铁路、公路、航空、管道等线路网及运输能力的调查,对港口、站场、枢纽等设施及能力的调查,对各种运输方式完成的货运量和货物周转量的调查,对运输工具类型、数量、载重量及技术参数的调查,对完成运营指标和经济效益的调查以及对运输方式所存在的主要问题的调查等。

(二)搜集社会、经济、历史统计资料和数据

如国民经济统计资料,交通运输网历年变化状况,各种运输方式历年完成货物运输量和周转量统计资料,地区内工业布局状况及重要物资产量和运输量。

(三)研究全国或地区的国民经济发展规模

如社会总产值、国民生产总值,重要物资如钢铁、煤炭、石油、矿石、水泥、木材、粮食等与运输关系较大的物资产量等。

(四)研究国家(地区)的社会经济发展战略等宏观因素

研究国家(地区)的社会经济发展战略、产业政策、技术政策、经济结构、产业结构等对运输业发展的影响。

(五)对运输能力与运输量增长作平衡分析

根据预测的运输量,对照现有的运输能力,衡量其完成运输任务的水平,并确定各种运输方式为适应运输量增长所应采取的措施,如增强运输设备的能力等。

(六)衡量各种运输方式合理分工的经济效益

根据各种运输方式的技术特征、运输费用的计算、运输能力扩展费用(如线路、站场、港口、机场、运输工具及运输设备等的投资),衡量其合理分工的经济效益。

(七)确定各种运输方式合理分工和协调发展的运输网络模型

运输网络是一个复杂的大规模系统,它以不同的方式存在,如公路、铁路、航空和水路

等。各种运输方式的分工和协作问题,可结合运输网络模型和先进算法予以分析和解决,从而为政策制定者的决策提供科学性和可行性依据。

三、综合运输体系

所谓综合运输体系,是指各种运输方式在社会化的运输范围内和统一的运输过程中,按其技术经济特点组成分工协作、有机结合、连续贯通、布局合理的交通运输综合体。

(一)综合运输体系的内涵

1. 综合运输体系是在五种运输方式的基础上建立起来的

随着经济和社会的发展及科学技术的进步,运输过程由单一方式向多样化发展,运输工具不断朝现代化方向发展。因此,运输生产本身就要求把多种运输方式组织起来,形成统一的运输过程。综合运输体系是生产力发展到一定阶段的产物。

2. 综合运输体系是各种运输方式通过运输过程本身的要求联系起来的

从运输业发展的历史和现状看,各种运输方式一方面在运输过程中存在着协作配合、优势互补的要求;另一方面在运输市场和技术发展上又存在相互竞争。如果没有这种内在的要求,或者这种内在要求受到限制,也就不可能建立和完善综合运输体系。各种运输方式在分工的基础上,应在运输生产过程中有机结合,在各个运输环节上连接贯通,在各种交通运输网和其他运输方式上合理布局。

3. 综合运输体系大致由三个系统组成

(1)有一定技术装备的综合运输网及结合部系统。这也是综合运输体系的物质基础。系统的布局要合理协调,运输环节要相互衔接,技术装备要成龙配套,运输网络要四通八达。

(2)各种运输方式的联合运输系统。这个系统要实现运输高效率、经济高效益、服务高质量,充分体现出综合利用各种运输方式的优越性。

(3)综合运输管理、组织和协调系统。这个系统要有利于宏观管理、统筹规划和组织协作。

(二)发展综合运输体系的意义

1. 发展综合运输体系是当代运输业发展的新趋势、新方向

当代运输的发展出现了两大趋势:一是随着世界新技术革命的发展,交通运输广泛采用新技术,实现运输工具和运输设备的现代化;二是随着运输方式的多样化及运输过程的统一化,各种运输方式朝着分工协作、协调配合的方向发展。在世界范围内,把这两种趋势结合起来,成为当代运输业发展的新方向。

2. 发展综合运输体系是我国运输发展的新模式

我国传统的工业和交通运输管理基本上是以条条为主的,各种运输方式的横向联系欠缺。运输业的建设从单一的、孤立的发展模式,向综合的、协调的模式转变,无疑会给我国经济建设带来良好效果。

3. 发展综合运输体系可增强有效运输生产力,缓解交通运输紧张的状况

交通运输是一个大系统,各种运输方式、各条运输线路、各个运输环节,如果出现不协调,就不能充分发挥有效的运输生产力。近年来,我国交通运输出现了一些不平衡状况,如有些线路的压力过大,而有些线路的运力得不到充分发挥;有些运输方式严重超负荷,而有些运输方式又不能充分发挥作用等。发展综合运输体系将有效地改变这一不协调、不平衡的局面。

4. 发展综合运输体系是提高运输经济效益的重要方法

按照各种运输方式的技术特点,建立合理的运输结构,可以使各种运输方式扬其所长,避其所短,既可增强运输能力,又可提高经济效益。

(三)我国综合运输体系的发展方向

(1)要协调好各种运输方式的综合发展,在全国范围内建设综合运输网,因地制宜地发展相适应的运输方式。要发挥城市在综合运输网中的枢纽作用,大力发展各种运输方式的联合运输。

(2)要加快铁路的技术改造和新线建设,特别是以运煤为主的干线建设。要充分发挥铁路在中、长距离大宗货物运输中的优势。对短途货运和运输量大的成品油运输应逐步由其他运输方式分担。

(3)要充分发挥公路运输的灵活性,发挥其在短途货运中的主力作用。随着公路状况的改善、汽车技术进步和大型车辆的增加,公路运输将逐步成为"门到门"运输的主要方式。

(4)沿海和内河水运是大宗和散装货物运输的主要方式之一。要加强内河航道建设及沿海和内河港口的改造和建设,发展沿海和沿江等主要内河运输,实现干支直达运输和江海联合运输。

(5)除发展原油管道运输和天然气管道运输外,在成品油集中的流向上,要建设成品油管道,并逐步发展煤浆、矿浆管道。

(6)航空运输在货运中所占的地位虽不能与其他运输方式相比,但在急需物资运输中,航空运输有其特别优势。发展航空运输是运输现代化的主要标志。

四、国际多式联运

国际多式联运(International Multimodal Transportation)是指"按照多式联运合同,以至少两种不同的运输方式,由多式联运经营人将货物从一国境内的接管地点运至另一国境内指定交付地点的货物运输方式"(GB/T 18354-2021)。多式联运适用于水路、公路、铁路和航空等多种运输方式。

(一)国际多式联运的意义

国际多式联运在国际运输市场上具有强大的竞争地位,其主要表现在以下几个方面:

(1)国际多式联运是一种极大地便利了货主的运输组织形式,对广大的客户十分有利;

(2) 国际多式联运大大提高了运输效率,降低了运输成本;

(3) 国际多式联运的组织形式能使各种运输方式达到最佳的组合和衔接,提高了货运速度,使国际货物被快速送达到世界各地指定的收货点,从而增强了外贸商品在国际市场的竞争力。

(二) 国际多式联运的主要特点

1. 由多式联运经营人承担或组织完成全线联运任务

多式联运经营人与单一运输承运人的不同,主要表现在三个方面:

(1) 多式联运经营人有条件和能力完成和组织货物全程运输任务;

(2) 多式联运经营人是对全程联运的货物负有法律责任的独立法人;

(3) 多式联运经营人既可以是"有船承运人",也可以是"无船承运人"。

2. 签订一个运输合同,对全程负责

多式联运经营人从发货人手中接管货物,应发货人的请求,签发一份多式联运提单。多式联运经营人对货物从发货到收货全程负有责任,不管其通过哪一种运输方式来完成这项任务。

3. 采用一次托运、一次付费、一单到底、统一理赔的运输业务方法

多式联运形式可实现发货人和收货人一体化,为货主简化办理货运手续提供了极大的便利,如图 6-3 所示。

图 6-3 多式联运一体化

(三) 我国的集装箱多式联运事业

20 世纪 70 年代,面对世界主要发达国家集装箱运输的快速增长,集装箱运输的高效率引起了我国高层领导人的重视。1977 年,原铁道部召开"全路货运工作会议",会上决定大力发展集装箱运输,并制定了集装箱运输的发展规划。

改革开放以后,针对集装箱运输发展的滞后性,中国政府力图通过行政手段加快推动集装箱运输及多式联运的发展。20 世纪 80 年代,原交通部、铁道部等部门着手协作,探索发展中国集装箱运输的途径,并推动了集装箱多式联运的工业性试验项目的实施。

20 世纪 90 年代,政府对集装箱多式联运进行了长远的政策规划,包括制定各种法律法规、条例决定等。1997 年颁布的《国际集装箱多式联运管理规则》是为加强国际集装箱多式联运的管理,促进通畅、经济、高效的国际集装箱多式联运的发展,满足对外贸易发展的需要而制定的。

2002 年 4 月,原国家经济贸易委员会等部委联合颁布了《关于加快发展我国集装箱

运输的若干意见》。

这一系列的政策措施为我国集装箱运输和多式联运的发展营造了良好的制度环境。

2021年7月20日在上海开幕的集装箱多式联运亚洲展上,中国集装箱行业协会发布了《中国集装箱行业与多式联运发展报告(2020年度)》。报告精准描绘了中国集装箱行业未来图景,2016—2021年中国规模以上港口集装箱吞吐量逐年增长,到2020年达到26 430万标准箱,同比增长1.2%。

"十四五"期间依然是我国发展多式联运的重要窗口期,双循环新格局带来多式联运发展的新思路。未来五年,在港口集疏运中,铁水联运总额占比会超过7%(2020年为4.5%),个别领军的海铁联运主力港口有望达到25%,铁路集装箱运输量将以年均20%以上的速度递增,我国陆空联运、空铁联运也有望取得突破。

课外阅读(一)

2022,顺丰航空的当打之年

2022年4月29日,顺丰航空第70架全货机正式入列,并投入深圳至北京方向的航线,这个成立于2009年的顺丰航空正迎来当打之年。近期,顺丰航空也是动作频频。

70架飞机的顺丰航空机队从何而来?

先看最小的波音B737货机。2015年,顺丰航空开始与东方航空合作,陆续拿到了部分737-300飞机。目前,顺丰航空已有17架737-300/400系列飞机。

再说顺丰航空的主力机型——波音B757系列,共有37架。据了解,早期顺丰航空的757机型主要是从南方航空、厦门航空、西南航空的退役客机中改装得来。自2015年之后,顺丰航空开始通过富国银行运作,截至2022年5月,在已有的757机队中,有17架是从马尔代夫美佳航空等国外航空公司收购而来。

顺丰航空还引进中型宽体货机。据了解,波音B737系列和B757系列两种机型都是窄体机,执飞国内航线或者部分周边邻近国家航线。而B767系列为中型宽体货机,可以执飞长途国际航线,顺丰航空第70架飞机则为该机型,这也是近年来顺丰航空主要引进的机型。截至2022年5月,顺丰航空共有14架该机型货机,其单程载运量可达55吨,是执飞东南亚、南亚航线的主力机型。

波音B747机型是大型货机,不仅飞行距离远,而且载运量远远大于以上机型。众所周知,顺丰航空的747机队是"淘"出来的。2008年,翡翠航空破产,747机队孤独地停留在浦东机场,在闲置了8年后,顺丰航空通过拍卖获得了这两架飞机。

顺丰发展航空为何这么拼?

航空之于顺丰,犹如一枚硬币的两面。

顺丰是靠航空快递起家的,航空是顺丰的核心竞争力之一。顺丰2021年的航空总货运量高达192万吨,占全行业总货运量的26%以上,其中国内货运量占全国航空货邮运输量的35.5%。

航空也是顺丰全球化的重要利器。受消费升级、制造业转型升级、全球供应链重构等影响,跨境航空物流需求持续保持旺盛,航空物流在全球供应链中的重要地位愈发凸显。同时,我国空运货物结构也发生了显著变化,出口货物中,高科技产品、消费品、制造业设备、生物医药、汽车及零部件等高附加值、高时效性商品货运量快速提升,增速均在20%以上,我国航空物流逐渐迈入高质量发展阶段。加快构建国际物流供应链体系,特别是加快发展航空货运、打造"全球123快货物流圈"已经成为国家的重要战略,顺丰也将此作为自身发展的主要方向。

多数亏损之下,顺丰航空如何?

疫情影响下,2021年,国内只有5家航空公司实现盈利,分别是顺丰航空、圆通航空、邮政航空、多彩贵州航空、九元航空,其中3家是货运航空公司,2家是客运航空公司。

航空货运市场较火,给包括顺丰航空在内的货运航空带来了重要机遇。

更重要的是,顺丰航空支撑起了顺丰速运旗下高价值业务的发展。年报显示,顺丰控股2021年全年完成速运业务105.5亿票,同比增加29.7%;而营收从2017年上市时的710亿元,到2021年突破2000亿元,顺丰只用了5年。这既体现了中国速度,也颇具顺丰特质:基于成熟高效的快递网络,打造多元化布局,通过"内部培育+外部并购",围绕物流生态圈,横向拓展新业务、整合优秀行业伙伴,不断探索业务边界,从工业制造到商业流通、农产品、食品及医药冷链、国际贸易、本地生活等各个领域。

顺丰航空国内国际双向布局

近年来,顺丰航空已构建起以深圳、杭州为双枢纽,辐射全国的货运航线网络,点对点的运输方式正在向枢纽辐射式进化。

截至2021年末,顺丰航空作为国内最大的货运航空公司,覆盖53个国内站点。2022年1月17日,顺丰航空"乌鲁木齐—西宁—杭州"货运航线正式开通运行,首航航班搭载的大批新鲜牛羊肉于1月18日凌晨顺利运抵杭州。这是顺丰航空在西宁开通的首条经营性质的全货运航线,至此,顺丰航空的货运航线网络已覆盖国内34个省会城市、直辖市。

此外,顺丰航空积极响应国家"一带一路"倡议,已逐步搭建起覆盖国内、辐射亚洲、触达欧美的货运航线网络,陆续开通了由国内飞往德国法兰克福、比利时列日、克罗地亚萨格勒布等地的欧洲航线。2021年,顺丰航空开通"深圳⇌洛杉矶"定期货运航线。截至2021年末,顺丰航空通达35个国际及地区站点,全球累计运营111条航线、5.78万次航班。

顺丰公布的2021年财务报告显示,供应链及国际板块营收392.0亿元,同比增长199.8%,是顺丰所有业务板块中增长幅度最大的部分。此外,由于顺丰国际快递、顺丰丰豪以及新夏晖的供应链业务的增长,在与四季度嘉里物流营收合并后,导致其供应链及国际业务快速扩张。

围绕着2022年落成通航的鄂州花湖机场,顺丰航空计划开通多条鄂州始发的国际执飞航线,链接日韩、亚太、欧洲以及北美,逐步完善全球化布局。

鄂州花湖机场将提升国际物流市场竞争力

2017年12月,鄂州民用机场项目正式开工。2020年8月,将该机场建成亚洲第一个专业性货运机场上升为国家战略。2021年1月,鄂州民用机场定名为"鄂州花湖机场"。2022年7月,机场正式投运通航。

鄂州花湖机场的投入将使顺丰旗下的产品时效和行业平均水平再拉开3小时以上的距离,这个网络不仅是国内的时效网络,也是服务全球和供应链产品的核心优势;还将在我国中部地区形成辐射全国的速递物流型货运枢纽,重塑航空货运市场结构。

嘉里物流的货量优势加上顺丰航空的运输能力,以及建成的鄂州机场作为国际货运枢纽,将有望壮大顺丰国际航空网络和全球海陆空多式联运能力,全面提升顺丰在国际物流市场的竞争力。

值得注意的是,鄂州花湖机场建成后,将不单单是一个物流中心,还会带来产业集群。在鄂州花湖机场附近,坐落着著名的武汉光谷,聚集了10万多家科技企业,年产值超过千亿元。

"三段式"航空运输网络再突破

当前,顺丰航空正在形成"大型有人运输机+大型支线无人机+末端投送无人机"的三段式航空运输网络,从而实现快件最短时间内通达全国。

早在2012年,顺丰创始人王卫就提出了无人机物流的构想。2013年起,顺丰开始以合资、投资、自研等多种方式,全面开展无人机物流建设工作。

2017年,顺丰正式成立丰鸟航空,以专业能力和创新思维整合全球优质技术、资本,集结无人机行业领军人才团队,进一步拉开与竞争对手的差距。

按照顺丰的设想,未来传统有人货运飞机仍然会承担大城市间的干线运输;类似于AT200的大型无人机则扮演支线飞机的角色,实现大城市与小城市,或小城市之间的快速直达;小型无人机则会进一步细化至城镇到农村以及山区、海岛等运力不足地区。

当然,无人机距离大规模应用还需破解诸多难题,如行业标准、空域管制等。但这并不妨碍顺丰的探索,因为每一次探索本身就是一种突破。

顺丰航空离国际一流水平还有多远?

截至2022年5月,顺丰航空自有货机70架,占据国内行业全货机数量的1/3以上,2021年其国内货运量占全国航空货邮运输量的35.5%。尽管如此,顺丰航空离国际一流水平仍有不小差距。

联邦快递(FedEx)是全球货机保有量最大的物流服务商。根据其2021年财报数据,FedEx共有684架在役货机,在中国建立的两个物流枢纽是亚太、东南亚和澳洲等地区的主要航空枢纽。

美国联合包裹运送服务公司(UPS)的货机数量紧跟FedEx的步伐,排名全球第二,截至2022年5月,共有624架在役货机。敦豪(DHL)则操纵着254架飞机,每天有714个固定航班。

以上快递物流公司占据着全球绝大部分的快件航空货运量,且在不断扩张自己的航空网络布局。显然,顺丰航空与它们差距大的不仅是全货机数量,还有全球化的航空网络。

不过,随着鄂州花湖机场的通航,更多全货机的入列,以及三段式航空运输网络的完善,相信未来顺丰航空必将有更好的发展。

资料来源:陈云广.顺丰航空的当打之年[EB/OL].(2022-05-06)[2022-07-30].http://wlsd.wu-liujia2018.com/Hotspot/1120.html.有改动。

课外阅读(二)

法国努力发展铁路货运

法国政府于2020年推出振兴铁路运输计划,旨在进一步发展铁路货运,促进绿色发展和经济复苏。

振兴铁路运输计划内容包括减免货运列车通行费、发展铁路与公路联运、重启蔬果运输专列、开辟新路线等。时任法国总理卡斯泰称,这是政府推动可持续运输的"强有力信号"。他表示,政府决定,至2020年底暂时免除货运列车的通行费,2021年起货运列车通行费减半,政府计划为这两个阶段各准备6 300万欧元的预算。政府希望通过这些举措鼓励货物运输从公路转移到铁路,实现公路上重型卡车和二氧化碳排放的减少。

该计划的另一个重点是发展铁路与公路联运,实现铁路和公路道路资源效用最大化。法国政府将设立预算为3 500万欧元的联运项目起步资金,重启佩皮尼昂—兰斯"蔬果运输专列"。卡斯泰还宣布,将开通另外两条联运线路,即巴约讷—瑟堡路线和塞特—加莱路线。

法国《十字报》指出,疫情防控期间,铁路货运发挥了十分重要的作用,体现出巨大的发展潜力。为进一步提升铁路运输的竞争力,法国政府将对铁路货运进行结构性重组,到2022年,法国政府将拨款数十亿欧元用于铁路系统的更新换代。

振兴铁路运输计划受到多方人士欢迎。奥克西塔尼大区负责交通事务的副主席让-吕克·吉柏林指出,这项计划对法国铁路行业振兴、实现绿色发展目标具有重要意义。铁路货运具有安全、运输量大的优势,随着经济社会活动加快恢复,货物运输需求将持续增长,铁路货运可以发挥更大的作用。

法国国营铁路公司货运部国际业务总经理尼古拉斯·吉罗认为,一列火车的载货量相当于6架货运飞机,而成本是飞机的约1/30;从环保角度看,火车的碳排放量仅是飞机的 1/15。"铁路运输方式在成本和运载能力等方面具有优势。"

这项计划是法国政府"绿色复苏"计划的一部分。法国经济和财政部长勒梅尔说："绿色复苏计划将在不同领域创造更多就业岗位，在助力生态转型的同时，加快疫情后经济复苏的脚步。"法国政府计划拨款 300 亿欧元，推动经济可持续发展，以实现在未来 10 年内将二氧化碳排放量减少 30% 的目标。

资料来源：刘玲玲. 法国努力发展铁路货运[EB/OL]. (2020-08-03)[2022-07-30], http://world.people.com.cn/n1/2020/0803/c1002-31807044.html. 有改动。

思考题

名词解释

货运量	货物周转量	铁路专用线	整车运输
零担运输	集装运输	驮背运输	班列
门到门运输	带板运输	直达运输	中转运输
零担货物集中运输	甩挂运输	港口	班轮运输
租船运输	多式联运	综合运输体系	国际多式联运

问答题

1. 简述运输组织的主要参与者有哪些。
2. 运输生产都有哪些特征？阐述运输在物流中的地位。
3. 铁路运输具有哪些特点？说明组织铁路运输的方法。
4. 公路运输具有哪些特点？说明组织公路货物运输的方法。
5. 水路运输具有哪些特点？水路运输的方式有哪些？
6. 简述管道运输的特点和管道运输的形式。
7. 综合运输体系是由哪三个系统组成的？
8. 简述国际多式联运的主要特点。
9. 谈谈我国的集装箱多式联运事业的发展前景。

第七章

流通加工与配送

学习目的

　　流通加工与配送是物流中联系十分紧密的两个功能。认识流通加工是为了实现物流高效率所采取的使物品发生物理变化和化学变化的功能。配送活动往往是其他多种物流活动的集合，具有特殊的服务性质和作用。

技能要求

　　掌握流通加工与生产加工的区别以及流通加工的形式；认识流通加工的经济效益的体现；掌握配送的概念和配送的类型；熟悉配送中心的分类和配送作业环节；了解新型的物流配送中心。

流通加工是物流中具有一定特殊意义的物流形式。一般来说,生产是通过改变物的形式和性质创造产品的价值和使用价值的,而流通则是保持物资的原有形式和性质,以完成其所有权的转移和空间形式的位移。物流的包装、储存、运输、装卸等功能并不改变物流对象的物理、化学属性。但是为了提高物流速度和物资的利用率,在物资进入流通领域后,还需按用户的要求进行一定的加工活动,即为了促进销售、维护产品质量、实现物流的高效率所采取的使物品发生物理和化学变化的功能。

配送是高效合理的现代化物流方式。配送的目的在于最大限度地压缩流通时间,降低流通费用,实现少库存甚至"零库存",以降低社会生产的总成本。

第一节 流通加工的地位

世界上许多国家和地区的物流中心或仓库经营中都大量存在着流通加工业务。这一活动在日本、美国等一些物流发达的国家则更为普遍。例如,在日本的东京、大阪、名古屋等地区的物流公司中,有一半以上具有流通加工业务。在美国,单纯的存储企业几乎已经被淘汰,通过流通加工面向各种企业,尤其中小企业和零散用户的服务已成为主流。

一、流通加工产生的原因

流通加工是"根据顾客的需要,在流通过程中对产品实施的简单加工作业活动的总称。注:简单加工业活动包括包装、分割、计量、分拣、刷标志、拴标签、组装、组配等"(GB/T 18354-2021)。

（一）流通加工弥补生产加工的不足

生产环节的各种加工活动往往不能完全满足消费者的要求。例如,某个生产企业需要钢铁厂的钢材,除了钢号、规格、型号的要求,还希望能够在长度、宽度等方面满足其需要。但是生产企业面对着成千上万个用户,是很难满足这一要求的。由于社会生产的高度社会化、专业化,生产环节的加工活动往往不能恰如其分地满足消费的需要。

随着社会消费的多样化发展,社会生产尽管从少品种、大批量生产方式向多品种、少批量生产方式发展,但生产与消费之间的差距总是客观存在的。流通加工恰好能弥补生产加工的不足。

（二）流通加工为用户提供了便利

在流通加工未产生之前,物资满足生产或消费需要的加工活动一般由使用单位承担,这给使用部门带来了不便。因为使用者不得不安排一定的人力、设备、场所等来完成这些加工活动,由此不仅会延长生产过程的时间,而且会因设备的利用率低、设备投资大、加工质量低等因素而影响企业的经济效益。把这种加工活动从生产和使用环节中抽离出来,交由流通环节来完成,为物资的使用单位提供了极大的便利。流通部门可以根据使用部门的要求,将物资加工成可直接满足消费者使用的形式。这不仅缩短了使用部门与物资之间的距离,而且能更好地服务于消费者。

（三）流通加工为流通部门增加了收益

从事流通活动的部门所获得的利润一般只能从生产部门的利润中转移过来,它自身不可能创造出高于物质生产部门所创造的产品价值总和的任何价值。流通加工使流通企业不仅能够获得从生产领域转移过来的一部分价值,而且能创造新的价值,从而获得更大的利润,这也是流通加工得以产生和发展的刺激因素。

（四）流通加工为配送创造了条件

物资配送是流通加工、整理、拣选、分类、配货、末端运输等一系列活动的集合。物资配送活动的开展依赖于流通加工,流通加工表现为配送的前沿。开展配送活动的配送中心把加工设备的种类、加工能力视为对物资配送影响最大的因素。随着我国物资配送工作的广泛开展,流通加工也必然会得到深入的发展。

二、流通加工在市场上的地位

在产品从生产者向消费者流动的过程中,为了促进产品销售、维护产品质量、实现物流的高效率所采取的使产品发生物理和化学变化的功能,就是流通加工。

商流是物流的前提,物流是商流的保证。在商流与物流的联系中,流通加工表现得最为直接(不经任何加工即可消费的产品除外)。如图7-1所示,流通加工最根本的目的是市场销售。其中,与之相联系的运输方式、储存手段、配送形式等只能看作流通加工多样化的目的。

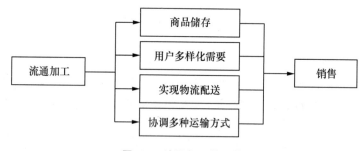

图 7-1　流通加工的目的

流通加工在社会再生产中处于生产和消费之间,与其他流通环节共同构成了生产和消费的桥梁和纽带。但是基于其自身所具有的生产特征和特殊地位,它与其他流通环节存在明显差别,主要表现为以下几点：

（1）流通加工与商流的采购、销售相比,具有明显的生产特征。

（2）流通加工与物流的包装、储存、运输等环节相比,它改变了流通客体的物理形态,甚至化学性能。

（3）流通加工的目的和结果是以消费者为导向的，它比其他物流功能更接近消费领域和生产企业，在生产与消费之间个性化矛盾日益加剧的今天，这种特质表现得尤其突出。

（4）流通加工的不断发展和在不同领域的深化，引发和催化了"流通加工产业"的形成。

三、流通加工与生产加工的区别

流通加工与生产加工在加工方法、加工组织、加工生产管理方面不存在本质的差别，但是在加工对象、加工深度等方面的区别较大。

（一）在加工对象上的区别

流通加工的对象是进入流通领域的商品，具有商品的性质；而生产加工的对象一般是某种最终产品形成过程中的原材料、零部件和半成品等。

（二）在加工深度上的区别

流通加工一般属于简单加工，其加工内容是浅层次的，如板材的裁剪、玻璃的开片等；而生产加工的复杂程度和深度要远远高于流通加工。但应当说明，随着流通加工产业的高度发展，处在流通中的商品需要进行深度加工时，流通加工具有不断向深加工发展的趋势。

（三）在责任人上的区别

流通加工的责任人是从事流通工作的人，以及为满足消费者的需求而进行加工活动的组织；而生产加工是以生产企业为责任人和组织者，它是以交换、消费为目的的商品生产。

（四）在价值创造和提高上的区别

生产加工旨在创造商品的价值和使用价值；而流通加工旨在完善商品的使用价值，一般在不对加工对象做大的改变的情况下提高商品价值。

四、流通加工的形式

（一）以保存产品为主要目的的流通加工

这种流通加工形式的目的是使产品的使用价值得到妥善的保存，延长产品在生产与使用之间的时间距离。根据加工对象的不同，这种加工形式可表现为生活消费品的流通加工和生产资料的流通加工。生活消费品的流通加工是以使消费者对消费对象的质量保持满意为目的，如针对水产品、蛋产品、肉产品等保鲜、保质要求的保鲜加工、冷冻加工、防腐加工等，针对丝、麻、棉织品的防虫、防霉加工等。生产资料与生活消费品相比一般有较长的时间效能，但随着时间的推移，生产资料的使用价值也会不同程度地受到损坏，有的甚至会完全失去使用价值。为了使生产资料的使用价值下降幅度最小，相应的流通加工也是完全必要的。如为防止金属材料的锈蚀而进行的喷漆、涂防锈油等措施和手段，运用机械或化学方法除锈；木材的防腐、防干裂加工；水泥的防潮、防湿加工；煤炭的防高温自燃加工等。一般来说，以保存产品为主要目的的流通加工并不改变物资和产品的外形和性质，加工的水平和深度与被加工物的性质和特点关系较大。

（二）为满足用户多样化需要的流通加工

生产企业为了实现高效率、大批量生产，其产品往往不能完全满足用户的要求。为了解决这一矛盾，在没有流通加工前，经常是用户自己设置加工环节来解决，这是产品消费者极不情愿的。为满足用户对产品多样化的需要，同时保证社会高效率的大生产，将生产出来的单调产品进行多样化的改制加工是流通加工中占有重要地位的一种加工形式。例如，对钢材卷板的舒展、剪切加工；平板玻璃按需要规格的开片加工；木材改制成枕木、方材、板材等的加工；商品混凝土和商品水泥制品的加工等。对于生产型用户而言，这种加工形式可以缩短企业的生产流程，使生产技术密集程度提高，缩短生产周期。

（三）为了消费方便、省力的流通加工

这种流通加工形式与上述加工相似，只是在加工的深度上更接近于消费，使消费者感到更加省力、省时，更加方便。如根据生产的需要将定尺、定型的钢材，按要求下料；将木材制成可直接投入使用的各种型材；将水泥制成混凝土拌和料，使用时只要稍加搅拌即可使用等。近些年来，粮食行业不断推出的面食的流通加工，副食行业推出的盘菜、半成品加工，商场推出的首饰加工、服装加工等，都不同程度地满足了消费者方便、省力的要求。

（四）为提高产品利用率的流通加工

利用在流通领域的集中加工代替分散在各使用部门的分别加工，可以大大地提高物资的利用率，具有显著的经济效益。集中加工形式可以减少原材料的消耗，提高加工质量。同时，对于加工后的副产品还可使其得到充分的利用。例如，钢材的集中下料，可充分进行合理下料，搭配套裁，减少边角余料，从而达到加工效率高、加工费用低的目的。

（五）为提高物流效率、降低物流损失的流通加工

一些物资由于自身的特殊形状，在运输、装卸作业中效率较低，极易发生损失，为此需要对其进行适当的流通加工以弥补这些产品的物流缺陷。例如，自行车在消费地区的装配加工可防止整车运输的低效率和高损失；造纸用木材磨成木屑的流通加工，可极大提高运输工具的装载效率；集中煅烧熟料，分散磨制水泥的流通加工，可有效地防止水泥的运输损失，减少包装费用，也可提高运输效率；石油气的液化加工，使很难输送的气态物转变为容易输送的液态物，也可提高物流效率。

（六）为衔接不同输送方式、使物流更加合理的流通加工

由于现代社会生产的相对集中和消费的相对分散，在流通过程中衔接生产的大批量、高效率的输送和衔接消费的多品种、少批量、多户头的输送之间，存在着很大的矛盾。某些流通加工形式可以较为有效地解决这个矛盾。以流通加工点为分界点，从生产部门至流通加工点可以形成大量的、高效率的定点输送；从流通加工点至用户可形成多品种、多

批量、多户头的灵活输送。例如,散装水泥的中转仓库所担负的散装水泥装袋的流通加工及将大规模散装转化为小规模散装的任务,就属于这种流通加工形式。

（七）为实现配送进行的流通加工

配送中心为实现配送活动,满足用户对物资供应的数量和构成的要求,会对物资进行各种加工活动,如拆整化零、定量备货、定尺供应等。随着物流技术水平的不断提高,流通加工活动有时在配送过程中实现,如混凝土搅拌车。流通中心可根据用户的要求,把沙子、水泥、石子、水等各种不同材料按比例要求装入混凝土搅拌车旋转的搅拌筒中,在配送路途中,汽车边行驶边搅拌;到达施工现场后,混凝土已经均匀搅拌好,可直接投入使用。由于物资配送中心形式多样,配送业务千差万别,因而各配送中心的流通加工活动各具特色,在此不再列举。

第二节　流通加工的经济效益

流通加工的经济效益可以表述为流通加工的劳动投入与效益产出的对比关系。在具体的加工部门可表现为流通加工实现的价值与劳动消耗的对比关系。

一、流通加工合理化

为避免各种不合理的流通加工现象,对是否设置流通加工环节,在什么地点设置,选择什么类型的加工,采用什么样的技术装备等,需要做出正确的选择。

（一）加工和配送结合

这是将流通加工设置在配送节点中,一方面按配送的需要进行加工,另一方面加工又是配送业务流程中分货、拣货、配货的一环,加工后的产品直接投入配货作业,这就无须单独设置一个加工的中间环节,使流通加工有别于独立的生产,而与中转流通巧妙地结合在一起。由于配送之前有加工,可使配送服务水平大大提高,在煤炭、水泥等产品的流通中已表现出较大的优势。

（二）加工和配套结合

在对配套要求较高的产品流通中,配套的主体来自各个生产单位。但是,完全配套有时无法全部依靠现有的生产单位。进行适当的流通加工,可以有效地促成配套,大大增强流通作为桥梁与纽带的能力。

（三）加工和运输结合

流通加工能有效衔接干线运输与支线运输,促进两种运输形式的合理化。利用流通加工,在支线运输转干线运输(以下简称支转干)或干线运输转支线运输(以下简称干转支)本来就必须停顿的环节,不进行一般的支转干或干转支,而是按干线或支线运输合理的要求进行适当加工,从而大大提高运输及运输转载水平。

（四）加工和商流相结合

通过加工有效地促进销售,使商流合理化。流通加工和配送的结合,既提高了配送水平,又强化了销售,是加工与商流相结合的重要方式。此外,通过改变包装加工,形成方便的购买;通过组装加工解除用户使用前自行组装、调试的难处,都是有效促进商流的例子。

（五）加工和节约相结合

节约能源、设备、人力是流通加工合理化要考虑的重要因素。对于流通加工合理化的最终判断,是看其是否能实现社会和企业本身的两个效益。与一般生产企业相比,流通加工企业的一个重要不同之处是,它更应树立社会效益第一的观念,并以补充完善为己任。如果只是追求企业的微观效益,而不适当地进行加工,甚至与生产企业争利,这就有悖于流通加工的初衷,或者其本身已不属于流通加工的范畴了。

二、流通加工的经济效益

（一）流通加工的直接经济效益

1. 流通加工劳动生产率高

流通加工是集中的加工,其加工效率,即加工的劳动生产率比分散加工要高得多。对于用量少和有临时需求的使用单位,如果只能依靠自行加工,那么无论是加工的水平还是加工的熟练程度都无法与流通加工相比。即使是有大量需求且颇具规模的企业,其自行进行加工活动的劳动生产率,与流通加工相比也较低。比如,建筑企业完成的安装玻璃的开片加工,往往在施工场地针对某一工程进行;而流通企业在流通加工环节的开片,可满足若干建筑工地的需求,其加工效率更高,劳动生产率也更高。

2. 流通加工可以提高原材料的利用率

流通加工集中下料可以实现优材优用、小材大用、合理套裁,从而显著地提高原材料的利用率。例如,钢材的集中下料可减少边角余料,从而达到加工效率高、加工费用低的目的。

下面举一实例来介绍运用单纯形法进行集中下料。

例 7-1 设生产现场甲、乙、丙三个部门分别需要 2.9 米、2.1 米、1.5 米的棒材各 100 根。已知供应商提供的棒材规格为 7.4 米。现计算比较分散下料与集中下料所需的原材料的数量。

解 分散下料:

甲:$100 \div 2 = 50$(根)

乙:$100 \div 3 = 34$(根)

丙:$100 \div 4 = 25$(根)

合计:$50 + 34 + 25 = 109$(根)

如采用集中下料,则可考虑采用合理套裁,经分析每根规格棒材可有下面 7 种裁法:

长度(米)	下料数						
	(1)	(2)	(3)	(4)	(5)	(6)	(7)
2.9	1	2		1			
2.1			2	2	1	3	
1.5	3	1	2		3		4
合计	7.4	7.3	7.2	7.1	6.6	6.3	6.0
料头	0	0.1	0.2	0.3	0.8	1.1	1.4

为了得到各 100 根材料,需混合使用各种裁法。设集中下料需 7 种裁法的原材料分别为:$X_1, X_2, X_3, X_4, X_5, X_6, X_7$。

约束条件:

$$\begin{cases} X_1 + 2X_2 + X_4 = 100 \\ 2X_3 + 2X_4 + X_5 + 3X_6 = 100 \\ 3X_1 + X_2 + 2X_3 + 3X_5 + 4X_7 = 100 \end{cases}$$

目标函数为:

$$\min S = 0.1X_2 + 0.2X_3 + 0.3X_4 + 0.8X_5 + 1.1X_6 + 1.4X_7$$

利用单纯形法,得到的结果是:

$$X_1 = 30, X_2 = 10, X_3 = 0, X_4 = 50$$
$$X_5 = 0, X_6 = 0, X_7 = 0$$

原材料最少需要的根数为 30+10+50=90(根)。

经计算的集中下料比分散下料可节省原材料 17.4%,这足以说明由此而产生的经济效益。

3. 流通加工可以提高加工设备的利用率

加工设备在分散加工的情况下,由于生产周期和生产节奏的限制,设备利用时紧时松,表现为加工过程的不均衡,从而导致设备的加工能力不能得到充分发挥。而在流通领域中,流通加工面向全社会,加工的数量、加工对象的范围都得到大幅度的提高,加工设备更有利于发挥它们的潜力,设备利用率从而得到充分提高。

4. 流通加工可以提高被加工产品的质量

流通加工是专业化很强的加工。专业化加工简单专一,有利于加工人员掌握作业技术,提高作业的熟练程度,从而提高加工质量。从流通加工中心的加工设备的水平来看,它们往往要高于分散加工设备的水平。因而产品的加工质量也会高于分散加工的质量,对于同样的产品,无疑质量高的经济效益要高于质量低的。

(二)流通加工的间接经济效益

(1)流通加工能为许多生产者缩短生产的时间,使他们可以拿出更多的时间来进行创造性生产,为社会提供更多的物质财富。

(2)流通加工部门可以用表现为一定数量的货币的加工设备为更多的生产或消费部

门服务,这样可以相对地减少全社会的加工费用支出。

(3) 流通加工能对生产的分工和专业化起中介作用。它可以使生产部门按更大的规模进行生产,有助于生产部门劳动生产率的提高。

(4) 流通加工可以在加工活动中更为集中、有效地使用人力、物力,比生产企业加工更能提高加工的经济效益。

(5) 流通加工为流通企业增加了收益,体现了物流作为"第三利润源"发挥的作用。流通部门为了获得更多的利润,流通加工是一项创造价值的理想选择。对加工企业而言,采用相对简单、投入相对较少的流通加工,可以获得较为理想的经济效益;对社会而言,流通企业获利的同时其社会效益也会提高。

(三) 主要流通加工形式的经济效益分析

1. 剪板加工

剪板加工把成卷的和大规格的钢板,或裁切为毛坯或加工成半成品,因此加工企业降低了商品的销售起点,提高了销售数量,增加了企业的收益。剪板加工精度高(切缝最小可少于 0.2 毫米),这样可大大减少边角余料和废品,也可减少再加工的切削量。一般来说,钢板集中加工的材料利用率可比分散加工提高 20%。

由于集中加工可保证加工批量生产的连续性,专门的加工技术、良好的加工设备和先进的加工方法可大幅度提高加工效率,降低加工成本。

剪板加工的切割方式与企业通常使用的气割方法相比,除了在材料利用率上具有优势,对加工后的产品的质量也具有高度的保证。气割的方法不仅会使钢材发生变化,还会对未来产品产生不利的影响。

2. 动力配煤剪板加工

采用优质煤炭(比如气煤、肥煤)单烧一般性小型锅炉是一种浪费,其热量不能得到充分利用。如果适当掺一些劣质煤(褐煤或高灰分煤、低挥发分煤),不但不会降低热效率,有时还能提高。使用动力配煤比单烧劣质煤热效率可以提高 20%以上,综合热效率可提高 5%~10%。充分利用某单煤之长,抑制某单煤之短,根据不同的炉型,搭配不同的煤种,充分利用燃料的热量,满足炉型的设计要求,使锅炉热效率达到或接近设计水平。

按普通烟煤设计的小型工业锅炉,单烧优质焦煤容易出现结焦现象,阻碍供风,炉渣含碳量高,热效率下降。如果单烧劣质煤,则效果更差。使用动力配煤着火快、不结焦、火焰充满炉膛、炉况容易掌握,产气量可提高 25%~50%。充分利用劣质煤,可节省大量煤炭资源,如沈阳因广泛采用动力配煤一年可节约煤炭 15 万吨。劣质煤在动力配煤中的使用,也减轻了使用单位的经济负担。

3. 商品混凝土流通加工

在许多工业发达国家,因直接采用混凝土加工形式在技术经济效果上优于直接供应工地并现场制作混凝土的方法,故被广泛采用。商品混凝土的流通加工形态,可大量减少水泥流通过程中破袋、遗洒、飞散等损失。

商品混凝土的集中搅拌,可以采取准确的计量手段,选择最佳的工艺;可以综合考虑外加剂及混合材料拌制不同的混凝土,从而在提高混凝土质量的同时,节省水泥,提高生产率。例如,对于制造 1 立方米混凝土所使用的水泥量,采用集中搅拌能比分散搅拌节约 20~30 公斤。

与分散加工相比,在相同生产能力下,商品混凝土流通加工在集中搅拌的设备投资、人力和电力消耗等方面,都能大幅度降低。由于集中搅拌的设备固定不动,可以避免因经常拆建所造成的设备损坏,从而延长设备寿命。

采用商品混凝土流通加工,可以使水泥物流更加合理。这是因为集中搅拌站与水泥厂之间可以形成固定的供应渠道。这样流通加工路线的数目大大少于分散加工路线的数目。在相应减少的供应路线中,水泥较容易采用高效率、大批量的输送形态,有利于提高水泥的散装率。

采用商品混凝土流通加工方式,还有利于新技术的推广应用,简化工地管理手续,节约施工用地,减少加工费用。

4. 平板玻璃的流通加工

平板玻璃由用户进行分散加工的材料利用率为 62%~65%,而采用集中加工后可提高到 90%以上。平板玻璃集中套裁可以从生产企业直达加工中心,从而降低由于分散加工和多次运输造成的破损率。

5. 木材流通加工

木材流通加工可以使木材的综合利用率达到 90%以上。

木材流通的深加工极大地增加了木材产品的附加值,提高了流通企业的利润。随着流通加工的技术含量不断提高,生产成本和流通费用不断下降,最大限度地提高了流通加工的经济效益。

对造纸用木材,如采用原木运输,因其体积大、重量轻,车、船将不易满载。采用磨制原木成木屑的加工技术,然后采用压缩方法运输可以比直接运输原木节约 50%的运费。

三、保税区的加工贸易

由于保税区采用的是中国海关总署颁布的《保税区海关监管办法》,对区内实行的是"境内关外"的政策。因此,在进出口物资物流、加工贸易保税料件物流方面拥有非常大的优势,而且这些优势是在完全合法的海关操作下进行的。

根据《保税区海关监管办法》的规定,加工贸易企业将进口原材料存于保税区未领用前视同未进料、加工贸易企业生产的成品出口到保税区视同出口可办理核销手续。目前,在保税区外的加工贸易企业可以利用保税区的这一功能相对减轻加工贸易政策造成的一些不便和资金压力。

加工贸易企业将进口料件存于保税区,生产时再领用,然后办理保证金台账制度,交"实转"资金。生产完立即出口到保税区,进行台账核销,取回"实转"资金,这样可以节省"实转"占用的资金。

目前深加工结转业务管理非常严格,如果保税区外的加工贸易企业将需要转厂的产品出口到保税区,需要加工的企业再在保税区领料进行加工,从而使深加工结转的手续变成海关已经批准的出口和进口两部分手续,这样,非常难办的手续就简化为非常简单的一般化手续。

(一) 加工贸易企业的审批

加工贸易企业原则上由省级外经贸部门审批,或授权部分给外经贸部门审批,发放《加工贸易业务批准证》;或由地方保税区管理委员会审批并发放《加工贸易业务批准证》。

(二) 加工贸易企业的分类管理

海关对加工贸易企业实行分类管理:

(1) A类,无走私违法行为的保税工厂,海关派人驻厂监管,进口料件不实行银行保证金台账制度。此类企业需要海关总署和商务部审批认定。新设立的加工贸易企业没有被认定的资格。

(2) B类,无走私违法行为的保税工厂,继续实行银行保证金台账制度,部分采用"空转",部分采用"实转"。

(3) C类,经海关认定有违规行为的保税工厂,实行银行保证金台账实转,即对进口的保税料件收取应征进口税款的保证金。

(4) D类,经海关认定有三次以上走私行为的企业,停止其加工贸易经营权及进出口业务一年。

(三) 加工贸易的商品分类管理

海关对加工贸易进口料件实行商品分类管理:

(1) 禁止类,外贸相关法律和规定禁止进口的商品不能进行加工贸易。

(2) 限制类,指差价大的不易监管的敏感商品,除A类企业外其他企业均实行银行保证金台账实转。

(3) 允许类,上述两类外的商品,除D类企业外,其他加工贸易企业实行银行保证金台账空转。

(四) 加工贸易产品的内销

对加工贸易产品的内销要严格控制,确需内销的,要经原合同审批机关的上一级外经贸主管部门批准。批准后,海关对进口料件征税并计收自进料之日起的税款利息。未经批准而内销的,按走私处理。可以进行内销的,海关补征税款,但不计征税款利息。料件100%进口的,按成品征税;部分是国产的,只征收进口部分料件的关税。采用合理的运转方式,内销进口可以不用审批,而同时用完全合法的手续进行内销,海关所征收的税款可采用原材料的关税。

(五) 其他方面

不属于国家产业目录中鼓励类的产业,其加工贸易所需的进口设备要交纳海关关税并具备相应进口许可证。

企业所得税根据地区不同,其税率从15%至33%不等;并在此税率上实行"两免三减半"的政策(减半时为7.5%~16.5%)。

外汇方面,按国内的外汇管理办法进行监管。

所有保税区内的加工贸易进口设备、办公用品均免关税和许可证;全部按15%的企业所得税率进行征收,并在此税率上实行"两免三减半"的政策(减半时为7.5%)。按《保税区外汇管理办法》进行外汇管理。

第三节 配送的概念

一、历史上对"配送"的主要解释

我国早期引进配送概念时认为:"配送"一词是日本引进美国物流科学时,对英文单词"delivery"的意译。"delivery"如果直译为中文,是"提交""递交""交付""交货"的意思。有些学者则认为,"delivery"只是配送中的最后一个环节,而不是全部,因此把"配送"翻译成"delivery"是不准确的。英文单词"distribution"有"销售""流通""分配""分销"的多层含义,虽在英汉词典中没有"配送"的解释,但是像沃尔玛连锁店使用的"distribution"包括进货、分拣、储存、拣选、组配、送货等作业环节,可见"distribution"一词更接近我们讨论的"配送"。

西方对"配送"概念的解释,可从英文单词"distribution"的含义中理解。在日本的一些书籍中,对配送的解释也有所不同。

日本文部科学省审定的物流培训教材中,将配送定义为"最终将物品按指定时间安全准确交货的输送活动"。

在日本日通综合研究所编写的《物流知识》一书中,则将配送定义为"与城市之间和物流据点之间的运输相对而言,面向城市内和区域范围内需要者的运输"。

同样是日通综合研究所编写的《物流手册》一书中除有上述意义外,还将配送定义为"从配送中心到客户之间物品的空间移动"。

上述定义都体现出配送是物流的最终效应。但是,由于它多从业务现象上描述,故存在容易与旧式的送货方式相混淆的问题。显然,日本人对配送的一个重要认识是,配送局限在一个区域(城市)范围内,而且从生产性质来看,配送是一种运输形式。

二、配送的概念

我国国家标准《物流术语》(GB/T 18354-2021)对配送的定义为"根据客户要求,对物品进行分类、拣选、集货、包装、组配等作业,并按时送达指定地点的物流活动"。

关于配送客户网络所形成的区域的大小虽没有明确的规定,但是大多数是城市内的某一城区或某一城市。随着配送管理水平的不断提高,配送区域范围不断扩大,配送会在更大的范围内进行资源整合。配送的一般流程如图7-2所示:

图7-2 配送的一般流程

并不是所有的配送都按上述流程进行。不同产品的配送可能有独特之处,如燃料油配送就不存在配货、分拣、配装工序;生鲜食品往往又增加了流通加工程序,而流通加工又可能在不同环节出现等。

配送的定义主要包含以下几层含义:

(1) 配送是按客户的要求进行的。客户对物资配送的要求包括数量、品种、规格、供货周期、供货时间等。

(2) 配送是由物流据点完成的。物流据点可以是物流配送中心、物资仓库,也可以是商店或其他物资集疏地。

(3) 配送是流通加工、整理、拣选、分类、配货、配装、末端运输等一系列活动的集合。

(4) 配送在将货物送交收货人后即告完成。

(5) 配送应在经济合理的区域范围内运行。

三、对配送进一步的认识

配送是物流的一种特殊职能,是最能体现物流现代化发展的标志之一。物流的储存、运输等功能,无论在物流发达国家还是在物流相对落后的国家,只存在水平高低的差别;而配送在物流技术和物流管理落后的条件下,则难以实现。

(一) 配送与送货的区别

(1) 送货主要体现为生产企业和商品经营企业的一种推销手段,通过送货达到多销售产品的目的;而配送则是社会化大生产、高度专业化分工的产物,体现了流通社会化的发展趋势。

(2) 送货方式对用户而言只能满足其部分需求,这是因为送货人有什么送什么;而配送则将用户的要求作为目标,具体体现为用户要求什么送什么,希望什么时候送便什么时候送。

(3) 送货通常是送货单位的附带性工作,也就是说送货单位的主要业务并非送货;而配送则表现为配送部门的专职,由专门进行配送服务的配送中心实施。

(4) 送货在流通中只是一种服务方式;而配送不仅是一种物流手段,而且是一种物流体制。

(二) 配送与商流的关系

配送既是重要的物流手段,也是重要的商流形式。配送将销售与供应结合起来,使其一体化,这种特殊的购销形式成为商品流通的新形式,有利于市场向更深层次发展。

1. 配送与市场营销存在十分密切的关系

客户是营销渠道的最终目的地,物流配送是满足客户要求,处理和递送客户的订货。由此可以这样理解:配送是由订货所启动的物流活动。实物配送是处理和递送客户的订货,使客户在时间和空间的需求成为营销的一个整体组成部分。

2. 配送系统具有把制造商、批发商和零售商与营销渠道联系在一起的能力

配送是从制造商流向下游客户所进行的作业,虽然市场营销与制造之间的接触面会

有冲突,但从物流角度上观察,配送可以把厂家和客户联系起来,把营销和制造的开拓理念转变成一种综合的努力。

3. 物流配送成为市场营销战略的重要功能

配送被视为企业的战场,市场营销发展战略离不开配送的支持。配送系统的建设和设计要求易于对市场做出快速响应,销售企业的配送响应能力是整个市场营销战略中最重要的功能之一。

4. 配送的完成周期所涉及的活动

美国著名物流学者唐纳德·鲍尔索克斯在所著的《物流管理》一书中指出:配送的完成周期涉及五个相关的活动,即订货传输、订货处理、订货选择、订货运输和客户递送。它们之间的关系如图 7-3 所示:

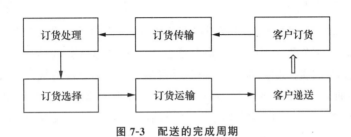

图 7-3 配送的完成周期

（三）配送与其他物流功能

如果说储存、运输、包装、流通加工等物流功能是相对独立的,那么配送则是包含上述物流功能的集合。

物资配送的物流据点是物资的集疏地,一般具备物资储存的功能,从仓储管理角度上看,也常被人们看作一种特殊的出库方式。

"二次运输""支线运输""末端运输"成为配送的代名词,运输是配送实现的最后一个环节。

流通加工对实现物资配送的影响极大。流通加工是配送的前沿,是衔接储存与末端运输的关键环节,一个功能完善的配送中心是离不开加工活动的。

综上所述,配送几乎涵盖了物流的各种功能,这就为配送的组织工作带来了相当大的难度。

（四）配送使企业实现"零库存"成为可能

企业为保证生产持续进行,依靠供应库存(经常储备和保险储备)向企业内部的各生产工位进行物资供应。如果社会供应系统除能担负起企业的外部供应的业务外,还能实现内部物资供应,那么企业的"零库存"就成为可能。理想的配送恰恰具有这种功能,由配送企业进行集中库存,取代原来分散在各个企业的库存,这就是配送的最高境界。这一点在物流发达国家和我国一些企业的实践中已得到证明。

第四节　配送的类型

一、按配送商品的种类和数量分类

（一）少品种（或单品种）、大批量配送

当生产企业所需的物资品种较少或只需要某个品种的物资，而需要量较大、较稳定时，可实行这种配送方式。由于这种配送方式数量大，又不必与其他物资进行配装，可使用大吨位车辆进行整车运输。这种形式多由配送中心直接送达用户。由于配送量大、品种单一或较少，涉及配送中心内部的组织工作比较简单，因而这种配送的成本一般较低。

（二）多品种、少批量、多批次配送

多品种、少批量、多批次配送是按用户的要求，将所需的各种物资配备齐全后，由配送据点送达用户。现代企业生产除了需要大量少数几种主要物资，还需要品种更多但数量较少的其他非主要物资。如果采用大批量、少批次配送，必然会造成用户库存量增大；相反，如果采用少批量、多批次的配送，则有利于企业合理安排生产。这种配送方式在现代化生产趋于消费多样化、需求多样化的发展中具有明显的优势。显然，配送中要实现这种多品种、少批量、多批次的配送，将对配送作业水平提出很高的要求。它除了要求配送中心设备、配送作业要有相当的规模和高技术水平，还要求配送计划的严谨性和各种作业环节的协调性所表现出来的高管理水平。

（三）成套、配套配送

这种配送类型为按企业生产需要，尤其是装配型企业的生产需要，将生产所需的全部零部件配齐，按生产节奏定时送达生产企业，随即可将此成套零部件送入生产线装配产品。在这种配送方式中，配送中心承担了生产企业大部分供应工作，有利于生产企业实现"零库存"，从而专注于生产。

二、按配送时间及数量分类

（一）定时配送

这是一种按规定的时间间隔进行的配送。这里的时间间隔是由配送中心和生产企业共同研究决定的，可以是数天，也可以是数小时。每个时间间隔配送的品种及数量可按计划执行，也可在配送之前以商定的联络方式（电话、计算机终端联系等）通知配送品种及数量。这种方式时间固定，易于安排工作计划，易于计划使用设备，也利于用户安排接运人员和接运作业。但是，由于物资备货前品种和数量通知较晚，配货、配装工作紧张，难度较大，一旦配送要求与常规变化较大，配送运力和其他工序作业就容易出现困难。

较理想的定时配送形式主要有两种：

1. 日配形式

日配是定时配送中被广泛采纳的一种形式，尤其是在城市内的配送活动中，日配占了绝大比重。一般地,日配的时间要求大体是,上午的配送订货下午送达,下午的配送订货第二天送达,即实现在订货发出后 24 小时之内将货物送到用户手中。开展日配方式,可使用户基本上无须保持库存,就能实现生产的准时和销售经营的连续。

2. 准时制配送

准时制配送是"将所需的货物在客户所指定的时间以指定的数量送达指定地点的配送方式"(GB/T 18354-2021)。

该方式较适合于装配型、重复生产的用户,其所需配送的货物是重复的、大量的,因而往往是一对一的配送。

(二)定量配送

定量配送是按规定的批量在一个指定的时间范围内进行的配送。定量配送的货物数量相对固定,备货工作相对简单。但由于配送时间不严格规定,因而可以将不同用户所需的物品拼凑整车运输,以充分利用运力。定量配送还有利于充分发挥集合包装的优越性,运用托盘、集装箱及相关的运输设备,提高配送效率。但由于每次配送的数量保持不变,因此不够机动灵活,有时会增加用户的库存。

(三)定时定量配送

定时定量配送是按规定的时间、规定的货物品种和数量进行的配送。这种配送兼有定时配送和定量配送两种方式的优点。这种方式计划性强,对配送组织要求较高,不太容易做到既与用户的生产节奏合拍,又保持较高的配送效率,在实际操作中较为困难。该方式一般适用于需求量较大且生产相对稳定的汽车制造、家用电器、机电产品等物料供应领域。

(四)定时定线路配送

定时定线路配送是指在规定的运行线路上,制定配送车辆到达的时间表,按运行时间表进行配送。用户可以按照配送企业规定的线路及规定的时间到指定的位置接货,是一种高水平的配送服务方式。这种配送方式一般事先由配送中心与用户签订配送协议,双方严格按协议执行,即按照确定的周期、确定的货物品种和数量及确定的用户进行。这种配送适用于重点企业和重点项目,对于保证物资供应、降低企业库存非常有利。

(五)即时配送

即时配送是"立即响应用户提出的即刻服务要求并且短时间内送达的配送方式"(GB/T 18354-2021)。这是一种完全按用户要求的物资配送时间、配送数量,即刻进行配送的一种方式。由于即时配送具有很高的灵活性,用户可以用即时配送来代替保险储备,从而实现企业的零库存。由于这种配送方式完全按照用户的要求来进行,因而配送的计划性较差,很难做到充分利用运力,配送成本很高,难以作为经常性的服务,只能是作为已确定长期固定关系的配送服务的补充和完善。

三、按配送的组织形式分类

1. 销售配送

销售配送是指销售性企业作为销售战略的一个环节所进行的促销型配送。这种配送的对象和客户往往是不固定的,其经营状况也取决于市场状况。销售配送对增加商品的销售数量、扩大市场占有率、获得更多的销售收益起到重要的作用。但是销售配送随机性较强,计划性较差。各种类型的商店配送一般多属于销售配送。

2. 供应配送

供应配送是指企业为了自己的供应需要所采取的配送方式,往往由企业或企业集团组建配送据点,集中组织大批量进货(取得批量优惠),然后向本企业或本企业集团的若干企业进行配送。用配送方式进行供应,是保证供应水平、增强供应能力、降低供应成本的重要方式。

3. 销售—供应一体化配送

销售企业对于基本固定的客户和基本确定的配送产品可以在自己销售的同时承担客户供应者的职能,即既是销售者又是客户的供应代理人。对销售者而言,这种配送能使他们获得稳定的用户和销售渠道,有利于本身的稳定持续发展和增加销售量。销售者能有效控制进货渠道,从而大大提高供应水平。对于企业客户来说,它们除可获得稳定的供应以外,还可大大节约本身为组织供应所耗用的人力、物力、财力,也可以减少自己的供应机构,而转由委托销售者代理。

4. 代存代供配送

代存代供配送是用户将属于自己的货物委托配送企业代存、代供、代订、代配送的组织形式。这种配送在实施时不发生商品所有权的转移,配送企业只是客户的委托代理人。商品所有权在配送前后都属于客户所有,所发生的仅是商品物理位置的转移。配送企业仅从代存、代送中获取收益,而不能获得商品销售的经营性收益。

四、按配送的组织形式不同分类

(一) 集中配送

集中配送是由专门从事配送业务的配送中心对多家用户开展的配送。配送中心规模大、专业性强,与用户可确定固定的配送关系,实行计划配送。集中配送的品种多、数量大,一次可同时对同一线路中的几家用户进行配送,配送效益显著。

(二) 分散配送

对小量、零星货物或临时需求的配送业务一般由商业销售网点进行。商业销售网点具有分布广、数量多、服务面宽等特点,比较适合于距离近、品种繁多而用量小的货物配送。

(三) 共同配送

共同配送即"由多个企业或其他组织整合多个客户的货物需求后联合组织实施的配送方式"(GB/T 18354-2021)。这种配送有两种情况:一是中小型生产企业之间分工合作实行共同配送;二是几个中小型配送中心合作实行共同配送。前者是在同一行业或同一地区的中小型生产企业单独进行配送的运输量少、效率低的情况下,各企业进行联合,实行共同配送。这种配送不仅可减少企业的配送费用,丰富企业和地区的配送资源,而且有利于缓和城市交通拥挤状况,提高配送车辆的利用率。后者是在某一地区的用户所需物资数量少、配送车辆利用率低的情况下,几个配送企业将用户所需的物资集中起来,共同制订配送计划,实行共同配送。

五、按照配送采用模式的不同分类

（一）物流配送的模式

基于物资配送的内涵及运作的实际现状,物流配送的模式主要可以分为以下三种:

1. 集货型配送模式

如图7-4所示,这种模式主要是针对上游的采购物流过程进行创新而形成。其上游生产具有相互关联性,下游互相独立,上游对配送中心的依存度明显大于下游;上游相对集中,而下游相对分散。同时,这类配送中心也强调其加工功能。该配送模式用于成品或半成品物资的配送,如汽车配送中心。

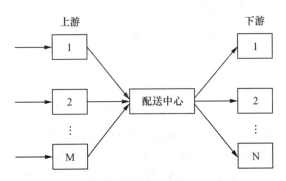

图7-4 集货型配送模式

2. 散货型配送模式

这种模式主要是对下游的供货物流进行优化而形成。上游对配送中心的依存度小于下游,而且配送中心的下游相对集中或有利益共享。采用该配送模式的流通企业,其上游竞争激烈,下游需求以多品种、小批量为主要特征。该配送模式多用于原材料或半成品物资配送,如机电产品配送中心。

3. 混合型配送模式

这种模式综合了上述两种配送模式的优点,并对商品的流通全过程进行控制,有效地克服了传统物流的弊端。采用这种配送模式的流通企业规模较大,具有较大的设备投资,如区域性物流配送中心。在实际流通中,采用该配送模式的企业多采取多样化经营,从而降低了经营风险。这种运作模式比较符合新型物流配送的要求,特别是电子商务环境下的物流配送。

（二）连锁超市的配送模式

连锁超市主要有以下三种典型的配送模式:

1. 供应商直接配送模式

大型生产企业提供的外在条件和部分商品的运输要求使得连锁超市越来越多地采用直接配送模式,如图 7-5 所示。正常情况下,这种配送模式比较适用于店铺数量少、单店规模大、采购能力强的超市,采用供应商直接配送模式的典型代表是家乐福超市。

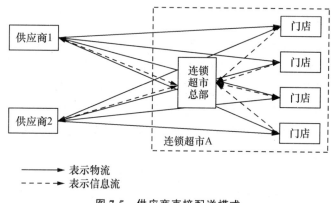

图 7-5 供应商直接配送模式

2. 自营配送模式

自营配送模式即连锁超市各自独立组建配送中心,实现对内部各个分店的商品供应配送的模式,如图 7-6 所示。自建的配送中心可以在连锁超市内形成一个稳定运行、完全受控的物流配送系统,满足超市对于商品多品种、多批次、少批量的及时配送的要求,既有利于保证和保持良好的服务水平,又便于连锁超市总部对超市物流配送各个环节的管理和监控。自营配送模式在满足超市分店的商品供应方面发挥了巨大的作用,在一定程度

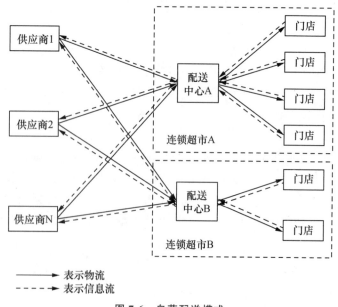

图 7-6 自营配送模式

上满足了连锁超市的配送要求。一般而言,采取自营配送模式的连锁超市大多具有较强的实力,这样才能保证初期资金的投入,同时有足够规模的配送量,保证配送规模效益引起的成本减少大于建设运营配送中心造成的成本增加。对于资金缺乏、配送规模较小、管理水平较落后的超市,特别是中小型超市来说,采用自营配送模式的困难较大。

3. 第三方物流配送模式

随着市场竞争的日益激烈和流通费用的不断上升,很多企业都采用第三方物流企业来进行商品的配送。鉴于连锁超市目前普遍资金短缺、单体规模较小、物流配送量相对较少,如果能以较低的成本获得配送服务,那么它们通常会借助于第三方物流企业来完成相应的物流配送业务,如图7-7所示。

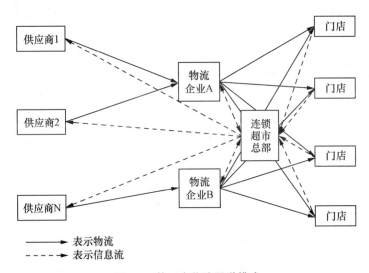

图 7-7 第三方物流配送模式

第五节 配 送 中 心

配送中心指"具有完善的配送基础设施和信息网络,可便捷地连接对外交通运输网络,并向末端客户提供短距离、小批量、多批次配送服务的专业化配送场所"(GB/T 18354-2021)。配送中心是专门从事配送工作的物流节点。

一、配送中心的分类

(一)按配送中心的层次划分

1. 主配送中心

主配送中心是从生产企业接收配送货物,并由下一级配送中心(子配送中心)进行输送的形式。主配送中心一般位于地方的中心城市,配送的对象相对繁多。

2. 子配送中心

子配送中心是处于主配送中心和配送用户的中间环节。子配送中心完成配送的货物经常由主配送中心有效地补充。从地理位置看，子配送中心多处于某中心城市的外围地带，配送的货物种类相对较少。

（二）按配送中心的服务对象划分

1. 面向最终消费者的配送中心

这种配送中心的业务特点是由配送中心将商品直接送到消费者手中。一般来说，家具、大型家用电器等商品适合于这种方式。

2. 面向生产企业的配送中心

根据生产企业的生产需要，将生产所需的原材料或零配件，按照生产计划的安排，送达企业的仓库或直接运送到生产现场。此类型的配送中心承担了生产企业大部分的供应工作，减少了企业物流作业活动，也为企业实现零库存经营提供了物流条件。

3. 面向零售商的配送中心

这种配送中心按照零售店铺的订货要求，将各种商品备齐后送达零售店铺，如为连锁店服务的配送中心和为百货店服务的配送中心。

（三）按运营主体划分

1. 以生产企业为主体的配送中心

这种配送中心里的商品是由自己生产制造，用以降低流通费用、提高售后服务质量和及时地将预先配齐的成组元器件运送到规定的加工和装配工位。从商品制造到生产后的包装和条码配合等方面都较易控制，这种配送中心易满足现代化、自动化的设计要求，但社会化程度不高。

2. 以批发商为主体的配送中心

批发是商品从生产企业到消费者手中的传统流通环节之一，一般是按部门或商品类别的不同，把每个生产企业的商品集中起来，然后以单一品种或搭配向消费地的零售商进行配送。这种配送中心的商品来自各个生产企业，它所进行的一项重要的活动是对商品进行汇总和再销售，而它的全部进货和出货都是社会配送的，社会化程度高。

3. 以零售商为主体的配送中心

零售商发展到一定规模后，就可以考虑建立自己的配送中心，为专业商品零售店、超级市场、百货商店、建材商场、粮油食品商店、宾馆饭店等服务，其社会化程度介于前两者之间。

4. 以仓储运输业者为主体的配送中心

这种配送中心的优势是运输配送能力强。它一般位于水路、铁路和公路枢纽，地理位置优越，可迅速将到达的货物配送给用户。它虽提供仓储货位给生产企业或供应商，但配送中心的货物仍属于生产企业或供应商所有，配送中心只是提供仓储管理和运输配送服务。这种配送中心的现代化程度往往较高。

二、配送中心的运作

（一）配送中心的经营策略

配送中心的配送活动增加了产品价值，有利于提升企业的竞争力，但完成配送活动是需要付出代价的,即产生配送成本。配送中心对配送管理的目标即在提供高质量客户服务与控制配送成本之间寻求平衡。

1. 差异化策略

差异化策略的指导思想是:产品特征不同,客户服务水平也不同。

当配送中心备有多种产品时,不能对所有产品都按同一标准的客户服务水平来配送,而应按产品的特点、销售水平,设置不同的库存水平,采用不同的运输方式以及置于不同的储存地点,否则会增加不必要的配送成本。

2. 合并策略

合并策略包含两个层次,一是配送方法上的合并,二是共同配送。

配送方法上的合并表现在安排车辆完成配送任务时,充分利用车辆的容积和载重量,做到满载满装是降低成本的重要途径。由于产品品种繁多,不仅包装形态、储运性能不一,在容重方面,也往往相差甚远。一辆车上如果只装容重大的货物,往往是达到了载重量,但容积空余很多;相反,如果只装容重小的货物,看起来车装得满,实际上并未达到车辆载重量。这两种情况实际上都造成了浪费。实行合理的轻重配装、容积大小不同的货物搭配装车,就不但可以在载重方面达到满载,而且可以充分利用车辆的有效容积,取得最优效果。最好是借助电脑计算货物配重的最优解。

在中心机构的统一指挥和调度下,各配送主体以经营活动(或以资产为纽带)联合行动,在较大的地域内协调运作,共同为某一个或某几个客户提供系列化的共同配送服务。这种联合配送不仅可减少企业的配送费用,使配送能力得到互补,提高配送效率,而且有利于提高配送车辆的利用率,缓和城市交通拥挤状况。

3. 混合策略

混合策略是指配送业务部分由企业自身完成。这种策略的基本思想是,尽管采用纯策略(即配送活动要么全部由企业自身完成,要么完全外包给第三方物流完成)易形成一定的规模经济,并使管理简化;但由于产品品种多变、规格不一、销量不等等情况,采用纯策略的配送方式超出一定程度不仅不能取得规模效益,反而还会造成规模不经济。而采用混合策略,合理安排企业自身完成的配送和外包给第三方物流完成的配送,能使配送成本最低。

4. 延迟策略

传统的配送计划安排中,大多数的库存是按照对未来市场需求的预测量设置的,这样就存在着预测风险。当预测量与实际需求量不符时,就会出现库存过多或过少的情况,从而增加配送成本。延迟策略是"为了降低供应链的整体风险,有效地满足客户个性化的需求,将最后的生产环节或物流环节推迟到客户提供订单以后进行的一种经营策略"(GB/T 18354-2021)。

延迟策略的基本思想就是将产品的外观、形状及生产、组装、配送尽可能推迟到接到客户订单后再确定。一旦接到订单就要快速反应,因此采用延迟策略的一个基本前提是信息传递要非常快。实施延迟策略常采用两种方式:生产延迟(或称形成延迟)和物流延迟(或称时间延迟)。配送中往往存在着加工活动,所以实施配送延迟策略既可采用生产延迟方式,也可采用物流延迟方式。具体操作时,常常发生在诸如贴标签(生产延迟)、包装(生产延迟)、装配(生产延迟)和发送(物流延迟)等领域。

5. 标准化策略

标准化策略就是尽量减少因品种多变而导致额外配送成本,尽可能多地采用标准零部件、模块化产品。采用标准化策略要求生产企业从产品设计开始就要站在消费者的立场去考虑怎样节省配送成本,而不要等到产品定型生产出来了才考虑采用什么技巧降低配送成本。

(二) 配送作业环节

配送中心通过订单处理、集货、储存、分拣、组配货、配载、输送等一系列作业环节,最终完成众多的配送任务。

1. 订单处理

订单处理是指配送中心接收用户订货信息、核对库存、制作各种票据,按照订货要求做好相应的配送准备工作。

2. 集货

集货是"将分散的或小批量的货物集中起来,以便进行运输、配送的活动"(GB/T 18354-2021)。为了实现按用户要求配送货物,首先必须从生产企业接收准备配送的客体,即种类繁多的大量货物。从批量上看,集货的批量远大于配送批量,这体现了配送中心"集疏"的作用。从品种、规格、型号上看,配送的集货要全面满足配送对象的要求。

3. 储存

为保证正常配送的需求,特别是即时配送的需要,配送中心必须保持一定数量的储备。为了保证配送物资的质量,配送中心必须对集货来的物资进行检验和保管。

4. 分拣与组配货

分拣是将"将物品按一定目的进行分类、拣选的相关作业"(GB/T 18354-2021)。

组配货是"根据客户、流向及品类,对货物进行组合、配货,以便合理安排装载的活动"(GB/T 18354-2021)。

将储存的货物按用户的要求分拣出来,送到指定的发货场所,这是配送中心主要的作业环节。

分拣与组配货作业主要有两种方式:

一是"播种"方式。这是将需要配送的数量较多的同种物资集中搬运到发货场所,然后将每一货位所需的数量取出,分放到相应货位处(每一个货位是一个用户的需要量),直至配货完毕。

二是"摘果"方式。这是一种用搬运车辆巡回于储存场所,按配送要求从每个货位上拣选出物资,巡回完毕则完成一次配货作业。

上述两种方法除单独使用外,也可混合使用。

5. 配载

配载是"根据载运工具和待运物品的实际情况,确定应装运货物的品种、数量、体积及其在载运工具上的位置的活动"(GB/T 18354-2021)。

6. 输送

将各用户货物组合装车后,发货车辆按计划路线,将货物送达用户。为了充分发挥配送效率,做到时间少、距离短、成本低、费用省,应在输送前选择最理想的输送路线。输送路线的选择可以采用各种数学方法和在数学方法基础上发展与演变出来的经验方法。

三、新型物流配送中心

(一)新型物流配送中心的特征

在电子商务时代出现了许多集信息化、现代化、社会化为特征的新型物流配送中心。这些配送中心具有以下特征:

1. 物流配送反应速度快

新型物流配送服务提供者对上游、下游的物流配送需求的反应速度越来越快,前置时间越来越短,物流配送速度越来越快,商品周转次数越来越多。

2. 物流配送功能集成化

新型物流配送侧重于将物流与供应链的其他环节进行集成,包括物流渠道与商流渠道的集成、物流渠道之间的集成、物流功能的集成、物流环节与制造环节的集成等。

3. 物流配送服务系列化

新型物流配送强调物流配送服务功能的恰当定位与完善化、系列化,在内涵上强化了以上服务对决策的支持作用。除了传统的储存、运输、包装、流通加工等服务,还在外延上扩展至市场调查与预测、采购及订单处理,向下延伸至物流配送咨询、物流配送方案的选择与规划、库存控制策略建议、货款回收与结算、教育培训等增值服务。

4. 物流配送作业规范化

新型物流配送强调功能作业流程、运作的标准化和程序化,使复杂的作业变成简单的易于推广与考核的运作。

5. 物流配送目标系统化

新型物流配送从系统角度统筹规划一个公司整体的各种物流配送活动,处理好物流配送活动与商流活动及公司目标之间、物流配送活动之间的关系,不求单个活动的最优化,但求整体活动的最优化。

6. 物流配送手段现代化

新型物流配送使用先进的技术、设备和管理为销售服务,生产、流通和销售的规模越大、范围越广,物流配送的技术、设备和管理越现代化。

7. 物流配送组织网络化

为了保证对产品销售提供快速、全方位的物流支持,新型物流配送要有完善、健全的物流配送网络体系,网络上点与点之间的物流配送活动要保持系统性和一致性,这样可以保证整个物流配送网络有最优的库存总水平及库存分布,运输与配送快捷、机动,既能铺开又能收拢。分散的物流配送单体只有形成网络才能满足现代生产与流通的需要。

8. 物流配送经营市场化

新型物流配送的具体经营采用市场机制,无论是企业自己组织物流配送,还是委托社会化物流配送企业承担物流配送任务,都旨在实现服务成本与服务目标的最佳配合。

9. 物流配送流程自动化

物流配送流程自动化是指货位仓储、货箱排列、装卸、搬运等按照自动化标准作业,商品按照最佳配送路线运行等。

10. 物流配送管理法制化

宏观上,新型物流配送中心要有健全的法规、制度和规则;微观上,新型物流配送中心要依法办事,按章行事。

11. 物流配送的电子化和数字化

新型物流配送中心将全球定位系统、地理识别系统、电子数据交换技术、自动跟踪技术等电子化和数字化技术应用到配送活动中。

(二) 新型物流配送中心应具备的条件

1. 高水平的企业管理

新型物流配送中心作为一种全新的流通模式和运作结构,其管理水平要求达到科学化和现代化。只有通过合理的科学管理制度、现代化的管理方法和手段,才能确保物流配送中心基本功能和作用的发挥,从而保障相关企业和用户整体效益的实现。管理科学的发展为流通管理的现代化、科学化提供了条件,促进了流通产业的有序发展。总之,以管理为保障,以服务为中心,加快科技进步是新型物流配送中心的根本出路。

2. 高素质的人员配置

新型物流配送中心能否充分发挥其各项功能和作用,完成其应承担的任务,人才配置是关键。为此,新型物流配送中心必须配备数量合理、具有一定专业知识及较强组织能力、结构合理的决策人员、管理人员、技术人员和操作人员,以确保新型物流配送中心的高效运转。

3. 高水平的装备配置

新型物流配送中心面对着成千上万的供应商、消费者及瞬息万变的市场,承担着为众多用户配送商品和及时满足他们不同需要的任务,这就要求新型物流配送中心必须配备现代化装备和应用管理系统,尤其是要重视计算机网络的运用。专业化的生产和严密组织起来的大流通,对物流手段的现代化提出了更高的要求,对自动分拣输送系统、立体仓库、旋转货架、AGV 自动导向系统、商品条码分类系统、悬挂式输送机这些新型、高效、大规模的物流配送机械系统有着广泛而迫切的需求。自动分拣输送系统能将从不同方向、不同地点、不同渠道运来的不同物资,按照类型品种、尺寸重量及特殊要求分拣输送后集中在指定的主库或旋转货架上,其输送速度快、分拣能力强、规模大、卸货及分拣的通道多、适用的货物范围广。自动分拣输送系统、立体仓库、旋转货架等设备能适应市场需求,提供更完善的服务,在服务多用户、多品种、小批量、高频度的配送情境中具有独特的优势。

（三）几种新型物流配送中心

1. 柔性配送中心

柔性配送中心是为了适应精益化生产而形成的组织。这种配送中心不朝固定化、专业化方向发展，而朝能随时变化、对用户要求有很强适应性、供需关系不固定以及不断发展配送用户的方向发展。

2. 供应配送中心

供应配送中心是专门为某个或某些用户（如联营商店、联合公司）供应的组织。例如：为大型连锁超市组织供应的配送中心，代替零件加工厂送货的零件配送中心等。

3. 销售配送中心

销售配送中心是以销售经营为目的、以配送为手段的组织。销售配送中心大体有三种类型：

第一种是生产企业为把本身产品直接销售给消费者而建立的配送中心。在国外，这种类型的配送中心很多。

第二种是流通企业建立的配送中心，自行经营，以扩大销售。我国目前拟建的配送中心大多属于这种类型，国外的例证也有很多。

第三种是流通企业和生产企业联合的协作性配送中心。

比较起来看，我国和国外都是朝以销售配送中心为主的方向发展。

4. 区域配送中心

区域配送中心是"具有完善的配送基础设施和信息网络，可便捷地连接对外交通运输网络，配送及中转功能齐全，集聚辐射范围大，存储、吞吐能力强，向下游配送中心提供专业化统一配送服务的场所"（GB/T 18354-2021）。

它是以较强的辐射能力和库存准备，向省际、全国乃至国际范围的用户提供配送服务的组织。这种配送中心配送规模较大，用户也较多，配送批量也较大；而且往往既配送给下一级的城市配送中心，也配送给零售商、批发商等。区域配送中心也从事零星的配送，但不是其主体形式。

5. 流通配送中心

流通配送中心是基本上没有长期储存功能，仅以暂存或随进随出方式进行配货、送货的组织。这种配送中心的典型运作方式是，大量货物整进并按一定批量零出，即货物直接进入大型分货机传送带，随后被分送到各用户货位或直接被分送到配送汽车上，货物在配送中心仅作短暂停留。

课外阅读

"亚洲一号"上海物流中心

位于上海市嘉定区的京东"亚洲一号"上海物流中心（以下简称上海"亚洲一号"），作为亚洲范围内B2C行业内建筑规模最大、自动化程度最高的现代化物流中心之一，完美调度了AS/RS、输送线、分拣机、提升机等自动化设备，极大地支撑和推动了京东大平台的物流运营。上海"亚洲一号"的建设分为两期，规划的建筑面积为20万平方米，其中投入运行的一期定位为中件商品仓库，总建筑面积约为10万平方米。其他指标，如运营支撑能力：普通客户订单处理能力为每日均值10万单；库容量方面，最大可支持10万中件SKU，可支持约430万件商品存储需求。

上海"亚洲一号"厂区共分为3栋建筑，A1栋为立体仓库区域，通高24米，货物以托盘形式存放。该区又分为存储区和拣货区，存储区为14个巷道、12层、36 288个货位，托盘尺寸为1 200（长）×1 000（宽）×1 350（高）（含托盘，单位：毫米）；拣货区为8个巷道，其中存储一侧为12层，拣选一侧为8层，共17 280个货位。A2栋为人工作业区及阁楼货架区，一层为人工作业车间，二层为阁楼货架存储区，阁楼货架为4层，分托盘货架存储区和隔板货架存储区，由提升机及立体仓库进行补货。A3栋为分拣车间，共三层，第一层为分拣发货车间，第二层为复核打包区，第三层为促销品临时存放区，与输送分拣设备相连接。

1. 入库（收货）流程

TMS系统根据供货商提前预约进行收货月台动态分配，收货后人工码盘，由全自动缠膜流水线（1条）对托盘货物进行裹膜；入库验收完成后通过提升机补货至阁楼货架，还可以通过入库输送线等设备输送至立体仓库区存储。合理使用空间及自动化设备，减少了人工搬运操作，提高了入库效率。

2. 存储流程

上海"亚洲一号"具备阁楼货架及立体仓库两种存储方式，促销品还有指定的超A品存放区，阁楼货架可以采用提升机及高位叉车进行补货，立体仓库通过环形输送线及堆垛机进行入库存储。

3. 拣选、补货流程

上海"亚洲一号"有两种拣选方式，一种为传统的阁楼货架拣选，另一种为很少见的托盘立体仓库拣选。阁楼货架拣选比较常见，无非是通过叉车、提升机及立体仓库进行补货。

托盘立体仓库拣选并不是严格意义上的"货到人"拣选,其拣选流程如下:巷道一侧为 12 层标准货架,另一侧为 8 层拣选货架,每层货架搭一层钢平台,人员收到拣货信息后,通过信息提示到指定货位进行拣选;拣选完毕通过输送线输送至复合包装区域,当拣选一侧的托盘为空时,堆垛机自动从存储一侧取货补货。这种拣选方式很新颖,将存储和拣选功能结合在一起,并且不过多占用自动设备的效率。据使用方反馈,托盘立体仓库拣选方式很实用,使用过一段时间后多数产品都在此区域进行拣选,阁楼货架区使用频率大大降低。

阁楼货架区图

立体仓库区图

4. 复核包装流程

拣选完毕的货物通过自动化输送设备输送至包装区,人员进行出库货物信息复核及打包贴标。包装区分 6 个区域,每个区域有单独一条输送线进行供货,在供货之前先进行一次分拣,将每个区域的货物流量平均,复核包装完毕通过下坡皮带机输送至分拣区进行分拣发货。全长 6.5 公里、最高速度达 2 米/秒的输送线遍布全场,包装区实行动态平均分配确保流量均衡,输送能力为 15 000 包/小时。

5. 分拣发货流程

复核包装完毕的货物被输送至一楼分拣区进行分拣,由交叉皮带分拣机进行分拣。分拣区共 6 个供包台,对应楼上 6 个包装区;共 135 个分拣口,对应上海地区及周边区域发货口。

上海"亚洲一号"采用全球最精准、高效、节能环保的交叉皮带分拣系统,分拣速度高达2.2米/秒,具有约20 000件/小时的中件包裹处理能力,分拣准确率达99.99%,此外135个滑道直接完成站点细分、动力滚筒滑槽降低破损均有助于提升客户体验。发货车辆有两种,一种为小型车,主要配送上海市内区域;另一种为板车,主要配送上海周边区域,发货月台也相应设置两种形式进行兼容。

上海"亚洲一号"仅仅是京东大物流战略一个起点。京东已在7大城市(上海、北京、广州、西安、沈阳、武汉、成都)建立"亚洲一号"物流中心,将上海的运营模式复制到全国,最终成就京东大物流平台。

思考题

名词解释

流通加工	流通加工的经济效益	流通加工合理化	配送
准时制配送	即时配送	共同配送	集货
分拣	组配货	配送中心	延迟策略
柔性配送中心			

问答题

1. 流通加工产生的原因是什么?
2. 谈谈流通加工在市场上的地位。
3. 流通加工与生产加工有哪些区别?
4. 举例说明流通加工的形式。
5. 论述流通加工的直接经济效益和间接经济效益。
6. 举例说明流通加工可以提高原材料的利用率。
7. 简述配送的完成周期所涉及的活动。
8. 为什么配送使企业实现"零库存"成为可能?
9. 配送作业的机械装备系统是由哪些子系统构成的?
10. 配送的类型是如何划分的?各种配送的含义是什么?
11. 配送中心是怎样分类的?
12. 配送中心的经营策略都有哪些?这些策略的含义是什么?
13. 简述配送中心的配送作业环节。
14. 分拣与组配货作业主要有哪两种方式?分别是如何作业的?
15. 新型物流配送中心具有什么特征?结合几种新型配送中心加以说明。
16. 何谓区域配送中心?谈谈区域配送中心的运作功能。

21世纪经济与管理规划教材

物流管理系列

第八章

物流信息与信息系统

学习目的

深刻认识物流信息化是物流现代化管理的基础。没有物流的信息化，先进技术装备的高效率就不可能在物流领域中实现。信息技术在现代物流中的应用将会彻底改变世界物流的面貌。

技能要求

掌握物流信息的概念和物流信息的特点；理解物流电子数据交换的框架结构和系统的运作步骤；全面理解物流信息系统的构成和物流信息系统管理。

商流、物流、信息流是从流通内部结构描述流通过程的"三流"概念。"三流"之间关系极为密切,但是,从其本身的结构、性质、作用及操作方法来看,"三流"各有其特殊性,各有其独立存在的特点,又各有其自身运动的规律。物流信息不同于其他物流职能,它总是伴随其他物流功能的运行而产生,又不断对其他物流职能及整个物流起支持保障作用。

第一节　物流信息概述

一、信息是物流进步的基础

信息,是客观世界中各种事物状况及其特征的反映,是事物之间相互联系的表征。它包括各种消息、情报、资料、信号,还包括语言、图像、声音等多媒体数据。流通过程中的信息活动主要指的是信息的产生、加工、检索、存储及传递。

在物流领域中引进计算机系统,起初是从提高事务的处理效率、提高作业效率等物流活动的实际需要出发的。后来,计算机技术与通信技术迅速结合,进而发展成为支持整个物流活动的信息系统。再后来,就不仅仅局限于物流领域,而是把生产和销售环节结合在一起,形成了整个经营信息系统,也就是实现了支持整个生产和销售的信息化。通过及时准确地提供信息流,以资金流实现商品的价值,以物流实现商品的使用价值。所以说,正是信息系统的使用才给物流的发展提供了强大的支撑。信息是物流进步的基础,没有现代化的信息管理,就没有现代化的物流。

现代社会已逐渐步入电子商务时代。在电子商务时代,物流信息化是电子商务发展的必然要求。物流信息化主要表现为物流信息的商品化、物流信息搜集的数据库化及代码化、物流信息处理的计算机化及电子化、物流信息传递的实时化及标准化、物流信息存储的数字化等。由于电子数据交换技术与国际互联网的应用,物流效率的提高更多地取决于信息管理技术。电子计算机的普及应用,提供了更多的需求和库存信息,并提高了物流信息管理的科学化水平,使产品的流动变得更加容易和迅速。可以说,物流信息化在未来的物流发展中将发挥日益重要的作用。这是因为,及时准确的信息有利于协调生产与销售、运输与存储等业务的开展;有利于优化供货程序,缩短交货周期;有利于降低库存等。所有这些都会极大地降低生产和物流的成本,提高服务水平。

"大数据"时代的到来为物流的信息化带来了革命性的变化。最早提出"大数据"时代的是全球知名咨询公司麦肯锡,麦肯锡称:"数据,已经渗透到当今每一个行业和业务职能领域,成为重要的生产因素。人们对于海量数据的挖掘和运用,预示着新一波生产率增长和消费者盈余浪潮的到来。""大数据"已广泛存在于物理学、生物学、环境生态学等领域及军事、金融、物流、通信等行业,因为近年来互联网和信息行业的发展而引起人们的关注。"大数据"已成为继云计算、物联网之后信息行业又一颠覆性的技术革命。

云计算主要为数据资产提供了保管、访问的场所和渠道,而数据才是真正有价值的资产。企业内部的经营交易信息,互联网世界中的商品物流信息、人与人的交互信息、位置信息等,其数量将远远超越现有企业IT架构和基础设施的承载能力;实时性要求也将大大超越现有的计算能力。如何盘活这些数据资产,使其为国家治理、企业决策乃至个人生活服务,是大数据的核心议题,也是云计算发展的必然趋势。

物流信息化是物流现代化管理的基础。没有物流的信息化,先进技术装备的高效率就不可能在物流领域中实现。信息技术及计算机技术在现代物流中的应用将会彻底改变世界物流业的面貌。

二、物流信息

1. 物流信息的概念

物流信息指的是"反映物流各种活动内容的知识、资料、图像、数据的总称"(GB/T 18354-2021)。它是在物流活动进行中产生及使用的必要信息,是物流活动内容、形式、过程及发展变化的反映。

在物流活动中,物流信息流动于各个环节之中,并起着神经系统的作用,如图 8-1 所示。因此,对物流信息的有效管理是物流现代化管理的基础和依据。

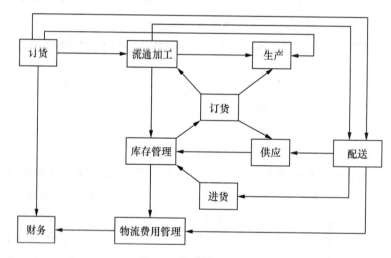

图 8-1 物流信息的流动

2. 物流信息的组成

物流信息一般由两部分组成。

(1)物流系统内部信息。它是伴随着物流活动而发生的信息,包括物料流转信息、物流作业层信息、物流控制层信息和物流管理层信息。

(2)物流系统外部信息。它是在物流活动以外发生的,但提供给物流活动使用的信息,包括供货人信息、客户信息、订货合同信息、交通运输信息、市场信息、政策信息,以及来自相关企业内部生产、财务等部门与物流有关的信息。

三、物流信息的特点

与其他领域的信息比较,物流信息主要反映了企业物流活动所具有的基本特征,具体表现在以下几个方面:

1. 信息量大、分布广

由于物流系统涉及范围广,在整个供应链的各个环节及各种活动中均会产生信息,为了使物流信息适应企业开放性、社会性的发展要求,必须对大量的物流信息进行有效管理。

2. 信息动态性强

信息是在物流活动过程中产生的,货物流和信息流同时流动才能发挥信息的作用。在物流活动中,信息不断产生;且由于市场状况、用户需求的瞬息万变,物流信息也会随之迅速改变,因而信息的价值衰减速度极快。为了适应企业物流的高效运行,须强化对信息的及时性管理。

3. 信息种类多

不仅在物流系统内部的各环节中会产生不同种类的信息,而且由于物流系统与其他系统(如生产系统、供应系统等)密切相关,因而在信息管理中还必须收集这些物流系统外的有关信息。这就使物流信息的分类、研究及筛选等工作的难度增加。

4. 信息的不一致性

信息在物流活动过程中形成,其产生和加工的时间及地点不一致,采集周期和衡量尺度不一致,具体应用方式也不一致。为了有效控制物流系统中的各类信息,需要建立统一完善的数据采集系统。另外,繁忙时节同平常时节相比,信息量的差异会很大,因而必须加强对信息的处理能力。

四、物流信息的种类

(一)按物流信息的沟通联络方式分

1. 口头信息

口头信息是通过面对面的交谈进行的信息交流。它可以较迅速、直接地传播,但也容易失真,与其他传播方式相比速度较慢。物流活动的各种现场调查和研究,是获得口头信息的最简单方法。

2. 书面信息

这是保证物流信息的内容不变,并可以重复说明和进行检查的一种重要手段。各种物流环节中的统计报表、文字说明、技术资料等都属于这类信息。

(二)按信息的来源分

1. 外部信息

它指本系统以外的信息来源,通常有一定的相对性。从物流系统来看,外部信息可包括来源于物资生产部门、物资消费部门、各机关及国内外市场等的信息。如对物流一个子系统而言,来自另一个子系统的信息也可称为外部信息。又如,物资储存系统从运输系统中获得的运输信息,也可相对称为外部信息。

2. 内部信息

它是来自物流系统内部的各种信息的总称。这些信息通常是协调系统内部人、财、物等活动的重要依据。它也具有一定的相对性。

(三) 按物流信息的变动程度分

1. 固定信息

所谓固定信息也是相对而言的。这种信息通常具备相对稳定的特点。下述三种形式的信息都是物流固定信息。

(1) 物流生产标准信息。这种信息是以指标定额为主体的信息,如各种物流活动的劳动定额、物资消耗定额、固定资金的折旧等。

(2) 物流计划信息。这种信息是指物流活动中在计划期内已定任务所反映的各项指标,如物资年计划吞吐量、计划运输量等。

(3) 物流查询信息。这种信息是指在一个较长的时期内很少发生变更的信息。如国家和各主要部门颁布的技术标准,物流企业内的职工人事制度、工资制度、财务制度等。

2. 流动信息

与固定信息相反,流动信息是指物流系统中经常发生变动的信息。这种信息以物流各作业统计信息为基础,如某一时刻物流任务的实际进度、计划完成情况、各项指标的对比关系等。

五、物流信息的收集与传递

对于从各种渠道获得的大量物流信息,尤其是供应商、用户及产品的有关信息,我们可以采用网络传输的方式,这不仅可以避免人工输入方式失误率高、效率低的缺陷,还可以大大减少运行费用,提高物流整体水平。下面介绍几种常用的信息收集方法。

(一) 电子数据交换

1. 电子数据交换内容

电子数据交换(Electronic Data Interchange,EDI)是"采用标准化的格式,利用计算机网络进行业务数据的传输和处理"(GB/T 18354-2021)。这里强调传输的必须是标准化格式的商业文件,如采购文件、订货文件、运输文件、发票、电子转移支付等,而非标准化的、个人的电子邮件等不在该定义之中;同时,EDI强调了文件的直接传输,不包括通过电话、传真传输的内容。

使用EDI进行数据传输的最大优点是减少了企业在文档方面的工作,提高了数据传输的速度与准确性,从而降低了运营成本。EDI可以帮助管理者缩短订货采购提前期,使库存量大幅度减少,从而减少了库存费用。不仅如此,企业在使用EDI时还可以关注供应链参与各方之间传送信息的及时性和有效性,并利用这些信息来实现企业各自的经营目标和实现整个供应链活动的高效率。

2. EDI 标准

EDI 标准指的是各企业共同的交流标准。它使得遵循这一标准的企业与组织能进行 EDI 作业流程。由图 8-2 可以看出,发送方在自己的计算机系统中输入商业文件,然后通过对照转换成平台文件,再通过翻译形成标准文件,对标准文件加封后传输;接收方收到文件后解封,变成标准文件,再翻译成平台文件,最后通过对照形成用户文件。

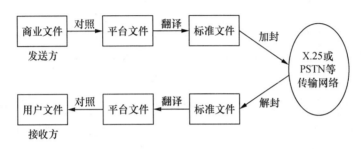

图 8-2　EDI 作业流程图

3. EDI 系统的类型

目前最常用的 EDI 系统主要有两种类型(见图 8-3):单对多 EDI 系统和增值网(Value Added Network,VAN)系统。

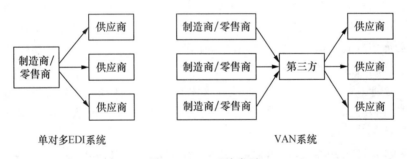

图 8-3　EDI 系统类型

单对多 EDI 系统中的"单"通常是指大型的制造商或零售商,其优点是系统的拥有者具有控制整个系统的能力,缺点是维护和管理的费用较高。

VAN 系统又称在线系统(On-Line System),是目前最受欢迎的 EDI 系统。它是利用(或租用)通信公司的通信线路连接分布在不同地点的计算机终端形成的信息传递交换网络,其优点是用户选择面广,与单对多 EDI 系统相比,更适合互联网时代的发展。VAN 是实现 EDI 功能的外部设备,目前被广泛使用的销售时点(Point of Sale,POS)系统、电子订货(Electronic Order System,EOS)系统都是 VAN 应用的具体形式。

4. 物流 EDI

所谓物流 EDI,是指货主、承运业主及其他相关单位之间通过 EDI 系统进行物流数据交换,并以此为基础实施物流活动的方法,其框架结构如图 8-4 所示。

下面具体说明物流 EDI 系统的运作步骤。

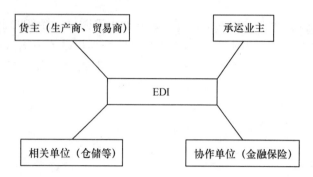

图 8-4 物流 EDI 框架结构

(1) 发送方(如生产商)在接到订货后,即可制订货物运送计划,并将运货清单和时间安排等信息通过 EDI 发送给物流承运业主和接收方(如零售商),以便物流承运业主预先制订车辆调配计划和运营线路,接收方则可以制订货物接收计划。

(2) 发送方依据客户订货要求和货物运送计划下达发货指令,进行一系列操作:分拣配货,打印有物流条形码的货物标签,将标签贴在包装箱上,并把发货数量、品种、包装形式等信息通过 EDI 发送给物流承运业主和接收方,同时发出运送请求信息。

(3) 物流承运业主在向发送方取货时,利用车载扫描读数仪读取货物标签上的物流条形码信息,并与先前收到的运货数据相对照,以确认货运品种及数量是否正确。

(4) 物流承运业主在物流中心对货物进行整理、集装,制定货运清单并通过 EDI 向接收方发送发货信息。承运业主在货物运送的同时进行货物跟踪管理,并在任务完成后向发送方传达信息,提出运费请求。

(5) 货物到达后,接收方利用扫描读数仪读取物流条形码信息,与先前发出的订货信息核对无误后,开出收货发票,将货物入库,同时通过 EDI 向物流承运业主和发送方传送收货确认信息。

由上述步骤可知,供应链的组成各方基于标准化的信息格式和处理方法,通过 EDI 来共享信息,从而提高运营效率。但对于大多数企业而言,应用 EDI 系统的费用比较高昂,因此未能得到大范围推广。互联网为物流信息活动提供了更加快捷、廉价的通信方式。利用互联网来共享信息,并支持本企业的物流活动和主要的供应链业务可以使企业节约成本,高效运作,维持竞争优势。

(二) 物流信息编码

1. 条码

条码是"由一组规则排列的条、空组成的符号,可供机器识读,用以表示一定的信息,包括一维条码和二维条码"(GB/T 18354-2021)。一维条码是"仅在一个维度方向上表示信息的条码符号"(GB/T 18354-2021)。二维条码(二维码)则是"在二个维度方向上都表示信息的条码符号"(GB/T 18354-2021)。

条码是一种用光电扫描阅读设备识读并实现数据输入计算机的特殊代码,一般由一组数字组成。条码是有关生产商、批发商、零售商、承运业主等经济主体进行订货、销售、运输、保管、出入库等活动的信息源。用条码来表示商品时，一个符号可以把商品的所有属性表示出来，这样系统可以在物流活动发生时点及时捕捉到信息，提高了物流系统的效率，并且保密性好、误读率低。

2. 储位编码

储位编码就是根据一定的规律，对所有的储位进行编码，根据编码来识别不同的货位。在物流运作管理中，储位编码具有以下功能：

(1) 确定储位信息；

(2) 为物流信息系统提供储位相对记录位置，以供识别；

(3) 为进出货、拣货、补货等人员提供货品位置依据，以方便货品进出、上架及查询，节省重复寻找货品的时间，提高工作效率；

(4) 方便盘点作业；

(5) 便于仓储及采购管理人员及时掌握储存空间的利用情况，以控制货品库存量；

(6) 可迅速依序储存或拣货，达到内部作业的最优化；

(7) 可以利用计算机系统处理分析储位。

3. 货品编码

所谓货品编码，是指按一定的规律用简明的文字、符号或数字，以表达货品的"名称""类别"等有关信息的一种方式。物流中心所存入的货品本身大部分都有商品号码及条码，但有时为了物流管理及存货管制，配合物流作业管理信息系统，物流中心会编一货品代号及物流条码，以方便储位管理系统运作和掌握货品的动向。

货品编码具有如下功能：

(1) 提高货品资料的正确性；

(2) 提高货品活动的工作效率；

(3) 可以利用计算机信息系统整理分析货品信息；

(4) 可以节省人力，减少开支，降低成本；

(5) 便于拣货及送货；

(6) 便于储存或拣取货品；

(7) 有利于降低库存量，由于有了统一编号，可以防止重复订购相同的货品；

(8) 可考虑选择作业的优先性，并达到货品先进先出的目的。

(三) 无线射频识别技术

射频识别(Radio Frequency Identification，RFID)是"在频谱的射频部分，利用电磁耦合或感应耦合，通过各种调式和编码方案，与射频标签交互通信唯一读取射频标签身份的技术"(GB/T 18354-2021)。

RFID是利用无线电波对记录媒体进行读写。RFID的距离可达几十厘米至几米，且根据读写的方式，可以输入数千字节的信息，同时还具有极高的保密性。RFID技术适用的领域包括物料跟踪、运载工具和货架识别等要求非接触数据采集和交换的场合，要求频繁改变数据内容的场合尤为适用。其原理如图8-5所示。

标签与阅读器之间的数据传输是通过空气介质以无线电波的形式进行的。为了实现

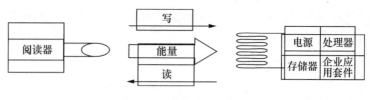

图 8-5 RFID 技术的原理

数据高速、远距离的传输,必须把数据信号叠加在一个规则变化的信号比较强的电波上,这个过程叫调制,规则变化的电波叫载波。在 RFID 系统中,载波一般由阅读器或编程器发出。

过去,商业的无线数据传输一般采用窄带传输,即使用比较单一的载波频率传输数据。现在,商业领域广泛使用扩频技术传输无线数据,即使用有一定范围的频率传输数据,这就有了带宽的概念。带宽就是通信中使用的最高的载波频率与最低的载波频率之差。使用宽带频率传输数据最明显的优势是数据传输的速度进一步加快,而且可靠性更高,因为当一个频率的载波线路繁忙或出现故障时,信息可以通过其他频率的载波线路传输。

RFID 技术拥有数据读取快、设备小型化和多样化、安全性能高、信息更改便捷以及使用寿命长等优势,已成为目前在物流行业快速发展的一项识别技术。

在存储过程中,仓库内部 RFID 技术主要是应用在库存盘点以及货物存取等方面,可以实现自动化地对货物存取过程进行记录。在仓库管理过程中,将 RFID 技术与收货计划、装运计划以及取货计划等加以结合,可以快速高效地完成业务操作,诸如上架、补货、取货以及指定堆放区域等。

在运输过程中可以通过识别货物或运输车辆上所贴的标签来实现对货物或运输车辆的跟踪。RFID 接收器常常安装于运输线监测点以及车站、机场或码头等地点。接收器将采集的信息通过卫星传输至调控中心,并储存于中心数据库中。

在进行配送时,利用 RFID 技术不仅可以大大地提升分拣及配送速度,而且能极大地提高分发效率及准确性,还可以降低成本以及减少配送工作量。RFID 技术还有助于对商品运输、销售及退换等环节展开实时监控。

在零售环节,利用 RFID 技术可以实现及时补货,在提升效率的同时降低错误率。智能标签可以实现对商品有效期的实时监控。零售商利用 RFID 技术可以实现在收银时自动扫描与计费,从而取代以往的人工操作。

(四) POS 系统

POS 系统是"利用自动识别设备,按照商品最小销售单位读取实时销售信息,以及采购、配送等环节发生的信息,并对这些信息进行加工、处理和共享的系统"(GB/T 18354-2021)。

POS 系统通过在销售商品时对商品条形码的扫描,将商品的有关信息立即输入到后台的管理信息系统中,进而对信息进行处理,并把相应的信息传输给合作伙伴。应用于

POS 系统的 VAN 除了可以传递销售时点信息，还可以通过对销售数据的加工分析得到其他信息，诸如商品周转率、商品利润，根据销售情况区分畅销商品和滞销商品。这使得产品制造商能够尽快了解其商品的销售状况和最终用户的需求趋势，从而更准确地进行预测，以降低库存量，缩短订货提前期，最终提高整个供应链的效率。

第二节 物流管理信息系统的构成

物流管理信息系统是指"通过对物流相关信息的收集、存储、加工、处理以便实现物流的有效控制和管理，并提供决策支持的人机系统"（GB/T 18354-2021）。

物流管理信息系统是由计算机软硬件、网络通信设备及其他办公设备组成的，服务于物流作业、管理、决策等方面的应用系统，它的功能随着具体系统的服务对象不同而存在一定的差异。但是，不同类型的物流管理信息系统的子系统构成也是有着很大的相似性的，典型的构成通常都包括电子订货、采购管理、仓库管理、运输管理、财务管理及决策支持等功能模块。图 8-6 是一个典型的物流管理信息系统的系统构成。实际中运用的信息系统会根据业务需要而有不同侧重。

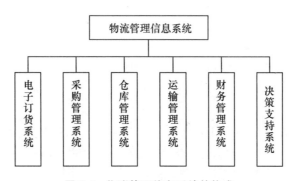

图 8-6 物流管理信息系统的构成

一、电子订货系统

电子订货系统是"不同组织间利用通信网络和终端设备进行订货作业与订货信息交换的系统"（GB/T 18354-2021）。

电子订货系统管理所有与订单有关的信息和资料，包括对商户下达的各种指令进行管理、查询、修改、打印等，同时将业务部门的处理信息反馈至商户。具体有以下内容：

(1) 订单类型。将商户发来的指令生成与各子系统相对应的订单。

(2) 订单分配。对业务订单进行汇总分配和管理，同时下达任务单给相应的业务部门子系统。

(3) 订单处理调度。将订单调度为具体业务的作业单据。

(4) 订单确认。对已完成的订单进行最终确认，确认内容包括订单数量、实收实发数量、业务部门确认、商户确认等，以便能更准确地对每笔业务进行费用结算。

(5) 订单打印。根据客户需要设计不同单据,并进行打印。

(6) 订单跟踪查询。可按日期、订单号码、订单类型、业务部门、消费者信息、配送区域等条件对订单进行查询,并可对未确认的订单进行修改。订单跟踪可反馈订单所在的作业环节。

二、采购管理系统

采购管理系统(Purchase Management System,PMS)管理所有与采购有关的信息和资料。具体包括以下内容:

(1) 采购单管理。根据订单的物料清单查询库存量,制订采购计划并制作采购单,根据供应商或物料的类别分类管理采购单。

(2) 供应商管理。记录各供应商的主要负责人、联系方式、地址、交往次数、交货情况及其产品的性能,并分析各供应商的信誉度、处理问题的习惯等。

(3) 采购单到期提醒。根据采购单到期的日期提前提醒,以保证物料能及时到货,可以根据提醒及时派人与供应商联系。

(4) 采购单周期报表。依据供应商、采购单类别以及其间提供各类别的采购单数量和品项数量,制作周期报表。

(5) 采购单数据处理。处理的数据涵盖采购单所有的信息,包括供应商、订单号码、送货参考、采购单类别、采购单状态、物料及需求数量、加工需求资料的维护。

(6) 取消采购单处理。根据订单取消的来源,进行取消采购单的管理。

三、仓库管理系统

仓库管理系统(Warehouse Management System,WMS)是"对物品入库、出库、盘点及其他相关仓库作业,仓储设施与设备,库区库位等实施全面管理的计算机信息系统"(GB/T 18354-2021)。

仓库管理系统通过对仓库资源有关信息及资料的处理,可以实现对不同地域、不同属性的仓库资源的集中统一管理。该系统主要利用条码、RFID等技术对出入库货物实现联机登录、库存检索、库存量报警、储位分配、盘点报告等仓储信息管理。仓库管理系统的功能模块主要有:

(1) 基本信息管理。记录所需的基本业务信息,如商户资料、商户供应商资料、商户商品资料、仓储位资料等。

(2) 入库管理。处理信息中心发来的各种商户指令,并进行相应入库处理。主要包括入库类型确定、货物验收、收货单打印、库位分配、入库指令发出、入库确认等功能。

(3) 出库管理。对货物的出库进行管理,主要有出库类型确定、货物调配、检货单打印、检货配货处理、出库确认、出库单据打印等功能。

(4) 库存管理。对库存货物进行内部操作处理,主要包括库位调整处理、盘点处理、退货处理、包装处理。

四、运输管理系统

运输管理系统(Transportation Management System,TMS)是"在运输作业过程中,进行配载作业、调度分配、线路规划、行车管理等多项任务管理的系统"(GB/T 18354-2021)。

TMS 功能模块如图 8-7 所示：

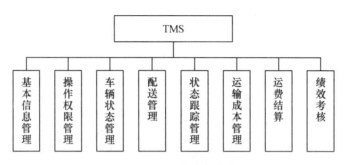

图 8-7 TMS 的功能模块

(1) 基本信息管理。包括运输组织资料、相关人员资料、车辆种类及规格。如果有自有车辆和外部车辆,则应有相应运力信息、配送区域划分、配送商品基本信息等。

(2) 操作权限管理。可按组或按类控制用户访问系统的权限和内容。

(3) 车辆状态管理。通过停车场的信息采集设备,记录车辆在场(空闲)和不在场(占用)信息,以及安排指定日期的配送车次计划。

(4) 配送管理。该模块是 TMS 中的重要模块之一。主要包括配送单的生成或接收,安排配车计划和配货计划(如果商品由仓库出货,则由仓储出库单转入生成配货计划),车辆调度,路线安排,中途换车,回单确认等。

(5) 状态跟踪管理。利用自动识别、全球定位系统(Global Positioning System,GPS)、地理信息系统、通信等技术,获取货物动态信息,由车辆跟踪记录信息,包括单据信息、时间、方向、状态、所处地区、物流中心位置、是否故障、故障级别、故障起始时间、故障排除时间等。如果有 GPS 支持,则可将 GPS 信息导入状态跟踪管理模块,实现对在途车辆的实时跟踪查询。

(6) 运输成本管理。包括成本类型、账期设定,车辆和人员设定,车辆动态和静态成本控制,成本指标的定义、输入和调整等。

(7) 运费结算。对运输子系统中发生的相关业务进行物流费用的记录,并将费用信息转至财务结算系统中的物流业务核算。

(8) 绩效考核。该模块用于对运输人员和组织(包括自有和外部车辆)进行指标考核以提高客户满意度,考核指标包括车辆出车信息、客户投诉反馈信息、商品损坏赔偿率、人员出勤、配送准点率等。

五、财务管理系统

财务管理系统（Financial Management System，FMS）管理所有与物流费用有关的信息和资料，对企业发生的所有物流费用（包括运输费用、库存费用、行政费用、办公费用等）进行计算，并根据规范的合同文本、货币标准、收费标准自动生成结算凭证，为物流企业的自动结算提供完整的结算方案。

财务管理系统的功能模块如图8-8所示。

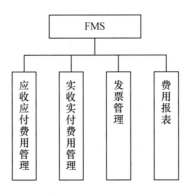

图 8-8　FMS 的功能模块

该系统结合财务管理理论，针对物流企业财务管理的特点，根据财务活动的历史资料进行财务预测和财务决策；运用科学的物流成本核算和作业绩效评估手段，对企业发展战略、客户满意度、员工激励机制、企业资源利用、企业经济效益等方面进行分析，并得出有关费用预算、费用控制和费用分析的报告，为实现企业价值最大化提供决策依据。

六、决策支持系统

决策支持系统（Decision-making Support System，DSS）能及时地掌握商流、物流、资金流和信息流所产生的信息并加以科学的利用，在运筹学模型的基础上，通过数据挖掘工具对历史资料进行多角度、立体的分析，实现对企业中的人力、物力、财力、客户、市场、信息等各种资源的综合管理，为企业管理、客户管理、市场管理、资金管理等提供科学决策的依据，从而提高管理层决策的准确性和合理性。

第三节　物流信息系统管理

物流信息系统在物流运作中是提高物流运作效率、降低物流总成本的重要基础，被称作现代物流的"中枢神经"。

一、物流信息系统的基本功能

尽管有着不同的类型，但是物流信息系统实现的功能是大致相同的，主要有以下四个方面：

(一) 信息收集

信息的收集是信息流运行的起点，也是重要的一步。收集信息的质量(即真实性、可靠性、准确性、及时性)决定着信息时效价值的大小，是信息系统运行的基础。信息收集过程要求遵循一定的原则，首先是针对性，即针对不同经营管理层次、不同使用目的进行收集。其次，要有系统性和连续性，系统的、连续的信息是对一定时期经济活动变化概况的客观描述，它对预测未来经济发展具有很高的使用和研究价值。最后，要求信息收集过程的管理工作具有计划性，使信息收集成为有组织、有目的的活动。

(二) 信息处理

收集到的信息大都是零散的、相互孤立的、形式各异的，要对这些不规范的信息进行存储和检索，就必须经过一定的整理加工程序。采用科学方法对收集到的信息进行筛选、分类、比较、计算、存储，使之条理化、有序化、系统化、规范化，才能使其成为能综合反映某一现象特征的真实、可靠、适用而有较高使用价值的信息。

(三) 信息传递

信息传递是指从信息源出发，经过适当的媒介和信息通道输送给接收者的过程。信息传递最基本的要求是迅速、准确和经济。信息传递的方式有许多种：从信息传递方向看，有单向信息传递方式和双向信息传递方式；从信息传递层次看，有直接传递方式和间接传递方式；从信息传递时空看，有时间传递方式和空间传递方式；从信息传递媒介看，有人工传递和非人工的其他媒体传递方式。

(四) 信息应用

信息应用是指对经过收集、加工处理后的信息的使用，以实现信息使用价值和价值的过程。信息的使用价值是指信息这一商品所具有的知识性、增值性、效用性等特征决定其能满足人类某种特定的需要，给人类带来一定的效益。信息的价值是指信息在收集、处理、传递、存储等过程中，需要借助一定的知识、工具和方式，耗费一定的社会劳动，是人类创造性劳动的结晶，这种凝结在信息最终产品中的一般人类劳动即为信息的价值。

物流信息的应用过程，就是物流信息被应用于物流活动，间接创造经济效益和社会效益的过程。信息只有通过应用，才能实现增值，产生放大效益，最终实现使用价值。

二、物流信息系统的层次结构

(一) 业务层

业务层又称系统技术层，主要包括日常经营和管理活动所必需的信息，一般来自具体的业务部门，由基层管理者使用。业务层是整个物流信息系统的基础层，以保障整个物流系统的正常运作，并随着新技术的发展而发展。该层包括硬件的 AS/RS 接口、GPS/GIS 接口等。基于整个信息系统构件的可扩充性、安全性是该层需要考虑的主要因素。

(二) 控制层

控制层又称综合作业层，主要包括系统内部管理人员进行经营管理活动所需要的信息,其目的是使物流业务符合活动目标的要求,并监督内部各分目标的实现。该层是物流作业的核心,体现了统一接单、综合调度、具体作业、考核反馈的物流管理思想。通过订单管理模块完成具体物流订单的接收、审核、调度工作;调度后的订单被分配给具体的生产、仓储、运输作业部门;日常物流作业数据通过财务管理模块核算后提供给财务部门,通过绩效管理模块反馈给项目部。该层需兼顾灵活性和可追溯性。

（三）决策层

决策层又称决策支持层,是最高管理层面向公司的高层决策部门,它以历史数据为依据,利用科学的预测模型为公司高层决策提供参考意见。决策层既有历史物流成本和绩效考核方面的内容,也有对未来市场需求预测方面的内容,主要包括制定物流活动的目标、方针、计划所需要的信息。

（四）系统交互层

信息系统和外界环境的交互,主要通过两种方式进行:与客户业务人员、外协运力、合作伙伴的信息交互,通过企业门户网站进行;与客户信息系统的交互,则通过开放式的标准 EDI 方式进行。通过 Internet/Intranet 使得信息流在系统四层体系内无阻碍流转,保证管理决策的准确性和有效性。

三、物流信息管理模式

（一）物流总部

物流总部是物流系统营销和管理的最高部门,负责以下工作:物流系统的规划与建立,包括项目总部和项目分部的建立、更换、撤销和日常管理工作;物流信息系统的建设、管理与维护工作;物流系统的营销和宣传工作;物流项目合同的策划与签订;物流系统的资源管理与调度;物流系统操作管理制度的制定与督促执行;物流项目的费用结算与资金调拨。

（二）项目总部

项目总部是物流总部管理具体物流项目的部门,在物流合同签订后开始运作。为方便联系客户,项目总部可以设在项目所在地。项目总部负责以下工作:根据客户需要和合同内容,组织各项目分部共同制订服务计划;将客户确认的运输计划及时转发给各项目分部,并安排作业;根据物流总部规定,负责管理物流操作信息的输入与输出;根据物流总部规定,负责与自身有关的操作费用的复核;根据物流总部规定,负责项目分部和操作分部的确定、更换、撤销和日常管理工作。

（三）项目分部

项目分部是物流总部或项目总部在与项目有关的地区设立的派驻机构。根据项目需要,一个项目可以在多个地点同时设立项目分部。项目分部负责以下工作:根据物流合同和客户要求,合理利用系统资源,制订运输计划,反馈给项目总部供客户确认;根据客户确认的运输计划安排物流操作;根据物流总部规定,负责输出相应的操作信息;根据物流总部规定,负责与自身有关的操作费用的复核;根据物流总部规定,负责操作分部的确定、更换、撤销和日常管理工作。在特殊情况下,可以不设项目分部。如在配送项目中,当货物起运地集中在项目所在地时,可以将项目总部设在项目所在地,不再设立项目分部。

(四)操作分部

操作分部是由项目总部或项目分部根据项目需要所设立的负责运输、仓储、包装等作业的具体操作部门。在一个地点,可以根据需要设立多个操作部门。操作分部负责以下工作:根据项目分部指示,负责运输、仓储、包装或流通加工等业务操作,包括货物交接等手续;根据项目分部要求,负责向项目分部输出与物流操作相关的信息;根据项目分部要求,负责向项目分部申报相关操作费用。

项目总部和项目分部均为成本中心,有利于物流总部加强物流系统管理,保证信息畅通。物流系统根据市场原则决定是否设立分部,有利于物流系统充分利用社会资源,保持自身组织机构精干且高效运转。

四、物流信息系统的设计

建立企业物流信息系统必须要有系统的规划,因为它涉及管理思想、管理基础工作,以及现代化物流管理方法的应用等许多方面。系统规划实际上是信息系统工程的决策,它关系到企业的利益、工程的成败。

(一)物流信息系统的开发过程

系统的大小、复杂程度以及投入的方式方法等因素的不同,导致物流信息系统开发的具体步骤的要求和内容不同。但是开发的过程主要由以下几方面构成:

1. 系统开发准备

系统开发准备工作主要包括提出系统开发要求、成立系统开发小组、制订系统开发计划等。

2. 系统调查

新系统的分析与设计工作都要建立在对现行系统调查的基础上,即必须调查现行系统的运行情况、问题等,明确用户的需求,特别是在合作开发和委托开发方式下。

3. 系统分析

系统分析又称逻辑设计,是信息系统开发的关键环节,要求在对系统调查的基础上,对新系统的功能进行细致的分析,并建立一个新系统的逻辑模型。

新系统的逻辑模型由系统数据流程图、概况表、数据字典、逻辑表达式及有关说明组成。系统分析报告又称系统逻辑设计说明书。

4. 系统设计

系统设计又称系统物理设计,要根据系统分析报告中的系统逻辑模型综合考虑各种约束,利用一切可用的技术手段和方法进行各种具体设计,确定新系统的实施方案,解决"系统怎么做"的问题。为了保证物流信息系统的质量,设计人员必须遵守共同的设计原则,尽可能地改善系统的各项指标,如系统可变性、可靠性、工作质量、工作效率、经济性等。

5. 系统实施与转换

系统实施与转换阶段的主要工作包括：① 硬件的购置和安装，包括计算机硬件、外设、网络、电源、机房等有关设备的购买、验收、安装与调试工作等，这些工作主要由专业技术人员完成；② 数据准备与录入工作，主要是指由手工操作转入计算机处理所需的各种数据的整理、录入以及计算机系统中为新系统所用数据的转换工作。数据准备与录入工作要注意数据的准确性，在整理、录入、校验等各个环节把好关，为系统的顺利转换打好基础。

6. 系统维护与评价

物流信息系统是一个复杂的人机系统。系统外部环境与内部因素的变化，会不断影响系统的运行，为此就需要不断完善系统，以提高系统运行的效率与服务水平，自始至终地进行系统的维护工作。

系统评价主要是指系统建成并经过一段时间的运行后，要对系统目标与功能的实现情况进行检查，并与系统开发初期设立的预期目标进行对比，及时写出系统评价报告。

系统维护与评价阶段是系统生命周期中的最后一个阶段，其实施的好坏将决定系统的生命周期和使用效果。

（二）物流信息系统设计的主要工作

系统设计的任务就是要依据系统分析报告等文档资料，采用正确的方法确定新系统应该由哪些程序模块组成，它们之间用什么方式连接在一起，以构成一个最好的系统结构。同时，还要使用一定的工具将所设计的成果表达出来。

系统设计的主要工作包括：

(1) 总体设计，包括信息系统流程图设计、功能结构图设计和功能模块图设计等。

(2) 代码设计和设计规范的制定。

(3) 系统物理配置方案设计，包括设备配置、通信网络的选择和设计以及数据库管理系统的选择等。

(4) 数据存储设计，包括数据库设计、数据库的安全保密设计等。

(5) 计算机处理过程设计，包括输出设计、输入设计、处理流程图设计以及编写程序设计说明书等。

（三）物流信息编码

1. 信息编码设计原则

(1) 唯一性。为了避免歧义，必须唯一地标识每一个对象。一个对象可能有不同的名称，可以按不同方式进行描述，但是在一个编码体系中，一个对象只能对应一个代码，一个代码只表示一个编码对象。

(2) 标准化。在编码设计时应该采用标准通用代码，如国际、国家、行业或部门及企业规定的标准代码。这些标准是代码设计的重要依据，必须严格遵循。在一个编码体系中，所有的代码结构、类型、编写格式必须保持一致，以便于信息交换和共享，并有利于系统的纠错、更新和维护工作。

(3) 合理性。代码结构必须与编码对象的分类体系相对应。

(4) 简单性。代码的长度影响其所占的存储空间、输入、输出及处理速度,以及输入时的出错概率,因此代码结构要简单、尽可能短。

(5) 适用性。代码要尽可能地反映对象的特点,有助于识别和记忆,便于填写。

(6) 可扩充性。编码时要留有足够的备用容量,以满足今后扩充的需要。

2. 编码种类

常用的物流信息编码的种类如下:

(1) 物品编码。"按一定规则赋予物品易于机器和人识别、处理的代码,是给物品赋予编码的过程。注1:通常,物品编码包括物品标识编码、物品分类编码和物品属性编码三种类型"(GB/T 18354-2021)。

(2) 物品标识编码。"赋予物品的身份标识的编码,用以唯一标识某类、某种或某个物品"(GB/T 18354-2021)。

(3) 顺序码。顺序码是用连续数字或有序字母代表编码对象的代码,如业务流水号、各种票据的编号等。顺序码的优点是代码短,简单明了;缺点是不易于分类处理,增加数据时只能排在最后,删除则造成空码。

(4) 区间码。区间码是把数据项分成若干组,每一个区间代表一个组,区间码中数字的值和位置都代表一定意义,如邮政编码、学号等。其优点是分类基准明确,信息处理比较可靠,排序、分类、检索等操作易于进行;缺点是有时造成代码过长。

(5) 助记码。将编码对象的名称、规格等用汉语拼音或英文缩写等形式形成编码,帮助记忆,故称为助记码,如用 TV-C-50 代表 50 英寸彩色电视机。助记码适用于数据较少的情况,否则容易引起联想错误。

(6) 缩写码。它是助记码的特例,指从编码对象名称中找出几个关键字母作为代码。如 Amt 总额(Amount)、Cont 合同(Contract)、Inv. No 发票号(Invoice Number)等。

(7) 校验码。校验码又称编码结构中的校验位。为了保证正确的输入,有意识地在编码设计结构中原代码的基础上,通过事先规定的数学方法计算出校验码,附加在原代码的后面使它成为代码的一个组成部分。使用时与原代码一起输入,此时计算机会用同样的数学运算方法按输入的代码数字计算出校验位,并将它与输入校验位进行比较,以便检验输入是否有错。

五、物流信息系统的开发

企业可以根据自身的技术力量和资金情况来选择物流信息系统开发的方式,主要有以下四种方式:

(一) 购买商用系统

购买商用系统是进行系统开发的捷径。其主要优点是见效快、费用相对低、系统质量较高、安全保密性较好、维护有保障。但这种开发方式也有其不足之处,首先它不能一步到位地满足企业管理的需求,企业购买后需针对自身的特点进行某些改变或增补开发;其次是学习的难度较大；最后是系统的维护要依赖开发商。对于本地没有系统维护点的用户来说，系统维护将非常困难。这种开发方式适用于小型企事业单位以及业务比较规范且特殊要求不多的大中型企业。

（二）自行开发

如果本企业有一定的技术能力，就可采用自行开发的方式。此方式的优点是针对性强，能最大限度地满足企业管理的需求；便于维护，不需要依赖他人；设计的系统易于使用。但这种方式也有其不足之处，如对本企业的技术力量要求较高，系统的应变能力较弱。所以，这种方式适用于有比较稳定的开发维护队伍的企业。

（三）委托开发

大多数企业不具备自行开发系统的能力，此时可以委托外部企业开发系统。此方式的优点是，能针对本企业的业务特点和管理需求建立系统；可以弥补本企业技术力量的不足；由于是专用软件，所以比较容易被使用者接受。但这种方式也有其不足，如开发费用较高、软件应变能力不强、维护费用高等。所以，这种方式比较适用于本企业开发力量不足但又希望使用专用系统的企业。

（四）合作开发

合作开发是指与外部企业一起合作开发系统。这种方式同时具备第二、三种方式的优点。虽然它也存在开发费用高、软件应变能力较弱的缺点，但从成本和效益两方面综合考虑，这种方式在实际工作中还是易于推广使用的。

课外阅读

云技术与现代物流

什么是云技术？

云技术是通过互联网技术的相关服务的增加、使用和交互模式，按相关服务需求提供动态灵活的虚拟化资源的计算模式。云计算通常以网络的形式来提供动态、易扩展的虚拟化资源，利用虚拟化技术把各种资源进行优化合并以形成巨大的资源池。

物流云是基于云计算应用模式的物流服务平台，是云技术在物流业中的具体应用，它借助云计算的强大计算能力和通信能力，对海量的物流用户信息进行分类、加工和处理。物流云服务平台将所有物流企业、制造商、供应商、管理机构、代理服务机构的资源整合成资源池，使其形成良性互动，共享优质资源，从而降低成本、提高效率、使物流企业获得最大效益。

云技术的应用

1. 计算能力的汇集

云计算最主要的应用,也是它最初提出的概念应用就是计算能力的汇集,比如当你需要计算一个特别大的数据,但是自己的计算机配置不够时,你就可以向云计算平台发出申请,通过这个平台调度各种空闲的运算资源,将得到的结果反馈给你,你再根据所用的计算资源完成付费。

2. 数据检索服务

人们在互联网上进行检索的时候,实际上使用了互联网上的检索服务,即由网络服务器收集海量的网络信息,并通过多台检索计算机用特定的算法析出所需要的信息,但使用这一检索服务的人,不知道也不需要知道其检索的过程。

3. 信息系统软件能力的交付

在网络出现以前,如果企业需要使用信息系统,则要购买全部的系统软硬件;而在云计算时代,企业无须购置软件,只需找到云计算服务公司,购买这些专业公司的相关服务,同样能达到管理好企业的目的。在这一应用中,企业获得的不仅仅是软件能力,相关的硬件平台也一并获得。

4. 云安全

云安全(Cloud Security)是一个从云计算演变而来的新名词。云安全的策略构想是:使用者越多,每个使用者就越安全。因为如此庞大的用户群足以覆盖互联网的每个角落,只要某个网站被挂马或某个新木马病毒一出现,就会立刻被截获。云安全通过网状的大量客户端对网络中软件行为异常的监测,获取互联网中木马、恶意程序的最新信息,将其推送到服务端进行自动分析和处理,再把病毒和木马的解决方案分发到每一个客户端。

5. 云存储

云存储(Cloud Storage)是在云计算基础上延伸和发展出来的一个新概念,该系统通过集群应用、网格技术或分布式文件系统等功能,将网络中各种不同类型的大量存储设备通过应用软件集合起来协同工作,共同对外提供数据存储和业务访问功能。当云计算系统处理的核心是大量数据的存储和管理时,云计算系统中就需要配置大量的存储设备,此时云计算系统就转变成一个云存储系统,可见云存储是一个以数据存储和管理为核心的云计算系统。

云技术与在现代物流行业的发展

物流活动包括包装、装卸、运输、存储、流通加工、配送和物流信息等。提高物流效率就是提高上述各项活动的效率。而云计算,则是通过对物流活动进行重新组合即业务重构,实现业务活动的专业化。

目前,在物流领域有些运作已经有"云"的身影,如车辆配载、运输过程监控等。借助云计算中的"行业云",多方收集货源和车辆信息,并使物流配载信息在实际物流运输能力与需求发生以前发布,加快了物流配载的速度,提高了配载的成功率。

> 云存储也是物流行业发展的方向之一,即利用移动设备将在途物资作为虚拟库存,即时进行物资信息交换和交易,实现物资的直接出入库,并直接将货物运送到终端用户手中。
>
> 云计算在快递行业的应用主要体现在物流信息方面。首先,由快递企业搭建一个"行业云"的平台,集中行业私有数据,即集中来自全球发货公司的海量订单;其次,对海量货单和货单的目标路径进行整理;再次,指定运输公司发送到快递公司;最后,送达收件人。在这一过程中,云物流对快递行业的收货、运输、终端配送的运作模式进行整合,实现批量运输,提高效率,解决空载问题。
>
> 受益于云物流的还有供应链,零售业在云物流的影响下也将发生巨大变化。

思考题

名词解释

物流信息　　电子数据交换　　销售时点系统　　货物跟踪系统
条码　　　　储位编码　　　　顺序码　　　　　物品编码
物品标识编码

问答题

1. 物流信息是怎样组成的?
2. 简述物流信息的特点。
3. 物流信息的种类是怎样划分的?
4. 具体说明物流电子数据交换系统的运作步骤。
5. 什么是射频识别技术?了解一下它的工作原理。
6. 何谓物流管理信息系统?谈谈物流管理信息系统的主要功能。
7. 仓库管理系统是怎样管理仓库资源有关信息的?
8. 运输管理系统是怎样管理运输资源有关信息的?
9. 简述物流信息系统的基本功能。
10. 物流信息系统的开发过程主要由哪几方面构成?
11. 谈谈物流信息编码设计的原则。
12. 企业如何选择物流信息系统开发的方式?

21世纪经济与管理规划教材

物流管理系列

第九章

企 业 物 流

学习目的

　　企业物流属微观物流,是社会物流的基础。全面认识企业物流的理论与实践。

技能要求

　　掌握企业物流管理的内容和目标;认识制造企业物流的内涵和特征,掌握制造企业物流流程;了解批发企业、零售企业、连锁企业的物流运作原理;掌握配送中心的功能和配送中心的作业流程。

第一节　企业物流管理

物流管理的形成,被公认为起源于第二次世界大战中美国对军用物资实行的管理。此后,物流管理很快地被应用到企业界,人们采取了一系列管理手段使物流呈现出新的水平。企业物流指"生产和流通企业围绕其经营活动所发生的物流活动"(GB/T 18354-2021)。

一、企业物流管理的发展

从发达国家企业物流管理发展的历史来观察,物流管理经历了以下五个阶段:

(一) 物流功能个别管理阶段

在这个阶段,真正意义上的物流管理意识还没有出现,降低成本不是以降低物流总成本为目标,而是分别停留在降低运输成本和保管成本等个别环节上。降低运输成本也仅限于降低运价或者寻找价格低的运输业者上。

(二) 物流功能系统化管理阶段

物流功能系统化管理阶段的主要特征为:设立的物流管理部门不仅管理现场的作业活动,还站在企业整体的立场上进行统筹规划。在此以前,只存在"做物流"的部门,而不存在"思考物流"的部门。人们不是追求运输、保管等个别功能的最优化,而是在考虑这些功能之间联系的同时,寻找出最佳的组合。在物流功能系统化管理阶段,各种物流合理化对策开始出现并付诸实施,如作业的机械化、运输线路的科学选择、整体物流方案的优化等。

(三) 物流管理领域扩大阶段

在物流功能系统化管理阶段,物流合理化仅限于物流管理部门内部,不涉及生产和销售部门。进入物流管理领域扩大阶段,物流管理部门可以出于物流合理化的目的向生产和销售部门提出自己的建议。这个阶段的重要特征是,对于众多会影响物流合理化的外部因素,物流管理部门终于可以站在物流的角度上,以物流合理化为依据发表自己的看法。但是,物流管理部门对于生产和销售部门提出的建议在具体实现上会打折扣,特别是在销售竞争非常激烈的情况下,物流服务一旦被当作竞争手段,仅仅以物流合理化来要求销售部门提供协助往往不被对方接受。因为,这时候考虑的问题首先是销售,然后才是物流。

(四) 企业内物流一体化管理阶段

企业内物流一体化管理是根据商品的市场销售动向决定商品的生产和采购,从而保证生产、采购和销售的一致性。企业内物流一体化管理受到关注的原因之一是市场的不透明化。随着消费者需求的多样化和个性化,市场的需求动向越来越难以把握;如果企业生产的产品数量不足以满足市场需求,马上就会出现缺货;反之,如果企业生产的产品数量超过实际销售量,部分产品就会积压在仓库里。无论哪一种状况,都会使企业遭受损失。为了解决这个问题,需要正确把握每一种商品的市场销售动向,尽可能根据销售动向来安排生产和采购,改变过去那种按预测进行生产和采购的方法。企业内物流一体化管理正是建立在这样一种思考之上的物流管理方式。

(五)供应链物流管理阶段

企业内物流一体化管理的范围局限在个别企业内部,该管理阶段主要根据商品的市场销售动向决定生产和采购,从而保证生产、采购和销售的一致性。企业仅仅根据批发商的订货变化来掌握市场的动向,而零售商、消费者的动向就无法看到了。供应链物流管理是一个将交易关联所有企业整合进来的系统,即将供应商、制造商、批发商、零售商和客户等供应链上的所有关联企业和消费者作为一个整体看待的系统。物流管理到了这个阶段已经进入了更为高级的阶段。

二、企业物流管理的内容

我们从不同的角度,如物流活动要素、系统要素及物流活动中的具体职能等,分别分析物流管理的内容。

(一)物流活动各要素的管理内容

1. 运输管理

其主要内容包括:运输方式及服务方式的选择,运输路线的选择,车辆调度与组织等。

2. 储存管理

其主要内容包括:原料、半成品和成品的储存策略,储存统计,库存控制,养护等。

3. 装卸搬运管理

其主要内容包括:装卸搬运系统的设计、设备规划与配置和作业组织等。

4. 包装管理

其主要内容包括:包装容器和包装材料的选择与设计,包装技术和方法的改进,包装系列化、标准化、自动化等。

5. 流通加工管理

其主要内容包括:加工场所的选定,加工机械的配置,加工技术与方法的研究和改进,加工作业流程的制定与优化。

6. 配送管理

其主要内容包括:配送中心选址及优化布局,配送机械的合理配置与调度,配送作业流程的制定与优化。

7. 物流信息管理

它主要指对反映物流活动内容、物流要求、物流作用和物流特点的信息所进行的收集、加工、处理、存储和传输等。信息管理在物流管理中的作用越来越重要。

8. 客户服务管理

它主要指对于物流活动相关服务的组织和监督,如调查和分析客户对物流活动的反映,决定客户所需要的服务水平、服务项目等。

(二) 对物流系统各要素的管理

从物流系统的角度看,物流管理的内容有:

1. 人的管理

人是物流系统和物流活动中最活跃的因素。对人的管理包括:物流从业人员的选拔和录用,物流专业人才的培训,物流教育和物流人才培养规划与措施的制定等。

2. 物的管理

"物"指的是物流活动的客体,即物质资料实体。物质资料的种类千千万万,物质资料的物理、化学性能更是千差万别。物的管理贯穿物流活动的始终,涉及物流活动各要素,即物的运输、储存、包装、流通加工等。

3. 财的管理

它主要指物流管理中有关降低物流成本、提高经济效益等方面的内容。它是物流管理的出发点,也是物流管理的归宿。其主要内容有:物流成本的计算与控制,物流经济效益指标体系的建立,资金的筹措与运用,提高经济效益的方法等。

4. 设备管理

与物流设备管理有关的各项内容主要有:各种物流设备的选型与优化配置,各种设备的合理使用和更新改造,各种设备的研制、开发与引进等。

5. 方法管理

它包括推广普及、现代管理方法的应用等。

6. 信息管理

信息是物流系统的神经中枢,只有做到有效地处理并及时传输物流信息,才能对系统内部的人、财、物、设备和方法等五个要素进行有效的管理。

(三) 物流活动中的职能管理

物流活动从职能上划分,主要包括物流计划管理、物流质量管理、物流技术管理、物流经济管理等。

1. 物流计划管理

它是指在物流大系统目标的约束下,对物流过程中的每个环节都要进行科学的计划管理,具体体现在物流系统内各种计划的编制、执行、修正及监督的全过程。物流计划管理是物流管理工作的最重要的职能。

2. 物流质量管理

它包括物流服务质量、物流工作质量、物流工程质量等的管理。物流质量的提高意味着物流管理水平的提高,以及企业竞争能力的增强。因此,物流质量管理是物流管理工作的中心问题。

3. 物流技术管理

它包括物流硬技术和物流软技术的管理。对物流硬技术的管理,就是对物流基础设施和物流设备的管理。如物流设施的规划、建设、维修、运用,物流设备的购置、安装、使用、维修和更新,物流设备利用效率的提高,工具的日常管理等。对物流软技术的管理,主要包括物流各种专业技术的开发、推广和引进,物流作业流程的制定,技术情报和技术文件的管理,以及物流技术人员的培训等。物流技术管理是物流管理工作的依托。

4. 物流经济管理

它包括物流费用的计算和控制,物流劳务价格的确定和管理,以及物流活动的经济核算、分析等。成本费用管理是物流经济管理的核心。

三、企业物流管理的目标

美国著名物流学者唐纳德·J. 鲍尔索克斯(Donald J. Bowersox)在他的著名著作《物流管理》中指出,物流的总体目标是要在尽可能低的总成本条件下实现既定的客户服务水平。

客户服务水平又可以分解为一系列具体目标。

(一) 快速反应

快速反应是关系到一个企业能否及时满足客户的服务需求的能力。信息技术的提高为企业创造了尽可能在最短的时间内完成物流作业并尽快交付的条件。快速反应的能力要求把作业的重点从预测转移到以装运和供应方式对客户的要求做出反应上来。

国家标准《物流术语》(GB/T 18354-2021)将快速反应解释为"供应链成员企业之间建立战略合作伙伴关系,利用电子数据交换(EDI)等信息技术进行信息交换与信息共享,用高频率小批量配送方式补货,以实现缩短交货周期,减少库存,提高顾客服务水平和企业竞争力为目的的一种供应链管理策略"。

(二) 最小变异

变异是指破坏物流系统表现的任何想象不到的事件。它可以产生于任何一个领域的物流作业,如客户收到订货的期望时间被延迟、制造中发生意想不到的损坏,以及货物到达客户所在地时出现损毁、把货物交付到不正确的地点等,所有这一切都使物流作业时间遭到破坏。物流系统的所有作业领域都可能发生变异,减少变异的可能性直接关系到物流作业的效果。在充分发挥信息作用的前提下,采取积极的物流控制手段可以把这些风险降到最低水平,反映在经济上的结果是物流的生产率提高。

(三) 最低库存

最低库存的目标涉及物资周转速度和资金占用问题。在企业物流系统中,库存占用资金是企业物流作业最大的经济负担。在保证供应的前提下提高周转率,意味着库存占用资金得到了有效的利用。因此,保持最低库存的目标是把库存减少到与客户服务目标相一致的最低水平,以实现最低的物流总成本。"零库存"是企业物流的理想目标,物流设计必须把库存资金占用和库存周转速度当成重点来控制和管理。

(四) 物流质量

物流目标是持续不断地提高物流质量。全面质量管理要求企业的产品质量更高、物流服务质量更好。如果一个产品变得有缺陷，或者各种服务承诺没有兑现，那么物流费用就会增加，而物流费用一旦支出，便无法收回，甚至还要重新支出。物流质量标准包括流转质量标准和业务质量标准，如对物流数量、质量、时间、地点的明确规定。随着物流全球化、信息技术化、物流自动化水平的提高，物流管理所面临的是"零缺陷"的物流质量的高要求，物流质量所面临的挑战强化了物流的作业目标。

(五) 产品所处不同生命周期的不同物流管理目标

产品生命周期由引入、成长、饱和成熟和完全衰退四个阶段组成，不同阶段所对应的物流目标和策略不尽相同。

在新产品引入阶段，企业应确保高度的产品可得性和物流灵活性。在制订新产品的物流支持计划时，必须要考虑到客户获得产品的及时性和企业迅速而准确的供货能力。在此关键期间，如果存货短缺或配送不稳定，就可能抵消营销战略所取得的成果。因此，此阶段的物流费用是较高的。在新产品引入阶段，物流主要是在充分提供物流服务与回避过多支持和费用负担之间寻求平衡。

在成长阶段，产品取得了一定程度的市场认可，销售量骤增，物流活动的重点从不惜代价提供所需服务转变为平衡的服务和成本绩效。处于成长周期的企业具有最大的机会去设计物流作业并获取物流利润。此阶段销售利润来源是按不断增长的销量来出售产品，只要客户愿意照价付款，几乎任何水准的物流服务都可能实现。

饱和成熟阶段具有激烈竞争的特点，物流活动会变得具有高度的选择性，而竞争对手之间会调整自己的基本服务承诺，以提供独特的服务，取得客户的青睐。为了能在该阶段调整多重销售渠道，许多企业采用建立配送仓库网络的方法，以满足来自许多不同渠道的各种服务需求。在这种多渠道的物流条件下，递送到任何一个地点的产品流量都比较小，并需要为特殊客户提供特殊服务。可见，饱和成熟阶段的竞争状况增加了物流活动的复杂性和作业要求的灵活性。

当一种产品进入完全衰退阶段时，企业所面临的选择有：① 低价出售产品；② 继续有限配送。于是企业一方面将物流活动定位于继续相应的递送活动，另一方面要最大限度地降低物流风险。在两种选择中，后者显得更为重要。

第二节　制造企业物流

一、制造企业物流的内涵

从系统论角度分析，制造企业物流是一个承受外界环境干扰作用的、具有输入—转换—输出功能的自适应体系。

(一) 制造企业物流系统的输入

输入是指制造企业生产活动所需生产资料的输入供应，即供应物流，它是制造企业物流过程的起始阶段。

1. 采购

采购是供应物流与社会物流的衔接点,是根据企业生产计划所要求的供应计划制订采购计划并进行原材料外购的作业。

2. 供应

供应是根据材料供应计划、物资消耗定额、生产作业计划进行作业的活动组织。供应物流是为生产企业提供原材料、零部件或其他物料时所发生的物流活动。

3. 库存管理

库存管理是供应物流的核心部分。库存管理的功能主要有两个方面:一方面,它要依据企业生产计划的要求和库存的控制情况,制订物资采购计划,控制库存数量和结构,并指导供应物流的合理运行;另一方面,库存管理又是供应物流的转折点,它要完成生产资料的接货、验收、保管、保养等具体功能。

(二) 制造企业物流系统的转换

制造企业物流系统的转换是指企业生产物流,也称厂区物流、车间物流等,它是企业物流的核心部分。

生产物流包括各专业工厂或车间的半成品或成品流转,以及各专业工厂或车间之间及它们与总厂之间的半成品、成品流转。生产物流的外延部分,指厂外运输衔接部分。

(三) 制造企业物流系统的输出

制造企业物流的输出系统,承担完成企业产品的输出任务,并形成对生产经营活动的反馈因子。销售是企业物流的终点,同时又是社会物流的起点。社会物流接受它所传递的企业产品、信息及辐射的经济能量,进行社会经济范围的信息、交易、实物流通活动,把一个个相对独立的企业系统联系起来,形成社会再生产系统。

二、制造企业物流的特征

(一) 生产物流的连续性

企业的生产物流活动不但充实、完善了企业生产过程中的作业活动,而且把整个生产企业的所有孤立的作业点、作业区域有机地联系在一起,构成了一个连续不断的企业内部生产物流。

企业内部生产物流是由静态和动态相结合的节点与连接在一起的网络结构组成的。静态的"点",表示物料处在空间位置不变的状态,如相关装卸、搬运、运输等企业的厂区配置、运输条件、生产布局等。

生产物流动态运动的方向、流量、流速等是使企业生产处于有节奏、有次序、连续不断的运行状态的基础。

(二) 物料流转是生产物流的关键特征

物料流转的手段是物料搬运。在企业生产中,物料流转贯穿于生产、加工制造过程的始终。在厂区、库区、各车间之间、各工序之间,都存在着大量频繁的原材料、零部件、半成品和成品的流转运动。

生产过程中的物流目标应该是提供畅通无阻的物料流转,以保证生产过程顺利、高效率地进行。

(三) 企业物流的效益背反性

物流效益背反主要是指"一种物流活动的高成本,会因另一种物流活动成本的降低或效益的提高而抵消的相互作用关系"(GB/T 18354-2021)。

企业物流管理肩负着降低企业物流成本和提高服务水平两大任务,两者构成了相互矛盾的对立关系,即企业物流的效益背反性。

三、制造企业物流流程

(一) 采购物流

1. 采购流程

制造企业采购流程通常是指有制造需求的企业选择和购买生产所需的各种原材料、零部件等物料的全过程。在这个过程中,作为购买方,企业首先要寻找相应的供货商,调查其产品在数量、质量、价格、信誉等方面是否满足购买要求。其次,在选定了供应商后,要以订单方式把详细的购买计划和需求信息传递给供应商,并商定结款方式,以便供应商能够准确地按照客户的性能指标进行生产和供货。最后,要定期对采购物料的管理工作进行评价,寻求高效率的采购流程模式。

上述采购流程如图 9-1 所示。

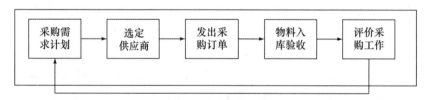

图 9-1 采购流程示意

2. 采购管理的目标

采购管理的目标一般用"5R"来表示:

(1) 适当的时间(Right Time)。指采购时间应该具有科学性,不宜太早或太晚,树立"零库存"观念,适时采购,及时交货。

(2) 适当的数量(Right Quantity)。指采购的数量以需求量为指导,尽量避免"过与不及"。如果采购量太多,一旦产品需求降低或产品改型换代,将会造成呆料或废料;如果采购量太少,则可能会因增加了采购次数而增加采购费用。

(3) 适当的质量(Right Quality)。指能以满足企业生产需要的质量为准则。质量太高,购入成本会相对偏高,或者产生质量功能浪费;质量太低,又会因达不到使用目的而造成新的浪费。

(4) 适当的价格(Right Price)。指以准确的市场价格为基准。

(5) 适当的供应商(Right Supplier)。指选择一定数量的符合企业要求的合格供应商,并与其建立平等互惠的买卖机会、维持长期的合作关系等。

3. 采购的模式

(1) 订货点采购模式。订货点采购,是由采购人员根据各个品种需求量的大小和订货提前期的长短,确定每个品种的订货点、订货批量或订货周期、最高库存水平等。然后建立起一种库存检查机制,当发现到达订货点时,就检查库存、发出订货;订货批量的大小由规定的标准确定。

订货点采购包括两大采购方法:一是定量订货法,二是定期订货法。定量订货法是预先确定一个订货点和一个订货批量,然后随时检查库存,当库存下降到订货点时,就发出订货;订货批量的大小每次都相同,都等于规定的订货批量。定期订货法是预先确定一个订货周期和一个最高库存水平,然后根据规定的订货周期,定期检查库存,发出订货;订货批量的大小每次都不一定相同,订货批量的大小等于当时的实际库存量与规定的最高库存水平的差额。

这两种采购方法都是以需求分析为依据,以补充库存为目的,兼顾需求满足和库存成本控制,原理比较科学,操作比较简单。但是由于市场的随机因素较多,两种方法均存在库存量大、市场反应不灵敏的缺陷。

(2) 物料需求计划(Material Requirements Planning,MRP)采购模式。MRP 指"利用一系列产品物料清单数据、库存数据和主生产计划计算物料需求的一套技术方法"(GB/T 18354—2021)。

MRP 采购主要应用于生产企业。其原理是根据主产品的生产计划、主产品的结构,以及主产品及其零部件的库存量,逐步计算求出主产品的各个零部件、原材料所应该投产的时间和数量,或者订货时间和数量,也就是制订出所有零部件、原材料的生产计划和采购计划,然后按照这个采购计划进行采购。

MRP 采购也是以需求分析为依据,以满足库存为目的。由于计划比较精细、严格,所以它的市场反应灵敏度及库存水平都较前面介绍的两种方法有所进步。

(3) 准时化(Just in Time,JIT)采购模式。JIT 采购是一种完全以满足需求为依据的采购方法。需求方根据自己的需要,对供应商下达订货指令,要求供应商在指定的时间将指定的品种按指定的数量送到指定的地点。

JIT 采购做到了灵敏地响应用户的需求,又使得用户的库存量最小甚至为"零"。这是一种比较科学和理想的采购模式。

(4) 供应商管理库存(Vendor Managed Inventory,VMI)采购模式。供应商管理库存是"按照双方达成的协议,由供应链的上游企业根据下游企业的物料需求计划、销售信息和库存量,主动对下游企业的库存进行管理和控制的库存管理方式"(GB/T 18354—2021)。

VMI 采购的基本思想是在供应链机制下,采购不再由采购者操作,而是由供应商操作。选择 VMI 采购模式的用户只需要把自己的需求信息连续、及时地向供应商传递,由供应商根据用户的需求信息,预测用户未来的需求量,并根据这个预测需求量制订生产计划和送货计划。在VMI采购模式下,用户的库存量大小将由供应商自主决策。VMI采购最大的受益者是用户,它使用户从烦琐的采购事务中解脱出来,甚至连库存、运输进货等负担都转由供应商承担。供应商能够及时掌握市场需求信息,灵敏地响应市场需求变化,降低库存风险,提高经济效益。VMI采购对企业信息系统以及供应商的业务运作要求较高。

(5)电子采购模式。电子采购是指在电子商务环境下的采购模式,通常指企业或政府通过互联网平台购买其业务范围内的产品和服务。它改变了通常用人工进行的采购处理方式,取而代之的是一套高效、规范化的解决方案。电子采购的基本原理是,由采购人员通过在网上寻找供应商和所需采购的对象,在网上洽谈贸易和订货,甚至在网上支付货款,最终实现送货或进货作业,完成全部采购活动。

(二) 生产物流

1. 生产物流的概念

生产物流是"生产企业内部进行的涉及原材料、在制品、半成品、产成品等的物流活动"(GB/T 18354—2021)。制造企业生产物流是指伴随制造企业内部生产过程的物流活动,即按照工厂布局、产品生产过程和工艺流程的要求,实现原材料、配件、半成品等物料,在工厂内部供应库与车间、车间与成品库以及各车间、各工序之间流转的物流活动。

生产物流是与整个生产工艺过程伴生的,实际上已构成了生产工艺过程的一部分。其过程大体为:原材料、燃料、外构成件等物料从企业仓库或物料的"入口"进入到生产线,然后借助一定的运输装置,在一个接一个环节的"流"的过程中被加工,并随着时间进程不断改变自己的实物形态和场所位置,直到生产加工终结,最终"流"至成品仓库。

2. 生产物流的类型

(1)根据生产的专业化的角度划分:① 单件生产物流(项目型),生产品种繁多,但每种仅生产一台,生产重复度低;② 大量生产物流(连续或离散型),生产品种单一,产量大,生产重复度高;③ 成批生产物流(连续或离散型),介于上述两者之间,品种不单一,每种都有一定批量,生产有一定重复性。

(2)从物料流向的角度划分:① 项目型生产物流(固定式生产)——物流凝固,即当生产系统需要的物料进入生产场地后,几乎处于停滞状态,或者说在生产过程中物料流动性不强;② 连续型生产物流(流程式生产)——物料均匀、连续地进行,并且生产出的产品和使用的设备、工艺流程都是固定与标准化的,工序之间几乎没有在制品储备;③ 离散型生产物流(加工装配式生产)——产品由许多零部件构成,各个零部件的加工过程彼此独立,且制成的零部件通过部件装配和总装配最后成为产品,整个产品的生产工艺是离散的,各个生产环节之间要求有一定的在制品储备。

(3)从物料流经的区域和功能角度划分:① 厂间物流,指大型企业各专业场间的物流或独立工厂与材料配件供应厂之间的物流;② 工序间物流,也称工位间物流、车间物流,指生产过程中车间内部和车间、仓库之间各工序、工位上的物流。

3. 企业生产物流的组织

(1)生产物流的空间组织。它是相对于企业生产区域而言的,目标是如何缩短物料在工艺流程中的移动距离。一般有三种专业化组织形式,即工艺专业化、对象专业化、成组工艺等。

第一,按工艺专业化形式组织生产物流。工艺专业化形式也叫工艺原则或功能性生产物流体系。其特点是把同类的生产设备集中在一起,对企业欲生产的各种产品进行相同工艺的加工。即加工对象多样化但加工工艺、方法相同。

第二,按对象专业化形式组织生产物流。对象专业化形式也叫产品专业化原则或流水线。其特点是把生产设备、辅助设备按生产对象的加工路线组织起来,即加工对象单一但加工工艺、方法多样化。

第三,按成组工艺形式组织生产物流。成组工艺形式结合了上述两种形式的特点,按成组技术原理,把具有相似性的零件归为一个成组生产单元,并根据其加工路线组织设备。

(2) 生产物流的时间组织。它是指一批物料在生产过程中各生产单位、各工序之间在时间上的衔接和结合方式。要合理组织生产物流,不但要缩短物料流程的距离,而且要加快物料流程的速度,减少物料的成批等待,实现物流的节奏性、连续性。

第一,顺序移动方式。它是指一批物料在上道工序全部加工完毕后才整批地转移到下道工序继续加工。该方式的优点是一批物料连续加工,设备不停顿,物料整批转工序,便于组织生产。

第二,平行移动方式。它是指一批物料在上道工序加工一个物料以后,立即送到下道工序去继续加工,形成前后交叉作业。该方式的优点是不会出现物料成批等待现象,因而整批物料的生产周期最短。

第三,平行顺序移动方式。它是指每批物料在每一道工序上连续加工没有停顿,并且物料在各道工序的加工尽可能做到平行。这种方式既考虑了相邻工序上加工时间尽量重合,又保持了该批物料在工序上的顺序加工。该方式吸取了前两种移动方式的优点,消除了间歇停顿现象,能使工作场地得到充分利用。它工序周期较短,但安排进度时比较复杂。

(三) 销售物流

销售物流是指"企业在出售商品过程中所发生的物流活动"(GB/T 18354-2021)。企业在产品制造完成后需要及时组织销售物流,使产品能够及时、协调、完好地送达客户指定的地点。

1. 销售物流的主要活动

(1) 产成品包装。包装是企业生产物流系统的终点,也是销售物流系统的起点。产成品的包装在销售物流过程中将要起到保护产品和便于仓储运输、装卸搬运的作用。因此,在包装材料、包装形式上,既要考虑仓储、运输等环节的便利性,又要考虑材料及工艺的成本费用。

(2) 产成品储存。保持合理库存水平、及时满足客户需求,是产成品储存最重要的内容。产成品的可得性是衡量企业销售物流系统服务水平的一个重要参数。

(3) 订单处理。为使库存保持最低水平,客户会在考虑批量折扣、订货费用和存货成本的基础上,合理地频繁订货。随着计算机和现代化通信设备的广泛应用,电脑订货方式被广泛采纳,企业跟踪订货状态的能力也大大提升,这使得客户与供应商的联系更加密切。

(4)发送运输。运输方式的确定需要参考产成品的批量、运输距离、地理条件等。

(5)装卸搬运。客户希望在物料搬运方面的投资最小化,为此供应商要从设备的运用、组织两方面降低装卸搬运费用。

2. 销售物流的服务要素

(1)时间。时间要素通常是指订货周期。订货周期是指从客户确定对某种产品有需求到需求被满足之间的时间间隔,也称为提前期。订货周期由订单传送时间、订单处理时间、订货准备时间和订货装运时间构成。

(2)可靠性。可靠性是指根据客户订单的要求,按照预定的提前期安全地将订货送达客户指定的地方。对客户来说,在许多情况下可靠性比提前期更重要。可靠性包括提前期的可靠性、安全交货的可靠性、正确供货的可靠性等。

(3)沟通。与客户的沟通是监督客户服务可靠性的关键手段,客户服务水平的评价指标必须包括与客户的沟通。卖方必须把关键的服务信息传递给客户,以保证客户运行计划的顺利。

(4)方便性。由于消费者的需求千差万别,一个企业无论规模多么大,都不能满足全部消费者的所有需求,而只能满足市场上一部分消费者的需求,为此应根据消费者之间需求的差异性,把一个整体市场划分为两个或更多的消费者群体,从而确定企业目标市场。划分的标准包括地理环境、客户状况、需求特点和购买行为等。

(四)返品回收物流

所谓返品是指由于产品在储存、运输过程中的损坏及消费需求变化等原因而被退回企业的产品。

1. 返品回收物流产生的原因

返品产生的原因主要有:商品存在瑕疵和质量问题、商品接近或超过保质期以及其他理由引起的消费者退货;零售商手中积压、滞销、过季、断码或不配套商品;厂家或零售商在配送过程中产生商品的损坏;厂家主动"召回"批量产品;等等。

近年来,由于激烈的商业竞争以及消费者权益保护法规的日益完善,商家和厂家竞相推出各种优惠的退货条件。在这种浓厚的"买方市场"商业氛围下,"商家先行赔付""无理由退货""异地退货",甚至"无凭证退货"等各种便利的退货措施不断出现。这些优惠措施在便利消费者购物的同时,也造成大量返品需要回收。

2. 对返品的处理

对于返品,通常有以下几种处理方式:

(1)返回至制造商。指销售企业因商品缺陷、商品过时、过量库存及营销回流而把商品退回给制造商。一般零售商通过与制造商之间签订的协议,把不能销售的产品退回给制造商。

(2)降价出售。零售商或制造商可以通过批发商店,将产品降价出售。

(3) 作为新产品出售。如果返回的商品没有使用过,则零售商可通过重新包装等手段,将其作为新产品再次出售。

(4) 卖给二级市场。当销售企业不能把产品销售完,或退给制造商时,可以将产品低价卖给专门购买清仓产品的公司。

(5) 捐赠给慈善机构。如果商品的使用价值还在,零售商和制造商也可以把商品捐赠给慈善机构。

(6) 对返品重造。对于有缺陷或过时的产品进行重修或升级换代后重新投入市场。

(7) 对物料的回收。如果不能进行上述处理,可回收返品的有用物料,其余部分作销毁处理。

3. 产品召回制度

产品召回制度是指制造商在确定其产品存在缺陷之后,根据缺陷严重程度、缺陷产品数量、销售市场分布情况等因素,对缺陷产品采取修理、更换或退货回购等处理措施,以消除缺陷产品可能给消费者带来的危险。

根据召回的提起是不是制造商自愿,可以将产品召回分为主动召回和指令召回。一般情况下,产品召回由制造商主动提起,如制造商不主动提起召回,可由政府部门指令厂家召回。

(五) 废旧物资回收物流

随着社会化大生产的高度发展,每时每刻都在产生大量的废旧物资。制造企业作为产生废旧物资的大户,在对废旧物资的回收再利用方面更应该起到积极的作用,在实现企业自身利益的同时,创造积极的社会效益。

(六) 废弃物物流

废弃物物流是指"将经济活动或人民生活中失去原有使用价值的物品,根据实际需要进行收集、分类、加工、包装、搬运、储存等,并分送到专门处理场所的物流活动"(GB/T 18354-2021)。其主要目标是减轻废弃物对环境造成的危害。

第三节 流通企业物流

现代流通企业既能使商品的价值实现,又能使商品价值增值。流通企业作为物流的主要承担者,对其物流的现代化程度要求更高。

一、批发企业物流

批发企业物流是指以批发点为核心,由批发经营活动所派生的物流活动。这一物流活动对于批发的投入是组织大量物流活动的运行,产出是组织总量相同的物流对象的运出。在批发点中的转换是包装形态和包装批量的转换。随着工厂直送和零售商的日益强大,批发业的发展空间将受到制约。

批发企业物流系统就像一个调节阀,一方从制造商订购大批量的商品,另一方则化大为小,将小批量商品送到零售商的商店,以满足零售商的需求。现在零售商普遍存在储存空间不足,更希望削弱商品的流通加工功能,于是往往要求批发商把他们订购的商品贴好标签,分类进行商品的商业包装,并配送到零售商指定的地点,有时候甚至上货架的工作也要由批发商来完成。

由于批发商的存在,交易次数减少是非常明显的(如图 9-2 和图 9-3 所示)。然而随着生产力的发展以及信息技术的成熟,特别是零售企业的连锁化、规模化的程度不断提高,会有更多的零售企业通过与生产企业直接交易的方式达到降低采购成本的目的。

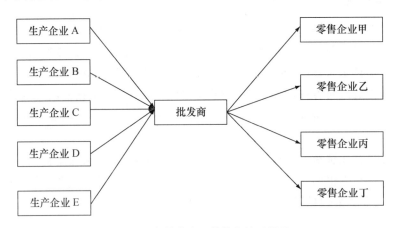

图 9-2　有批发企业的物资流动线路

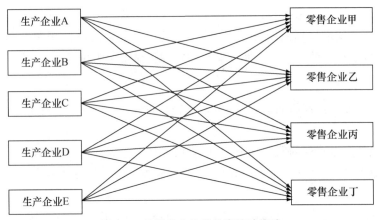

图 9-3　无批发企业的物资流动线路

商品经济的发展,促使市场容量扩大,生产和商品流通规模也随之膨胀。产业资本的规模化促使商业资本的规模化,而商业资本的规模化需要有批发商业资本作为产业资本和零售商业资本的连接纽带。

二、零售企业物流

零售企业的物流管理系统主要包括采购、运输、储存、配送、销售服务管理等要素。

（一）采购管理

采购是商业物流系统的输入，如果采购的商品不适销对路，那么商品在商业物流系统内流转得再经济合理也是没有意义的；如果商品的订货量太小，采购又不及时，那么就不能尽快满足零售商的要求。采购管理就是对采购活动的各个环节及步骤进行计划、组织、协调和控制。

（二）运输管理

由于零售企业对运输业务了解不多，加上市场波动频繁，因而各个企业分散的运输资源利用率不高，车辆实载率低，整体物流环节效率低下，造成企业总体的物流成本居高不下。通过建立信息系统，进行配载运输，可以在很大程度上降低物流费用。

运输管理指通过对各种运输方式技术经济指标的比较，并根据商品属性的要求，选择合适的运输方式。对批量大的商品应尽量采用直达运输，以减少商品装卸、搬运次数和货物的损失。

大部分零售企业选择自办运输，较少依靠社会物流服务，导致在车辆、劳动力、商品资金等方面的直接投入很大，设备的运营、保养费用较高。因此零售企业应根据自身的实际情况，采取物流业务外包的管理方式。

（三）储存管理

由于消费需求的个性化与多样化以及商品的极大丰富，零售企业经营的商品品种越来越多，需要的仓库也越来越多。但是由于土地资源稀缺，尤其在大中城市里黄金地段地价十分高昂，加之城市规划限制等原因，很大程度上制约了仓库面积和空间的扩大。因此，通过建立科学有效的管理制度实现储存的合理化显得尤为重要。

（四）配送管理

零售企业的配送是按店面的订货要求，在物流据点进行分货、配货工作，并将配好的货送交店铺。

收货管理是配送管理的第一环节，其核心任务是将总部订购的、来自各个生产厂家的货物汇集到配送中心，经过一系列的收货流程，按照规定的存储方法将货物放置于合适的地点。

存货管理是指对收货采取的存储管理。目前商品在仓库的存储系统有两种模式：一是商品群系统，二是货位系统。无论采取哪种商品存储系统，其核心都是要降低储存费用和方便配送。

发货管理的目标是把商品准确而及时地运送到店铺，这便要求采用科学的配货方法和配货流程。

（五）销售服务管理

销售服务管理主要包括商品管理、收银作业管理、服务台作业管理、商品损耗管理、销售业绩管理等。

商品管理的工作内容有：标价、补货上架、陈列、促销、销货退货、变价、自用品管理、赠品处理、缺货补充、商品淘汰等。

三、连锁企业物流

所谓连锁经营,是指在零售业、餐饮服务业中,若干同行业店铺以共同进货、分散销售、统一管理等方式连接起来,在同一个企业形象下经营或服务,共享规模效益的一种现代化经营方式和组织形式。

(一)连锁经营的主要特征

1. 拥有统一的企业识别系统

企业识别系统的主要内容包括:统一的商标、商号和服务标记;统一的店铺装潢设计;统一的广告促销;统一的产品设计和包装设计;统一的店堂布局和商品、橱窗陈列;统一的着装;统一的服务规范;统一的设备用具。通过统一的企业识别系统,各连锁企业形成了统一的企业形象,一方面可以扩大整体影响,另一方面众多分店获得了大店才可能拥有的信誉和影响,共同起到加强市场营销的作用。

2. 统一的商品或服务内容

连锁企业经营的商品结构是以某些特定的商品为中心进行组合的,所有连锁组织都不同程度地具有经营商品和服务内容方面的一致性。连锁企业独特而统一的商品、服务系列,都是由总部经过调查研究,不断调整才确定下来的标准化"产品"。

3. 物流的统一采购、配送与商流的统一核算相结合

连锁体系里一般都设立物流中心即配送中心,负责采购进货并对各店铺进行集配和送货。总部通过信息流将各分店的销售情况、配送中心的进货及配售情况进行汇总,由总部对进货、销货、存货各环节进行统一核算。

(二)连锁企业的类型

1. 正规连锁

正规连锁又称直营连锁、公司连锁等。正规连锁是指处于同一流通阶段,经营同类商品和服务,并由同一经营资本及同一总部集中管理领导,进行共同经营活动,由两个以上店铺组成的零售企业集团。

正规连锁的特点是所有权与经营权集中,即所有成员店的所有权归同一个资本拥有,设立有总部,并由总部统一领导、统一管理;在人事关系上,各成员店的经理是雇员而不是所有者。

2. 特许连锁

特许连锁,又称合同连锁、加盟连锁和契约连锁。特许连锁指的是主导企业把自己开发的产品、服务和营业模式以营业合同的形式,授予加盟店在规定区域内的经销权和营业权,加盟店则交纳一定的营业权使用费,承担规定的义务。

3. 自由连锁

自由连锁,又称自愿连锁、志同连锁、任意连锁。自由连锁是指由批发企业组织的独立零售集团,即批发企业主导型任意连锁集团。成员零售店铺经营的商品,全部或大部分

从该批发企业进货。作为对等条件,该批发企业必须向零售店铺提供规定的服务。自由连锁的特点是成员店所有权、经营权和财务核算都是独立的。成员店在不丧失独立性的前提下,通过协商联合起来,统一进货,统一管理。

（三）连锁经营中的配送中心

配送中心的广泛使用是连锁企业物流的最大特点。从现实情况看,连锁企业要想获得规模效益,必须使用配送中心的服务模式。

1. 自有型配送中心

自有型配送中心是指连锁经营企业自己投资兴建,主要为企业内店铺进行配送服务的配送中心。其运作方法是,各个连锁企业在一定的区域范围内独立建立配套的组织体系和经营网络,分头与客户建立联系和开拓渠道,独立地开展配送活动,通常它是不对外提供配送服务的。但随着自有型配送中心的发展,当其配送能力超过了企业自身的需要时,自有型配送中心有向公共型配送中心转化的趋势。

自有型配送中心有利于协调与连锁店铺间的关系,配送商品与时间等各方面都可以从自身需要的角度进行协调、控制。在国际上,以大零售商为主导建立物流配送中心的代表性企业是沃尔玛,专为本公司连锁店按时按需提供商品,确保各店稳定经营。

2. 合作型配送中心

合作型配送中心是指连锁企业与其他企业共同投资、共享服务的配送中心。

这种配送中心有两种不同的联合方式：

一种是指一家或多家连锁企业与物流企业联合,分别承担不同的功能,共同实现配送中心任务,为连锁企业和其他企业配货。这种联合可以有效地节约建设投资,降低物流成本,提高配送经营效益,也能推动物流企业完善功能,带动物流企业发展。

另一种是指由连锁企业和生产企业共同建设,为连锁企业和其他企业提供配货的配送中心。这种联合是由流通领域向生产领域的延伸,它可以利用原有生产企业的仓库、机械设备及运输工具等各项主设施,减少建设新配送中心时在基础设施上的投资,缓解资金不足的状况。同时,连锁企业与那些包装加工能力强、物流管理设施齐备的生产企业的互补性,又可以提高连锁企业的流通加工和存储管理能力。

3. 公共型配送中心

公共型配送中心是指面向所有用户提供物流服务的配送组织。只要支付服务费,任何用户都可以使用这种配送中心。在这种配送模式中,专门从事配送业务的企业,通过与生产企业建立广泛的代理和买断关系,与零售店铺形成较稳定的契约关系,从而将商品进行组织,配送给各个店铺。

连锁企业通过公共型配送中心提供商品或服务,不仅可以避免由于连锁规模较小而导致的收益低于建设费用的问题,而且利用专业化的配送中心来提供商品或服务,有利于提高配送效率、转移积压商品的风险。但该类配送中心对连锁企业的信息化水平要求很高,要建立 EDI、POS、EOS 等系统,否则很难高效率地与物流企业沟通。

四、配送中心物流

(一) 配送中心的概念

配送中心是"具有完善的配送基础设施和信息网络,可便捷地连接对外交通运输网络,并向末端客户提供短距离、小批量、多批次配送服务的专业化配送场所"(GB/T 18354-2021)。配送中心从供应者手中接收多种大量货物,进行分类、保管、流通加工和情报处理等工作,然后按照众多需要者的订货要求备齐货物,以令客户满意的服务水平进行配送。

配送中心的主要工作内容有:

第一,货物组配,它是一项全部由配送中心完成的主要的、独特的工作。

第二,完全承担送货工作或利用社会运输企业完成送货。对于送货而言,配送中心主要是组织者而不是承担者。

第三,配合销售或供应等经营活动。

(二) 配送中心的功能

1. 集货

为了满足客户对商品随时产生的需求,配送中心需要从供应商那里购进大批的货物以备所需,该工作称为集货。与此同时,配送中心可将客户所需各个品种的货物实行有效配装,形成经济合理的载货批量,达到节约物流成本的目的。

2. 存储

存储可以有效地调节商品生产与消费、进货与销售之间的时间间隔。由于实行集中储存,在宏观上的有效调节可以大大减少各个客户由于分散储存的货物。配送中心按照网点反馈的信息合理安排作业,又减少了流动资金的占用和利息的支付。因此,缩短商品的周转期,是配送中心获取效益的重要手段之一。

3. 分拣

根据客户的订货单,将所需品种、规格的商品,按所需的数量挑选出来,并集中在一起,这种作业称为分拣。由于配送中心服务的客户很多,且客户对货物数量、品种、规格、种类等要求会有很大的差别,为了进行及时的配送,必须要求商品分拣得快速、高效,因此分拣越来越受到配送中心的重视。

4. 加工

它是在物品从生产领域向消费领域流动的过程中,为了销售商品、维护商品质量和提高物流效率而对物品进行的加工。配送中心开展的加工业务,不但大大方便了用户,而且有利于提高物质资源的利用率和配送的整体效率。

5. 配送

配送指按照客户的要求,在配送中心进行分货、配货作业,并将配好的货物按照指定的时间和地点送交客户。配送与送货相比,更体现出专业化的特色。

6. 信息处理

配送中心通过完备高效的信息处理系统,有效地实现了对整个流通过程的控制。在物流的管理、成本的控制等方面,配送中心通过与客户共享信息,极大地促进了货源组织的效率,有效地控制了库存。

(三) 配送中心的作业流程

1. 根据订单安排配送

一般来讲,客户要在规定的时间内将订货单发给配送中心,配送中心在规定的时间截止之后将客户的订货单进行汇总,确定所要配送的货物的种类、规格、数量和交货时间。订单是配送中心工作的始发点。

2. 进货

配送中心的进货流程大体如下:

(1) 订货。配送中心收到客户订单之后,首先确定要配送货物的种类和数量,然后根据库存状况确定是否需要订货。有时,配送中心也根据客户需求情况或商品销售状况与供应商签订的协议提前订货。

(2) 接货。供应商根据配送中心的订单组织供货,配送中心接到货物后签单。

(3) 验收。通过技术措施对货物的质量、数量进行检验。

(4) 分拣。对送来的货物按照要求分门别类地存放到指定地点。有时则根据需要直接进行加工和配送。

(5) 存储。将批量购进的货物暂时存储起来,以备配送之用。

3. 理货和配货

(1) 加工。配送中心的加工可以提高商品的价值和利用率,方便客户的使用和货物的配送。

(2) 拣选。拣选就是配送中心的工作人员根据客户的订货单,从储存的货物中分拣出客户所需要的货物。

(3) 包装。为了便于运输和识别各个客户的货物,有时还要对配备好的货物重新进行包装,并在包装物上贴上标签。

(4) 配装。为了充分利用载货车辆的容积和提高运输效率,配送中心常把同一条送货线路上不同客户的货物组合配装在同一辆货车上。于是,在理货和配货流程中还需要完成组配或配装作业。

4. 出货

出货是配送中心的最后一道环节,包括装车和送货两项活动。

(1) 装车。装车要按送货地点的先后顺序组织,先到的要放在混载货体的上面或外侧,后到的要放在下面或里侧;要做到"轻者在上,重者在下"。

(2) 送货。配送中心送货一般有固定的线路和时间,有时也有随机送货,不受时间和线路的限制。

课外阅读(一)

鞍山钢铁：构建高质量钢铁供应链体系

鞍山钢铁集团有限公司（以下简称鞍山钢铁），在整合内部物流基础上，积极运用外部物流资源，通过互利共赢的物流战略合作，培育"面向服务的制造"和"现代制造服务"，实现物流业与制造业深度融合发展，构建高质量钢铁供应链体系。

一、主要做法和经验

（一）协同化

以韧性供应链保障产业链安全。鞍山钢铁与国有大型物流企业中铁铁龙、中车联合研发全球首发的特种集装箱，减少物流倒运，降低物流过程对产品的撞伤、砟伤、锈蚀，破解大吨位货物入箱难，无法实现铁水联运、铁路直运的全球难题。

（二）智慧化

以柔性供应链赋能高质量转型。一是利用工业互联网平台实现跨工序流程价值链的塑造、产业生态圈的构建和共赢。二是通过供应链平台激发数据要素流通新活力，实现以客户需求为导向，从制造端到用户端的交易、生产、仓储、加工和物流等全过程的高效协同。三是构建统一采购平台，实现供应链综合成本降低、订单服务满意率提高、重点产品质量合格率提升的优质服务。

（三）绿色化

以低碳供应链构建发展新格局。一是发挥自身冶金化工废弃物处理和绿色回收物流技术优势，共享资源，服务于国内冶金企业和城市。二是协同"国字号"大型物流企业，通过在供应链上采用绿色物流技术，提升竞争力，增强国际市场抗风险能力。三是部分钢厂不仅向城市供应建材，而且提供供热、供能、供水，以及海水淡化、风力发电、光伏发电等综合服务，促进了沿海钢厂与城市的融合发展。

（四）标准化

以创新供应链提升产业竞争力。一是以"物"的标准化建设为载体，夯实钢铁物流发展基础。率先实施煤炭"散改集"运输，实现了东北地区钢材集装箱铁路运输；实施滚装甩挂运输，促进了国内钢材运输的规范化、统一化、专业化发展。二是以"流"的标准化建设为路径，提高供应链整体绩效。三是以"链"的标准化建设为通道，搭建多式联运骨干网，全面提升物流全流程运能、运力、运量。四是以"网"的标准化建设为支撑，推进产业智慧协同发展。推动钢铁物流数据与社会仓库、港口、铁路场站等物流单元网络化互通互联，实现物流整体效率的提升。

二、实施效果

该项目实施以来，三年内实现降本增效23亿元，公司竞争力明显增强。比如，实施煤炭"散改集"，损耗由原来的1.1%降低到0.03‰；从黄骅港至营口港的集港运输时效由原来的平均10天减至4天;实施多式联运,减少钢材产品在物流过程中锈蚀、撞伤、硌伤等损耗和保险理赔,保险费用降低了1 200万元;物流信息系统互联互通,累计节约物流费用600万元。此外,通过实施供应链绿色化管理,物流各环节中燃料污染大幅降低,运输废弃物大幅减少,转运流程逐步简化,操作流程趋于规范,供应链各节点绿色化发展水平显著提升。

资料来源:国家发展改革委.2021,典型案例丨鞍山钢铁——构建高质量钢铁供应链体系[EB/OL].(2021-12-03)[2022-07-30]. https://new.qq.com/rain/a/20211203A0827P00.

课外阅读(二)

一汽大众的"零库存"

一汽大众在实现"零库存"的过程中主要采用两种方法:零部件的"零库存"进货和在制品的"零库存"管理。

1. 零部件的"零库存"进货

它又分为三种方法:一是电子看板,即公司每月把生产信息用扫描的方式通过网络传递到各供货厂,对方根据这一信息安排自己的生产,然后公司按照生产情况发出供货信息,对方则马上用自备车辆将零部件送到公司各车间的入口处,再由入口处分配到车间的工位上。

二是"准时化",即公司按整车顺序把配货单传送到供货厂,对方也按顺序装货,直接把零部件送到工位上,从而取消了中间仓库环节。

三是批量进货,供货厂每月对于那些不影响大局又没有变化的小零部件分批量地送1~2次。

2. 在制品的"零库存"管理

公司很注重在制品的"零库存"管理,在该公司流行着这样一句话:在制品是万恶之源,用以形容大量库存带来的种种弊端。在生产初期,捷达车的品种比较单一,颜色也较少。公司的生产全靠大量的库存来保证。随着市场需求的日益多样化,传统的生产组织方式面临着严峻的挑战。

在整车车间,生产线上每辆车的车身上都贴着一张生产指令表,零部件的种类及装配顺序一目了然。计划部门通过网络向各供货厂发布计划,供货厂按顺序生产、装货,生产线上的工人按顺序组装。物流管理就这样使原本复杂的生产变成了简单而高效的"傻子工程"。令人称奇的是,整车车间的一条生产线过去仅生产一种车型,其生产现场尚且拥挤不堪,如今一条生产线同时组装2~3种车型,却不仅做到了及时、准确,而且生产成本比原先节约了近10%。

资料来源:作者根据相关资料整理。

思考题

名词解释

企业物流　　　　制造企业物流　　　　快速反应　　　　物流物料需求计划
供应商管理库存　　订货点采购　　　　定量订货法　　　定期订货法
JIT采购　　　　　VMI采购　　　　　销售物流　　　　返品回收物流
废弃物物流　　　　项目型生产物流　　连续型生产物流　离散型生产物流
生产物流的空间组织　　生产物流的时间组织　　产品召回制度
批发企业物流　　　连锁经营

问答题

1. 简述物流管理的发展历史。
2. 企业物流管理的内容从不同角度是怎样分类的？各包括哪些内容？
3. 企业物流管理的总原则是什么？如何理解这一原则？
4. 阐述企业物流管理的总目标和具体目标。
5. 如何理解制造企业物流的内涵？
6. 制造企业物流的特征是什么？
7. 何谓制造企业采购流程？简述制造企业的采购流程。
8. 物资采购管理的"5R"目标的含义是什么？
9. 简述MRP采购的原理。
10. 简述销售物流的主要活动和销售物流服务的要素各包括哪些内容。
11. 何谓制造企业生产物流？从不同角度分析生产物流的类型。
12. 谈谈返品回收物流产生的原因和对返品通常采取的处理方式。
13. 简述零售业的物流管理系统主要包括哪些要素。
14. 何谓连锁经营？连锁企业经营的主要特征是什么？
15. 谈谈连锁企业的类型。
16. 连锁经营中的配送中心主要有哪几种类型？谈谈它们各自的运作方法。
17. 简述配送中心的功能和配送中心的作业流程。

21世纪经济与管理规划教材

物流管理系列

第十章

区域物流

学习目的

深刻理解习近平总书记关于"要形成几个能够带动全国高质量发展的新动力源,特别是京津冀、长三角、珠三角三大地区,以及一些重要城市群"的一系列指示。

区域物流属于中观物流,区域物流的本质是协同合作;深刻理解区域物流协同化已成为物流产业发展的趋势。

技能要求

掌握区域物流的含义和区域物流的本质;了解区域物流的模式和区域物流规划的内容;掌握城市物流系统的功能和城市现代物流体系;认识经济带物流,关注京津冀、长江经济带、珠江—西江经济带的建设与发展。

所谓区域,是在经济上具有同质性或内聚性且构成空间单元、具有一定的共同利益的彼此邻接的地区。

区域经济是指自然形成的经济区域,主要是指依托地理位置、交通运输条件、民族习俗及文化、资源状况、经济基础理论、人才技术等各种因素自然形成的区域经济带和区域经济圈。

在区域经济的发展过程中,区域经济、区域贸易与区域物流三者紧密相连,密不可分。

第一节　区　域　物　流

一、区域物流的概念

(一) 区域物流的含义

区域物流是指为全面支撑区域可持续发展总体目标而建立的,以大中型城市为依托,适应区域环境特征、提供区域物流功能、服务于区域经济发展需要,具有合理空间结构和服务规模,实现有效组织与管理的物流形式。

区域物流是基于产业聚集区的区域综合型物流,是以区域内的产业聚集区各产业组织为主要服务对象,为各产业组织提供区域性物流服务的现代物流模式。

区域物流有以下含义:

(1) 区域物流是支撑区域可持续发展总体目标的;

(2) 区域物流是适应区域地理环境和经济特征而建立的物流系统;

(3) 区域物流应具有广阔的物流空间结构和物流服务规模;

(4) 区域物流应设有完整的物流网络体系、区域物流信息支撑体系和区域物流组织运作体系;

(5) 区域物流应是在一定的经济区域地理环境条件下所发生的物流活动的总和。

为了实现物流在全国范围的合理流通和物流中心的合理布局,形成一个高效、畅通、网络化的现代商品物流体系,2009年3月国务院发布的《物流业调整和振兴规划》根据市场需求、产业布局、商品流向、资源环境、交通条件、区域规划等因素,提出发展九大物流区域、建设十大物流通道的重大任务。

九大物流区域包括:以北京、天津为中心的华北物流区域,以沈阳、大连为中心的东北物流区域,以青岛为中心的山东半岛物流区域,以上海、南京、宁波为中心的长江三角洲物流区域,以厦门为中心的东南沿海物流区域,以广州、深圳为中心的珠江三角洲物流区域,以武汉、郑州为中心的中部物流区域,以西安、兰州、乌鲁木齐为中心的西北物流区域,以重庆、成都、南宁为中心的西南物流区域。

十大物流通道包括:东北地区与关内地区物流通道,东部地区南北物流通道,中部地区南北物流通道,东部沿海与西北地区物流通道,东部沿海与西南地区物流通道,西北与西南地区物流通道,西南地区出海物流通道,长江与运河物流通道,煤炭物流通道,进出口物流通道。

(二)区域物流的本质

区域物流的本质是协同合作。协同即"共同工作",是对系统的各种因素和属性之间的动态良性相互作用关系及其程度的反映。

1. 区域物流协同合作的微观含义

各经济地区范围内,市场组织依托于区域性物流网络及资源来保障物流活动满足特定区域、特定消费者的服务需要。这就意味着一定经济区域范围内的上、下游企业的协同合作。区域物流应该是企业基于物流资源空间协调配置基础上的物流环节协同和企业物流系统的协同。其中,物流环节协同是以时间、成本和位移为衡量坐标的,企业物流系统协同则是以效率、空间和环境的合理性为标准的。

2. 区域物流协同合作的宏观含义

在物流产业层面,区域物流意味着在一定经济区域范围内,物流企业通过协作、兼并等手段,实现产业内部的联合与合作。因为随着物流规模和物流活动的范围进一步扩大,物流产业日益朝着专业化、社会化、功能和服务的系统化、业务运作的网络化、管理手段与设备的自动化、区域上的全球化等方向发展。而产业内部的联合与合作,即物流企业间集约化与协同化发展则是满足物流产业衔接性、服务性、整合性、协同性的重要手段,协同化已经成为物流产业不可忽视的发展趋势。

3. 经济空间的协同合作

区域物流系统本身包含着空间演化层面的协同合作。局部的企业物流高效并不意味着整体社会物流合理化。从区域经济可持续发展等角度对物流网络及资源进行空间协调,则是物流经济客体在地域上的具体空间位置关系、集聚程度、相互作用的方向和强度等空间结构的演变。因此,区域物流必须在经济空间层面去实现物流聚集形式,如区域物流网络、区域物流圈的协同合作形式等。

(三)区域物流发展的必然性

1. 区域物流发展是全球流通领域革命的必然结果

区域物流发展打破了单一企业、行业乃至地区的界限,在竞争中通过相互协调和统一,创造出最适宜的物流运行结构。市场经济条件下的区域物流发展,不是靠产权关系或任何行政关系维系的,而是一个按照现代流通规律整合成的虚拟企业群体。竞争模式也由过去单个企业之间的竞争转为一个企业群体与另一个企业群体之间的竞争,一个供应链与另一个供应链之间的竞争,一个物流配送体系与另一个物流配送体系之间的竞争。可以说,参与的群体规模越大,流通效率越高,流通成本越低,企业的竞争力就越强。因此,以供应链为核心的区域物流一体化正是全球流通领域革命的必然结果。

2. 区域物流发展在区域发展中起助推器和开路先锋的作用

从国外区域物流发展的成功范例来看,区域物流发展在区域经济合作和行业一体化的进程中,从一开始就担当起助推器和开路先锋的重任。物流行业跨区域的合作与经营,有利于资源的合理配置、货物的快速流动,从而使区域内各经济主体在经济贸易上形成了很强的互补性。

3. 区域物流发展是我国区域经济发展的必然要求

近几年来,国内区域合作渐渐出现了以产业联动为交往机制的新模式,它们旨在打造一体化的区域内"交通同制、规划同网、铁路同轨、乘车同卡"的现代物流支持平台,以制度协调、资源互补和需求放大效应为目标,以区域物流发展推动整个区域经济的快速增长,达到降低成本、优化产业结构、增强区域核心竞争力的目的,至此区域物流发展的呼声渐高。

二、区域物流模式

区域物流系统必然是在区域经济发展战略的总体目标和模式框架下,根据区域的地理位置、产业活动、流通活动等特点,开展有效、独特的物流活动,因而也就相应有不同的现代区域物流模式。

(一) 基于产业聚集区的区域综合型物流模式

基于产业聚集区的区域综合型物流模式,是以区域内产业聚集区的各产业组织为主要服务对象,为各产业组织的供应链物流活动提供区域性物流服务的现代物流模式。该模式以产业聚集区所处的地理位置为基础,以交通条件为依托进行空间布局。

我国的产业聚集区主要有高新技术开发区、经济技术开发区等。在这些区域中,产业组织之间的关联程度有强弱之分。在产业组织关联程度强的产业聚集区中,物流活动更多地表现为供应链一体化型物流模式;而在产业组织关联程度弱的产业聚集区中,由于产业组织在物流服务的时间性、流体(物品)、流向、流程、流量、载体等方面的差异性较为突出,因此对物流服务综合能力的要求更高,物流活动则表现为综合型物流模式。

(二) 基于产业链(集群)的区域供应链一体化型物流模式

产业链是在特定领域中,具有竞争与合作关系在地理上集中又相互关联的企业,如专业化的供应商、服务供应商、相关产业厂家及相关机构形成的集群。产业链不仅打破了产业分类界限,而且为公共部门和私有部门之间相互合作提供了一种新的思考模式。

区域供应链一体化型物流模式所基于的产业链,是区域内围绕主导产业形成的,它具有相对稳定的供应物流关系。依托该模式所进行的区域物流活动表现出供应链物流活动的一体化、准时化特征。在产业链中,流量、品种、流程、流向都是相对确定的,物流活动主要强调流速以及物流各环节的准时化。

(三) 基于区域货物中转枢纽的多功能服务型物流模式

基于区域货物中转枢纽的多功能服务型物流模式,是以区域的特殊地理位置(如港口、区域物流中心等)为基础的承担区域内外货物中转枢纽功能的物流活动聚集区。它是以大批量货物集散为物流活动的主要特征,同时提供各种海关、商检、动植物卫生检疫、货代和船代、保险、保税等与物流活动相关服务的物流模式。

区域物流中心是指"全国物流网络上的节点。以大中型城市为依托,服务于区域经济发展需要,将区域内外的物品从供应地向接收地进行物流活动且具有完善信息网络的场所或组织"(GB/T 18354-2006)。

(四)基于区域交易市场的商贸型物流模式

基于区域交易市场的商贸型物流模式是在已经形成的区域商品交易市场背景中,将市场交易服务与仓储、配送等活动相结合的一种物流模式。

区域交易市场主要指专业的实物商品交易市场,具有较大规模。比如大型的农产品、建材产品、汽车、商贸百货、医药等交易市场。区域交易市场的交易量大、物流活动集中且频繁,对物流的需求较大。

随着市场规模和交易规模的发展、城市地价的增长及市区交通流量的增大,将主要物流活动(如存储、配送中心)转移到交通条件良好的城区外环附近的做法,既解决了物品存储费用高的问题,又缓解了城市交通拥挤状况,同时也优化了区域交易市场的产业结构。在该物流模式下,交易市场根据商流(订单、合同要求),通过公共信息平台网络,将订单信息传递给物流配送中心的相关物流企业,这些物流企业则按照订单的物品数量和时间要求,进行物流准备、运输计划的安排以及运输工具、路线等的优化和选择,最终完成全部物流活动。

三、区域物流规划

(一)区域物流规划的概念

区域物流规划就是在正确认识区域物流规模、结构与特点的基础上,根据区域经济与社会发展目标,对一定时期内(一般为中长期)区域物流发展的目标、区域物流资源的建设、区域物流发展战略与对策等进行的系统设计。

区域物流规划是区域物流发展的蓝图,也是区域物流发展的行动指南。区域物流规划不仅有利于避免区域物流发展的盲目性,而且有利于缓解区域物流与交通、城市建设、环境保护、居民生活等区域经济与社会发展的各种矛盾。因此,制定区域物流发展规划,是实现区域物流健康、快速发展的第一步,而且是无法跨越的一步。

区域物流规划一般包括区域物流总体规划、城市物流规划和物流园区规划三个层次。

1. 区域物流总体规划

区域物流总体规划是指对一个行政区域或若干行政区域联合体的物流发展所进行的总体规划。区域物流总体规划是最基本、最高层次的区域物流规划,也是其他区域物流规划的基础。

2. 城市物流规划

城市物流规划是指在一个城市及其周边地区范围内,根据现有的物流状况及未来的物流发展需求,从社会整体角度出发,综合考虑城市经济、交通、环境等各方面,合理配置城市物流资源。

城市物流规划是在区域物流总体规划的基础上,对一个城市的物流发展所进行的规划,是从属于区域物流总体规划的第二层次的区域物流规划。

3. 物流园区规划

物流园区规划是指在区域物流总体规划、城市物流规划的基础上,对某个物流园区的物流发展所进行的规划。一个城市,特别是大城市往往存在若干各具特色的物流园区。因此,物流园区规划从属于城市物流规划,是城市物流规划的重要组成部分。

(二)制定区域物流规划的步骤

制定区域物流规划大致有以下几个步骤:

1. 组建区域物流规划小组或委员会

这是进行区域物流规划的第一步。区域物流规划小组既可以由区域自组织而成,也可以委托外部专业机构搭建。不论是自组织还是委托外部专业机构搭建,规划小组的成员必须包括各方面的专家及实际工作者,至少要有交通、城市规划、物流或流通、金融(财务)等方面的专家与从业人员。

2. 收集基础资料,并进行必要的实地调查

基础资料包括区域及其相关区域(全国或有关国家与地区)经济与社会发展的统计资料、城市规划资料,以及物流及其相关方面的统计资料。同时,要对区域内大型物流基础设施、物流网点、典型企业(生产企业、流通企业与专业化物流企业)进行实地调查,以获得一手资料。

3. 数据处理与分析

使用必要的统计分析方法与数据处理方法,对各种数据进行分类、统计与分析,从而得出初步的数据结论。

4. 进行区域物流发展的战略定位

通过对数据的动态分析,发现各种规划要素的变动趋势,据此预测未来的走向。然后,将各种规划要素的数据与可比区域的相关数据进行比较(横向比较)。根据动态分析与横向比较的结果确定区域物流发展的战略定位。

5. 制定各种发展目标

根据战略定位及前述的数据分析结果,制定具体的区域物流发展目标,包括目标实现的阶段或时间期限。

6. 提出措施

根据区域物流发展目标,有针对性地提出各种措施,确保措施与目标一一对应。

7. 整理、归纳规划内容,形成规划草案

规划草案要做到概念准确、结构严谨、言简意赅、图文并茂、论据充分、结论科学。

8. 召开各种形式的研讨会,征求各方意见

规划草案必须广泛听取各方意见,特别是较大的区域物流规划,更要反复征求意见,以使规划更加完善、科学。

9. 完成区域物流规划方案

在充分听取并借鉴各方意见的基础上,对规划草案进行最终调整与修改,完成规划方案或报告。为了使区域物流规划更加科学,除按上述原则、程序进行规划外,还必须使用科学的、适用的规划方法。

第二节　城市物流

一、城市化与城市物流

（一）城市化

农业人口向非农业人口转化并在城市集中的过程被称为城市化。城市化一词包含以下内容：第一，它是城市对农村影响的传播过程；第二，它是全社会人口接受城市化文化的过程；第三，它是人口集中的过程，包括集中点的增加和各个集中点的扩大；第四，它是城市人口占全社会人口比重提高的过程。

在研究美国城市化进程时，研究者发现城市化进程与运输方式存在极大的相关性。1880 年前的时期是美国城市化的初始阶段，被称为步行马车时代；1880—1920 年是美国城市化的加速发展阶段，被称为有轨电车时代；1921—1950 年美国城市化发展进入郊区化雏形阶段，被称为汽车时代；到了 1951 年以后的城乡一体化阶段，运输方式进入了高速公路时代。

城镇化是国家现代化的重要标志。我国第七次全国人口普查数据显示，2021 年我国城镇常住人口为 90 199 万人，占总人口的比重为 63.89％。自 2010 年以来，已有 16 436 万乡村人走进城市，变成城镇人口。

按照全球城镇化的普遍发展规律，当一个国家的城镇化率处于 30％至 70％区间时，城镇化发展增速会处于较快水平，而中国正处于这一区间。这意味着我国的城镇化发展依然有着巨大的空间，而城镇化过程中蕴藏的经济发展潜力更是巨大。当前，中国经济正充分发挥国内庞大消费市场的潜力，构建"双循环"发展模式，而城镇化率将是最大的内需增长引擎。

近十年来，我国城镇化率每年大约提高 1.421％，随着这一指标的增长，未来会有越来越多的农民变成市民。目前，城镇居民人均消费支出是农村居民的 2.1 倍，仅衣食住行等基础消费一项，城乡居民每年消费人均差距约 7 650 元。

那么，中国与发达国家的差距还有多大呢？官方数据显示，2020 年，我国的城镇化率为 63.89％，比发达国家 80％的平均水平低了 16.11 个百分点，与美国 82.7％的城镇化率则相差 18.81 个百分点。

中国的城镇化率当前仍处于高速发展期，与发达国家的差距也越来越小。据专家测算，到 2035 年，中国城镇化率将达到 75％至 80％，新增近 4 亿城镇居民，达到与发达国家的同等水平。

（二）城市物流

城市是商品集散和加工的中心，物流设施和基础建设完善，消费集中且需求量大，交通与信息发达。

城市物流可表述为：在一定的城市行政规划条件下，为满足城市经济发展要求和城市发展特点而组织的区域性物流，其研究目标是实现一个城市的物流合理化。

未来经济发展越来越呈现出城市化、市场化、国际化的大趋势,其中城市化起主导作用。城市化水平是物流业发展的一个重要条件,反过来物流产业的发展也促进城市化进程,推动城市工业生产、金融等其他经济的协调发展,提高社会分工协作水平,充分满足社会发展需求。城市的发展可以带动周边地区、乡镇和农村的繁荣发展,从而形成一个有机的商品流通体系。

(三)城市物流的特征

1. 城市物流的繁杂性

城市是人们生产和消费的集中地域,城市物流涉及整个城市的政治活动、经济活动和风俗习惯,这些使城市物流的组织工作更加繁杂。城市集中了大量的工业企业、商业企业、服务业和成千上万的消费者。城市物流的客体不断呈现出小批量、多样化的趋势,这进一步加剧了城市物流的繁杂性。城市物流关系到城市生产、生活所需的生产资料和生活资料的流入及流出方式。如何以更有效的形式将需求商品供应给每个工厂、机关、学校和家庭?城市性质(如是消费性城市还是工业性城市)也使不同城市的物流呈现出不同的物流特征。城市物流的繁杂性还表现在城市的建设一般要先于城市物流设施的建设,即物流发展具有相对滞后性。随着城市规模及范围的扩大,物流设施需要相应地进行改造和新建等,这些都给城市物流工作带来了很大的困难。

2. 城市物流密度大、流量多

城市内的物流量随城市的发展不断增加。以北京市为例,北京市"十四五"时期商业服务业发展主要预期指标包括:消费规模持续扩大,市场总消费年均增速6%左右,社会消费品零售总额年均增速4%左右;网络零售规模持续增长,网络零售年均增长保持在15%左右;生活性服务业品质显著提升,实现每百万人口拥有连锁便利店(社区超市)330家,全市连锁化、品牌化、规范化早餐、便利店(社区超市)、蔬菜零售等8项基本便民商业服务功能全市社区覆盖率100%。

3. 城市物流节点多、分布广

在城市物流中,每个工厂、配送中心、货站、商店、机关、学校都形成了物流的节点。如果将最终用户称为物流末端节点,那么城市的物流末端节点数量最多、分布最广。末端节点越多,需要的中转节点数量相应也越多。不同层次的物流节点分布在城市的四面八方。城市物流基地、物流园区、物流中心、配送中心的规划是城市物流节点建设的重点,这大大小小的物流节点之间的联系,构成了城市的物流网络。

二、城市物流系统的功能

就构成物流的基本功能而言,城市物流和其他物流形式一样,均涵盖包装、运输、装卸搬运、储存、流通加工、配送和物流信息。但由于城市物流的范围和城市自身的地理特点及经济特点不同,各城市物流会显示出其独有的功能。一般而言,城市物流系统的主要功能体现在以下四个方面:

1. 城市物流中的主要运输方式——公路运输

城市物流中的主要运输方式是公路运输,当然有些城市由于其特有的地理特征还涉及水路运输和管道运输。

公路运输机动、灵活，送达速度快，可实现门到门运输。随着城市公路运输网的建设和发展，公路的等级不断提高，汽车的技术性能不断改善，汽车运输的货损货差率不断降低，安全水平不断提高。

2. 城市物流的主要运作方式——配送

城市配送是以城市为配送范围的配送活动的总称。由于城市范围处于汽车运输的经济里程，城市配送可直接将物资送达最终用户，所以城市配送往往和商品经营相结合。由于城市配送运距短、反应能力强，因而在从事多品种、少批量、多用户的配送方面较有优势。

3. 城市物流可实现"零库存"目标

"零库存"是物流追求的理想运作目标之一，它是以严谨的物流组织、先进的物流手段而实现的企业无库存生产和无库存经营的运作形式。城市物流能够实现"零库存"的主要原因有：

第一，城市物流的运作方式（主要依靠配送）使第三方物流的供应代替了企业内部的供应，从而企业在不依靠或减少企业内部供应库存的情况下，也可以保证生产和经营的正常运行。

第二，城市物流通过集中库存取代或部分取代各个生产企业和经营企业的库存，从而以较低的集中库存量取代了较高的分散库存量，并提高了供应的保障水平。

4. 城市物流的神经系统——物流信息系统

城市物流信息系统本身是由多个子系统组成的，它们通过物资实体的运动联系在一起，一个子系统的输出是另一个子系统的输入。城市物流子系统的相互衔接是通过信息交互实现的，而基本资源的调度也是通过信息的查询来实现的。例如，城市物流系统和各个物流环节的优化所采取的方法、措施，以及选用的设备、设计的路线、决定的最佳库存量等，都要切合系统实际，即依靠能够准确反映物流活动的信息。所以，城市物流信息系统对提高城市物流活动的效率起着重要的作用。

三、城市现代物流体系建设

为了加速传统储运业朝现代物流业方向转变，实现物流在全国范围的合理流通和物流中心的合理布局，形成一个高效、畅通、网络化的现代商品物流体系，《中华人民共和国国民经济和社会经济发展第十一个五年规划纲要》中提出，要"加强物流基础设施整合，建设大型物流枢纽，发展区域性物流中心"。全国许多大、中城市纷纷提出了建设城市现代物流的发展目标。

（一）城市现代物流体系建设的层次结构

依据"物流园区→物流中心→配送中心"来建设城市现代物流，组成多层次物流服务体系是建设城市现代物流体系的合理途径。

物流园区集结了多个有一定规模的物流中心，每个物流中心下设多个与之配套的配送中心。其中，物流中心主要承担城市大规模的物流集散；配送中心主要承担城市物流末端的物流配送及物流的加工增值服务。城市现代物流体系的层次结构如图 10-1 所示。

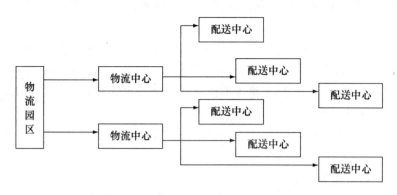

图 10-1　城市现代物流体系的层次结构

物流园区、物流中心、配送中心统称为物流节点。从这个意义上说，物流节点规划要综合考虑城市总体规划、土地利用规划、区域功能定位等多种因素。

(二) 物流园区

物流园区是"由政府规划并由统一主体管理，为众多企业在此设立配送中心或区域配送中心等，提供专业化物流基础设施和公共服务的物流产业集聚区"(GB/T 18354-2021)。

物流园区的主要功能可概括为如下几个方面：

1. 货物集散

此功能主要是指接收通过各种方式运输的到达货物，并进行分拣、储存，将本市发出的货物进行集中，通过直接换装方式向外发运。

2. 货物中转

结合中转物流需求大的特点，物流园区将充分发挥商品中转中心的作用。一方面，物流园区可以连接各种运输方式，实现多式联运，为进出口货物、国内跨海运输提供便利条件，如将集装箱海运与铁路或公路运输方式相结合；另一方面，物流园区也可起到衔接干线运输与支线配送的作用。

3. 配送

物流园区向配送中心、配载中心或区域物流节点实施日常配送，针对工商企业提供配送服务。

4. 流通加工

此功能主要包括商品的包装整理、加固、换装、改装、条形码印制等。通过流通加工，可以提高物流对象的附加价值。

5. 口岸功能

物流园区可发挥口岸功能，设置海关、卫生检疫机构、动植物检验检疫机构，为当地生产、加工基地或者最终销售市场的制造商、分销商提供储存、保管、运输、加工、货物代理等服务。

6. 商品检验

物流园区可提供商品检验与养护、商品检疫等服务。

7. 物流信息服务

物流信息服务是指建设物流公共信息平台，完善物流信息网络建设，通过物流信息系统完成物流状态查询、物流过程跟踪、物流要素信息记录与分析、物流客户关系管理、物流决策支持，以及方便报关、结算、保税等单据处理，提高工作准确性及工作效率，简化手续。

8. 物流咨询与培训

物流咨询与培训主要包括物流系统规划与设计、物流培训、物流项目咨询等服务内容。

9. 商品展示的商流功能

物流园区可通过设立商品展示厅、提供贸易机会来实现其商流功能。

10. 电子商务的辅助功能

物流园区可以利用巨大的仓储资源、专业的配送服务，开展电子商务工作。

（三）物流中心

物流中心指"具有完善的物流设施及信息网络，可便捷地连接外部交通运输网络，物流功能健全，集聚辐射范围大，存储、吞吐能力强，为客户提供专业化公共物流服务的场所"（GB/T 18354—2021）。物流中心应符合下列基本要求：

（1）主要面向社会提供公共物流服务；

（2）物流功能健全；

（3）集聚辐射范围大；

（4）存储、吞吐能力强。

物流中心的主要功能包括运输、仓储、装卸、搬运、包装、流通加工、物流信息处理等。一个现实的物流中心应该根据其所处的环境具有其核心功能，并且物流中心的功能可以根据需要向上、向下进行延伸，而在实际设计中最关键的是明确如何根据情况向上或向下延伸以及延伸的范围。物流中心既是企业优化分销渠道、完善分销网络、进行业务重组的结果，也是第三方物流理论在实际中应用的产物。

物流中心对流入城市的物流起分散作用，主要借助汽车运输方式，具有短距离到户、灵活、快速等特点；对流出城市的物流起集聚作用；在货物流动的过程中起到信息管理的作用；对过境物流则起到低耗、快速衔接的"接口"作用。从物流的流向来讲，物流的流入是由城市间物流经物流中心到配送中心，再到用户；物流的流出则是由用户到物流中心，再到城市间物流；具体到每一种产品或原材料，还应有适合其特点的物流流程。设置物流中心的目的是减少中转环节，降低物流成本，提高物流效率。物流中心在对整个流动中的存货进行管理的过程中，对信息流有高度的依赖性。

（四）配送中心

配送中心指"具有完善的配送基础设施和信息网络，可便捷地连接对外交通运输网络，并向末端客户提供短距离、小批量、多批次配送服务的专业化配送场所"（GB/T

18354-2021)。

配送中心应符合下列基本要求：
(1) 主要为特定客户或末端客户提供服务；
(2) 配送功能健全；
(3) 辐射范围小；
(4) 提供高频率、小批量、多批次配送服务。

配送中心是商品集中出货、保管、包装、加工、分类、装货、配送的场所或经营主体。

配送中心有自用型和社会化两种主要类型。自用型配送中心是由制造商、零售商经营的，主要服务于自己的产品销售或自有商店的供货。社会化配送中心，也称"第三方物流"，是由独立于生产者和零售商之外的其他经营者经营的。在现代信息技术手段的支撑下，配送中心要适应现代物流业专业化、标准化、多功能化发展的要求。

配送中心有不同的分类，主要的类别如表 10-1 所示。

表 10-1　配送中心的类别

分类方法	配送中心类别
按配送中心的设立者分类	制造商型配送中心
	批发商型配送中心
	零售商型配送中心
	专业物流配送中心
按配送中心的功能分类	储存型配送中心
	流通型配送中心
	加工型配送中心
按配送中心所处的位置分类	供应型配送中心
	销售型配送中心
按配送货物的属性分类	食品配送中心
	日用品配送中心
	医药配送中心
	化妆品配送中心
	家电配送中心
	电子(3C)产品配送中心
	书籍配送中心
	服饰配送中心
	汽车零件配送中心
	生鲜产品配送中心

四、物流枢纽城市

2018 年 12 月 21 日，国家发展改革委、交通运输部发布了《国家物流枢纽布局和建设规划》，提出选择 127 个城市作为国家物流枢纽承载城市，规划建设 212 个国家物流枢纽,到 2025 年布局建设 150 个左右国家物流枢纽。

新修订的中华人民共和国国家标准《物流术语》(GB/T 18354-2021)特别增加了物流枢纽的词条:"具备较大规模配套的专业物流基础设施和完善的信息网络,通过多种运输方式便捷地连接外部交通运输网络,物流功能和服务体系完善并集中实现货物集散、存储、分拨、转运等多种功能,辐射较大范围物流网络的公共物流节点。"

(一)枢纽经济的概念

枢纽经济是一种以交通枢纽、信息服务平台等为载体,以聚流和辐射为特征,以科技制度创新为动力,以优化经济要素时空配置为手段,重塑产业空间分工体系,全面提升城市能级的经济发展新模式。

在当前经济发展背景下,国家经济发展方式、布局结构和产业经济运行等均在发生深刻变革,这种变革的核心是区域经济发展中的产业技术、产业生态和产业发展模式等均处于深度的创新之中,尤其是互联网、大数据、云计算、物联网等技术在产业领域的应用,是推动我国产业转型升级的重要力量。

枢纽经济是借助经济要素资源集聚平台(交通枢纽、物流枢纽、物流服务平台、金融平台等)对商流、物流、资金流、信息流、客流等进行集聚、扩散、疏导等的规模化产业发展模式,具有高度的供应链、产业链、产业集群化组织特征。在互联网经济业态不断创新、综合运输和物流枢纽服务组织支撑下,以城市为载体的枢纽经济正呈现出全新的发展格局,通过聚集具有区域辐射能力的经济要素,主要是具有"流"的特征的经济要素,城市经济总量扩张、产业层次跃升、发展地位提升的路径正在发生改变。

(二)枢纽经济的特征

1. 以城市为载体

城市具有经济要素的聚集性和承载性,尤其是人口的集聚,可以为产业发展、其他要素的聚集提供丰富的人力资源。由于经济流的聚集,其承载方式与传统更多地依赖空间承载的模式相比,发生了较大变化。以枢纽经济发展为特征的经济流载体城市,既可以是传统的经济体量较大的中心城市(这种城市本身存在较大的经济流),也可以是对经济流组织具有特定优势和能力的一般城市(这种城市可能并无堪比传统中心城市的经济体量,且以虚拟特征的经济流的聚集为主体)。

传统的交通枢纽、区域中心城市,具备通过挖掘组织优势聚集经济流而发展枢纽经济的潜能,并可能因聚集、扩散能力逐步提升而成为经济枢纽,实现城市经济规模的扩张。由于经济流超越了地理区位、空间发展的界限,如电子商务、物流分拨中心、贸易结算中心、呼叫服务中心等产业性平台,城市可主动寻求各种具备"流"的特征的经济要素,培育和促进其在城市集聚,通过开展国际国内服务而进行扩散,这已成为发展枢纽经济的重要途径。

2. 以服务为依托

枢纽经济是在经济流聚集基础上形成和发展的,城市要聚集经济流,就必须寻求具有规模扩张能力的聚流手段和途径。在传统经济发展模式下,各种"流"是实体经济运行的体现和附属,是伴随实体经济运行而产生的;在互联网、物联网技术不断发展和供应链服务不断发育的背景下,各种"流"本身逐渐成为发展经济的资源和要素,并以云计算、大数据等的形态存在于以创新性聚流为目的的经济模式中,这种模式的突出特点是以"流"为手段的服务,新型服务业成为经济流聚集的重要依托。

以"流"为要素开展各种服务,既形成了新的服务业态,是现代服务业发展的鲜明特点,又依托创新服务而使流聚集成为可能。依托经济流的服务业,是对传统的制造业、商贸业中物流、金融、信息等服务的全新改造,是基于互联网、物联网的新要素流动平台。

3. 以聚流为目标

经济流依托互联网、物联网等新型服务业的聚集和发展,为城市经济发展提供了新路径,日益受到城市的重视。以聚集经济流为目标实现枢纽经济发展,打造国际、国内经济枢纽,成为城市发展经济的战略方向。传统的枢纽经济是通过区位交通条件和产业要素优势的发挥而发展壮大的,随着以互联网、物联网为基础的现代产业组织形态、产业发展手段的出现,以及基于产业链、产业集群的电子商务等新业态的涌现,枢纽经济的发展内涵、模式和发展路径也随之发生了重大变化。

通过基础设施平台、区域服务平台和产业创新平台的打造,一些并不处于传统产业集聚发展形态优势区位的城市,如浙江义乌、山东临沂等通过经济流要素的集聚而迅速成长起来,依托服务区域和产业的各种经济流组织平台,形成了具有现代经济发展特征的枢纽经济模式,使城市在区域和产业链两端均具有很强的竞争力和发展潜力,以聚流为目标的发展模式,逐步为城市所接受并应用于培育新动能。

(三) 枢纽城市的发展与培育

1. 枢纽城市的概念

枢纽城市是以交通、物流、信息等枢纽平台为载体,强化对经济活动和信息流动地集聚、辐射与扩散功能的中心城市。枢纽城市是一种寻求创新驱动发展的新经济模式,是区域网络结构中实施创新行为、沟通全球与国内外供应链运作的节点。

根据《国家物流枢纽布局和建设规划》和《国家综合立体交通网规划纲要》,到 2035 年中国物流与交通发展图景,将会切换到一个全新的运作系统和场面,国家枢纽城市建设将会是未来财富聚焦点。枢纽城市的建设要贯彻新发展理念,构建新发展格局;要提升全产业链支撑能力和产业链体系质量,形成对物流与交通两大领域双驱动力源。

2. 枢纽城市物流的发展

枢纽经济是一种聚流型、平台化、网络化经济发展模式。该模式可通过有针对性的基础设施平台、区域服务平台、产业创新平台的规划和建设,实现区域性经济流沿着交通通道、交通枢纽、物流供应链组织、产业链构建、产业集群化发展等路径进行聚集,并以网络化、平台化服务为手段进行经济规模扩张,使依托枢纽城市的物流在较短的时期内成为所在区域的经济增长极。经济后发、处于重要国际国内通道节点位置的城市,可通过新经济聚集模式实现对传统中心城市的超越,推动枢纽城市物流的发展。

3. 枢纽城市物流的培育

以新经济聚集为目标发展的枢纽经济，必然带来枢纽城市物流的发展，具有鲜明的现代产业运行基础上的聚集发展特征，更重要的是为区域性的中心城市发展经济，打造经济增长极，加快新旧发展动能转换，培育新的经济增长点带来了难得的机遇。

目前，我国城市发展枢纽经济的诸多基本条件初步具备，尤其在物流的设施与装备上：一方面，国家主干综合交通网络基本形成，一般性中心城市均具备承载各种经济流的能力和条件；另一方面，我国全面小康社会建设将带来内需扩张引领的经济流集聚发展，"一带一路"倡议实施则带动新的国际经济双向辐射经济流的集聚扩张。为此，枢纽经济在未来的发展中将具有基于通道、城市和产业三个层面进行组织的特点，形成不同类型和格局的经济枢纽，经济枢纽城市的发育必将在空间上重构我国经济版图。

4. 发展枢纽城市的路径

经济和产业资源不断向中心城市聚集再进行扩散，是现代中心城市经济发展的基本规律。

在经济全球化发展浪潮推动下，由于供应链技术、规模生产技术和以互联网、物联网为核心的信息技术等的不断创新，中心城市经济聚集和扩散效应形态正悄然发生改变。

传统的中心城市发育和形成，对产业在城市空间范围的布局依赖较大，是具有实体性质产业布局下的空间发展方式，城市经济发展与土地要素应用、产业引进和交通基础设施配套建设具有高度关联性。

在现代交通、物流、信息等产业支撑下，经济全球化加快了原料产地、产品生产地和商品消费地的空间分离进程，城市在其空间范围内，依靠物流、信息、贸易、金融、人才等服务产业的不断发育，依然可以参与全球经济与贸易活动，而且参与程度更深、影响范围更广、扩张能力更强、发展层次更高。纽约、伦敦、东京、香港均在这种发展趋势中获得了发展红利，尤其香港依托于与珠江三角洲的"前店后场"发展关系，创造了经济奇迹。

城市经济发展模式的改变，主要是源于新的经济聚集元素的出现，这种新元素的共同特点是具有"流"的特征，是依托"经济流"形成的集聚现象，包括信息流、资金流、物流、人才流、技术流等，城市通过创造环境主动引流、驻流、分流，可以为城市带来数倍于传统空间经济要素布局下的经济增长。

第三节　经济带物流

一、经济带

（一）经济带的概念

经济带是依托一定的交通运输干线、地理位置、自然环境等并以其为发展轴，以轴上经济发达的一个和几个大城市作为核心，发挥经济集聚和辐射功能，联结带动周围不同等级规模城市的经济发展，由此形成点状密集、面状辐射、线状延伸的生产、流通一体化的带状经济区域或经济走廊。经济带的含义可以从以下四个方面来理解：

（1）在理论上，经济带属于城市群的范畴。其动力源是作为城市经济带内核的特大城市或大城市。

（2）经济带是在劳动地域分工基础上形成的不同层次和各具特色的带状地域经济单元。其本质是城市经济带区域内城市间和产业间存在的经济联系网络。

（3）在经济带内，不同等级、规模、性质的城市构成城市网络。各城市相互嵌套，形成以城市为节点、交通线密切联系的地域网络，构成有特色的多层次开放的城市群网络体系。

（4）经济带突出表现为其发生、发展的支撑条件是发达的交通运输和信息网络。

经济带作为一种较高发展水平的经济区域，其固有的内在联系是区域社会、经济、历史、文化等多要素综合作用的产物。

我国幅员辽阔、人口众多，各地区自然资源禀赋差别之大在世界上是少有的，统筹区域发展从来都是一个重大问题。

20世纪90年代中后期以来，党中央在继续鼓励东部地区率先发展的同时，相继做出实施西部大开发、振兴东北老工业基地、促进中部地区崛起等重大战略决策。

党的十八大以来，以习近平同志为核心的党中央提出了京津冀协同发展、长江经济带发展、粤港澳大湾区建设、长三角一体化发展、黄河流域生态保护和高质量发展等区域发展战略，同时就深入推进西部大开发、振兴东北工业基地、促进中部地区崛起以及鼓励东部地区率先发展等做出新部署，提出新要求，不断推动形成优势互补、高质量发展的区域经济布局。

（二）经济带的特点

1. 客观性

经济带作为社会生产地域分工的表现形式，是客观存在的，也是可以被认知的。

2. 区域性和带状形态

经济带占据一定的空间，突出表现为其发生、发展的支撑条件是发达的交通运输。它具有相对合理的带状地域范围，可表示在地图上，并可度量。

3. 多元性和多层次性

经济带可分为不同等级和层次，每个上一级经济带是若干下一级经济带的有机集合，各个层次客观地反映了不同等级的地域经济单元。

4. 开放性

每个经济带不是封闭的、自给自足的自然经济，它通过复杂的物流、人流、信息流，与其他经济区域保持密切联系。

5. 发展变化性与相对稳定性

经济带形成后，并非一成不变。随着生产的发展和社会生产地域分工的演变，经济带经历着量的积累和质的飞跃，前者表现为区域经济特征的相对稳定，后者引发区域范围和区域经济结构的变化，以至需要重新划定经济带。

（三）发展经济带的意义

习近平总书记指出："我国经济由高速增长阶段转向高质量发展阶段，对区域协调发展提出了新的要求。不能简单要求各地区在经济发展上达到同一水平,而是要根据各地区的条件,走合理分工、优化发展的路子。要形成几个能够带动全国高质量发展的新动力源,特别是京津冀、长三角、珠三角三大地区,以及一些重要城市群。不平衡是普遍的,要在发展中促进相对平衡。这是区域协调发展的辩证法。"

经济带一般具备地理区位独特、自然禀赋优良、交通条件优越、产业基础较好、合作前景广阔的优势。其运作与发展的意义主要表现在:

(1) 有利于加快转变经济发展方式,完善区域发展整体布局,促进经济提质、增效、升级;

(2) 有利于优化生产力布局,构建地区开放发展新的战略支点,培育区域经济带和增长极;

(3) 有利于促进优势互补、互利共赢,带动落后、贫困地区加快发展,缩小区域发展差距;

(4) 有利于扩大地区对外开放,加强经济带有机衔接,完善全方位开放格局;

(5) 有利于加强全流域生态建设和环境保护,推动流域可持续发展,探索跨省、区生态建设新模式。

二、京津冀协同发展

京津冀协同发展是2014年中央经济工作会议提出的经济发展战略之一。

习近平总书记于2014年2月26日在北京主持召开座谈会,专题听取京津冀协同发展工作汇报。他在会上指出"着力加大对协同发展的推动,自觉打破自家'一亩三分地'的思维定式,抱成团朝着顶层设计的目标一起做,充分发挥环渤海地区经济合作发展协调机制的作用"。

强调实现京津冀协同发展,是面向未来打造新的首都经济圈、推进区域发展体制机制创新的需要,是探索完善城市群布局和形态、为优化开发区域发展提供示范和样板的需要,是探索生态文明建设有效路径、促进人口经济资源环境相协调的需要,是实现京津冀优势互补、促进环渤海经济区发展、带动北方腹地发展的需要,是一个重大国家战略。

(一) 京津冀地区经济发展战略的沿革

1982年,《北京市建设总体规划方案》中首次提出"首都圈"概念。

2004年,京津冀地区经济发展战略研讨会召开,达成旨在推进"京津冀经济一体化"的"廊坊共识"。

2004年,商务部和北京、天津、河北等七省区市达成《环渤海区域合作框架协议》。

2005年,北京出台的城市规划提及京津冀的协调发展。

2006年,国家发展改革委开始编制《京津冀都市圈区域规划》。

2011年,国家"十二五"规划提出,"推进京津冀区域经济一体化发展,打造首都经济圈,推进河北沿海地区发展"。

2013年5月,习近平在北戴河主持研究河北发展问题时,提出推动京津冀协同发展。

2014年2月26日,习近平在北京主持召开座谈会,专题听取京津冀协同发展工作汇报并作重要讲话。京津冀一体化被提升至国家战略层面。

2014年10月25日,中国交通运输部部长主持召开部务会议,审议并同意《京津冀交通一体化率先突破任务分工方案(送审稿)》。

2015年4月30日,中共中央政治局召开会议,审议通过《京津冀协同发展规划纲要》。文件指出,推动京津冀协同发展是一个重大国家战略,核心是有序疏解北京非首都功能,要在京津冀交通一体化、生态环境保护、产业升级转移等重点领域率先取得突破。

2018年11月,中共中央、国务院明确要求以疏解北京非首都功能为"牛鼻子"推动京津冀协同发展,调整区域经济结构和空间结构,推动河北雄安新区和北京城市副中心建设。到2030年京津冀区域一体化格局基本形成,区域经济结构更加合理,生态环境质量总体良好,公共服务水平趋于均衡,成为具有较强国际竞争力和影响力的重要区域,在引领和支撑全国经济社会发展中发挥更大作用。

(二)京津冀协同发展的重点是交通一体化

习近平总书记就推进京津冀协同发展时提出七点要求,其中"六是要着力构建现代化交通网络系统,把交通一体化作为先行领域,加快构建快速、便捷、高效、安全、大容量、低成本的互联互通综合交通网络"。

交通一体化是京津冀协同发展的骨骼系统,是京津冀协同发展的优先领域。长久以来,三地交通部门已经习惯了各自为政的思维,港口、机场、轨道交通等均实行属地管理,城市交通体系相对封闭,这些都是一体化过程中必须解决的问题。京津冀三地政府正在为实现交通"规划同图、建设同步、运输一体、管理协同"积极努力,京津冀交通一体化的崭新格局值得期待。

京津冀交通一体化的主要思路为:在重大节点基础设施上取得突破,在提高运输服务水平上取得突破,在统一运输管理政策上取得突破。三地交通一体化的蓝图,被归纳为"二环、八通、四连、八港、八枢纽"。

1. 二环

北京的大外环高速公路项目,也被称为"七环",全长约940公里,其中北京市境内包括密云至涿州高速北京段、承德至平谷高速北京段,约90公里;河北省境内约850公里。河北京承、密涿、承平等11条高速公路呈聚合状直达北京;北京东南部现有的过境交通,货运过境交通将逐渐转移至北京外围地区。

外环指京津冀区域环线通道,长约1250公里,经过天津、廊坊、保定、张家口、承德、唐山等地。

2. 八通

八通是指京石、沿海、京津、京衡四条纵向综合交通运输通道,以及张京唐秦、涿廊津、保津、石衡沧四条横向综合交通运输通道。

3. 四连

四连是指承唐、石津、邢临、邯济四条综合交通运输通道。

4. 八港

八港是指天津港、秦皇岛港、唐山港、黄骅港四个海港,以及北京首都国际机场、北京大兴国际机场、天津滨海国际机场、石家庄正定机场四个航空港。

5. 八枢纽

八枢纽是指北京、天津、石家庄、唐山、邯郸、张家口、承德、保定八个全国性综合交通运输枢纽城市。

(三) 加速京津冀物流协同发展

自习近平总书记做出将京津冀协同发展上升为国家战略的重大决策部署后,广袤的京津冀大地,一场区域深层次改革大幕开启。

到 2020 年,京津冀地区已经构建起以轨道交通为骨干的多节点、网络化、便捷高效的交通格局,形成京津石中心城区与新城、卫星城之间"1 小时通勤圈"、京津保唐"1 小时交通圈"。

2019 年 9 月,北京大兴国际机场正式投入运营,单日最高旅客量突破 14 万人次。

2020 年底,京雄城际铁路开通运营,以前从雄安到北京开车大约需要 2 个小时,如今从北京西站至雄安新区最快 50 分钟可达、自大兴国际机场至雄安新区最快 19 分钟可达。城际铁路的开通使得北京和雄安更"近"了。

2021 年 5 月底,京雄高速河北段等 3 条经由雄安新区的高速公路开通,雄安新区对外骨干路网基本形成。与此同时,京津冀机场群和港口群协同联动建设深入推进。

京津冀高质量协同发展模式必将形成对全国其他区域协同发展的示范和带动作用。在区域协同发展的体制机制上,成为引领全国高质量发展的重要动力源;在区域协同发展多维创新体系的构建上,成为全国创新发展的主要策源地,在生态与经济融合发展上,成为全国人口、经济、资源、环境协调发展的示范高地。

三、长江经济带

(一) 长江经济带概述

长江经济带是 2014 年中央经济工作会议提出的经济发展战略之一。长江经济带覆盖上海、江苏、浙江、安徽、江西、湖北、湖南、重庆、四川、云南、贵州等 11 个省市。推动长江经济带发展,是以习近平同志为核心的党中央做出的重大决策,是关系国家发展全局的重大战略。国务院于 2014 年 9 月发布了《长江经济带综合立体交通走廊规划(2014—2020 年)》。文件总体思路是:按照全面建成小康社会的总体部署和推动长江经济带发展的战略要求,加快打造长江黄金水道,扩大交通网络规模,优化交通运输结构,强化各种运输方式的衔接,提升综合运输能力,率先建成网络化、标准化、智能化的综合立体交通走廊,为建设中国经济新支撑带提供有力保障。

2014 年 9 月,国务院印发《关于依托黄金水道推动长江经济带发展的指导意见》,部署将长江经济带建设成为具有全球影响力的内河经济带、东中西互动合作的协调发展带、沿海沿江沿边全面推进的对内对外开放带和生态文明建设的先行示范带。

2016 年 9 月,《长江经济带发展规划纲要》正式印发,确立了长江经济带"一轴、两翼、三极、多点"的发展新格局:"一轴"是以长江黄金水道为依托,发挥上海、武汉、重庆的核心作用,推动经济由沿海溯江而上梯度发展;"两翼"是指发挥长江主轴线的辐射带动作用,向南北两侧腹地延伸拓展,提升南北两翼支撑力;"三极"指的是长江三角洲城市群、长江中游城市群和成渝城市群,充分发挥中心城市的辐射作用,打造长江经济带的三大增长极;"多点"是指发挥三大城市群以外地级城市的支撑作用。

2018年4月26日,习近平总书记在武汉主持召开深入推动长江经济带发展座谈会并发表重要讲话,强调指出新形势下推动长江经济带发展,关键是要正确把握整体推进和重点突破、生态环境保护和经济发展、总体谋划和久久为功、破除旧动能和培育新动能、自身发展和协同发展等"5个关系",坚持新发展理念,坚持稳中求进工作总基调,坚持共抓大保护、不搞大开发,探索出一条生态优先、绿色发展新路子,使长江经济带成为引领我国经济高质量发展的生力军。

2020年11月14日,习近平总书记在江苏省南京市主持召开全面推动长江经济带发展座谈会并发表重要讲话。他强调,要贯彻落实党的十九大和十九届二中、三中、四中、五中全会精神,坚定不移贯彻新发展理念,推动长江经济带高质量发展,谱写生态优先绿色发展新篇章,打造区域协调发展新样板,构筑高水平对外开放新高地,塑造创新驱动发展新优势,绘就山水人城和谐相融新画卷,使长江经济带成为我国生态优先绿色发展主战场、畅通国内国际双循环主动脉、引领经济高质量发展的主力军。

长江经济带主要优势表现在:

一是交通便捷,具有明显的河运优势。长江是中国最大的河流,理论上可以通航万吨河轮,运量比铁路大,价格也比铁路低。长江经济带横贯我国腹心地带,流域面积广阔,不仅有赣江、汉江、湘江等支流,还与京沪、京九、京广、皖赣、焦柳等南北铁路干线交汇,承东启西,接南济北,通江达海。

二是资源优势。首先是具有极其丰沛的淡水资源,其次是拥有储量大、种类多的矿产资源,此外还拥有闻名遐迩的众多旅游资源和丰富的农业生物资源,开发潜力巨大。

三是产业优势。这里历来就是我国最重要的工业走廊之一,我国钢铁、汽车、电子、石化等现代工业的精华大部分汇集于此,集中了一大批高耗能、大运量、高科技的工业行业和特大型企业。此外,大农业的基础地位也居全国首位,沿江九省市的粮棉油产量占全国40%以上。

长江是货运量位居全球内河第一的黄金水道,长江通道是我国国土空间开发最重要的东西轴线,在区域发展总体格局中具有重要战略地位。依托黄金水道推动长江经济带发展,打造中国经济新支撑带,是党中央、国务院审时度势,谋划中国经济新棋局做出的既利于当前又惠及长远的重大战略决策。

(二)发挥长江黄金水道独特作用

1. 全面推进长江干线航道系统化治理

加快实施重大航道整治工程,充分利用航道自然水深条件和信息化技术,进一步提升干线航道通航能力。下游重点实施12.5米深水航道延伸至南京工程;中游重点实施荆江河段航道整治工程,抓紧开展宜昌至安庆段航道工程模型试验研究;上游重点实施重庆至宜宾段航道整治工程,研究论证宜宾至水富段航道整治工程。

2．统筹推进支线航道建设

积极推进航道整治和梯级渠化，提高支流航道等级，形成与长江干线有机衔接的支线网络。加快建设合裕线、信江、赣江、江汉运河、汉江、沅水、湘江、乌江、岷江等高等级航道，抓紧实施京杭运河航道建设和船闸扩能工程，系统建设长江三角洲地区高等级航道网络。研究论证金沙江攀枝花至水富、引江济淮通航和长江水系具有开发潜力航道升级改造的可能性，统筹推进其他支线航道建设。

3．促进港口合理布局

优化港口功能，加强分工合作，积极推进专业化、规模化和现代化建设，大力发展现代航运服务业。加快上海国际航运中心、武汉长江中游航运中心、重庆长江上游航运中心和南京区域性航运物流中心建设。推进上海港、宁波—舟山港、江苏沿江港口功能提升，有序推进内河主要港口建设，完善集装箱、大宗散货、汽车滚装及江海中转运输系统。

4．加强集疏运体系建设

以航运中心和主要港口为重点，加快铁路、高等级公路等与重要港区的连接线建设，强化集疏运服务功能，提升货物中转能力和效率，有效解决"最后一公里"问题。推进港口与沿江开发区、物流园区的通道建设，扩大港口运输服务的覆盖范围。

5．提升三峡枢纽的通过能力

挖掘既有船闸潜力，启动三峡及葛洲坝既有船闸扩能和三峡至葛洲坝两坝间航道整治工程。加快完善公路水路无缝衔接的翻坝转运系统，大力推进铁路水路有效连接的联运系统建设，抓紧建设三峡枢纽货运分流油气管道，积极实施货源地分流。加强三峡枢纽水运新通道和葛洲坝枢纽水运配套工程的前期研究工作。

6．增强长江干线过江能力

统筹规划、合理布局过江通道，做好隧道桥梁方案比选、洪水影响评价等论证工作，充分利用江上和水下空间，着力推进铁路、公路、城市交通合并过江，节约集约利用土地和岸线资源。优化整合渡口渡线，加强渡运安全管理。促进过江通道与长江航运、防洪安全和生态环境协调发展，实现长江两岸区域间、城市间及城市组团间便捷顺畅连接，形成功能完善、安全可靠的过江通道系统。

（三）建设综合立体交通走廊

依托长江黄金水道，统筹发展水路、铁路、公路、航空、管道等各种运输方式，加快综合交通枢纽和国际通道建设，建成衔接高效、安全便捷、绿色低碳的综合立体交通走廊，增强对长江经济带发展的战略支撑力。

1．强化铁路运输网络

加强快速铁路建设，重点建设上海经南京、合肥、武汉、重庆至成都的沿江高速铁路和上海经杭州、南昌、长沙、贵阳至昆明的沪昆高速铁路，建设商丘经合肥至杭州、重庆至贵阳等南北向高速铁路和快速铁路，形成覆盖50万人口以上城市的快速铁路网。

加快普通铁路新建和既有线路改扩建，改扩建沿长江普通铁路。新建衢州至丽江铁路，进一步提高沪昆铁路既有运能，加快南北向铁路、中西部干线建设，加强既有铁路扩能改造，形成覆盖20万人口以上城市客货共线的普通铁路网。

2. 优化公路运输网络

积极推进国家高速公路建设。以上海至成都、上海至重庆、上海至昆明、杭州至瑞丽等国家高速公路为重点，统筹推进高速公路建设，消除省际"断头路"，尽快形成连通20万人口以上城市、地级行政中心、重点经济区、主要港口和重要边境口岸的高速公路网络。在科学论证和规划基础上，建设必要的地方高速公路，作为国家高速公路网的延伸和补充。

加大普通国省道改造力度。加快普通国道建设，消除瓶颈路段制约，提高技术等级和安全水平，使东中部地区普通国道二级及以上公路比重达到90%以上，西部地区普通国道二级及以上公路比重达到70%以上。配套完善道路安全防护设施和交通管理设施设备。加强省际通道和连接重要口岸、旅游景区、矿产资源基地等的公路建设，实现主要港口、民航机场、铁路枢纽、重要边境口岸、省级以上工业园区基本通二级及以上公路。

3. 拓展航空运输网络

加快上海国际航空枢纽建设，强化重庆、成都、昆明、贵阳、长沙、武汉、南京、杭州等机场的区域枢纽功能，发挥南昌、合肥、宁波、温州、无锡、丽江、西双版纳等干线机场作用，完善支线机场布局，形成长江上、中、下游机场群。优化航线网络，科学论证，提高主要城市间航班密度，增加国际运输航线。深化低空空域管理改革，发展通用航空。依托空港资源，发展临空经济。

4. 完善油气管道布局

统筹规划、合理布局沿江油气管网，加快建设主干管道，配套建设输配体系和储备设施，提高原油、成品油管输比例，增强天然气供应能力。完善长江三角洲、长江中游、川渝云贵地区原油、成品油输送管道及区域天然气管网，加快油气管道互联互通，形成以沿江干线管道为主轴，连接川渝城市群、长江中游城市群、长江三角洲城市群的油气供应保障体系。

5. 加强综合交通枢纽建设

按照"零距离换乘、无缝化衔接"要求，加快建设14个全国性综合交通枢纽（节点城市）和重要区域性综合交通枢纽（节点城市）。完善货运枢纽集疏运功能，统筹货运枢纽与开发区、物流园区等的空间布局。按照"无缝化衔接"要求，建设能力匹配的公路、铁路连接线和换装设施，提高货物换装的便捷性、兼容性和安全性，降低物流成本。

加快综合交通枢纽规划工作，做好同省域城镇体系规划、城市总体规划、土地利用总体规划等的衔接与协调。统筹综合交通枢纽与产业布局、城市功能布局的关系，以综合交通枢纽为核心，协调枢纽与通道的发展。

6. 建设国际运输通道

建设孟中印缅通道、中老泰通道和中越通道，加快基础设施互联互通。推进昆明至缅甸铁路、公路和油气管道建设，形成至南亚的国际运输通道。推进昆明至越南、老挝的铁路和公路建设，形成至东南亚的国际运输通道。开发利用国际河流航运资源，建设澜沧江、红河等水路国际运输通道。配套建设与国际通道相关的基础设施，完善口岸功能。

（四）综合运输大通道加速形成

近几年来,长江经济带的经济社会发展取得了诸多成果:

1. 长江经济带综合交通运输基础设施快速发展

长江经济带高等级航道达到1万公里,占全国高等级航道60%以上。长江经济带高速公路通车里程超过6万公里,相当于俄罗斯高速公路通车里程的2倍。长江经济带还建成了一批沿江高铁、国家高速公路省际贯通路段。二级及以上国道里程超过7万公里,长江经济带综合交通运输基础设施得到全方位提升。

在多式联运方面,三峡枢纽白洋港疏港铁路等14个铁水联运设施联通工程全部开工建设。郑欧国际货运班列等29个多式联运示范工程得以实施,积极推进了以港口为枢纽的多式联运。

截至2020年11月,长江经济带铁路通车里程达到4.37万公里,高铁通车里程达到1.54万公里,比2015年分别新增9120公里和7824公里;高速公路里程达到6.37万公里,比2015年新增1.55万公里。

2. 长江经济带黄金水道功能持续提升

2020年,长江干线船舶平均吨位达到1960吨,比2015年增长42%;长江干线货物通过量突破了30亿吨,再创历史新高。

3. 长江经济带与"一带一路"建设融合程度更高

西部陆海新通道加快形成。2016年以来,长江经济带新增8个自贸试验区、24个综合保税区。

4. 长江经济带经济保持持续健康发展

长江经济带经济总量占全国的比重从2015年的42.3%提高到2019年的46.5%。新兴产业集群带动作用明显,电子信息、装备制造等产业规模占全国比重均超过50%。

四、珠江—西江经济带

2014年7月16日,国务院正式批准实施《珠江—西江经济带发展规划》(以下简称《规划》),发展珠江—西江经济带正式上升为国家战略。这是国家从继续深入实施区域发展总体战略,培育西南中南区域支撑带,打造新的区域经济增长极,构建统筹东中西、协调南北方的区域协调发展新格局的战略高度出发做出的重大决策部署。

（一）《规划》划定的范围

《规划》划定的范围包括广东省的广州、佛山、肇庆、云浮四市和广西壮族自治区的南宁、柳州、梧州、贵港、百色、来宾、崇左七市,区域面积为16.5万平方公里,2013年末统计的常住人口为5228万人。同时,根据流域特点,将广西桂林、玉林、贺州、河池等市及西江上游贵州的黔东南、黔南、黔西南、安顺,云南文山、曲靖的沿江部分地区作为延伸区。

党中央要求广东成为发展中国特色社会主义的排头兵,广西成为我国西南中南地区开放发展新的战略支点。不断深化与东盟国家合作,推进海上丝绸之路建设,为珠江—西江经济带进一步扩大开放合作带来了新的机遇;广东、广西加快战略合作步伐,泛珠江三角区域经济合作不断深入,将为珠江—西江经济带协同发展创造良好环境。

(二)珠江—西江经济带的空间布局

1."一轴"

"一轴"指以珠江—西江主干流区域为轴带,包括广州、佛山、肇庆、云浮、梧州、贵港、南宁七市,加快通道基础设施建设,加强流域环境保护,形成特色鲜明、分工有序、互动发展的多层次增长中心。

2."两核"

强化广州和南宁作为经济带两核的作用,依托现有综合优势,发挥连接港澳、面向东盟、服务周边的作用,成为引领经济带开放发展和辐射带动西南中南腹地的战略高地。

3."四组团"

以区域内中心城市为核心,按照流域特点和区域联系,重点建设广州—佛山、肇庆—云浮—梧州—贵港、柳州—来宾、南宁—崇左—百色等四组团,引导产业和人口集聚,形成各有特色、优势互补、分工协作的区域发展板块。

(三)建设物流基础设施,提升物流水平

为推进跨区域重大基础设施一体化建设,《规划》明确,以珠江—西江干线航道为主通道,构建互通两广、连接东盟、通达港澳、辐射云贵、江海联运的综合交通运输大通道,提升基础设施的共建共享和互联互通水平,增强区域发展支撑能力。建设广州、南宁全国性综合交通枢纽,建设柳州、梧州等沿江区域性综合交通枢纽,建设贵港为区域性航运枢纽,研究设立西江航运交易所。具体物流建设表现在:

1. 水运建设方面

《规划》要求,广东、广西两省加快建设黄金水道,以干线航道为重点,加强干支流航道建设,完善和扩大高等级航道网络,拓展港口规模和功能,提高船舶标准化和现代化水平。

2. 按照规模化、专业化要求方面

加快建设广州、佛山、肇庆、梧州、贵港、南宁六大主要港口,积极发展云浮、柳州、来宾、百色、崇左五个重要港口,形成分工合理、功能完善的现代港口体系。鼓励发展公共码头,有序建设专用码头,适度建设旅游码头。加快港口与产业集聚区联络线及港口物流工程建设,提升港口集疏运能力。加强与珠三角地区、北部湾经济区和香港地区主要港口合作,形成优势互补、利益共享、共同发展的局面。

3. 加强航道资源保护和利用方面

广东、广西两省进一步加强航道资源保护和利用,加大西江干线航道扩能改造力度,推动柳黔江、左江、右江等重要干支流航道和支持保障系统建设力度,提升西江出海航道通过能力和通达范围,提高航道等级,构建干支通达顺畅的高等级航道网络。加快建设广州出海航道拓宽工程和珠江口公共锚地工程。

按照梯级开发、扩能改造与新建过船设施并举原则,加快建设龙滩、百色等枢纽过船设施,促进珠江水运连通云贵,形成与高等级航道相适应的枢纽过船设施。改善流域过船设施建设与管理体制。

4. 加快铁路建设方面

《规划》提出，构建连接两广铁路运输大通道，优化网络结构，尽快形成西南地区与珠三角区域快速铁路网。完善货运铁路网，实施既有铁路扩能改造，提高铁路通道运输能力。

5. 公路建设方面

广东、广西两省将加快推进国家高速公路"断头路"建设，加强国省干线公路改扩建，推进农村公路升级改造，形成完善的高速公路、干线公路和农村公路网络。

6. 机场建设方面

机场建设也被纳入《规划》，具体包括：优化机场布局，提升干线机场服务功能，加强支线机场建设，形成干支衔接、功能完善的航空体系；推进南宁机场军民航分离；支持通用航空发展。

7. 综合交通枢纽建设方面

加快两省强化规划引导，加强铁路、公路、水路、机场等各种运输方式衔接，推进综合交通枢纽站场建设。完善提升广州、南宁全国性综合交通枢纽功能，加快柳州、梧州等沿江区域性综合交通枢纽建设。支持贵港建设区域性航运枢纽，研究设立西江航运交易所。

（四）打造第二条"黄金水道"

自 2014 年国务院印发《规划》以来，珠江水运基础设施建设掀起高潮。广东启动了面向未来的交通基础设施建设，实施了西江、北江航道扩能升级工程；广西实施了重大基础设施建设三年行动计划，大力推进"一干七支"内河骨干航道建设；贵州启动了基础设施"六网会战"专项行动，加快形成"两主三辅"规划水运网，云南实施了交通基础设施五年大会战，加快建设"两出省三出境"水运通道，珠江水系水运基础设施条件得到了极大改善。据统计，2015 年以来，珠江水系完成水路基础建设投资 310 亿元，超过了前 10 年投资的总和。

航道方面，珠江水系航道通航总里程达 1.56 万公里，三级以上高等级航道达 2 419 公里，与 2014 年比新增三级以上高等级航道 900 公里，相当于再造了一条西江航运干线。

港口方面，珠江水系港口拥有生产用泊位 1 777 个，年综合通过能力达 5.9 亿吨，与 2014 年比累计新增约 1 亿吨。

船舶方面，珠江水系拥有水上运输船舶 14 748 艘，净载重量 1 592 万吨，与 2014 年底相比新增运力 309 万载重吨。

绿色发展方面，全国第一艘 2 000 吨级纯电动自卸内河船在珠江投入运营；广东内河码头泊位岸电设施建设已在 2019 年底前率先实现全覆盖；广西建设 LNG 动力船舶 66 艘，占全国总量的 1/5，居全国前列；贵州率先探索"航道＋旅游"发展模式；云南大力推动水运绿色发展。

2019 年，珠江水系内河货运量突破 10 亿吨，仅次于长江，位居世界第二，港口完成货物吞吐量 6.2 亿吨，较 2015 年分别增长 27.4％、44.3％。珠江水运已步入高质量发展快车道。

珠江水运在服务经济社会发展的同时，为美丽中国建设做出了实实在在的贡献。经过多年建设，珠江水系以主要港口为骨干、地区重要港口为基础、一般港口为补充的分层次港口布局体系逐步形成，南宁、贵港、梧州、肇庆、佛山等主要港口逐步向综合性港口发展,珠江水系港口年综合通过能力超过6亿吨。

课外阅读(一)

2018年12月21日,国家发展改革委、交通运输部(网站公开)发布《国家物流枢纽布局和建设规划》(以下简称《规划》)。《规划》选择127个城市作为国家物流枢纽承载城市,规划建设212个国家物流枢纽。《规划》提出,到2025年布局建设150个左右国家物流枢纽,推动全社会物流总费用与GDP的比率下降至12%左右;到2035年基本形成与现代化经济体系相适应的国家物流枢纽网络。国家发展改革委(网站公开)公布2019年23个、2020年22个城市入选《国家物流枢纽建设名单》,建立符合我国国情的枢纽建设运行模式,形成国家物流枢纽网络基本框架。

2021年2月24日,中共中央、国务院(网站公开)发布《国家综合立体交通网规划纲要》(以下简称《纲要》),要求各地区各部门结合实际认真贯彻落实。《纲要》规划期为2021年至2035年,加快建设20个左右国际性综合交通枢纽城市以及80个左右全国性综合交通枢纽城市。《纲要》提出总基调,即构建便捷顺畅、经济高效、绿色集约、智能先进、安全可靠的现代化高质量国家综合立体交通网。

《规划》和《纲要》的发布时间相差两年多,也表征了对"枢纽城市"认识的逐渐深化和定型。国家级枢纽城市建设,是集平台数字化、智能化、产业供应链于一体的产业载体,将成为推动城市经济转型升级的重要抓手。从城市层面构建物流枢纽与交通枢纽体系,是双循环新发展格局下最接地气的落地行业场景。

截止到2021年6月,国家发展改革委、交通运输部共公布两批次的国家物流枢纽建设名单,全国已布局总计45个国家物流枢纽。

国家物流枢纽的运输结构也在逐渐优化:2020年在公转铁方面,29个枢纽开行了铁路货运班列,平均开行班列数量超过2 000列,同比增长34.6%;在公转水方面,港口型枢纽水水中转量达到了3 875万吨,同比增长8.2%。

在国家物流枢纽园区的货物吞吐量方面,2020年75%的枢纽园区实现正增长,平均货物吞吐量达到4 799万吨,同比增长6.1%;在物流业务收入方面,80%的枢纽园区实现正增长,平均物流业务收入为67.7亿元,同比增长13.4%。整体来看,国家物流枢纽园区经营情况较好。

国家发展改革委将设立国家物流枢纽建设中央投资专项,重点支持枢纽铁路专用线、多式联运转运设施、公共信息平台、军民融合物流设施以及内部道路等公益性较强的基础设施建设,适当提高中西部地区枢纽建设资金支持比例。同时鼓励国家开发银行等金融机构支持枢纽设施建设,中央财政给予适当贴息,贷款余额纳入政策性业务考核;支持符合条件的枢纽运营主体通过发行公司债券、企业债券等多种方式拓宽融资渠道。

资料来源:作者根据相关资料整理。

课外阅读(二)

中共中央 国务院印发《长江三角洲区域一体化发展规划纲要》

前言

2018年11月5日,习近平总书记在首届中国国际进口博览会上宣布,支持长江三角洲区域一体化发展并上升为国家战略,着力落实新发展理念,构建现代化经济体系,推进更高起点的深化改革和更高层次的对外开放,同"一带一路"建设、京津冀协同发展、长江经济带发展、粤港澳大湾区建设相互配合,完善中国改革开放空间布局。

长江三角洲(以下简称长三角)地区是我国经济发展最活跃、开放程度最高、创新能力最强的区域之一,在国家现代化建设大局和全方位开放格局中具有举足轻重的战略地位。推动长三角一体化发展,增强长三角地区创新能力和竞争能力,提高经济集聚度、区域连接性和政策协同效率,对引领全国高质量发展、建设现代化经济体系意义重大。为深入贯彻党的十九大精神,全面落实党中央、国务院战略部署,编制本规划纲要。

规划范围包括上海市、江苏省、浙江省、安徽省全域(面积35.8万平方公里)。以上海市,江苏省南京、无锡、常州、苏州、南通、扬州、镇江、盐城、泰州,浙江省杭州、宁波、温州、湖州、嘉兴、绍兴、金华、舟山、台州,安徽省合肥、芜湖、马鞍山、铜陵、安庆、滁州、池州、宣城27个城市为中心区(面积22.5万平方公里),辐射带动长三角地区高质量发展。以上海青浦、江苏吴江、浙江嘉善为长三角生态绿色一体化发展示范区(面积约2 300平方公里),示范引领长三角地区更高质量一体化发展。以上海临港等地区为中国(上海)自由贸易试验区新片区,打造与国际通行规则相衔接、更具国际市场影响力和竞争力的特殊经济功能区。

本规划纲要是指导长三角地区当前和今后一个时期一体化发展的纲领性文件,是制定相关规划和政策的依据。规划期至2025年,展望到2035年。

资料来源:新华社.2019,中共中央 国务院印发《长江三角洲区域一体化发展规划纲要》[EB/OL].(2019-12-01)[2022-07-30].https://www.gov.cn/zhengce/2019/12/01/content_5457442.htm#:~:text=%E4%BB%A5%E4%B9%A0%E8%BF%91%E5%B9%B3%E6%96%B0%E6%97%B6%E4%BB%A3%E4%B8%AD,%E5%BC%BA%E5%8A%B2%E6%9C%89%E8%B7%83%E5%A2%9E%E9%95%BF%E6%9E%81%E3%80%82

思考题

名词解释

区域经济	区域物流	区域物流规划	城市物流
区域物流中心	物流园区	物流中心	配送中心
物流枢纽	经济带		

问答题

1. 何谓区域物流？区域物流的含义包括哪些内容？
2. 阐述区域物流发展的必然性。
3. 区域物流发展的模式有哪些？说明各种发展模式的运作特征。
4. 区域物流规划一般有哪几个层次？予以说明。
5. 谈谈区域物流规划的程序。
6. 阐述城市物流的特征。
7. 一般而言，城市物流系统的主要功能体现在哪些方面？
8. 谈谈城市现代物流体系建设的层次结构。
9. 城市配送中心有哪些不同的分类方式？
10. 何谓枢纽经济？谈谈枢纽经济的特征。
11. 何谓经济带？经济带具有哪些特点？
12. 谈谈你对京津冀、长三角、珠三角三大地区经济带发展的认识和体会。

第十一章

国民经济物流

学习目的

国民经济物流是宏观物流,深刻认识从国家的角度,高屋建瓴地来规划、组织关系国计民生的重大物流活动的重要性。了解我国关于国民经济物流的重大举措。

技能要求

学习近三十多年来国民经济物流发展的历程。深刻认识和理解我国物流政策的概念和政策体系的基本框架与政策重点。

了解国民经济物流的主要任务和国民经济动员中的物流;深入认识和理解我国物流业发展现状与面临的形势。

第一节　国民经济物流概述

"国民经济物流"的概念出现在1988年中国商业出版社出版的《物流概论》一书中。该书给出的定义是"国民经济物流是指在一国范围内由国家统一计划、组织或指导下的物流"。国民经济物流是宏观物流,它强调的是从国家的角度高屋建瓴地来规划、组织关系国计民生的重大物流活动。

今天,为了提高国民经济的物流水平和满足物流产业的发展需要,由国家来引导制定的物流政策法规、颁布的物流标准以及提出的物流发展指导性意见等,也应纳入国民经济物流的范畴。

一、我国关于国民经济物流的重大举措

现代物流的发展水平已逐渐成为衡量一个国家综合国力的重要指标。随着世界经济一体化趋势的不断加强,大力提高国家现代物流发展水平,越来越引起社会各界的高度重视。

党和国家领导人历来重视我国现代物流事业的发展。

1999年11月,吴邦国同志在原国家经济贸易委员会与世界银行召开的"现代物流发展国际研讨会"上明确提出,要把现代物流作为国民经济的重要产业和国民经济新的增长点,努力实现我国现代物流业的跨越式发展。

2001年,原国家经济贸易委员会等六部门发布了《关于加快我国现代物流发展的若干意见》。

2003年12月,时任国务院总理温家宝等领导同志对全国政协经济委员会提交的《关于我国现代物流情况的调研报告》作了重要批示。

2003年以来,国家发展改革委、财政部运用积极的财政政策共安排国债贴息13亿元,扶持了一批物流基础设施和物流信息化建设项目。

2004年,国家发展改革委等9个部委经国务院批准颁布了《关于促进我国现代物流业发展的意见》。

2005年2月,经国务院同意,由国家发展改革委牵头、商务部等13个部门和2个行业协会参加的全国现代物流工作部际联席会议制度正式建立,并于2005年5月召开了第一次会议。

2005年9月,国家发展改革委召集全部15家联席会议成员单位,召开了第一次全国现代物流发展工作会议,共商中国物流业发展大计。会议提出贯彻落实国家发展改革委等9个部委《关于促进我国现代物流业发展的意见》的具体政策措施,努力营造良好的政策环境,推进我国现代物流业持续、快速、健康发展。

2006年,《中华人民共和国国民经济和社会发展第十一个五年规划纲要》中单列一节"大力发展现代物流业",明确了物流业是支撑国民经济发展的"基础性、战略性"产业,明确了"十一五"乃至今后更长时期物流产业发展的主要任务。

2007年3月,国务院发布《关于加快发展服务业的若干意见》;9月,国务院召开全国服务业工作会议,把推进现代物流业作为服务业发展的一项重要内容。

2009年3月,国务院发布了《物流业调整和振兴规划》,把物流业列入十大产业,空前地提升了物流产业的地位。该文件指出:"制定实施物流业调整和振兴规划,不仅是促进物流业自身平稳较快发展和产业调整升级的需要,也是服务和支撑其他产业的调整与发展、扩大消费和吸收就业的需要,对于促进产业结构调整、转变经济发展方式和增强国民经济竞争力具有重要意义。"

2011年8月,国务院办公厅颁布了《关于促进物流业健康发展政策措施的意见》(以下简称《意见》)。《意见》指出,根据物流业的产业特点和物流企业一体化、社会化、网络化、规模化的发展要求,统筹完善有关税收支持政策。要加快推进物流管理体制改革,打破物流管理的条块分割。支持大型优势物流企业通过兼并重组等方式,对分散的物流设施资源进行整合;鼓励中小物流企业加强联盟合作,创新合作方式和服务模式,优化资源配置,提高服务水平,积极推进物流业发展方式的转变。《意见》还强调,要加强物流新技术的自主研发。

2014年9月,国务院发布了《物流业发展中长期规划(2014—2020年)》。文件指出:"加快发展现代物流业,对于促进产业结构调整、转变发展方式、提高国民经济竞争力和建设生态文明具有重要意义。"

2016年3月,为加快电子商务物流发展,提升电子商务水平,降低物流成本,提高流通效率,根据国务院《物流业发展中长期规划(2014—2020年)》,商务部、国家发展改革委、交通运输部、海关总署、国家邮政局、国家标准委制定了《全国电子商务物流发展专项规划(2016—2020年)》。

2016年6月,国务院办公厅转发国家发展改革委《营造良好市场环境推动交通物流融合发展实施方案》,部署推动交通物流融合发展,提升交通物流综合效率效益,有效降低社会物流总体成本。

2017年1月,商务部等5部门发布了《商贸物流发展"十三五"规划》,提出到2020年批发零售企业物流费用率降低到7%左右。

2017年4月,国务院办公厅印发《关于加快发展冷链物流保障食品安全促进消费升级的意见》,部署推动冷链物流行业健康发展,保障生鲜农产品和食品消费安全。

2017年8月,国务院办公厅印发《关于进一步推进物流降本增效促进实体经济发展的意见》,部署推进物流降本增效有关工作,着力营造物流业发展良好环境,提升物流业发展水平,促进实体经济发展。文件指出,物流业贯穿一二三产业,衔接生产与消费。推动物流降本增效对促进产业结构调整和区域协调发展、培育经济发展新动能、提升国民经济整体运行效率具有重要意义。

2018年1月,国务院办公厅印发《关于推进电子商务与快递物流协同发展的意见》。文件指出,近年来,我国电子商务与快递物流协同发展不断加深,但仍面临政策法规体系不完善、发展不协调、衔接不顺畅等问题。要全面贯彻党的十九大精神,深入贯彻落实习近平新时代中国特色社会主义思想,落实新发展理念,深入实施"互联网+流通"行动计划,提高电子商务与快递物流协同发展水平。

2018年12月,经国务院同意,国家发展改革委、交通运输部印发《国家物流枢纽布局和建设规划》。

2019年2月,国家发展改革委等部门发布《关于推动物流高质量发展促进形成强大国内市场的意见》。文件指出,进一步完善城乡消费物流体系,完善城乡配送网络;加快绿色物流发展,推进柴油车污染治理力度;降低车辆通行和港口物流成本,推广高速公路差异化收费。

2020年6月,国务院办公厅转发国家发展改革委、交通运输部《关于进一步降低物流成本的实施意见》。文件指出,近年来,社会物流成本水平保持稳步下降,但部分领域物流成本高、效率低等问题仍然突出。为深入贯彻落实党中央、国务院关于统筹推进疫情防控和经济社会发展工作的决策部署,进一步降低物流成本、提升物流效率,加快恢复生产生活秩序,文件提出六个方面政策措施。

2020年8月,国家发展改革委、工业和信息化部等14部门联合印发《推动物流业制造业深度融合创新发展实施方案》,提出到2025年,物流业在促进实体经济降本增效、供应链协同、制造业高质量发展等方面作用显著增强。探索建立符合我国国情的物流业制造业融合发展模式,制造业供应链协同发展水平大幅提升,精细化、高品质物流服务供给能力明显增强,主要制造业领域物流费用率不断下降;培育形成一批物流业制造业融合发展标杆企业,引领带动物流业制造业融合水平显著提升;初步建立制造业物流成本核算统计体系,对制造业物流成本水平变化的评估监测更加及时准确。

2021年3月,第十三届全国人民代表大会四次会议表决通过了《中华人民共和国国民经济和社会发展第十四个五年规划和2035年远景目标纲要》。

"十四五"时期是我国在全面建成小康社会、实现第一个百年奋斗目标之后,乘势而上开启全面建设社会主义现代化国家新征程、向第二个百年奋斗目标进军的第一个五年。

"十四五"规划提出,"十四五"时期以推动高质量发展为主题,统筹发展和安全,加快建设现代化经济体系,加快构建以国内大循环为主体、国内国际双循环相互促进的新发展格局。必须坚持深化供给侧结构性改革,以创新驱动、高质量供给引领和创造新需求,提升供给体系的韧性和对国内需求的适配性。必须建立扩大内需的有效制度,加快培育完整内需体系,加强需求侧管理,建设强大国内市场。必须坚定不移推进改革,破除制约经济循环的制度障碍,推动生产要素循环流转和生产、分配、流通、消费各环节有机衔接。必须坚定不移扩大开放,持续深化要素流动型开放,稳步拓展制度型开放,依托国内经济循环体系形成对全球要素资源的强大引力场。必须强化国内大循环的主导作用,以国际循环提升国内大循环效率和水平,实现国内国际双循环互促共进。

二、物流政策

物流业是支撑国民经济发展的基础性、战略性、先导性产业。物流高质量发展是经济高质量发展的重要组成部分,也是推动经济高质量发展不可或缺的重要力量。为增强物流企业活力、提升行业效率效益水平,国家发布了一系列物流相关的政策意见,为物流行业的发展营造了秩序井然的政策环境。

（一）物流政策的概念

物流政策是指国家或政府为实现全社会物流的高效运行与健康发展而制定的公共政策，以及政府对全社会物流活动的干预行为。具体包括有关物流的法律、法规、规划、计划、措施（对策），以及政府对全社会物流活动的直接指导等。

物流政策具有公共物品的属性，完善的物流政策体系一方面可减少或降低物流的外部不经济，如交通拥挤、交通事故、噪声污染、空气污染等；另一方面可扶持与促进物流业的发展，加速物流基础设施建设和完善，从而提高微观物流效率。

（二）物流政策主体

物流政策主体是指物流政策的制定者与实施者，即代表社会公共利益的社会公共机构。作为物流政策主体的社会公共机构主要由三部分构成，即立法、司法与行政机构。

1. 立法机构

根据物流政策的定义，有关物流的法律、法规属于物流政策的范畴，因此作为物流法律、法规制定者的立法机构是重要的物流政策主体。当然立法机构的具体形式因国家政治制度和国情的不同而不同。在西方，立法机构是议会。在我国，立法机构是全国人民代表大会及其常务委员会，以及地方各级人民代表大会及其常务委员会。但是，不论立法机构的具体形式如何，都改变不了它是国家或地方最高权力机关的属性。因此，立法机构不只是物流政策主体，更是最权威的物流政策主体。之所以说立法机构是最权威的物流政策主体，是因为立法机构所制定的政策（法律）要比其他政策主体所制定的政策具有更大的适用范围与调整强度。

2. 司法机构

立法机构制定的有关物流的法律、法规，旨在为全社会物流活动的相关主体规定是非标准、限制与行为方向，从而实现向人们宣布哪些活动或事业是允许的，允许到什么程度，以及哪些行为是不允许的，一旦做了要受到何种制裁等。但是这些标准与限制毕竟还是"纸上"的和观念上的，而要保证物流活动主体能够按照"纸上"的规定去实施行为，还必须有一个专门的机构去执行"纸上"的规定。这个机构就是司法机构。在我国，司法机构是公安、检察院与法院系统，以及其他具有部分执法权的行政部门，如工商行政管理、物价管理、环境保护机构等。

3. 行政机构

除立法与司法机构外，作为行政机构的政府，特别是中央政府也是重要的物流政策主体。政府机构虽然没有立法权，但是有权制定并颁布有关物流的行政命令（条例、通知等）以及行政指导。这些行政命令、行政指导是对全社会物流活动的公开介入和干预，也是物流政策的重要内容。事实上，从各国的物流政策实践来看，政府甚至是最重要、最具体的物流政策主体。不仅很多具体的物流政策要由政府制定并实施，而且一些很基本、很重要的有关物流的法律，也往往要由政府来"立案"。从这个意义上讲，政府甚至具有实际的"立法权"。但是政府制定的物流政策，特别是一些具体的针对某些领域、某些问题的物流政策,必须符合由立法机构通过的法律,而且政府本身也必须接受并服从司法机构的执法。从这个角度来看,政府同私人部门是同处一个层次的。这说明政府具有三种属性:一是物流政策的制定者;二是物流政策的执行者;三是物流政策的适用对象。当然,这里所说的政府,既包括中央政府及其所属部门,也包括地方政府及其所属部门。

(三) 我国物流政策体系的基本框架与政策重点

1. 物流产业化政策

物流产业化程度越高,整个社会物流的效率也越高,从而不仅可以极大地节约资源、降低能源消耗,而且有利于环境的改善。衡量物流产业化程度的重要指标就是专业化的物流服务或专业化物流企业所提供的物流服务。这项政策重点应该包括专业化物流企业或经营者的市场准入制度、物流市场的竞争规则、交易程序及业务与服务标准等。我国鼓励物流服务需求者减少自有物流设施与工具的拥有量及使用率(提高专业化物流服务的利用率)、鼓励并支持专业化物流企业的发展等。

2. 物流环境政策

我国虽然不乏环境保护方面的立法,但是针对物流领域制定的环境保护立法及相关专门政策并不多。而随着我国经济的快速增长、物流量的急速膨胀以及物流服务需求水平的日益提高,物流领域所带来的环境压力越来越大,因此,必须针对物流领域的特殊情况制定相应的环境保护政策。

总的来说,物流环境政策可以从两个角度来设计:一是从管制的角度进行设计,主要是制定环境标准,并对违反环境标准,或对环境造成负面影响的组织与行为进行严格的管制;二是从促进或支持的角度进行设计,主要是制定有关鼓励物流主体减少环境污染的行为标准。此外,鼓励低公害物流工具和物流方式的开发与应用,也是物流环境政策的重要内容。

3. 物流效率化政策

从理论与国外的实践经验来看,影响全社会物流效率提高的最直接、最突出的因素主要是物流信息化、物流标准化、物流共同化或合作化,以及各种物流方式的有效组合。因此,推进全社会物流的信息化、标准化、共同化,以及各种物流方式的合理利用,是各国物流效率化政策的重点。

4. 物流基础设施与物流网点政策

物流基础设施与物流网点政策就是有关铁路、公路、航路(包括海运及内河航道与航空航线)、管道,以及大型车站、港口、机场、仓库、物流或配送中心、流通加工中心、物流园区等的规划、布局、建设、使用、维护、运营管理方面的政策。

具体的政策形式主要以法律、法规为主,辅之以必要的行政类政策。在我国现行的物流政策中,大部分法律法规类政策都属于物流基础设施政策,如《中华人民共和国铁路法》《中华人民共和国公路法》《中华人民共和国民用航空法》等,但大部分法律、法规需要及时进行调整或修订,同时还要补充制定《公路运输法》《铁路运输法》等。

5. 物流设备与工具政策

物流设备与工具主要指运输、仓储、装卸、包装、流通加工、物流信息等设备与工具,如车辆、船舶、集装箱、托盘、货柜与货架、计算机等。

物流设备与工具对物流作业效率有直接影响,因此,不断提高物流设备与工具的性能与作业效率,对改善物流作业条件、降低能源消耗、减少环境污染、提高物流效率具有十分重要的意义。因此,从政策上保证或促进物流设备与工具的开发、更新,是各国的通行办法。我国应逐渐建立并完善在物流设备与工具方面的有关政策,以及扶持开发、引进先进适用物流设备与工具的组织。

6. 物流国际化政策

物流国际化不仅意味着物流业务领域或范围的国际化,也意味着物流主体与物流资本的国际化;不仅意味着我国物流企业与物流资本要走向国际市场,也意味着外国物流企业与物流资本进入我国市场。事实上,以上方面的物流国际化在我国都已经出现,国内物流市场的国际竞争已经展开。

有关物流国际化的政策也是我国物流政策体系中的主要内容,其政策重点应是保护进入我国市场的国际物流资本(企业)的合法权益;维护包括国内物流资本与国际物流资本在内的公平竞争的市场秩序;鼓励并支持国内物流资本的联合、重组,提高经营管理水平,以获得与国际物流资本进行公平竞争的"资格";鼓励并支持国内物流资本与国际物流资本的合作,共同开发国际物流市场;鼓励并支持各地区根据本地区的实际情况,加入跨国性区域物流联合体,积极开展跨国性区域物流合作,提高区域物流的增值能力,促进区域经济与社会的协调发展。

(四) 构建我国物流政策体系的基本思路

为了促进我国物流事业的健康发展,应结合我国物流发展的实际情况与国内外现代物流的发展趋势,在借鉴国外经验和对现行物流政策进行清理、调整、完善的基础上,构建新的综合物流政策体系。具体要求如下:

1. 符合市场经济原则

市场经济体制是成熟的、有效的世界性经济体制,也是我国的体制选择,因此,各种政策必须在市场经济体制的背景下制定,各种政策的施行不能破坏市场经济体制的基本框架与运行原理。无论对现行物流政策的清理、调整与完善,还是制定新的政策,都必须符合市场经济的原则。

2. 充分体现现代物流的特点,提升物流政策的系统性与综合调整能力

现代物流的基本特点就是系统化、信息化与标准化。因此,在构建我国物流政策体系时,必须充分体现现代物流的特点,不仅要建立与完善运输环节的各种政策,还要建立与完善诸如仓储、装卸、包装、流通加工、物流信息等其他环节的各种政策,其中物流信息方面的政策尤为重要,也是我国物流政策的薄弱环节。现代物流也是一个高度标准化的系统,因此,还要围绕物流标准化的推进,制定相应的法律、法规与政策。此外,现代物流的系统化特点还要求在制定物流政策时,既要考虑物流环节的有关政策,也要注意各物流环节有关政策之间的相互协调与相互增进,尤其要避免各种政策之间的相互排斥和冲突。

3. 兼顾效率、社会与环境目标,有利于可持续发展

从国内外的经验来看,制定物流政策的基本目标有两个:一是促进全社会物流效率的

提高,二是最大限度地降低物流对社会发展,特别是对环境的外部不经济性。因此,我国在构建物流政策体系时,应坚持兼顾效率、社会与环境目标的原则,而且当上述目标存在冲突时,应该优先考虑社会与环境目标。

4. 合理借鉴国内外经验

在制定我国现行的物流政策过程中,除尽可能地吸收、保留原有的实际可行的政策外,我们还要积极学习、参考、借鉴国外物流政策的历史与现状,启发与开阔政策思路与视野,丰富政策内容。

5. 符合国情与区情

我国仍属于发展中国家,且国内各地区之间发展很不平衡,因此在构建物流政策体系时,一方面在原则上要符合全球经济一体化的要求,另一方面要充分考虑到我国的实际情况,制定符合我国国情的物流政策。同时,各个地区在制定物流政策时也要充分考虑到本地区的经济发展水平、产业结构、比较优势,制定符合本地实际情况的地方性物流政策,避免盲目移植与照搬。

三、中国物流业景气指数

2013年3月5日,中国物流与采购联合会、中国物流信息中心正式对外发布中国物流业景气指数(Logistics Prosperity Index,LPI)。该指数将于每月5日上午9时通过媒体对外发布,主要发布官方网站为中国物流与采购联合会网站和中国物流信息中心网站。

(一) 调查方法

物流业景气指数调查采用概率比例规模(Probability Proportional to Size,PPS)抽样方法,按照各物流行业对物流业主营业务收入的贡献度,确定各行业的样本数。在此基础上,兼顾样本的区域分布、企业类型分布、规模分布。

本调查由中国物流与采购联合会具体组织实施,利用中国物流信息中心统计联网直报系统对企业物流业务经理进行月度问卷调查。

(二) 调查内容

物流业景气指数调查问卷涉及业务总量、新订单、库存周转次数、设备利用率、从业人员、平均库存量、资金周转率、主营业务成本、主营业务利润、物流服务价格、固定资产投资完成额、业务活动预期等12个问题。

对每个问题分别计算扩散指数,即正向回答的企业个数百分比与回答不变的企业个数百分比之和的一半。

(三) 重大意义

中国物流业景气指数调查结果基本反映了我国物流业发展运行的总体情况,与货运量、快递业务量、港口货物吞吐量等物流相关指标,以及工业生产、进出口贸易、固定资产投资、货币投放等相关经济指标具有较高的关联性。

中国物流业景气指数调查丰富了物流统计指标体系,有效弥补了现行物流统计的不足,增加了观察、预测、分析我国物流业运行发展趋势的新视角,为进一步加强物流运行与国民经济的关联性研究奠定了基础,为指导企业生产经营与投资等活动提供了依据。

根据中国物流与采购网对中国物流业景气指数的定义,物流业景气指数反映物流业经济发展的总体变化情况,以 50% 作为经济强弱分界点,当指数高于 50% 时,表示物流业处于经济扩张阶段;当指数低于 50% 时,表示物流业处于经济收缩阶段。根据中国物流与采购联合会统计显示,自 2011 年 10 月以来,除 2020 年初受新冠肺炎疫情影响导致物流业景气指数低于 50% 外,其余期间基本保持在 50% 以上,这反映出近年来我国物流业总体处在平稳较快发展的周期。

四、国民经济物流的主要任务

国民经济物流是不同于企业物流和区域物流的宏观物流。当前形势下,国民经济物流的主要任务有以下几点:

(一)完善物流法律法规,为发展物流业提供有力的法律保障

适合现代物流发展的法规建设是社会化生产的客观要求。近几年,关于物流方面的法律、法规建设取得了令人振奋的进展,不过我们也看到我国关于物流业的法律法规还是不完善的。政府应注意根据物流产业发展的具体阶段,不断修订与物流运作冲突的相关法律法规,并通过完善法律体系,维护公平的市场秩序。

(二)制定与世界接轨的物流标准,消除物流业发展的标准瓶颈

针对当前物流标准化进程中存在的问题和国际物流标准化的发展方向,政府要高度重视物流标准化工作。一方面,要在物流术语、计量标准、技术标准、数据传输标准、物流作业和服务标准等方面做好基础工作;另一方面,要加强标准化工作的协调和组织工作,对国家已经颁布的各种与物流活动相关的国家标准和行业标准进行深入研究,对于已经落后的技术标准要尽快淘汰,并代之以新标准;对托盘、集装箱等各种物流搬运、装卸设施及其他通用性较强的物流设施和装备的标准进行全面梳理,并进行适当的修订和完善,以使各种相关的技术标准协调一致,提高物流产业中货物和相关信息的流转效率。

(三)大力宣传现代物流管理理念,培育国际知名的物流企业

物流业的发展需要政府、企业及社会各界的广泛关注和重视。针对当前社会上对物流的错误认识,要进行纠正并宣传正确观念,让人们正确认识物流。大力宣传现代物流理念,积极培育具有优势的国有、民营物流企业。大力建设信息网络,改造、建设物流设施,大力拓展物流业务,加快向现代化、综合性第三方物流转轨。学习国际上著名物流企业的先进经验,加强合作和交流,努力提升自身的核心竞争力,争取培育出一批国际知名的物流企业。

(四)建立完善的教育体系,满足社会对物流人才的多样化需求

我国物流业要想得到持续、快速、健康的发展,物流人才是关键。目前,物流人才匮乏,加强各个层次的物流人才培养是当务之急。国家应当加大物流教育方面的投入,并积极引导民间资本投入其中,开展多层次、多形式、多渠道的物流教育。建立多层次的教育体系,一是加强学历教育,政府应当鼓励各高校按照市场需求进行专业和课程的设置;二

是重视继续教育,充分利用科研院所和民办教育机构,对物流从业人员开展继续教育,使其掌握先进的物流知识;三是发展物流职业教育,借鉴国外经验,在物流业中确立物流从业人员资格管理制度,引进先进的物流培训体系。

(五)充分认识物流业的重要性,制定明确的物流业发展战略

21世纪,物流业将发展成为我国经济的一个重要产业部门,成为新的经济增长点。但相对于发达国家而言,目前我国物流业尚处于起步阶段。在经济全球化的大背景下,一国的物流业是否具有国际竞争力,不仅决定着其他产业的国际竞争力水平,而且决定着一国对国际经济资源的吸引能力。从这个意义上讲,现代物流业的战略地位不容忽视。为此,政府需要组织企业、院校及其他科研机构对物流业的战略地位进行充分的研究,尽快制定出明确、具体、可行的战略目标。

(六)合理进行物流基础设施建设,为发展物流业提供硬件保证

当前,物流设施建设开始逐步纳入各经济区域、各地区、各市物流发展规划。虽然各级物流规划还有不完备的地方,各地区、各市物流规划还有待互相协调和衔接,但规划的制定和实施将有利于克服物流设施建设的无序状态。目前,东部地区已基本完成规划,正在进入实施阶段;中西部地区正在进行规划的前期工作。国内已建、在建和拟建的物流基地、物流园区、物流中心等铺摊很多,为了避免将来有大批物流设施闲置,必须明确这些基础设施究竟为谁服务,是否具有针对性、目的性。由于各级物流规划主要是规划运输节点、商品集散基地、物流流向等,因而具体的物流中心、配送中心必须落实到客户。此外,在物流规划制定和实施中,应把政府的宏观指导与物流企业的运作同客户的需求结合起来,避免主观随意性。

(七)建立政府部门间的协调机制,使物流业管理由分权转为相对集权

由于对运输、包装、仓储、配送、货代等的管理涉及国家发展改革委、交通部、民航局、商务部、海关总署等十几个部门,且目前这些部门在促进物流业发展方面都十分积极,因而为避免政出多门和确保政府部门间政策的协调一致,有必要建立起政府部门间的协调机制。可供选择的方案有:① 由政府综合管理部门牵头,负责协调相关部门的政策;② 组成以相关政府部门为成员的部门联席会议或部门间的促进物流发展政策委员会,专门负责研究、制定和协调物流发展的相关政策,其具体执行可交由政府综合管理部门。

(八)促进物流行业协会的联合,为物流业发展做出更大的贡献

目前,在国内物流领域影响较大、有一定规模的物流行业协会有10余家,如中国物流与采购联合会、中国运输协会、中国仓储协会等。政府可根据我国物流业发展的进程及市场的需求,逐步引导物流行业协会联合起来,形成合力;充分发挥它们的作用,促进各行业物流管理水平的提高,促进专业化、社会化物流服务的发展,使之成为企业与政府之间的重要桥梁和纽带。各行业协会应该积极进行物流理念推广、人才培养、经验交流及物流理论研究,加强与世界各国之间的交流与合作。注意学习发达国家在物流管理发展过程中积累的先进经验,追踪物流管理理念和物流技术的最新动态,为我国物流管理水平的提高做出更大的贡献。

第二节 应急物流

应急物流是"为应对突发事件提供应急生产物资、生活物资供应保障的物流活动"(GB/T 18354-2021)。

《中华人民共和国国民经济和社会发展第十四个五年规划和2035年远景目标纲要》提出,加快建立储备充足、反应迅速、抗冲击能力强的应急物流体系。应急物流体系是我国现代物流体系的重要组成部分,是国家和社会应对多种安全威胁的重要物质支撑。

一、应急物流的特点

2003年,"非典"疫情的暴发一时间令我们有些束手无策。恐慌造成了抢购,甚至有些生活必需品一时供应中断,物流受阻……2003年笔者撰写了《国民经济动员中的物流链探讨——伊拉克战争和抗击"非典"活动案例研究》,并刊登在《北京理工大学学报(社会科学版)》2004年第四期上。此后,物流学术界加大了对突发事件的物流研究的力度,逐渐形成了"应急物流"研究的新思维。

中国是世界上受自然灾害影响最为严重的国家之一,自然灾害种类多、频度高,造成的损失严重。数据显示,随着经济的发展,灾害损失逐步增加,我国有70%以上的大城市、半数以上人口、75%以上工农业生产值分布在气象、海洋、洪水、地震等灾害严重的沿海及东部地区。自然灾害和危及公共安全的紧急事件催生出巨大的应急物流需求。目前,中国处在突发公共事件的高发时期,而且在未来很长一段时间内,都将面临突发公共事件所带来的严峻考验。

应急物流是为应对严重自然灾害、突发公共事件,而对物资、人员、资金的需求进行紧急保障的一种特殊物流活动。应急物流与普通物流一样,由流体、载体、流向、流程、流量等要素构成,具有空间效用、时间效用和形质效用。同时,应急物流又是一般物流活动的一个特例,它具有区别于一般物流活动的特点。

(一) 突发性和不可预知性

这是应急物流区别于一般物流活动的一个最明显的特征。

(二) 应急物流需求的随机性

应急物流是针对突发事件的物流需求,应急物流需求的随机性主要源于突发事件的不确定性。

(三) 时间约束的紧迫性

由于突发事件往往难以预测,留给应急物流准备和反应的时间很短,因而应急物流体系必须提升快速反应能力。

(四) 高专业性

应对突发事件需要配备专业化的救援力量。无论是救援环境的自主适应还是救援物资的储存配送,都要以专业化的应急物流力量做支撑。

（五）高敏感性

突发事件不仅关系到民众生命安全，还关系到国家财产安全。应急物流全过程是暴露在公众媒体下的，稍有不慎就可能造成不良社会舆论和其他负面影响。

（六）主体性强

突发事件救援往往以应急物资保障为核心，应急物流行动成为救援行动主体，带动着其他行动的同步展开。

（七）弱经济性

普通物流既强调物流的效率，又强调物流的效益，而应急物流在许多情况下是通过物流效率的实现来达成其物流效益目标。

二、建立我国应急物流体系的路径

应急物流体系应具备应对突发公共事件的能力，基本保证事发地以外地区社会经济的正常运转，人民生活正常进行。应急物流体系需要在政府的领导和指挥下，广泛吸收社会力量，既要发挥政府相关部门强组织的有效动员能力，又要充分发挥社会自组织的快速反应能力。

（一）建立原则

1. 整体规划，逐步完善

应急物流体系需要不断发展和完善。要对历次应急事件情况及时进行总结，同时借鉴国外先进经验，立足于未来需求，充分考虑应急事件可能出现的各种复杂严峻的情况，做好顶层设计和整体规划，并逐步分阶段、有计划、有组织地实施和完善。

2. 厉行节约，平战结合

应急物流通常以使灾害带来的人员伤害和财产损失最小为目标，而不同于一般物流以经济效益最高、综合成本最小为目标，体现出应急物流的弱经济性，但这并不意味着应急物流体系的建设也以弱经济性为原则，毕竟灾时相对于平时是小概率事件，如果忽略经济性去建设应急物流体系，势必造成巨大的浪费，也会给建设带来巨大的成本压力。因此，建设应急物流体系应做到平战结合，充分利用好已有的社会资源。

3. 政府主导，多方参与

由于突发公共事件具有不确定性、需求多样性和时间紧迫性等特点，因而应急物流体系建设单纯地依靠政府、企业或者某个专业部门是无法完成的，需要在政府主导下多方力量的广泛参与。

4. 统一管理，统筹全局

由于应急物流涉及仓储、运输、配送等环节和多个主体间的配合，因此需要一个统一的管理机构进行组织协调。考虑到这方面的需求，可在现有政府机构设置的基础上，按照国家、省、市、县四级管理体系，整合政府部门、行业协会、高校、研究机构以及企业的力量，包括一定数量的有较高造诣、富有工作经验的技术专家，组成体现专业、常设等特点的地方乃至国家层面的应急物流领导小组。

(二)具体路径

1. 加大应急物流体系理论与政策研究

应急物流体系起源于欧美地区,相对于国外应急物流体系的建设,我国应急物流体系有待进一步完善。

美国突发事件管理系统(National Incident Management System,NIMS),将应急事件系统化设置为预防与准备、沟通与信息管理、资源管控、指挥与管理以及日常管理与维护等功能模块,涉及多个部门的组织配合,在应急事件发生时具有很强的实操性。

欧盟的应急响应中心(Emergency Response Center,ERC)在面对重大应急事件时,能够迅速进行检测预警、应急响应、多方协调、信息共享,快速对受灾地区提供应急支援。

此次新冠肺炎疫情防控证明,我国建立"平时服务、急时应急、战时应战"多重功能的应急物流保障体系十分必要。完善应急物流保障体系,需对应急物流领域进行全方位研究,军地院校、科研院所、行业组织应建立应急物流研究机构,高校可开设应急物流专业和课程,加大对应急物流领域相关课题的扶持力度,改变限于灾情发生时临时从事应急物流研究的被动局面。

2. 完善应急物流法律体系建设

应急物流法律体系是确保我国应急物流长期健康发展的重要保障。目前,我国与应急物流体系相关的现行法律法规,尚缺乏体系性、针对性、完备性和实操性,有些可能还存在冲突。因此,应急物流法律体系建设应从此次新冠肺炎疫情防控中总结经验教训,并适当借鉴发达国家在应急物流工作方面的有益经验,系统规划、逐步完善、不断改进,确保应急物流工作有法可依。

应急物流补偿法律体系,可借鉴学习美国的"市场分担"以及日本的"政府保险合作"等模式,明确应急物流活动中政府、企业、军队、基层社区组织等参与者的责任、权利以及义务,建立顺应我国国情的多元化补偿方案。另外,各地方政府相关部门要与应急物流管理部门结合地方实际,制定地方性应急物流规章制度;同参与或可能参与应急物流工作的企业或者行业协会以及学术机构,联合制定不同层面的应急物流运输、仓储、配送、信息交换等方面的规章制度,明确各实施主体的责任与义务,对应急物流各环节实行规范化管理。

3. 逐步健全应急物流法规标准

应急物流涉及国家和社会诸多方面,要保证应急物流体系的高效运转,必须理顺社会各层级的供应关系,厘清应急管理与物流各职能部门的界限,区分各类运输、仓储、配送等保障实体的社会责任,优化国家和社会应急物流运作的流程,合理配置国家、军队、政府、企业、家庭等的应急资源,制定刚性贯彻的应急物流法规。

首先,在国家层面出台应急物流管理法规制度。明确应急管理部门所属应急物流相关机构在统筹、规划、建设、管理等方面的职责;界定国家、政府、地区从事应急物流中所承担的责任范围;规定动员军队、地方企业和其他支援等力量后的补偿机制。

其次,在地方政府层面出台相关应急物流保障法规。在国家法规的基础上,地方政府应依据自身区域特点,明确各部门应尽的职责,界定其权责范围;规范应急预案编制,制定演练标准,统一演练行动;规定军队、普通物流企业在突发事件中担负的具体职责,包括具体业务配合、信息共享、资源共用等。

最后,在物流行业层面出台相关技术和管理标准。依据应急物流专业要求,由行业协会牵头,制定应急物流与普通物流在技术上接轨的标准;制定各类型突发事件中应急物流管理标准;依据货物特性和服务对象要求,制定应急物流实施保障标准;完善物流企业应具备的应急物流保障效能标准。

4. 建立应急联动响应机制

突发事件发生时,由政府牵头、多方参与的"政企协同、军民融合"的应急物流联动机制应即刻响应,以使各方形成合力,提供更好的应急物流服务。

平时,建立与物流协会、核心企业、社区委员会以及军队等机构的有机联系,针对各主体不同的功能定位,建立应急物流信息系统或平台进行有效管理。联合多方主体加强应急方案研究和制订,针对应急物流活动中的不同环节,明确各主体的工作责任,做好应急物流运作的有效衔接。在面对不同突发事件时,能迅速组建一批专业的应急物流团队,确保政府与核心企业、军队之间的应急协同配合工作顺利进行。为确保突发情况出现时,能快速有效地与政府有关部门配合,做好应急物流保障工作,定期举行应急物流合作演练也是很有必要的。

5. 加快推动物流新业态、新模式发展

冷链物流、医药物流、生鲜物流、农村物流、社区终端配送、废弃物物流等多种分支物流,在此次新冠肺炎疫情防控中发挥了重要作用。"无人配送""无接触配送"也是应急物流体系的新模式和新亮点。

有关部门还应进一步加大推广物流业新技术、新设备、新业态、新模式,致力于促进物流业产业结构升级,推动物流业朝自动化、智能化、无人化、智慧化方向发展。优先推动互联网、云计算、大数据、人工智能、区块链、5G 等信息技术在物流领域的广泛应用,尤其是加快推动区块链技术在应急物流物资管理方面的应用。

三、应急物流信息平台

应急物流信息平台是为解决应急物流中的需求所建立的基于大数据、云计算、区块链等现代信息技术,融合军地资源,数据共享、数字可视的信息网络平台。

应急物流信息平台主要包括突发事件监测及发布、应急物流预案管理、应急物流辅助决策、应急物流可视化、应急物流要素统计分析、捐赠物资统计分析、应急物流法律法规管理等功能模块。

为实现应急物流资源在平台上的实时掌握、共享和沟通,基础工作十分重要。

(一)推进应急物资编目编码

应急物资相关数据的可视化,是建立在应急物资实现编目编码的基础之上的,应当分别对自然灾害、事故灾难、公共卫生事件和社会安全事件等所需应急物资进行梳理分类,完成通用、专用和特需应急物资的编目编码,并实现从物资生产出厂到用户使用消耗的全过程跟踪管理。

（二）规范物资数据录入

打破多层级、多部门之间物资共享壁垒，加强各类物资数据通用性整合，将原有各自分散的、不同格式的、不同类别的应急物资数据统一接入到应急物流信息平台基础层，实现应急物资数据基础录入的标准化和规范化，确保国家应急物资得到有效利用。

（三）建立应急物资数据核查机制

由各级政府、各级应急管理部门及有关军队人员，按国家、省、市、县四级体系建立应急物资数据核查机制，核查上报应急物资数据的真实性和准确性，并对应急物资数据进行及时更新。重大突发事件结束后，组织专人进行线上数据与线下资源核查，避免因错误数据误导应急物流指挥调度。

（四）评估平台运行

以典型突发事件场景下的演练作为评估平台运行效能的重要抓手，并对重大突发事件应急物流进行复盘评估，组织专家组对基于应急物流信息平台所制定的运输、仓储、配送、回收等方案进行效能评估，查摆问题，优化应急物流信息平台模块功能和运行流程，提升应急物流辅助决策和资源调度能力。

四、完善应急物资储备体系

应急物资储备是应对突发事件的重要依托和物质基础。加强应急物资储备体系建设，重点是搞清"储什么""储多少""储在哪""怎么储"的问题，在国家和社会形成品类齐全、规模适度、布局合理、配套完善的应急物资储备格局。

（一）储备目录常态更新

加快论证形成各级应急物资储备目录，梳理中华人民共和国成立以来国内发生的各类突发事件，区分传统和非传统类型，统筹考虑可能出现的突发事件新类型，调整增加相应应急物资种类，建立定期动态更新机制。

（二）建立物资储备精准规模

系统分析各地区突发事件及保障物资的历史数据，预测突发事件的种类、规模等情况，逐级提报，综合测算，形成精准量化的应急物资需求；综合考虑交通运力、配送网络、社会资源、生产能力等因素，建立国家和社会各级储备仿真模型，动态测算调控库存量，形成比例均衡、结构合理的储备规模，同时建立快速回补机制，确保及时恢复储备规模。

（三）规划应急物资储备布局

综合考虑地理环境特点、物流资源基础及历史突发事件等情况，按照应急物资储备层级和空间关系，加快构建大型化、综合化、智能化的物流枢纽，形成物流渠道顺畅、枢纽节点衔接的应急物流骨干网络；综合考虑保障区域、生产能力和物流能力等因素，优化承储企业的地理空间分布，充分利用社会物流资源，规划论证覆盖国土全域的应急物资储备布局。

（四）集约应急物资储存方式

按照各级应急物资储备目录，将储存物资组合分拣、集装化储存管理，形成综合性单元模块，便于精准调拨、快速配送；集约实物、经费、技术以及生产能力储备等方式，探索建立一线救援机构、应急物资仓库、代储企业三级储备体系，形成前后衔接、快速响应、持续稳定的供应链。

（五）逐步加强专业化应急物流力量

专业化应急物流力量是实现快速、高效救援的关键。应对自然灾害和社会突发情况，需要专业化救援队伍，而专业化救援队伍需要专业化应急物流力量做支撑，为此必须着眼专业化救援的能力需求，有重点地加强专业化应急物流力量。

首先，依托现有物流体系，构建专业化应急物流力量体系。根据各区域突发事件特点，区分物流园区、物流中心、配送中心构建专业化应急物流力量体系。其中，应急物流园区突出综合调度、物资储存、流通加工、多式联运转换等综合保障能力；应急物流中心突出区域集散、集装集卸、单元化储存等中转衔接能力；应急配送中心突出快速接收、分拣组套、精确配送等面向用户的专业服务能力。

其次，着眼保障场景研发专用装备。针对边远山区、海岛等特殊地理环境，大力研发无人化、全地形化运输配送装备；针对高寒、高温、高湿、高盐、抗震等特殊条件环境，重点研发物资储存、包装装备；针对有毒气体、易感染、辐射强等恶劣环境，集中研发高防护、自装卸、远程遥感的搬运、分拣装备等。

最后，强化应急物流专业人才队伍。根据应急物流岗位能力需求，重点培养统筹能力强、管理素质高、专业技能全的指挥管理人才；重点锻炼快速分仓布局、港口装卸搬运、集装包装作业、大货司机等一线关键岗位人才；重点扶持精研保障预案、演练指导、辅助决策的专家型人才，逐步形成三位一体的应急物流专业人才队伍。

第三节　战争时期物流的组织

一提到战争时期的物流，就绕不过军事物流。军事物流是为了满足军队平时与战时物流需要的活动。21世纪，世界大战爆发的可能性不大，但部分地区政治、经济、民族、领土、宗教矛盾十分突出，局部战争和武装冲突仍将此起彼伏。从我国具体情况来看，一方面世界战略格局对我国的影响较大，另一方面我国周边环境错综复杂，局部战争爆发的可能性依然存在，我国仍必须做好军事斗争的各项准备。

（一）战时物流系统的特点

1. 临战准备时间短，快速反应要求高

现代战争的突然性、部队机动的高速度和连续性，使得战前的准备、战役及战斗之间的休整期缩短，这就要求军事装备功能的恢复需在较短的时间内完成，军事装备能够按时投入战斗。要在短时间内保证及时供应所需的军事装备，就要求战时物流管理机构具有快速高效的反应能力。

2. 作战方向和地区可以预测，可预先进行战略军事装备储备

现代战争空前激烈，在很短的时间内，会损耗大量的军事装备。为此，应根据作战地区、作战方向及敌我装备特点，分析研究军事装备的战损模型，在可能的战场建立战略、战役、战术三级战时军事装备储备。

3. 军事装备消耗量大，保障任务繁重，补给困难

高技术条件下的局部战争战场广阔，纵深长，参战的兵种多，电子对抗激烈，特别是导弹战、电子战出现以后，双方的交战距离更远。同时，高技术武器的广泛使用，使前方和后方的界限更加模糊。战争、战役有可能在前方和后方同时进行，这使得运输线的争夺愈加激烈，军事装备补给十分困难。

4. 指挥与保障结合紧密，战时物流管理机构组织指挥复杂

随着G4ISR系统①的实际运用，战场指挥员可以随时掌握可视化战场。一方面，战争进程加快，部队调动频繁；另一方面，交战双方犬牙交错的复杂局面将不可避免，此时更需要装备保障工作及时、准确、高效。这为战时物流的组织指挥增加了难度，提高了要求。

（二）战时物流系统的组织原则

1. 统一规划，建立储备

储备量应根据各战区在未来战争中可能承担的任务和国家经济能力，由战时物流管理机构统一规划制定。按照国家的物资管理体制，凡国家军工企业统一组织生产的军事装备，应由总部军事装备物流管理机构统一规划筹措。预置储备的重点应是主战装备的补充器材和作战装备专用的物资。

2. 分级管理，合理布局

战略储备由总部掌握使用，约占总量的30%；战役储备由战区掌握使用，约占总量的70%，包括各级部队以战备基数的形式管理的战术储备。从近期局部战争和我军的任务特点出发，应适时增加战略储备的比例，并适当加强一线部队的储备容量，以利于形成保障拳头。军事装备的储备，应重点部署在主要战备方向上。在可能发生局部战争或武装冲突的战役方向，将战区的储备部分前提，达到快速保障、高效保障的目的。

3. 区分主次，及时供应

各战区的保障的重点应是主要军事装备和重点军事装备，特别是"撒手锏"军事装备和消耗大的军事装备，切实做到主战优先、关键优先，以保证战争需要的战斗力水平。同时要按军事装备的毁损概率和消耗概率，在有准备的基础上及时保障辅助军事装备和相关的设备，以保证遂行战斗任务必需的整体攻击力水平。

4. 军民结合，广开源路

充分利用社会主义市场经济的优势和国家经济建设的成果，可在战争前期由军地物流一体化管理机构落实通用器材等物资的生产和管理，在战时优先使用、及时补充。应绝对避免预置储备的军事装备在战争前期即投入使用或可以不使用时投入使用。

---

① G4ISR系统为自动化指挥系统。"C4"代表指挥（Command）、控制（Control）、通信（Communication）、计算机（Computer）；"I"代表情报（Intelligence）；"S"代表电子监听（Surveillance）；"R"代表侦察（Reconnaissance）。

5. 统一调度，及时输送

按高技术战争的现实需要，落实三军军事装备物流一体化，建立统一的战时军事装备物流管理机构，切实将军事装备的保障纳入作战方案，保证军事装备的运输统一调度和指挥。

6. 妥善管理，保证安全

战时军事装备物流中心的管理是实现保障的基础和前提。要高度重视军事装备物流中心自身的安全防范工作；注意加强内部管理，军事装备分区存放、分类管理；加强军事装备前送过程中的防卫，并尽量在夜间或能见度不高的条件下进行；加强技术防护，避免军事装备受到生物、化学及放射性物质的攻击。

（三）国民经济动员的必要性与可行性

国民经济动员是指为维护国家安全，有计划、有组织地增强国民经济应变能力，将国民经济由平战状态转入战时状态所进行的一系列活动。在未来一体化联合作战的背景下，面对保障资源需求量大、保障任务类型多、保障时限要求紧等特点与要求，军队自身的物流保障力量已无法满足现代战争对物资保障的需求，必须充分利用好地方丰富的物流资源，军地优势互补、密切协同、一体保障，才能有效提升战时军地物流联合保障能力。

1. 未来战争消耗巨大，军队自身的物流保障力量有限

物流是将国民经济实力转化为军事战斗力的重要桥梁和纽带，是支援战争、保障军事行动胜利的重要前提。未来一体化联合作战，将在陆、海、空、天、电等多维空间展开，战场环境复杂，保障行动多样，保障对象多元，特别是高技术武器装备在战场上的广泛运用，导致战场态势瞬息万变，战争消耗不断增大，对物资的需求量迅猛增长，大批量的军用物资必须在限定的时间内快速补充到一线部队。倘若不能有效利用地方丰富的交通物流资源，单靠军队自身的物流保障力量，物资保障就难以跟上作战节奏，势必影响作战进程甚至左右战争局势。

2. 民间物流资源丰富，为战时地方物流资源动员奠定了坚实基础

近年来，我国地方物流业发展迅猛，产业规模持续快速增长，服务保障能力显著提升，技术装备条件明显改善，基础设施网络日趋完善，物联网、云计算、大数据等现代信息技术加速应用，为战时地方物流资源动员奠定了坚实基础。以河南省洛阳市为例，该市已经形成民航、铁路、公路、邮政、管道立体化交通运输格局。2018年，全市货物运输量达2.63亿吨，规模以上物流企业有102家，其中注册资本亿元以上的物流企业有7家；3A级以上物流企业有7家，包括5A级1家、4A级3家、3A级3家；百亩以上物流园区共25家。这些丰富的交通物流资源为保障驻军训练和执行作战任务奠定了坚实基础。

3. 外军成功经验为战时地方物流资源动员提供了借鉴

美欧等发达国家和地区近几场战争表明，战时地方物流资源的动员是增强军事物流保障能力的有效手段。美国在海湾战争和伊拉克战争中，不仅动员征用本国的民间物流力量，还通过积极的外交手段和丰厚的经济报酬，大量租用有关国家甚至是反战国的运输力量，合理搭配使用建制运力和民用运力，市场和战场无缝衔接，实现了运输保障的高度社会化，确保了物资的"实时、适地、适量"补给。战争实践证明，积极动员地方物流资源，

对增强军事物流保障能力，进而赢得战争主动权具有重要意义。

在未来一体化联合作战的背景下，面对保障资源需求量大、保障任务类型多、保障时限要求紧等特点与要求，国民经济动员应把握以下几点：

第一，国家是实施国民经济动员的主体。宣布国民经济动员与宣布战争一样，其权限属于国家最高权力机关。

第二，国民经济动员的对象是国民经济领域中的一切要素，即国民经济的各个部门及部门中的企业、单位等。

第三，国民经济动员的最终目的是维护国家安全。最初国民经济动员的服务对象主要是战争，国民经济动员从属于战争动员。但是随着社会经济的发展，对国家安全构成威胁的因素在增加，战争之外危及国民经济建设的因素包括重大自然灾害、全球性或地域性金融危机等。

第四，国民经济动员的目的之一是通过转变国民经济的体制和运行机制，充分调动国家的经济能力，为战争前线提供尽可能多的人力、物力、财力。

第五，国民经济动员的直接结果是国民经济处于紧急状态。它既包括保卫国家主权和领土完整的战争状态，也包括对抗强大自然灾害的非战争状态。

（四）战略物资储备

战略物资是指对国防和国计民生有重要作用的物资。加强战略物资的储备，科学而合理地进行战略物资管理是物流准备的核心。

物资储备是"为应对突发公共事件和国家宏观调控的需要，对备用物资进行较长时间的储存和保管的活动"（GB/T 18354-2021）。

1. 国家物资储备

国家物资储备是国家储备的重要组成部分，是国家为了适应特大事故、紧急情况及战争的需要进行的物资储存。国家物资储备由国家直接掌管、控制和调度。其实质是以物质形态存在并暂时退出流通的那一部分国家后备基金。

从储备的对象划分，国家物资储备可分为国防物资储备、重要民用物资储备和外贸物资储备等；从储备的目的划分，国家物资储备可分为国家战略物资储备和国家短期物资储备等。

2. 动员物资储备

动员物资储备是指国家为满足动员实施中某些特定领域的需要所进行的物资储备。动员物资储备由国家、部门和企业分别设置。动员物资储备是国家储备中直接与军事需要相关的一部分。该储备不但对战时实施有效的物资保证具有极为重要的意义，而且在和平时期起到防备救援各种自然灾害的重要作用。动员物资储备中的物资必须有合格证、登记卡、储备账。平时只能按规定期限进行轮换，未经批准，储备单位无权动用。

3. 军队物资储备

军队物资储备是为保证平时供应和应付紧急情况而进行的物资储备。它是军队物资供应体系的重要组成部分，也是军队组织物资供应的重要措施。

(五)交通运输动员准备

运输是物流中的支柱。同样,交通运输动员准备在国民经济动员中占有十分重要的地位。我国的交通运输状况存在诸如运输能力不足、技术装备落后、运输结构不合理、布局不均衡等问题,难以保障战争需要,为此应该对交通运输动员准备给予足够的重视。

1. 提高交通运输的现代化水平

交通运输具有很强的军民两用性,平时发展交通运输,就是战时动员准备的主要内容。交通运输建设应以技术改造为重点,依靠技术进步增强各种运输工具的综合运输能力。此外,提高交通运输的现代化水平还应建立科学的运输结构、增强各种运输方式的衔接能力等。

2. 增强交通运输配置的合理性

在新建和改建交通线路和设施时,要注意兼顾国民经济和战时军事运输的需要,贯彻和落实国防交通运输要求,如与战区、军事基地和战略储备基地的连接,以便随时投入国防交通运输。

3. 提升战时交通运输的生存能力

要在重要方向上和关键路段修建各种备用线路和设施,增强预备通过能力和运输能力;应储备必要的补充运输工具、器材和抢救抢修的物资;应增强交通运输线路、设施的抗毁能力和隐蔽性;应加强对重要线路、交通枢纽和重要设施的保护等。

课外阅读

国务院办公厅印发《"十四五"现代物流发展规划》

2022年12月15日,国务院办公厅印发《"十四五"现代物流发展规划》(以下简称《规划》)。《规划》是我国现代物流领域第一份国家级五年规划,对于加快构建现代物流体系、促进经济高质量发展具有重要意义。

《规划》指出,"十四五"时期要以习近平新时代中国特色社会主义思想为指导,坚持稳中求进工作总基调,完整、准确、全面贯彻新发展理念,加快构建新发展格局,全面深化改革开放,坚持创新驱动发展,推动高质量发展,坚持以供给侧结构性改革为主线,统筹疫情防控和经济社会发展,统筹发展和安全,提升产业链供应链韧性和安全水平,推动构建现代物流体系,推进现代物流提质、增效、降本,为建设现代产业体系、形成强大国内市场、推动高水平对外开放提供有力支撑。

《规划》明确,按照"市场主导、政府引导,系统观念、统筹推进,创新驱动、联动融合,绿色低碳、安全韧性"原则,到2025年,基本建成供需适配、内外联通、安全高效、智慧绿色的现代物流体系,物流创新发展能力和企业竞争力显著增强,物流服务质量效率明显提升,"通道+枢纽+网络"运行体系基本形成,安全绿色发展水平大幅提高,现代物流发展制度环境更加完善。展望2035年,现代物流体系更加完善,具有国际竞争力的一流物流企业成长壮大,通达全球的物流服务网络更加健全,对区域协调发展和实体经济高质量发展的支撑引领更加有力。

《规划》作出六方面工作安排,包括加快物流枢纽资源整合建设、构建国际国内物流大通道、完善现代物流服务体系、延伸物流服务价值链条、强化现代物流对社会民生的服务保障、提升现代物流安全应急能力;提出三方面发展任务,包括加快培育现代物流转型升级新动能、深度挖掘现代物流重点领域潜力、强化现代物流发展支撑体系;从优化营商环境、创新体制机制、强化政策支持、深化国际合作、加强组织实施等方面,对加强实施保障提出明确要求。

资料来源:人民网.2022,国办印发《"十四五"现代物流发展规划》[EB/OL].(2022-12-16)[2024-07-01]. http://politics.people.com.cn/n1/2022/1216/c1001-32587990.html.

扫描二维码
阅读《规划》全文

思考题

名词解释

国民经济物流　　应急物流　　国民经济动员　　国家物资储备　　动员物资储备

问答题

1. 谈谈我国在国民经济物流方面有哪些重大举措。
2. 何谓物流政策?简述物流政策的主要内容。
3. 阐述我国物流政策体系的基本框架与政策重点。
4. 谈谈你对中国物流业景气指数的认识。
5. 应急物流有哪些区别于一般物流活动的特点?
6. 你对建立我国应急物流体系有什么建议?
7. 何谓物资储备?谈谈你对战略物资储备问题的认识。

21世纪经济与管理规划教材
物流管理系列

第十二章

国际物流

学习目的

国际物流属于宏观物流,深刻认识国际物流的意义和运行的组织。

技能要求

了解国际物流的特点;掌握国际物流所涉及的口岸、自由港、海关监管、商品检验等一系列相关的概念和知识;掌握集装箱进场、堆存和保管与集装箱出场等业务活动;了解国际航运的主要特点、国际航运的商务构架、国际航运系统的组成。

第十二章 国际物流

第一节 国际物流概述

一、国际物流的含义

(一) 国际物流的概念

国际贸易是国际物流的前提。国际物流属于宏观物流。中华人民共和国国家标准《物流术语》(GB/T 18354-2021)将国际物流定义为:"跨越不同国家(地区)之间的物流活动。"即供应和需求分别处在不同的国家(地区)时,为了克服供需在时间和空间上的矛盾而发生的商品物质实体在国家(地区)与国家(地区)之间跨越边境的流动。

国际物流的实质是按照国际分工的原则,依照国际惯例,利用国际化的物流网络、物流设施和物流技术,实现货物在国家(地区)间的流动与交换,以促进区域经济的发展和全球资源的优化配置。

国际物流是国内物流的跨国延伸,是伴随着国际贸易的发展而发展的。国际物流不仅是国际贸易最终实现的基础,而且是以国际市场作为企业经济运行的价值链的基本环节。从另一个侧面还可以看到,国际物流不仅使各国之间的国际商务活动得以顺利实现,为跨国经营企业带来新的价值增值,而且成为企业全球化背景中的"第三利润源"。

国际物流的目标是为国际贸易和跨国经营提供物流服务,即以最适合用户的服务水平、最理想的物流方式、最佳的路径以及最少的费用和最小的风险,保质保量、适时地将货物从一国的供应方送达另一国的需求方。

从国际物流的结构上观察,国际物流是由多个收发货的"节点"及其之间的"连线"以及相伴随的信息流动构成的。收发货节点是指物资进出口过程中所涉及的国内外的各级口岸、保税区、车站、码头、仓库等。国际贸易商品就是通过这些节点的停留、收进和发出,克服生产时间和消费时间上的背离,促进国际贸易系统和国际交往的顺利进行。

连线是指连接上述国内外众多收发货节点的运输路线,如各种海运航线、铁路线、飞机航线及联合运输路线。从广义上讲,连线包括国内连线和国际连线。这些连线代表库存货物的移动、运输的路线与过程。信息流动的主体通常包括国内外邮件或某些电子媒介;信息网络的节点,则是各种物流信息汇集及处理之处,包括国际订货单据、大量出口单证、库存量的记录等。

国际物流是跨国进行的物流活动,以出口商的物流运作为例,主要包括发货、报关、国际运输、到达目的地的报关和送货等,由包装、储存、运输、检验、外贸加工及其前后的整理、再包装及国际配送等子系统构成。

国际物流的流通速度和合理化,除与供需双方所采取的物流业务流程和组织密切相关外,更与出口国和进口国的海关、商检、银行、码头等关系方的运作机制密切相关,如图

12-1 所示。

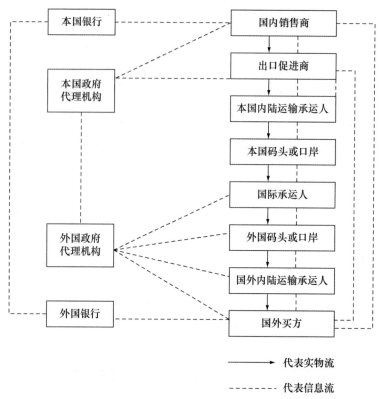

图 12-1　出口商品的物流关系方

（二）物流全球化的背景

过去的二十多年，随着全球资本市场的成长和整合，信息和通信技术的进步创造出一个正在成长的全球市场，即原来分割型的国家或区域市场正在逐渐演变成一个统一的全球市场。

与市场全球化相对应，企业间的竞争也在全球范围内展开；企业在世界市场上的竞争地位决定着它在国内市场上的竞争地位，这已成为一种普遍的现象。一家企业要获得竞争优势，就必须在全球范围内分配和利用资源，开展经营活动；随着市场的全球化和竞争的全球化，全球跨国企业应运而生。全球跨国企业为了获得竞争优势和增加赢利，必须在全球范围内协调其生产和流通活动，其最基本的战略是通过采购、制造、流通等方面的规模经济效益减少成本，同时通过拓展新市场和开发现有市场来扩大销售，实现企业效益的增加。对跨国企业全球物流活动的有效管理必定会成为企业全球经营成功的关键因素之一。产品和服务范围的日益扩大、产品生命周期的逐渐缩短、全球市场的成长以及全球供销渠道的大幅增加，共同导致全球物流活动愈加复杂，从而要求企业对全球供应链的物流活动进行有效管理和控制。

国际贸易的模式和复杂性在最近二十年发生了很大的变化，越来越多的出口商开始采取外包的方式生产其产品，以获得高科技和低成本的优势。如果我们对世界商品贸易结构进行分析,就不难发现,全球范围内的出口商都在搜寻新市场和更低成本的过程中采用了全球性战略,而这种全球性战略包括了对传统国际物流的整合和改造。

20世纪50年代后,国际物流发展主要经历了三个阶段:

第一阶段:从20世纪50年代至80年代初。在这一阶段,物流设施和物流技术得到了极大的发展,配送中心开始建立;随着物流企业广泛运用电子计算机进行管理,自动化仓库开始出现;一些国家建立了本国的物流标准化体系,等等。物流系统促进了国际贸易的发展,但国际物流还没有得到人们的重视。

第二阶段:从20世纪80年代初至90年代初。随着经济技术的发展和国际经济往来的日益频繁,物流全球化开始成为世界性议题。美国密歇根州立大学教授唐纳德·J.鲍尔索克斯(Donald J. Bowersox)认为,进入20世纪80年代,美国经济已经失去了兴旺发展的势头,陷入了长期的衰退。因此,必须强调改善国际物流管理,降低产品成本,提高服务水平,扩大销售额,在激烈的国际竞争中获得胜利。与此同时,日本正处在成熟的经济发展期,实施贸易立国战略,致力于实现与其对外贸易相适应的物流国际化,并采取了建立物流信息网络、加强物流全面质量管理等一系列措施,提高了国际物流的效率。这一阶段,国际物流重心局限在美日欧等发达国家和地区。

第三阶段:从20世纪90年代初至今。这一阶段,国际物流的概念和重要性已为各国政府和外贸部门所普遍接受。贸易伙伴遍布全球的现实,使物流设施国际化、物流技术国际化、物流服务国际化、货物运输国际化、包装国际化和流通加工国际化等成为各国的普遍诉求。各国广泛开展国际物流理论和实践方面的大胆探索,并已达成共识,即只有广泛开展国际物流合作,才能促进世界经济繁荣。由于物流全球化发展趋势明显,因此,国际物流已经逐渐成为世界各国经济建设普遍关注的问题之一,也成为当今经济竞争中的一个焦点。

二、国际物流的特点

(一)市场广阔、过程复杂

截至2022年11月,全球约有224个国家和地区,人口达到80亿,这样一个范围和人口的市场是任何一个国家或区域市场都无法比拟的。由于世界各国在经济发展水平和民族习惯方面的差异,导致国际物流要面对多层次、多样化的广阔市场。市场的广阔也代表着国际物流的管理与运作较其他物流形式的管理要复杂得多。

国际物流系统不仅辐射的空间和地域范围大、手续复杂、物流过程长,而且在整个物流过程中涉及的因素多、操作难度大、风险高。国际物流标准化不仅可以有效地降低物流过程的复杂性和风险,而且有助于提高物流系统的效益。但是国际物流标准的制定与执行难度也非同一般。

(二)物流环境的差异性

各国物流环境的差异性是国际物流一个非常显著的特点,尤其是物流软环境的差异性。

(1)由于不同国家的物流所适用的法律法规不同,国际物流的复杂性远远高于一国的国内物流,甚至会因此而阻断国际物流。

(2) 由于不同国家的经济和技术发展水平不同,导致各国物流技术的开发和应用也处于不同的条件和环境之下,因此,国际物流难以形成完整的、统一的系统,甚至有些地区因根本无法应用某些技术而致使国际物流系统水平下降。

(3) 不同国家往往使用不同的物流技术标准和物流操作规程,这也造成国际"接轨"的困难。

(4) 不同国家所具有的独特风俗文化、人文环境,无疑也会增加物流运作的难度和系统的复杂性。

(三) 国际物流必须要有国际化信息系统的支持

国际化信息系统是国际物流,尤其是国际多式联运的重要支持手段。建立技术先进的信息系统已成为发展现代国际物流的关键,国际上的物流中心城市本身就是一个发达的信息枢纽港。在国际物流领域中信息电子化传输不仅极大地便利了贸易,加快了物流速度,而且在强大的国际货运需求面前,增强了对运输方式、路线、时间等的优化选择,加快了商流、物流与资金流的速度。

但是,建立国际化信息系统一是管理困难,二是投资巨大,而且由于世界上有些地区物流信息水平较高,有些地区较低,所以会出现信息化水平失衡,使信息系统的建立更为困难。建立国际化物流信息系统一个较好的办法就是与各国海关的公共信息系统联网,以及时掌握有关各个港口、机场和联运线路、站场的实际情况,为供应和销售物流提供决策支持。

(四) 国际物流的标准化程度要求更高

国际物流标准化不仅可以有效地降低物流过程的复杂性和风险,而且对国际物流的畅通、物流系统效益的提高将产生直接的影响。目前,国际物流系统中主要货运单证的国际通用性已很强,适用法规的国际统一性也非常高,但是,国际物流标准的制定与执行难度非同一般。使各国物流系统完全接轨,从而提高全球供应链系统效率的目标依然受到许多因素的限制,其中需要从根本上解决的技术问题是国际物流标准体系的建立,包括国际基础标准、安全标准、卫生标准、环保标准及贸易标准的制定等。

(五) 国际物流以远洋运输为主,并由多种运输方式组合而成

国际物流运输方式包括远洋运输、铁路运输、航空运输、公路运输以及由这些运输手段组合而成的国际复合运输等。国际物流运输方式的选择和组合不仅关系到国际物流交货周期的长短,还关系到国际物流总成本的大小。运输方式选择和组合的多样性是国际物流一个显著的特征。海运是国际物流运输中最普遍的方式,特别是远洋运输,它是国际物流的重要运输手段。谁能提高远洋运输效率,降低远洋运输成本,谁就能在国际物流竞争中占有优势地位。在国际物流活动中,门到门的运输方式越来越受到货主的欢迎,这使得能满足这种需求的国际复合运输方式得到快速发展,并逐渐成为国际物流运输的主流。国际复合运输方式的目的是追求整个物流系统的效率化和缩短运输时间。

第二节　国际物流中的通关

通关手续又称报关手续,是指出口商或进口商向海关申报出口或进口,接受海关的监督与检查,履行海关规定的手续。办完通关手续,经海关同意,货物方可通关放行。

一、口岸

(一)口岸的含义

口岸指"经政府批准设置的供人员、货物和交通工具直接出入国(关、边)境的港口、机场、车站、跨境通道等"(GB/T 18354-2021)。现在,口岸不仅是经济贸易往来(即通商)的商埠,还是政治、外交、科技、文化、旅游和移民等方面往来的通道。改革开放以来,我国外向型经济由沿海逐步向沿边、沿江和内地辐射,使得口岸也由沿海逐渐向边境、内河和内地城市发展。

(二)口岸的分类

口岸可以从不同的角度进行分类,常用的分类方法如下:

1. 按批准开放的权限划分

(1)一类口岸是指由国务院批准开放的口岸,包括中央管理的口岸和由省、自治区、直辖市管理的部分口岸。

(2)二类口岸是指由省级人民政府批准开放并管理的口岸。

2. 按出入国境的交通运输方式划分

(1)港口口岸是指国家在江河湖海沿岸开设的供人员和货物出入国境及船舶往来停靠的通道。它包括港内水域及紧接水域的陆地。港内水域包括进港航道、港池和锚地。

(2)陆地口岸是指国家在陆地上开设的供人员和货物出入国境及陆上交通运输工具停站的通道。陆地口岸包括国(边)境及国家批准内地可以直接办理对外进出口经济贸易业务往来和人员出入境的铁路口岸及公路口岸。

(3)航空口岸又称空港口岸,是指国家在开辟有国际航线的机场上开设的供人员和货物出入国境及航空器起降的通道。

此外,在实际工作中,还经常使用边境口岸、沿海口岸、特区口岸、重点口岸、新开口岸和老口岸等提法。

二、自由贸易试验区与保税港区

(一)自由贸易试验区

自由贸易试验区又称自由港、自由口岸等。中华人民共和国国家标准《物流术语》(GB/T 18354-2021)将自由贸易试验区(Pilot Free Trade Zone)定义为"在主权国家或地区的关境内,设立的以贸易投资便利化和货物自由进出为主要目的的特定区域"。

自由贸易试验区划在关境之外,对进出口商品全部或大部分免征关税,并且准许对在区内的商品进行储存、展览、拆散、改装、重新包装、整理、加工和制造等。许多自由贸易试验区都直接经营转口贸易，因其具有优越的地理位置和各种便利及优惠的条件，所以大量货物都是在流经自由贸易试验区后投放世界市场的。各国的自由贸易试验区普遍豁免关税和减免其他税收，还在土地使用、仓库厂房租金、水电供应、劳动工资等方面采取低收费的优惠政策，这是大量商品、货物聚集于此的重要原因。自由贸易试验区各种功能的发挥，促进了国际贸易的发展。

许多国家对自由贸易试验区的规定很多，但都大同小异，归纳起来主要有三点：

1. 关税方面的规定

对于允许自由进出自由贸易试验区的外国商品，不必办理报关手续，免征关税。少数已征收进口税的商品，如烟、油等再出口，可退还进口税。但是，如果区内的外国商品转运入所在国的国内市场上销售，则必须办理报关手续，缴纳进口税。

2. 业务活动的规定

对于允许进入自由贸易试验区的外国商品，可以进行储存、展览、拆散、分类、分级、修理、改装、重新包装、重新贴标签、清洗、整理、加工和制造、销毁、与外国的原材料或所在国的原材料混合、再出口或向所在国国内市场出售。

3. 禁止和特别限制规定

许多国家通常规定对武器、弹药、爆炸品、毒品和其他危险品及国家专卖品如烟草、酒、盐等禁止输入或凭特种进口许可证才能输入；有些国家对少数消费品的进口要征收高关税；有些国家对某些在区内使用的生产资料也征收关税。

（二）保税港区

保税港区是"经政府批准，设立在国家对外开放的口岸港区和与之相连的特定区域内，具有口岸、物流、加工等功能的海关特殊监管区域。注：具备仓储物流、对外贸易、国际采购、分销和配送、国际中转、检测和售后服务维修、商品展示、研发、加工、制造、港口作业等功能。享受保税区、出口加工区、保税物流园区相关的税收和外汇管理政策"（GB/T 18354-2021）。

1. 综合保税区

综合保税区是"经海关批准设立的具有保税港区功能的海关特殊监管区域。注：该区域由海关参照有关规定进行管理，执行保税港区的税收和外汇政策，可以发展国际中转、配送、采购、转口贸易和出口加工等业务"（GB/T 18354-2021）。

2. 保税物流园区

保税物流园区指"经政府批准，在保税区规划面积或者毗邻保税区的特定港区内设立的、专门发展现代国际物流业的海关特殊监管区域"（GB/T 18354-2021）。

在保税物流园区，企业从事仓储、配送、运输、流通加工、装卸搬运、物流信息、方案设计等业务时享受海关实行的"境内关外"管理制度，也被称为保税物流。

A型保税物流中心是"经海关批准，由中国境内企业法人经营、专门从事保税仓储物流业务的海关监管场所"（GB/T 18354-2021）。

B型保税物流中心是"经海关批准，由中国境内企业法人经营，多家企业进入并从事保税仓储物流业务的海关集中监管场所"(GB/T 18354-2021)。

3. 保税仓库

保税仓库是指"经海关批准设立的专门存放保税货物及其他未办结海关手续货物的仓库"(GB/T 18354-2021)。保税仓库是货物可以不办理进口手续并连续长时间储存的场所。在保税仓库内储存货物一般期限为两年,如有特殊需要还可以延长。

4. 保税工厂

保税工厂是"经海关批准专门生产出口产品的保税加工装配企业"(GB/T 18354-2021)。保税工厂和保税仓库都可储存货物,但储存在保税工厂中的货物还可作为原材料进行加工和制造。许多厂家广泛地利用保税工厂,对外国原材料进行加工制造,以适应市场的需要。

三、海关

(一)海关的宗旨与任务

1. 海关的宗旨

海关是国家的进出境监督管理机关,代表国家对进出境活动实施监督管理。海关的宗旨是依据《中华人民共和国海关法》(以下简称《海关法》)、《中华人民共和国进出口关税条例》(以下简称《关税条例》)等法律法规,依法对进出境活动实施监督管理,维护国家的主权和利益,促进对外经济贸易和科技文化交往,保障社会主义现代化建设。

2. 海关的主要任务

(1) 监督管理。对各类进出口运输工具、所有进出口货物及对所有进出境旅客携带的和通过国际邮寄渠道进出的商品,进行监督管理。

(2) 征收关税。包括征收进口关税、出口关税和海关代征的增值税、产品税等其他税费。

(3) 查缉走私。打击各种走私违法犯罪活动,维护进出口环节的正常秩序。

(4) 编制海关统计。及时、准确地统计国家进出口的数量、品种等数据,为国家经济决策提供参考。

(二)海关对进出境货物的监管

海关监管货物是指"在海关监管区域内接受海关监管的货物。注:包括已进境但未办结海关手续的进口货物,已向海关申报但还未出境出口货物,已进境但还未出境的过境、转运和通运货物,以及其他尚未办结海关手续的进出境货物"(GB/T 18354-2021)。

1. 海关监管货物的种类

凡应受海关监管的进出境货物和物品,统称海关监管货物。海关监管货物主要包括:

(1) 通运货物,"由境外启运,经船舶或航空器载运入境后,仍由原载运工具继续运往境外的货物"(GB/T 18354-2021);

(2) 转运货物,"由境外启运,到我国境内设关地点换装运输工具后,不通过我国境内陆路运输,再继续运往境外的货物"(GB/T 18354-2021);

(3) 过境货物,"由境外启运、通过境内的陆路运输继续运往境外的货物"(GB/T

18354-2021)。

具体的还有如寄售代销、展销、维修、租赁的进口货物；来料加工、来件装配、来样加工、补偿贸易和合作、合资经营进口的料、件、设备及出口的产成品；进出口展览品、样品、广告品和进口捐赠物资等。

2. 海关监管货物的范围

海关对进口货物的监管自货物进境起，到海关放行止；对出口货物的监管自出口方向海关申报起，到出境止；对加工装配、补偿贸易进口的料、件、设备，生产的产成品以及寄售代销、租赁、保税货物的监管自货物进境起，到海关办妥核销手续止；对过境货物、转运货物、通运货物的监管自货物进境起到出境止。

3. 海关监管过程

海关监管过程就是通过审单、查验、货物放行三个基本环节，依照国家规定的政策法令、规章制度，对进出境货物、运输工具和行李物品执行实际监督管理。

（1）审单。进出口的货物必须由货主或其代理人，向海关申报并交验海关规定的单证。海关在接受申报时，应认真检查单据是否完备、项目是否齐全、填写是否清楚。对于申报的内容，更需要认真审核是否符合有关政策规定。申报要求经过审核后合乎要求，海关方予批准。

（2）查验。查验是审单环节进行单证监管的继续，通过对进出口货物的检查，核实单货，防止非法进出。查验货物一般在码头、车站、机场的仓库、堆场等海关监管场所进行，或者在货物的装卸过程中进行。在特殊情况下，经货主申请，也可以到有关公司或生产单位的仓库去查验。

（3）货物放行。放行货物时必须严肃认真地对全部申报单证、查验记录等进行全面的复核，审查是否符合政策规定，单证、单货是否相符，应税货物是否已缴纳税款。在一切海关手续完备的前提下，在提单、运单、装货单上，盖海关放行章以示放行。收发货人据以向港口、民航、车站、邮局办理提取或托运手续。

货物放行后，还需要进行进口载货清单的核销和出口的复核验关等工作。

（三）关税管理

中华人民共和国准许进出口的货物（除国家另有规定的以外），应当由海关按照《中华人民共和国海关进出口税则》（以下简称《进出口税则》）征收进口税或者出口税。

根据《关税条例》，进口税设普通税率和最低税率。对产自与我国未订有关税互惠条款贸易条约或者协定的国家的进口货物，按照普通税率征税；对产自与我国订有关税互惠条款贸易条约或者协定的国家的进口货物，按照最低税率征税。

进口货物的完税价格由海关以符合《关税条例》第十八条第三款所列条件的成交价格以及该货物运抵中华人民共和国境内输入地点起卸前的运输及其相关费用、保险费为基础审查确定。出口货物的完税价格由海关以该货物的成交价格以及该货物运至中华人民共和国境内输出地点装载前的运输及其相关费用、保险费为基础审查确定。进出口货物的收发货人或者其代理人，应当在海关填发税款缴纳证明次日起 7 日内（星期日和节假日除外）向指定银行缴纳税款。

关税的减免分为法定减免、特定减免和临时减免。凡按照《海关法》《关税条例》和《进出口税则》的规定给予的关税减免为法定减免。

除征收关税外,海关还对进口应税货物根据有关条例规定,代征产品税(或增值税)或工商统一税,进口车辆由海关代征车辆购置附加费。

（四）查禁走私

海关的基本任务是：维护国家对外贸易管理、进出口物品管理和关税管理政策的贯彻实施,制止一切通过口岸或非设关地方非法进出口货物、货币、金银及其他物品的行为,打击和制止破坏社会主义经济秩序的走私活动,维护国家利益。由此可见,查禁走私也是海关的任务之一。

四、商检

商品检验是进出口商品检验机构鉴定商品的品质、数量和包装是否符合合同规定的要求,以确认卖方是否按合同履行了交货义务;当发现卖方所交货物与合同不符时,买方有权据此拒绝接收货物或提出索赔。

（一）商品检验的范围

我国进出口商品检验的范围主要包括以下几个方面：

(1) 现行的《商检机构实施检验的进出口商品种类表》所规定的商品。该表是由国家进出口商品检验局根据对外经济贸易发展的需要和进出口商品的实际情况制定的,并不定期地加以调整和公布。

(2) 《中华人民共和国食品安全法》和《中华人民共和国进出境动植物检疫法》所规定的商品。

(3) 船舶和集装箱。

(4) 海运出口的危险品的包装。

(5) 对外贸易合同规定的由商品检验局实施商品检验的进出口商品。

我国进出口商品实施检验的范围除以上所列之外,根据《中华人民共和国进出口商品检验法》规定,还包括其他法律、行政法规规定需经商品检验机构或其他检验机构实施检验的进口商品或检验项目。

（二）商品检验的时间和地点

在对外贸易合同中,关于商品检验的时间和地点有三种不同的规定：

第一种规定是以离岸品质和重量为准。即出口国装运港的商品检验机构在货物装运前对货物的品质、数量及包装进行检验,其出具的检验合格证书作为货物的交接依据。也就是说,货物到达目的港后,买方无权复验,也无权向卖方提出异议。此规定显然对卖方单方面有利。

第二种规定是以到岸品质和重量为准。即货物的品质、数量及包装由到达目的港的商品检验机构检验,其出具的检验合格证书作为货物的交接依据。此规定对买方十分有利。

第三种规定是两次检验、两个证明、两份依据。即以装运港的检验合格证书作为交付货款的依据;在货物到达目的港之后,允许买方公证机构对货物进行复验,其出具的检验合格证书作为货物交接的最后依据。这种做法兼顾了买卖双方的利益,在国际上采用较多。

为使检验顺利进行,避免产生争议,买卖双方应将商品检验的时间和地点在合同条款中具体说明。

（三）商品检验机构

国际贸易中的商品检验工作,一般是由专业的商品检验部门或检验企业来进行的,它们或称为"公正鉴定人"(Authentic Surveyor),或称为"宣誓衡量人"(Sworn Measurer),统称为商检机构或公证行。

从事商品检验的机构主要有：
(1) 官方机构,这是由国家设立的检验机构;
(2) 非官方机构,这是由私人和同业公会、协会等开设的检验机构;
(3) 工厂企业、用货单位设立的化验室、商品检验室。

根据《中华人民共和国进出口商品检验法》的规定,在我国,从事进出口商品检验的机构,是国家设立的商检部门和设在全国各地的商检局。中国进出口商品检验总公司及其设在各地的分公司根据商检局的指定,以第三者的地位开展进出口商品的检验和鉴定工作。

第三节 国际货运输送方式

一、国际集装箱场站管理

（一）国际集装箱场站

国际集装箱场站是指经营国际集装箱堆存、保管、装箱、拆箱、中转、修理和清洗业务的场所。场站经营人必须与国际集装箱班轮公司或集装箱货运代理人签订有关协议,并按照协议的规定,代为妥善保管、按时接收、发放集装箱,并向集装箱班轮公司或集装箱货运代理人提供进场、出场的集装箱及装箱、拆箱和集装箱堆存情况。同时,国际集装箱场站还必须经海关认可。

国际集装箱场站应具备的条件如下：
(1) 场站应设置在交通便利的地点;
(2) 场站地面必须平整并能承受堆存3—4层重箱的压力,具有良好的排水条件;
(3) 场站应有必要的消防设施、足够的照明设施和通道,并且应备有必要的交通和通信设备;
(4) 场站应有围墙、门卫和检查设施;
(5) 场站应有足够的集装箱专用机械设备;
(6) 场站应有计算机管理设备;
(7) 场站应有足够的专业管理人员和操作人员。

(二) 集装箱进出场站管理

1. 集装箱进场

(1) 国际集装箱班轮公司(海上承运人)向场站运送、调出集装箱,必须提前一个工作日通知场站,并及时提供有关业务资料,其中主要包括出口订仓单或出口集装箱预配清单等。

(2) 集装箱进入场站,必须严格执行设备交接制度,由集装箱货运代理人与场站经营人办理设备交接,并签署进场设备交接单。进场设备交接单由集装箱货运代理人提供,场站经营人负责填写。

(3) 场站经营人应每日向国际集装箱班轮公司或集装箱货运代理人提供前一天的集装箱进场日报。

2. 集装箱的堆存与保管

(1) 集装箱进入场站后,场站经营人应依据双方协议的规定,按不同的国际集装箱班轮公司将它们的重箱、空箱、特种集装箱分别堆放。空箱应按好箱、破损箱、自有箱、租箱分别堆放。

(2) 集装箱进入场站并经双方签署进场设备交接单后,场站经营人应对其保管的集装箱及集装箱设备和集装箱货物负责。如有损坏或丢失,应由场站经营人承担责任。

(3) 未经国际集装箱班轮公司或集装箱货运代理人同意,场站经营人不得以任何理由占用、套用、改装和出租其堆存的集装箱,否则应负经济责任。

(4) 场站经营人应每日向集装箱货运代理人提供集装箱堆存日报。

3. 集装箱出场

(1) 国际集装箱班轮公司或集装箱货运代理人从场站调出空箱、重箱时,除双方协议另有规定外,必须提前一个月通知场站经营人,并提供有关业务资料。

(2) 场站经营人应按集装箱货运代理人的要求按时发放集装箱。

(3) 从场站调出集装箱,必须严格执行设备交接制度。由国际集装箱班轮公司或集装箱货运代理人与场站经营人办理交接,并签署出场设备交接单。出场设备交接单由集装箱货运代理人提供,场站经营人负责填写。

(4) 场站经营人应每日向集装箱货运代理人提供前一天的集装箱出场日报。

(三) 集装箱的装箱与拆箱

1. 集装箱的装箱

(1) 场站集装箱装箱前,应凭国际集装箱班轮公司或集装箱货运代理人签发的设备交接单提取空箱。

(2) 在货物装箱前,装箱人应认真检查箱体,对集装箱进行目测检查,如有不能继续使用或不适合装货的集装箱,应及时与集装箱货运代理人取得联系。集装箱货运代理人应继续提供适合装载货物的集装箱,并重新办理设备交接手续。

(3) 装箱人应按规定的要求进行装箱积载,由于装箱不当而在运输、装卸过程中造成的集装箱损坏和其他损失,应由装箱人负责。

2. 集装箱的拆箱

(1) 场站经营人应按照国际集装箱班轮公司的要求拆箱;拆箱后必须对集装箱进行一般性的清扫,并除去箱体上原有的各种货物标志。特别是对装载过危险货物的集装箱,拆箱以后要由集装箱货运代理人清洗或消毒,并除去危险货物的标志。

(2) 场站经营人应在拆箱和清扫完毕的次日,向集装箱货运代理人提供集装箱拆箱日报。

(3) 对于经拆箱和清扫后的空箱,场站经营人应按照国际集装箱班轮公司或集装箱货运代理人的要求进行堆存和调运。

3. 集装箱的中转

(1) 场站经营人应根据中转箱发送的不同目的地,按船、按票集中分别堆放,并严格按照国际集装箱班轮公司或集装箱货运代理人的中转计划安排中转。

(2) 场站经营人应每月向集装箱货运代理人提供中转集装箱盘存报告。

(四) 国际集装箱的交接

1. 国际集装箱交接的单证和交接制度

用箱人和集装箱货运代理人应凭出口订仓单、出口集装箱预配清单、集装箱设备交接单,并依据这些单证所载明的集装箱交付条款,对集装箱进行交接。

2. 国际集装箱交接的地点

关于国际集装箱交接的地点主要有以下几种情况:

(1) 海上承运人与港口交接以船边为界;

(2) 经水路集疏运的集装箱,水路承运人与港口交接以船边为界;

(3) 经船—船(驳)直取作业的集装箱,水路承运人与港口交接以船边为界;

(4) 在国内中转的集装箱,水路承运人与港口交接以船边为界;

(5) 经公路集疏运的集装箱,场站经营人与公路承运人代表货主或货运代理人,以场站大门为界进行交接;

(6) 经铁路集疏运的集装箱,交接地点以装卸现场的车皮为界。

3. 国际集装箱交接的责任

(1) 采取交接前和交接后各自承担其所管辖的集装箱及集装箱货物的灭失、损坏赔偿责任的原则;

(2) 交接前,由交方承担集装箱和集装箱货物的灭失、损坏赔偿责任;

(3) 交接后,由接方承担集装箱和集装箱货物的灭失、损坏赔偿责任;

(4) 如果在交接后 180 天内,接方能证明交接后的集装箱或集装箱货物的灭失、损坏是由交方的原因造成的,则交方应按有关规定承担赔偿责任。

4. 国际集装箱的交接标准

(1) 重箱交接标准。主要包括:箱体完好,箱号清晰,封志完整无误;特种集装重箱的机械和电器装置运转正常,并符合进出口文件记载的要求。

(2) 空箱交接标准。主要核对箱号是否与设备交接单的记载相符,并目测检查箱体,内容包括:对集装箱外部进行检查,确认集装箱外表有无损伤、变形和破口等;对集装箱内部进行检查,确认集装箱内侧六面是否有漏水、水迹、漏光、气味、锈蚀和油污残留物;对集装箱门进行检查,确认箱门有无变形,能否 270 度开启;对特种集装箱空箱进行的检查,除检查上述内容外,还要检查其机械、电器装置有无异常。

（3）交接时异常情况的批注。双方交接时,如发现集装箱有下列情况之一的,应在设备交接单上批注:箱号及装载规范不明、不全,封志破损、脱落、丢失、无法辨认或与进出口文件记载不符;内部锈蚀、破洞和漏光;箱门变形或无法关启;焊缝爆裂;凹损超内端 3 厘米,凸损超角配件外端面;箱内受到污染或有虫害;装过有毒、有害的货物而未经处理;箱体外贴有前一次危险品标志而未经处理;集装箱附属件损坏或灭失;特种集装箱机械、电器装置异常;集装箱安全铭牌丢失,等等。

二、陆路输送

陆路输送是指陆地相邻国家使用铁路和公路完成进出口货物输送的物流方式。有时,在多式联运过程中,托运人分别与铁路公司、汽车公司或支线轮船公司签订的运输合同中的陆地运输部分,也可称为陆路输送。

（一）国际铁路联运

国际铁路联运是指"使用一份统一的国际铁路联运票据,由跨国铁路承运人办理两国或两国以上铁路的全程运输,并承担运输责任的一种连贯运输方式"(GB/T 18354-2021)。国际铁路联运无需收发货人参加。

国际铁路联运是在国际上通过有关国家之间的协商,订立国际铁路货物联运协定或协议,使得相关国家在货物运输组织上相互衔接,为国际货物贸易提供了一种便捷的运输方式。

（二）国际公路货物运输

国际公路货物运输是指国际货物借助一定的运载工具,沿着公路跨两个或两个以上国家或地区的移动过程。

（三）国际多式联运

国际多式联运是"按照多式联运合同,以至少两种不同的运输方式,由多式联运经营人将货物从一国境内的接管地点运至另一国境内指定交付地点的货物运输方式"(GB/T 18354-2021)。

（四）中欧班列

随着"丝绸之路""海上丝绸之路"以及一带一路沿线高效的国际区域物流合作推进,中欧班列应运而生。中欧班列是"按照固定车次、线路、班期和全程运行时刻开行,运行于中国与欧洲以及'一带一路'沿线国家间的集装箱等铁路国际联运列车"(GB/T 18354-2021)。

（五）大陆桥运输

大陆桥运输是指"用横贯大陆的铁路或公路作为中间桥梁,将大陆两端的海洋运输连接起来的连贯运输方式"(GB/T 18354-2021)。

大陆桥运输多采用集装箱专用列车,使集装箱船和专用列车结合起来,达到运输迅速和降低物流成本的目的。

西伯利亚大陆桥(Siberian Land Bridge)把太平洋远东地区与波罗的海、黑海沿岸及西欧大西洋沿岸连接起来,是世界上最长的大陆桥。目前,这条大陆桥运输路线的西端已从英国延伸到了包括西欧、中欧、东欧、南欧、北欧的整个欧洲大陆和伊朗、中东各国,其东端也不只是到日本,而发展到了韩国、菲律宾、中国等国家。

迄今为止,经过西伯利亚往返于欧亚之间的大陆桥运输路线主要有三种形式:

(1) 铁—铁路线。由日本、中国香港等地用船把货箱运至俄罗斯的纳霍德卡和东方港,再用火车经西伯利亚铁路运至白俄罗斯西部边境站,然后继续运至欧洲和伊朗或相反方向。

(2) 铁—海路线。由日本等地用船把货箱运至俄罗斯的纳霍德卡和东方港,再经西伯利亚铁路运至波罗的海沿岸的圣彼得堡、里加、塔林以及黑海沿岸的日丹诺夫、伊里切夫斯克,再装船运至北欧、西欧、巴尔干地区港口交付收货人。

(3) 铁—卡路线。由日本等地用船把货箱装船运至俄罗斯的纳霍德卡和东方港,经西伯利亚铁路运至白俄罗斯西部边境站布列斯特附近的维索科里多夫斯克,再用卡车把货箱运至德国、瑞士、奥地利等国。

新亚欧大陆桥东起中国连云港,经陇海线、兰新线接北疆铁路,出阿拉山口,最终抵达荷兰鹿特丹,全长10 800公里,途经中国、哈萨克斯坦、俄罗斯、白俄罗斯、波兰、德国、荷兰7国,辐射30多个国家和地区。新亚欧大陆桥于1992年12月正式投入运营,为亚欧联运提供了一条便捷、快速和可靠的运输通道,能更好地促进世界经济与技术的交流与合作。

小陆桥运输比大陆桥的海—陆—海运输缩短了一段海上运输,成为海—陆或陆—海形式。通过美国小陆桥(U. S. Mini-Land Bridge)运输,远东至美国东部大西洋沿岸或美国南部墨西哥湾沿岸的货物,可由远东装船运至美国西海岸,转装铁路(公路)专列运至东部大西洋或南部墨西哥湾沿岸,然后换装内陆运输运至目的地。

微型陆桥运输则在小陆桥运输的基础上又缩短了一段运输距离,它只用了部分陆桥,故又称半陆桥(Semi-Land Bridge)运输。如通过美国微型陆桥(U. S. Micro-Land Bridge),可将远东至美国内陆城市的货物装船运至美国西部太平洋沿岸,换装铁路(公路)集装箱专列后直接运至美国内陆城市。

三、国际航空货物运输

国际航空货物运输指"货物的出发地、约定的经停地和目的地之一不在同一国境内的航空运输"(GB/T 18354-2021)。

(一)国际航空货物运输的经营方式

1. 班机运输方式

班机运输方式是指在固定的航线上定期航行的航班。这种航班固定始发站、目的地和途经站。

2. 包机运输方式

当货物批量较大,班机不能满足需要时,一般就采用包机运输。

包机运输分为整机包机和部分包机。整机包机是指航空公司和包机代理公司,按与租机人双方事先约定的条件和运价,将整架飞机租给租机人,从一个或几个航空站装运货物至指定目的地的运输方式。部分包机可能是几十家航空货物运输代理人(或发货人)联合包租一架飞机,或者由包机代理公司把一架飞机的舱位分别卖给几家航空货物代理公司。

(二)国际航空货物运输的组织方法

1. 集中托运方式

集中托运方式是指航空货物代理公司把若干批单独发运的货物组成一整批,向航空公司办理托运,采用一份总运单集中发运到同一到站,或者运到某一预定的到站,由航空货物代理公司到目的地指定代理收货,然后再报关并分拨给各实际收货人的运输方式。这种方式在国际航空运输业中开展得比较普遍,也是国际航空货运代理的主要业务之一。

2. 联合运输方式

联合运输方式是包括空运在内的两种以上运输方式的联合运输。具体的做法有陆空运输、陆空陆联运等。

四、国际航运(海上货物运输)

在国际物流中,国际航运的货物在物流量中占的比重最大,因而国际航运被认为是国际物流中最主要的输送方式,主要包括班轮运输和租船运输。

(一)国际航运的主要特点

国际航运如同国内航运一样,具有投资少、成本低、能耗小、运量大、运输范围广、运输距离长等特点。此外,国际航运还具备以下特征:

1. 运输风险大

国际航运的船舶长时期在海上航行,靠泊的港口主要在国外。自然灾害、战争、罢工、封锁等突发情况,以及船长、船员的疏忽和过失都会给船舶及货物带来严重的损害。由于海运单船运量大,因而一旦发生事故,损失十分严重。因此,在国际航运业中逐渐形成了一系列比较特殊的制度,如共同海损制度、海上保险制度、承运人责任限制制度和船舶所有人责任限制制度等,它们都是为适应国际航运运输风险大的特点而制定的。

2. 国际性

(1)对国际航运市场的依赖性。从事国际航运的船舶除承担本国进出口货物的运输外,为了更充分地利用船舶运力、取得更好的经济效益,还需要进入国际航运市场,积极开展第三国运输。

(2)主要货运单证的国际通用性。国际航运的货运单证种类繁多。国际航运船舶往来于不同国家的港口之间,单证的内容和编制方法必须适应国际公约和国际惯例的要求,使之能为各关系方所承认和接受。

（3）适用法规的国际统一性。国际航运事故涉讼各方可能分属不同国籍，涉讼地点也可能位于不同国家，在处理相关问题时，就出现了适用哪一个国家法律的问题。为此，国际上谋求制定一系列能为各国所接受并共同遵守的国际公约，有关国家批准该系列公约后，再相应进行国内立法，以求得适用法规的国际统一性。

3. 非贸易创汇

国际航运业是非贸易创汇的重要源泉，各航运国家均在为本国船队能多承揽国际运输货物而竞争。在世界航运市场争夺货源的斗争中，逐渐形成了一些国际惯例。

（二）国际航运中的单证

国际航运中的单证包括商品出售者和购买者之间的购销合同、运输合同、货物拥有者的凭证等。

就运输领域来说，购销合同条款中最重要的是要确定谁是负责运输的责任方：是商品出售者，还是购买者？不同贸易术语条件下，负责运输的责任方有所不同。例如，CIF(Cost, Insurance and Freight)，指售价中包括商品的成本、保险费用、航运费用和与航运有关的装卸费用。这样，出售者是负责运输的责任方，即托运人。FOB(Free on Board)，指售价中不包括运输费用，但负责装运上船。这样，由购买者负责航运和到达地的陆路运输，购买者是托运人。

（三）国际航运中的商品与货物

1. 海运商品分类

海运商品可按价值、物理形态和包装式样来分类。

（1）商品价值。商品价值通常以单位重量的货币金额来表示。海运费率的一条重要原则是，高价值商品的运费率要高于低价值商品的运费率。这是因为，高价值商品对运费的承受能力比低价值商品的强；高价值商品需要专门的装卸、保管和快速的发运，其所耗费的成本比低价值商品的高。

（2）物理形态。商品的物理形态显著地影响着商品的包装式样和储存、装卸、运输方式。气态和液态商品可以装在集装箱内或桶内，也可以不进行包装而使用管道和专门的船舶进行运输。气态商品通常经低温液化后装到特殊的船舶上，同时还需要专门的码头和装卸设备配置。固体商品有的需要包装，有的不需包装（如矿石）；有的需要冷冻（如肉类），有的需要冷藏（如水果）；有的需要快速运输（如花卉），有的需要通风（谷物）；还有的需要防自燃（煤炭），等等。凡此种种都对储存、装卸和运输方式有不同的要求。

2. 商品转化为货物

（1）货物的运输形态。托运人在将商品转化为货物时，要关注的是货物的运输形态。货物的运输形态可分为散件货、成组货、集装箱货、散货、液体货、浆状货等。同一种商品可以呈现出不同的运输形态，以小麦为例，它可以是袋装的散件货，也可以是袋装的成组货，还可以是无包装的散货。煤炭和矿粉可以是散货，也可以用水混合成为浆状货。

（2）货物的包装和标记。托运人将属于件杂货的商品转化为货物时，需要对商品进行包装。包装的货物必须按照规定的标准进行。没有统一规定包装标准的，应在保证运输安全和货物质量的原则下进行包装。需要随附备用包装的,应提供备用包装。

包装上应正确绘制货物运输标志和指示标志。标志应包括装卸货物指示标志、危险品货物标志等。

(四)国际航运系统

1. 国际航运系统概述

一个完整的国际航运系统通常包括五个组成部分:

(1)本国港口的集疏运输,包括公路运输、铁路运输、内河运输、沿海运输。在某些情况下还包括管道运输。

(2)本国港口的有关设施,如码头、拖轮、仓库、货场、货物装卸设备等。

(3)远洋运输船舶,包括本国船舶和悬挂国旗的船舶。

(4)外国卸(装)货港口的有关设施。

(5)外国港口的集疏运输。

2. 港口作业

港口是国际航运中的主要物流设施。就港口的运输功能而言,港口的主要任务是要完成货物在远洋运输船舶与其他运输方式之间的换装。为了实现换装,货物通常要在港口和库场进行保管。

港口的工作对象包括货物和船舶两个方面:

(1)货物方面,港口要进行货物在库场的收发、保管、整理和在码头的装卸及在船舱内的堆码。

(2)船舶方面,港口要提供引航、拖轮、修理、供水、供燃料、供应生活用品等服务。除此之外,国家机构,如海关、边防、卫生检验、港务监督、商品检验部门的工作及理货公司的工作等也都要在港口完成。

第四节 跨境电子商务

跨境电子商务是指分属不同关境的交易主体,通过电子商务平台达成交易、进行支付结算,并通过跨境物流送达商品、完成交易的电子商务平台和在线交易平台。

一、跨境电子商务的特征

跨境电子商务是基于网络发展起来的,网络空间相对于物理空间来说是一个新空间,它是一个由网址和密码组成的虚拟但客观存在的世界。网络空间独特的价值标准和行为模式深刻地影响着跨境电子商务,使其不同于传统的交易方式而呈现出独有的特点。

1. 全球性

网络是一个没有边界的媒介体,具有全球性和非中心化的特征。依附于网络发生的跨境电子商务也因此具有了全球性和非中心化的特性。与传统的交易方式相比,电子商务的一个重要特点在于,它是一种无边界交易,丧失了传统交易所具有的地理因素。互联网用户不需要考虑跨越国界就可以把产品尤其是高附加值产品和服务输送到市场中。网络的全球性特征带来的积极影响是实现了信息最大限度的共享,消极影响是用户必须面临因文化、政治和法律的不同而产生的风险。任何人只要具备了一定的技术手段,在任何时候、任何地方都可以让信息进入网络以相互联系进行交易。

这种远程交易的发展,给税务部门制造了许多困难。由于税收权力只能严格地在一国范围内实施,网络的这种特性为税务部门对超越一国的在线交易行使税收管辖权带来了困难。而且,互联网有时扮演了代理中介的角色。在传统交易模式下往往需要一个有形的销售网点的存在,例如,通过书店将书卖给读者,而在线书店可以代替书店这个销售网点直接完成整个交易。而问题是,税务部门往往要依靠这些销售网点获取税收所需要的基本信息,如代扣代缴所得税等。没有这些销售网点的存在,税收权力的行使也会遇到困难。

2. 无形性

网络的发展使数字化产品和服务的传输盛行。而数字化传输的不同类型的媒介,如数据、声音和图像等,在网络中是以计算机数据代码的形式出现的,因而是无形的。以一个 E-mail 信息的传输为例,这一信息首先要被服务器分解为数以百万计的数据包,然后按照 TCP/IP 协议通过不同的网络路径传输到一个目的地服务器,再经过重新组织后转发给接收人,整个过程都是在网络中瞬间完成的。电子商务是数字化传输活动的一种特殊形式,其无形性的特性使得税务部门很难控制和检查销售商的交易活动,因为税务部门面对的交易记录都是体现为数据代码的形式,导致税务核查员无法准确地计算企业或个体的销售所得和利润所得,从而给税收征收带来困难。

数字化产品和服务基于数字传输活动的特性也必然具有无形性。传统交易以实物交易为主,而在电子商务中,无形产品则可以替代实物成为交易的对象。以书籍为例,传统的纸质书籍,其排版、印刷和销售被看作是产品的生产和销售。然而在电子商务交易中,消费者只要购买网上的数据权便可以使用书中的知识和信息。而如何界定该交易的性质,如何监督该交易行为,以及如何对该交易行为征税等一系列的问题,为税务和执法监督部门带来了新的课题。

3. 匿名性

由于跨境电子商务的非中心化和全球性的特性,因此很难识别电子商务用户的身份及其所处的地理位置。在线交易的消费者往往不显示自己的真实身份和所处地理位置,而这丝毫不影响交易的进行,网络的匿名性也允许消费者这样做。在虚拟社会里,隐匿身份的便利导致自由与责任的不对称。人们在这里可以享受最大的自由,但只需承担最小的责任,甚至干脆逃避责任。这显然给税务部门制造了麻烦,由于税务部门无法查明应当纳税的在线交易人的身份和所处地理位置,因而也就无法获知纳税人的交易情况和应纳税额,更不要说去审计核实。该部分交易和纳税人在税务部门的视野中隐身了,这让税务部门难以监督。以 eBay 为例,eBay 是美国的一家网上拍卖公司,允许个人和商家拍卖任何物品。到 2019 年为止,eBay 已经拥有 3 000 万用户,每天拍卖数以万计的物品,总计营业额超过 50 亿美元。但是 eBay 的大多数用户都没有准确地向税务部门报告他们的所得,存在大量的逃税现象,因为他们知道由于网络的匿名性,美国国内收入署(Internal

Revenue Service)没有办法识别他们。

网络的发展降低了避税成本,使电子商务避税更轻松易行。电子商务交易的匿名性使得应纳税人利用避税地联机金融机构规避税收监管成为可能。电子货币的广泛使用,以及国际互联网所提供的某些避税地联机银行对客户的"完全税收保护",使纳税人可将其源于世界各国的投资所得直接汇入避税地联机银行,规避了应纳所得税。美国国内收入署在其规模最大的一次审计调查中发现,大量的居民纳税人通过离岸避税地的金融机构隐藏了大量的应税收入。

4. 即时性

对于网络而言,传输的速度和地理距离无关。传统交易模式下,在使用信函、电报、传真等传递信息的过程中,信息的发送与接收之间存在长短不同的时间差。而电子商务中的信息交流,无论实际时空距离远近,一方发送信息与另一方接收信息几乎是同时的,就如同生活中面对面地交谈。某些数字化产品的交易,还可以即时清结,订货、付款、交货都可以在瞬间完成。

电子商务交易的即时性提高了人们交往和交易的效率,免去了传统交易中的中介环节,但也隐藏了法律危机。在税务领域表现为:电子商务交易的即时性往往会导致交易活动的随意性,电子商务主体的交易活动可能随时开始或终止、变动频繁,这就使得税务部门难以掌握交易双方的具体交易情况,不仅使得税收的源泉扣缴的管理手段失灵,而且客观上促成了纳税人不遵从税法的随意性,加之税务领域现代化征管技术的严重滞后,都使依法治税变得苍白无力。

5. 无纸化

电子商务主要采取无纸化操作的方式,这是以电子商务形式进行交易的主要特征。在电子商务中,电子计算机通信记录取代了一系列的纸面交易文件。由于电子信息以比特的形式存在和传送,因而用户发送和接收电子信息的过程就实现了无纸化。无纸化带来的积极影响是使信息传递摆脱了纸张的限制,但由于传统法律的许多规范是以规范"有纸交易"为出发点的,因此,无纸化在一定程度上带来了法律的混乱。

电子商务以数字合同、数字签名取代了传统贸易中的书面合同、结算票据,削弱了税务部门获取跨国纳税人经营状况和财务信息的能力。此外,电子商务所采用的其他保密措施也将增加税务部门掌握纳税人财务信息的难度。在某些交易无据可查的情形下,跨国纳税人的申报额将会大大降低,应纳税所得额和所征税款都将少于实际金额,从而引起征税国国际税收的流失。例如,世界各国普遍开征的传统税种之一——印花税,其课税对象是交易各方提供的书面凭证,课税环节为各种法律合同、凭证的书立或领受;而在网络交易无纸化的情况下,物质形态的合同、凭证形式已不复存在,因而印花税的合同、凭证贴花(即完成印花税的缴纳行为)便无法进行。

6. 快速演进

互联网是一个新生事物,现阶段它尚处在幼年时期,网络设施和相应的软件协议的未来发展仍具有很大的不确定性。但税法制定者必须考虑到,互联网会像其他新生事物一样,以前所未有的速度和无法预知的方式不断演进。基于互联网的电子商务活动也处在瞬息万变的过程中,短短的几十年中,电子交易经历了从 EDI 到电子商务零售业兴起的过程,而数字化产品和服务更是五花八门,不断地改变着人类的生活。

而一般情况下,各国为维护社会的稳定,都会注意保持法律的持续性与稳定性,税收法律也不例外。这就会引发互联网的超速发展与税收法律规范相对滞后的矛盾。如何将瞬息万变的网络交易纳入税法的规范,是税务领域的一个难题。互联网的发展不断给税务部门带来新的挑战,税务政策的制定者和税法立法机关应当密切注意互联网的发展,在制定税务政策和税法规范时充分考虑这一因素。

跨国电子商务具有不同于传统贸易方式的诸多特点,而传统的税法制度却是在传统的贸易方式下产生的,必然会在电子商务贸易中漏洞百出。互联网深刻地影响着人类社会,也给税收法律规范带来了前所未有的冲击与挑战。

二、跨境电子商务的政策支持

跨境电子商务作为推动经济一体化、贸易全球化的技术基础,具有非常重要的战略意义。它不仅冲破了国家间的障碍,使国际贸易走向无国界贸易,也正在引起世界经济贸易的巨大变革。对企业来说,跨境电子商务构建的开放、多维、立体的多边经贸合作模式,极大地拓宽了企业进入国际市场的路径,大大促进了多边资源的优化配置与企业间的互利共赢;对于消费者来说,跨境电子商务使他们能非常容易地获取其他国家的信息并买到物美价廉的商品。

近年来,我国对跨境电商的重视程度日益提高,国家政策支持力度不断加大。2019年和 2020 年国务院政府工作报告分别提出要改革完善跨境电商等新业态扶持政策、加快跨境电商等新业态发展。2013 年 8 月,国务院办公厅转发商务部等部门《关于实施支持跨境电子商务零售出口有关政策意见》。具体内容如下:

> 发展跨境电子商务对于扩大国际市场份额、拓展外贸营销网络、转变外贸发展方式具有重要而深远的意义。为加快我国跨境电子商务发展,支持跨境电子商务零售出口(以下简称电子商务出口),现提出如下意见:
> 一、支持政策
> (一)确定电子商务出口经营主体(以下简称经营主体)。经营主体分为三类:一是自建跨境电子商务销售平台的电子商务出口企业,二是利用第三方跨境电子商务平台开展电子商务出口的企业,三是为电子商务出口企业提供交易服务的跨境电子商务第三方平台。经营主体要按照现行规定办理注册、备案登记手续。在政策未实施地区注册的电子商务企业可在政策实施地区被确认为经营主体。
> (二)建立电子商务出口新型海关监管模式并进行专项统计。海关对经营主体的出口商品进行集中监管,并采取清单核放、汇总申报的方式办理通关手续,降低报关费用。经营主体可在网上提交相关电子文件,并在货物实际出境后,按照外汇和税务部门要求,向海关申请签发报关单证明联。将电子商务出口纳入海关统计。
> (三)建立电子商务出口检验监管模式。对电子商务出口企业及其产品进行检验检疫备案或准入管理,利用第三方检验鉴定机构进行产品质量安全的合格评定。

实行全申报制度,以检疫监管为主,一般工业制成品不再实行法检。实施集中申报、集中办理相关检验检疫手续的便利措施。

(四)支持电子商务出口企业正常收结汇。允许经营主体申请设立外汇账户,凭海关报关信息办理货物出口收结汇业务。加强对银行和经营主体通过跨境电子商务收结汇的监管。

(五)鼓励银行机构和支付机构为跨境电子商务提供支付服务。支付机构办理电子商务外汇资金或人民币资金跨境支付业务,应分别向国家外汇管理局和中国人民银行申请并按照支付机构有关管理政策执行。完善跨境电子支付、清算、结算服务体系,切实加强对银行机构和支付机构跨境支付业务的监管力度。

(六)实施适应电子商务出口的税收政策。对符合条件的电子商务出口货物实行增值税和消费税免税或退税政策,具体办法由财政部和税务总局商有关部门另行制订。

(七)建立电子商务出口信用体系。严肃查处商业欺诈,打击侵犯知识产权和销售假冒伪劣产品等行为,不断完善电子商务出口信用体系建设。

二、实施要求

(一)自本意见发布之日起,在已开展跨境贸易电子商务通关服务试点的上海、重庆、杭州、宁波、郑州等5个城市试行上述政策。自2013年10月1日起,上述政策在全国有条件的地区实施。

(二)有关地方人民政府应制订发展跨境电子商务扩大出口的实施方案,并切实履行指导、督查和监管责任,对实施过程中出现的问题做到早发现、早处理、早上报。要积极引导经营主体坚持以质取胜,注重培育品牌;依托电子口岸平台,建立涵盖经营主体和电子商务出口全流程的综合管理系统,实现商务、海关、国税、工商、检验检疫、外汇等部门信息共享;加强信用评价体系、商品质量监管体系、国际贸易风险预警防控体系和知识产权保护工作体系建设,确保电子商务出口健康可持续发展。

(三)商务部、发展改革委、海关总署会同相关部门对政策实施进行指导,定期开展实施效果评估等工作,确保政策平稳实施并不断完善。海关总署会同商务部、税务总局、质检总局、外汇局、发展改革委等部门加快跨境电子商务通关试点建设,加快电子口岸结汇、退税系统与大型电子商务平台的系统对接。

三、其他事项

(一)本意见所指跨境电子商务零售出口是指我国出口企业通过互联网向境外零售商品,主要以邮寄、快递等形式送达的经营行为,即跨境电子商务的企业对消费者出口。

(二)我国出口企业与外国批发商和零售商通过互联网线上进行产品展示和交易,线下按一般贸易等方式完成的货物出口,即跨境电子商务的企业对企业出口,本质上仍属传统贸易,仍按照现行有关贸易政策执行。跨境电子商务进口有关政策另行研究。

三、跨境电商物流

（一）跨境电商物流的概念

跨境电商物流是指分属不同关境的交易主体通过电子商务平台达成交易，进行支付结算，并通过跨境物流送达商品、完成交易的一种国际商业活动。

跨境电商物流的发展与跨境电子商务的发展是互相影响的，跨境电商的发展促进着跨境物流行业的发展。

跨境电商的发展是物流、信息流和资金流的协调发展，跨境电商物流作为一个重要环节，其发展状况影响着整个跨境电商的发展。

由于跨境电商具有数量少、批次多、订单不稳定等特征，因而从事跨境电商的商家大多采取以下四种物流模式：传统的快递包裹、集中发货、国际快递和海外仓。

1. 快递包裹

传统快递包裹是目前中国跨境电商中最主要的物流模式，也是最贴合跨境电商的物流模式。其覆盖面广，覆盖全球超过230个国家和地区。据统计，中国跨境物流包裹中超过70%是采取传统快递包裹模式。但是该模式物流时效慢，越来越无法满足跨境电商的要求，严重制约了其发展。

2. 集中发货

集中发货模式即专线物流模式，一般是指通过航空专线将众多同一地区买家的包裹集中发往目的国或地区，再通过当地的合作公司或物流分公司进行配送。由于其集中发货具有规模效应，并采用空运的运输形式，因此其物流时效以及运输成本会高于传统快递包裹，但低于国际快递。

3. 国际快递

国际快递模式是跨境电商中时效和成本最高的运输方式。其最大的优势在于服务，客户体验极佳，不过因为其高昂的费用，除非买家特别要求时效或者运输的安全性，通常卖家不会主动选择国际快递模式发送商品。因此，国际快递模式在跨境电商物流市场份额中占比相对较小。

4. 海外仓

海外仓是"国内企业在境外设立，面向所在国家或地区市场客户，就近提供进出口货物集并、仓储、分拣、包装和配送等服务的仓储设施"（GB/T 18354-2021）。

海外仓模式是跨境电商卖家先将商品提前备货到目的国的物流仓库中，待客户在卖家电子商务网站或第三方店铺下单后，直接从海外仓将商品发货给客户。这样可以提高物流时效，为客户带来优质的物流体验。不过，卖家通常只会选择热销商品进行海外仓备货。

（二）跨境电商物流的特点

1. 跨境电商物流运输速度快、方式多

中国古代有着著名的"丝绸之路"和"海上丝绸之路"作为贸易路线，采用陆路和海路运输的方式来进行贸易。如今的跨境电商物流运输方式更呈现出建立在现代运输方式下的多样性。人们可以根据商品的规格和自身的需求采用铁路、飞机、轮船等多种运输方式或联合运输方式。跨境电商物流基本上能够满足买家在短时间内的需求，大大加快了运输的速度。

2. 跨境电商物流信息更新及时、准确

人们在评价跨境电商物流商家的可信赖性时，对物流信息有着严格的要求，买家往往迫切地希望尽快获取商品。基于此，跨境电商物流在物流信息的追踪上做了重大的突破，从商家发货到运输的整个过程中实时更新物流信息。

3. 跨境电商物流性价比高、售后保障好

跨境电商物流是国与国之间的商品运输，一般来说路程较长、耗时也较多，而且还要经过关口的检查批准。如今的跨境电商物流有着统一的运输团队，在物流价格方面可以统一划分。而且跨境电商物流售后有保障，会在运输过程中仔细检查包裹是否有所损坏，保证让客户能够收到完整的商品。

（三）跨境电商与跨境物流的关系

跨境电商与跨境物流二者相互促进，形成了一种长期稳定的均衡发展关系。

1. 物流对跨境电商营销有着直接而决定性的影响

没有高效的物流，就无法实现空间效用，即使跨境电商营销继续创新，也很难赢得顾客满意。物流的效率、顺畅性和及时性直接决定了产品的生产和创新。物流各环节的成本直接影响着产品的价格构成，即物流成本直接影响着产品的最终价格。

2. 物流服务对跨境电商营销组合的影响

物流服务对跨境电商营销组合如产品策略、价格策略、分销策略、促销策略等产生了一系列的影响。物流本身提供的是一种服务，而不是有形的产品。该服务必须考虑服务的范围、质量和标准，其中物流服务中为顾客提供服务的水平是影响顾客持续购买的关键因素。

3. 物流管理是跨境电商管理的重要组成部分

物流管理是指将原材料和最终产品从原产地转移到使用地，以满足顾客的需求并从顾客那里获得实物流通的计划、实施和控制。跨境电商营销是一个满足个人或组织需求的交流过程，是一个规划和实施交流意识、服务理念、定价、促销、物流等的过程。

4. 物流管理改进对跨境电商的影响

物流管理的改进可以增加交易的价值。物流的现代化以及仓储、运输等管理，不仅增强了服务的可靠性，而且使交易迅速发展，有利于商品价值的及时实现，缩短了制造商与消费者之间的时空距离，使生产经营行为真正立足于客户的实际需要。

新的物流管理策略也为跨境电商营销组织提供了服务基准和发展空间，进而为跨境电商营销活动和提高企业绩效提供了更多的机会。

总之，良好的物流管理可以有效地促进跨境电商营销战略的实施。例如，良好的逆向物流不仅可以积累产品数据，为预测和决策提供基础数据，而且是使客户保持忠诚度的重要营销手段。

课外阅读(一)

综合保税区的基本政策

《中华人民共和国海关综合保税区管理办法》已于 2022 年 4 月 1 日起施行。我国对外贸易管理体系包括对外贸易经营者、进出口许可、进出口配额、原产地管理、检验检疫及海关管理、知识产权保护、进出口监测、对外贸易调查及贸易救济(反倾销、反补贴、保障措施等)、外汇管理、对外贸易促进(进出口信贷、出口信用保险、出口退税等)等制度及内容,这些规定在综合保税区的具体体现如下:

一、管理体制

在国家管理层面,综合保税区(以下简称"综保区")由国务院批准设立,海关总署牵头国家发展改革委、财政部、自然资源部、商务部、税务总局、市场监管总局、外汇局等部委(局)负责设立审核、联合验收、绩效评估及监督管理。

在地方管理层面,根据国务院要求,各省、自治区、直辖市人民政府是综保区申请设立、规划建设、运行管理的主体。海关、税务、外汇、应急管理、环保、市场监督管理等部门各司其职、分工协作。海关在综保区依法实施监管,不影响地方政府和其他部门依法履行其相应职责。例如,海关仅负责对综保区内企业及进出区交通运输工具、货物及其外包装、集装箱、物品实施监督管理;又如,综保区内企业产生的未复运出境的固体废物,由环保部门按照国内固体废物相关规定管理。

二、贸易管制政策

1. 禁止进出口及加工贸易禁止类货物管理

在通常情况下,国家禁止进口、出口的货物及物品不得在综保区与境外之间进出;但另有规定的除外,如区内可开展列入综保区维修产品目录的禁止进口旧机电产品的保税维修业务。

加工贸易禁止类商品目录同样适用于综保区,但在相应公告发布之前已经在区内从事相关商品加工贸易的企业可以继续生产、不受限制。

2. 关税配额及许可证件管理

我国对小麦、玉米、稻谷和大米、糖、羊毛、毛条、棉花、化肥 8 类商品实行关税配额管理。

对除配额管理外的其他限制进口货物,实行许可证管理。许可证不等同于许可证件,两者在管理规定、货物属性、签发机构、证件名称等方面存在不同,后者包含前者。截至 2021 年底,我国将进出口环节的 86 种证件精简至 41 种,其中 38 种已经实现联网核查。

在通常情况下,综保区与境外进出的货物不实行关税配额、许可证件管理;综保区与境内区外实行关税配额、许可证件管理,具体包括:综保区与境内区外进出的货物,因使用保税料件产生的残次品、副产品出区内销时,以及外发加工不运回综保区的残次品、副产品,属于关税配额、许可证件管理的,相关企业应当提交关税配额、许可证件。但需要注意的是,因涉及健康、安全、环保、野生动植物保护、履行国际公约要求等情况,进口货物从境外入区或出口货物出区离境时须提交证件。

3. 税收政策

综保区涉及的税收政策主要有保税、免税、退税、征税等规定。

(1)保税规定。这是综保区最基本和最核心的税收政策,对进入综保区的境外货物和出口报关入区取得退税的国内货物,以及综保区与其他综保区等特殊区域、保税场所之间往来的货物予以保税。

(2)免税规定。对进境的机器设备、模具及零配件,以及区内基建项目或建设厂房仓库所需要的机器设备、基建物资,以及区内行政管理机构、企业自用合理数量的办公用品等免征进口关税和进口环节税。在通常情况下,对综保区运往境外的货物免征出口关税。

(3)退税规定。一是国内的货物、机器设备以出口报关方式入区的,享受出口退税;二是区内企业(增值税一般纳税人资格试点企业除外)生产出口货物耗用的水电气,视同出口货物实行退税;三是区内企业将自用机器设备、模具等运往区外检测、维修时,在区外更换的国产零配件可以退税。

(4)征税规定。一是出区内销的货物,因使用保税料件产生的边角料、残次品、副产品,加工生产、储存运输中产生的包装物料,以及外发加工至区外产生的边角料、残次品、副产品不运回综合保税区的,按照货物实际状态缴纳进口关税和进口环节税;二是入区的出口货物属于应征出口关税的,应缴纳出口关税;三是享受免税的进口机器设备等,或者国内出口报关的区内机器设备等出区时,若监管年限未满,参照减免税货物补缴税款;四是将区内自用机器设备等运往区外检测维修时更换国产零配件的,海关按照原零配件的实际状态征税;五是自境外入区供区内企业、行政管理机构自用的交通运输工具、生活消费用品,应缴纳进口关税和进口环节税。

(5)特殊规定。存在增值税一般纳税人资格试点、内销选择性征收关税、跨境电子商务零售进口商品优惠税率及税额等特别规定。

(6)优惠税率。出区内销的优惠贸易协定项下货物,适用协定税率或者特惠税率;但货物实际报验状态与其从境外入区时状态相比,超出相关优惠贸易协定所规定的微小加工或处理范围的,不得享受优惠税率。

4. 管理政策

综保区实行封闭式管理,按照《综合保税区基础和监管设施设置规范》建设,与区外之间设置卡口、围网、视频监控系统等设施。区内允许开展加工制造、研发维修、物流分拨、国际转口、跨境电商、融资租赁、委托加工、外发加工等业务。区内保税货物通常不设存储期限,在区内及区间可以自由流转。区内的加工贸易企业不适用单耗标准,区内开展保税维修业务相比区外受限较少。区内企业经核准后可以对货物放弃或依法销毁。对因不可抗力、非不可抗力造成货物损毁灭失的,按照不同规定处理。

5. 外汇政策

一是综保区与境内区外之间以及综保区内机构之间的货物贸易,可以人民币或外币计价结算。二是综保区内机构采取货物流与资金流不对应的交易方式时,企业提供的报关单证上收发货人为其他机构的,应提供相应证明资料,银行按规定进行审核。三是综保区内机构之间的服务贸易,可以人民币或外币计价结算;除特殊情况外,综保区与境内区外之间的服务贸易项下交易应以人民币计价结算;区内行政管理机构的各项规费应以人民币计价结算。

资料来源:作者依据相关资料整理。

课外阅读(二)

中欧班列 2021 年共建"一带一路"

2021年,中欧班列全年开行数量1.5万列,同比增长22%;发送146万标箱,同比增长29%,为确保国际产业链供应链稳定畅通、构建新发展格局做出了积极贡献。

中欧班列重要出入境口岸数据:

(1)阿拉山口口岸。2021年,累计通行进出境中欧(中亚)班列5 848列,同比增长16.3%,年度通行班列数量再创历史新高。

(2)霍尔果斯口岸。2021年,全年进出境中欧班列数量达6 362列,同比增长26.6%;过货量达906.9万吨,同比增长37.0%。其中出境班列为4 826列,返程班列为1 536列;出境班列过货量达525.76万吨,返程班列过货量为381.17万吨,均实现正增长。

(3)二连浩特口岸。截至2021年12月16日,二连浩特铁路口岸进出境中欧班列为2 605列。二连浩特口岸是中蒙大陆路口岸,也是中欧班列中部通道的唯一出入境口岸;日平均有40多列出入境货物列车通过该口岸,将日用百货、机械设备和煤炭、原油、木材、铁矿石等进出口货物运往蒙古国、俄罗斯等国家。

(4)满洲里口岸。2021年,出入境的中欧班列达4 235列,同比增加650列,增幅达18%。其中,入境的中欧班列为2 235列,同比增加456列,增幅为25.6%;出境的中欧班列为2 000列,同比增加194列,增幅为10.7%。入境班列数量超过出境班列数。

(5)绥芬河口岸。2021年,开行中欧班列549列。自2018年8月中欧班列在该口岸开行以来,共计开行903列。绥芬河口岸是黑龙江省对俄铁路的大型口岸,也是中欧班列重要的进出境口岸之一。目前,经绥芬河口岸入境的中欧班列主要到达成都、郑州、西安、上海等省(直辖市),出境的中欧班列到达俄罗斯、白俄罗斯、波兰、德国、比利时等国家。

2022年1月18日,国家发展改革委召开1月份例行新闻发布会。会上介绍,截至2021年12月底,中欧班列历年累计开行48 814列,运送货物443.2万标箱;我国已与147个国家、32个国际组织签署200余份共建"一带一路"合作文件,共建"一带一路"朋友圈继续扩大。

资料来源:作者依据相关资料整理。

思考题

名词解释

国际物流	口岸	自由港	保税港区
综合保税区	保税物流园区	A型保税物流中心	B型保税物流中心
保税仓库	保税工厂	国际铁路联运	商品检验
国际铁路货物联运	大陆桥运输	CIF	FOB
海外仓			

问答题

1. 谈谈你对物流全球化的认识。
2. 简述国际物流的特点。
3. 国际物流经营方面有哪些新趋势?
4. 何谓口岸?口岸是怎样分类的?
5. 何谓自由港?有关自由港的规定主要有哪些?
6. 何谓海关监管货物?说明海关监管货物的种类。
7. 在对外贸易合同中,商品检验的范围、时间和地点是如何规定的?
8. 国际集装箱场站应具备哪些条件?
9. 集装箱进场、堆存与保管和集装箱出场都分别包括哪些业务活动?
10. 国际集装箱的交接责任和交接标准是如何规定的?
11. 谈谈国际航运的主要特点。
12. 跨境电子商务具有哪些特征?说明跨境电商与跨境物流的关系。
13. 谈谈跨境电商物流的概念和物流模式。

21世纪经济与管理规划教材

物流管理系列

第十三章

绿 色 物 流

学习目的

深刻理解国家主席习近平在第七十五届联合国大会上作出"中国将提高国家自主贡献力度,二氧化碳排放力争2030年前达到峰值,努力争取2060年前实现碳中和"的庄严承诺。认识绿色物流的丰富内涵和广泛外延。

技能要求

掌握绿色物流的概念,认识绿色物流的特征;了解逆向物流的概念、特点和流程;认识废旧物资物流的形成、形式和特征;深刻认识国家标准《绿色物流指标构成与核算方法》(GB/T 37099-2018)。

第一节　绿色物流概述

国家主席习近平在第七十五届联合国大会上作出"中国将提高国家自主贡献力度,二氧化碳排放力争 2030 年前达到峰值,努力争取 2060 年前实现碳中和"的庄严承诺。2021 年是中国"十四五"计划开局之年,更被称为我国的"碳中和元年"。2021 年 2 月 22 日,国务院颁布了国发〔2021〕4 号文件《国务院关于加快建立健全绿色低碳循环发展经济体系的指导意见》。

一、绿色物流的概念

20 世纪 90 年代,全球兴起了"绿色浪潮"。以可持续发展为目标的"绿色革命",正成为各国政府、企业和公众广为关注和共同追求的事业。各种冠以绿色的名词层出不穷,如绿色产品、绿色消费、绿色设计、绿色制造、绿色流通等。绿色物流正是这种绿色化运动向物流领域的渗透。

绿色物流是指"通过充分利用物流资源、采用先进的物流技术,合理规划和实施运输、储存、装卸、搬运、包装、流通加工、配送、信息处理等物流活动,降低物流活动对环境影响的过程"(GB/T 18354-2021)。绿色物流是一个内涵丰富、外延广泛的概念,凡是以降低物流过程的生态环境影响为目的的一切手段、方法和过程都属于绿色物流的范畴。

绿色物流又被称为"低碳物流"。低碳物流的兴起,归功于低碳革命和哥本哈根环境大会对绿色环保的倡导。随着气候问题日益严重,全球化的低碳革命正在兴起,人类也将因此进入低碳新纪元,即以"低能耗、低污染、低排放"为基础的全新时代。而物流作为高端服务业,其发展也必须走低碳化道路,着力推进绿色物流服务、低碳物流和智能信息化。

在此背景下,低碳物流也备受关注。物流作为能源消耗量较大的行业,低碳物流理应受到国家以及企业的重视。对企业而言,"低碳"将是一个新的发展机遇,同时也是全世界物流企业所应肩负的责任。

目前,我国物流业的发展还较为粗放,经济增长所付出的物流成本较高,全社会物流费用支出占国内生产总值的比重基本处于中等发达国家的平均水平。粗放和低效率的物流运作模式,造成了能耗的增加和能源的浪费。目前我国物流业存在的问题,主要表现为:空驶率高、重复运输、交错运输、无效运输等不合理运输现象较为普遍,各种运输方式衔接不畅;库存积压过大,仓储利用率低;物流设施重复建设现象严重;物流信息化程度低等。在这种形势下,发展低碳经济势在必行。物流业作为我国十大重点产业之一,有义务也有能力在发展低碳经济中有所作为。

二、绿色物流的内涵

1. 绿色物流的最终目标：可持续发展

一般的物流活动主要是为了实现企业的盈利、满足客户需求、提高市场占有率等，这些目标的本质均是实现某一主体的经济利益。而绿色物流是除上述经济利益的目标之外，还追求节约资源、保护环境这一既具有经济属性又具有社会属性的目标。尽管从宏观角度和长远的利益来看，节约资源、保护环境与经济利益的目标是一致的，但对某一特定时期、某一特定的经济主体而言却是矛盾的。按照绿色物流的最终目标，企业无论在战略管理还是在战术管理中，都必须从促进经济可持续发展这个基本原则出发，在创造商品的时间效益和空间效益以满足消费者需求的同时，注重按生态环境的要求，保持自然生态平衡和保护自然资源，为子孙后代留下生存和发展的空间。实际上，绿色物流是可持续发展原则与现代物流理念的结合。

2. 绿色物流的活动范围：产品的整个生命周期

产品在从原料获取到使用消费，直至报废的整个生命周期，都会对环境产生影响。绿色物流既包括对从原材料的获取到产品生产、包装、运输、分销，直至送达最终用户手中的前向物流过程的绿色化，也包括对退货和废弃物回收等逆向物流过程的生态管理与规划。因此，其活动范围涵盖了产品从生产到报废处置的整个生命周期。

生命周期不同阶段的物流活动不同，其绿色化方法也不相同。从生命周期的不同阶段来看，绿色物流活动分别表现为绿色供应物流、绿色生产物流、绿色分销物流、废弃物物流和逆向物流；从物流活动的作业环节来看，一般包括绿色运输、绿色包装、绿色流通加工、绿色仓储等。

3. 绿色物流的理论基础：可持续发展理论、生态经济学理论、生态伦理学和循环经济理论

第一，物流过程不可避免地要消耗资源和能源，产生环境污染，要实现长期、持续的发展，就必须采取各种措施，形成物流环境之间的共生发展模式。

第二，物流系统既是经济系统的一个子系统，又通过物料流动建立起了与生态系统之间的联系和相互作用。绿色物流正是通过经济目标和环境目标之间的平衡，实现生态与经济的协调发展。

第三，生态伦理学告诉我们，不能一味地追求眼前的经济利益而过度消耗地球资源，破坏子孙后代的生存环境，绿色物流及其管理战略将促使人们对物流中的环境问题进行反思和控制。

第四，以物质闭环流动、资源循环利用为特征的循环经济，是按照自然生态系统物质循环和能量流动规律构建的经济系统，其宗旨是提高环境资源的配置效率，减少最终废物排放量。绿色物流要实现对前向物流过程和逆向物流过程的环境管理，也必须以物料循环利用、循环流动为手段，提高资源利用效率，减少污染物排放。

4. 绿色物流的行为主体：公众、政府及供应链上的全体成员

产品从原料供应到生产、包装、运输，直至使用价值被消耗而成为废弃物，在其生命周

期的每一阶段,都会对环境产生影响。专业物流企业对运输、包装、仓储等物流作业环节的绿色化负有责任和义务。处于供应链上的制造企业,既要保证产品及其包装的环保性,还要与供应链的上下游企业、物流企业协同起来,从节约资源、保护环境的目标出发,改变传统的物流体制,实现绿色产品与绿色消费之间的连接,制定绿色物流战略和策略。此外,各级政府和物流行政主管,在推广和实施绿色物流战略中具有不可替代的作用。

由于物流的跨地区和跨行业特性,绿色物流的实施不是仅靠某个企业或在某个地区就能完成的,也不是仅靠企业的道德和责任就能主动实现的,它还需要政府的法规约束和政策支持。例如,对环境污染指标的限制、对包装废弃物的限制、对物料循环利用率的规定等,都有利于企业主动实施绿色物流战略,最终在整个经济社会建立起包括生产商、批发商、零售商和消费者在内的循环物流系统。

公众是环境污染的最终受害者。公众的环保意识能促进绿色物流战略的实施,并对绿色物流的实施起到监督作用。因而,公众也是绿色物流不可缺少的行为主体。

三、绿色物流的特征

绿色物流除了具有一般物流所具有的特征,还具有学科交叉性、多目标性、多层次性、时域性和地域性等特征。

1. 学科交叉性

绿色物流是物流管理与环境科学、生态经济学的交叉。由于环境问题的日益突出及物流活动与环境之间的密切关系,在研究社会物流和企业物流时必须考虑环境问题和资源问题。由于生态系统与经济系统之间的相互作用和相互影响,生态系统也必然会对物流这个经济系统的子系统产生作用和影响。因此,必须结合环境科学和生态经济学的理论、方法进行系统的管理、控制和决策,这也正是绿色物流的研究方法。学科交叉性使得绿色物流的研究方法非常复杂,所涵盖的研究内容十分广泛。

2. 多目标性

绿色物流的多目标性体现在企业的物流活动要顺应可持续发展的战略目标要求,注重对生态环境的保护和对资源的节约,注重经济与生态的协调发展,即追求企业经济效益、消费者权益、社会效益与生态环境效益四个目标的统一。系统论观念告诉我们,绿色物流的多目标之间通常是相互矛盾、相互制约的,一个目标的增长将以另一个或几个目标的下降为代价,如何取得多目标之间的平衡,这正是绿色物流要解决的问题。从可持续发展理论的观念来看,生态环境效益目标将是前三个目标得以实现的关键所在。

3. 多层次性

绿色物流的多层次性体现在三个方面:

(1) 根据管理和控制主体的不同,绿色物流活动可分为社会决策层、企业管理层和作业管理层三个层次,也可以说是绿色物流的宏观层、中观层和微观层。其中,社会决策层的主要职能是通过相关政策和法规的手段传播绿色理念,约束和指导企业物流战略;企业管理层的任务则是从战略高度,与供应链上的其他企业协同,共同规划和管理企业的绿色物流系统,建立有利于资源再利用的循环物流系统;作业管理层致力于物流作业环节的绿色化,如运输的绿色化、包装的绿色化、流通加工的绿色化等。

(2) 从系统论的观点来看,绿色物流系统是由多个单元(或子系统)构成的,如绿色运输子系统、绿色仓储子系统、绿色包装子系统等。这些子系统又可按空间或时间特性划分成更低层次的子系统,即每个子系统都具有层次结构。不同层次的物流子系统通过相互作用构成一个有机整体,实现绿色物流系统的整体目标。

(3) 绿色物流系统还是另一个更大系统的子系统,这个更大的系统就是绿色物流系统赖以生存发展的外部环境。这个环境包括了促进经济绿色化的法律法规、人口环境、政治环境、文化环境、资源条件、环境资源政策等方面,它们对绿色物流的实施将起到约束作用或推动作用。

4. 时域性和地域性

绿色物流的地域性体现在两个方面:一是由于经济的全球化和信息化,物流活动形成了跨地区、跨国界的发展趋势,对物流活动绿色化的管理也相应地具有跨地区、跨国界的特性;二是指绿色物流管理策略的实施需要供应链上所有企业的参与和响应,这些企业很可能分布在不同的城市,甚至不同的国家。例如,欧洲有些国家为了更好地实施绿色物流战略,对于托盘的标准、汽车尾气的排放标准、汽车燃料的类型等都进行了规定,其他欧洲国家则规定不符合标准要求的货运车辆禁止进入本国。跨地域、跨时域的特性也反映出绿色物流系统是一个动态的系统。

四、绿色物流已成为物流产业的必然选择

(一) 继续深入贯彻国家绿色物流相关政策

"十三五"时期,国家出台了多项关于基础设施建设、物流"通道+枢纽+网络"运作体系、运输结构调整(多式联运)、绿色货运、绿色包装、标准化周转设备等的政策文件,宏观与微观结合、硬件与软件齐发力,共同推动绿色物流发展,为"十四五"时期绿色物流与供应链发展奠定了坚实基础。开展绿色物流,政府的政策引导是基础,企业的践行落实是关键。因此,政府部门、行业协会、企业单位应积极促进政策落地,树立先进典型,引领物流行业的绿色高质量发展。

(二) 积极开展绿色物流指标统计工作

做好绿色物流的数据统计、了解我国企业绿色物流发展水平是物流行业的重要内容。因此应夯实基础工作,结合发达国家绿色物流发展实践经验,以企业绿色物流试点方式组织开展绿色物流相关指标统计工作,将绿色物流相关指标纳入物流信息统计系统,为后续开展企业绿色物流相关评估工作和研究我国企业绿色物流发展水平奠定坚实基础。

(三) 加快推进物流标准化体系建设

绿色物流是一个系统工程,需要建立完善的标准化体系,一方面规范物流活动的各个环节,引导企业减少因不规范操作带来的能源资源消耗和环境污染;另一方面促进物流各环节的设施设备匹配共享和循环利用,提高物流业务整体效率,进而实现降本增效、绿色发展。2019年7月1日,由国家市场监督管理总局和国家标准化管理委员会发布的《绿

色物流指标构成与核算方法》(GB/T 37099-2018)正式实施。我国政府和相关物流管理部门正在不断推进物流行业标准化,努力完善中国绿色物流标准化体系建设。

(四)努力推动绿色物流相关产业融合发展

伴随着党的十八大将生态文明建设纳入中国特色社会主义现代化建设总体布局,以节能、环保、低碳为主题的绿色产业蓬勃发展,成为经济增长的新动能。物流行业的绿色发展应积极与节能服务、绿色金融等相关产业融合,依托现有管理方式,如合同能源管理、用能权交易、绿色项目评价、绿色产品认证、绿色招投标、绿色信息披露等,助力不同规模、不同类型的物流企业获得绿色服务支撑,进而推动物流乃至相关产业链的绿色发展。

(五)逐步启动物流行业碳资产管理

随着全国碳排放交易市场的启动,我国碳资产开发与管理进入一个新的发展期。伴随着物流业碳排放的持续增长,应推动物流行业温室气体排放核算和交易,实现物流行业碳资产管理,将控制温室气体排放作为推动物流行业绿色发展和实现全供应链减碳的重要手段。

第二节　逆向物流与回收物流

一、逆向物流

逆向物流又称反向物流,指"为恢复物品价值、循环利用或合理处置,对原材料、零部件、在制品及产成品从供应链下游节点向上游节点反向流动,或按特定的渠道或方式归集到指定地点所进行的物流活动"(GB/T 18354-2021)。

(一)逆向物流的主要表现

1. 退货

退货形成的原因很多,主要有:

(1)产品过期造成的退货。

(2)产品不合格导致的退货。由于目前的生产系统还不能保证100%的产品合格率,因此大规模的生产也会带来次品数量的增加。

(3)产品运输不合理形成的退货。这是由于运输系统的不完善,在运输过程中可能造成产品被盗、缺件、功能受损或包装受损导致客户不满意而形成的退货。

(4)订单处理疏忽造成产品的重复运输、错误运输所形成的退货。

(5)由于产品有危害导致客户不满意的退货。

(6)无理由的退货等。

2. 产品召回

产品创新是许多企业追求的目标,但创新产品生产体系和生产工艺的不成熟,增加了产品缺陷的风险。世界上许多大型企业如IBM、英特尔、福特等都有过产品召回的历史。随着产品召回制度的形成,产品召回的次数和数量呈增长趋势。产品召回的过程也是逆向物流产生的过程。

3. 废旧产品回收

随着社会环保意识的不断增强,废旧产品的回收处理和再利用受到社会的普遍重视。

(二)逆向物流的特点

1. 逆返性

逆返性即产品或报废产品通过逆向物流渠道从消费者流向经销商或生产商。

逆向物流中退回的产品或报废产品的流动与正常的商品流的方向刚好相反。逆向物流更加趋向于反应性的行为与活动,其中实物和信息的流动基本都是由供应链尾端的成员或最终消费者引起的,即消费者→中间商→生产商→供应商。图13-1 为一个逆向物流图,从中我们可以更清楚地看到逆向物流的逆返性。

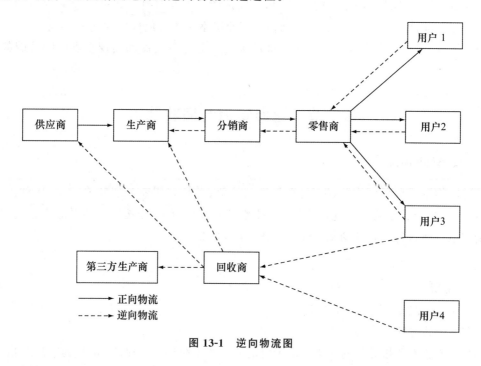

图 13-1 逆向物流图

2. 依赖性

逆向物流的依赖性源于正向物流和逆向物流是循环物流系统的两个子系统。逆向物流是在正向物流运作过程中产生和形成的,没有正向物流,就没有逆向物流;逆向物流的流量、流向、流速等特性是由正向物流属性决定的。如果正向物流利用效率高、损耗小,则逆向物流必然流量小、成本低;反之则流量大、成本高。此外,正向物流与逆向物流在一定条件下可以相互转化。正向物流管理不善、技术不完备就会转化成逆向物流;逆向物流经过再处理、再加工、改善管理方法制度,又会转化成正向物流,被生产者和消费者再利用。

3. 价值性

逆向物流中的产品所涉及的成本内容广泛,而且由于产品"返回"的原因各不相同,对于各种产品的价格与成本的核算标准也就不尽相同。对于部分产品,在逆向渠道中还要进行适当的处理之后才能够再次出售,这就会生成一部分的附加成本。

退货和召回产品具有价值递减性,即产品从消费者流向经销商或生产商,其中产生的一系列运输、仓储、处理等费用都会冲减回流产品的价值。

报废产品则具有价值递增性,即报废产品对于消费者而言没有什么价值,随着逆向回流,报废产品在生产商终端可以实现价值再造。

4. 不可控性

这里指的不可控并不是绝对的不可控,而是个相对的概念。在逆向物流的运行过程中,客户处于主动地位,企业处于对客户需要的响应地位。因此,客户发出退货要求的地点、时间和数量都是企业预先未知的,而且企业经常是非经济批量回收,甚至是单件产品回收。

(三)逆向物流的业务流程

逆向物流从消费者流向生产商的过程可以分为三级:第一级是零售商,第二级是配送中心,第三级是生产商。逆向物流的业务流程主要体现为回收、检验、分类、处理四个环节。

1. 回收

回收分为内部回收和外部回收,前者主要指报废零部件及边角材料的回收;后者主要指退货、召回产品、报废产品回收。

2. 检验

各级节点对于流经该节点的逆向物流要做检验,以控制逆向物流的不合理形成。如零售商通过检验退货,控制客户的无理由退货;配送中心通过检验退货,决定产品是否再分销。

3. 分类

在每个检验的过程中,都需要分类,确定产品回流的原因,以便对流经该节点的逆向物流进行分流处理。

4. 处理

对流经各级节点的逆向物流,经各级节点分类后,先由自身节点处理,对不能处理的向下一级节点转移,由下一级节点处理,直到生产商终端。零售商对逆向物流中的可再销售产品继续转销,对无法再销售产品将其交由配送中心处理。配送中心对可再分销产品继续分销,无法销售产品则被转移到生产商处理。生产商对可维修产品进行维修,然后再销售,对不可维修产品、回收报废产品及零部件、生产中的报废零部件及边角材料,通过分拆、整理使其重新进入原料供应系统;对召回产品通过分拆,进行更换零部件或技术改造等补救,重塑产品价值;对于产品包装物,以及分解后的不可再利用部件,则采取填埋、机械处理等环保方式处理。

从以上分析可以看出,供应链的各个节点都会涉及逆向物流业务。因此,企业应该成立专门的逆向物流管理部门,管理逆向物流过程中产生的资金流、信息流、实物流,并通过与正常的供应链系统共享信息,协调供应链各节点的逆向物流业务,减少与供应链业务的冲突。

二、废旧物资物流

（一）废旧物资

1. 生产过程中产生的废旧物资

生产过程中产生的废旧物资包括：

（1）生产企业的工艺性废料。这是指生产企业在生产产品的工艺过程中产生的废料，如金属轧钢生产过程中产生的切头、切尾、钢渣、炉底渣等废弃物；采矿生产中剥离的废料、尾矿；金属加工工业的废屑、边角余料等。

（2）生产过程中产生的废品。生产过程中产生的废品并非工艺本身的必然产物，但无论是成品、半成品还是各种中间产品等都有一定数量的废品产生。

（3）生产过程中损坏和报废的机械设备。机械设备的损坏多数是由生产过程中各种不同的事故造成的。而机械设备的报废则是指设备经过长期使用，磨损到极限后必须更新而退出生产。

（4）生产维修后更换下来的各种废旧零件和废旧材料。

（5）原材料和设备的各种包装物。

2. 流通过程中产生的废旧物资

在流通过程中也会产生不少废旧物资，如：

（1）由于装卸、运输、储存等不慎而被摔坏、压坏、震坏的物资。

（2）由于保管不善或储存时间过长而丧失或部分丧失使用价值的物资。

（3）在流通领域因长期使用而报废和损坏的废旧设备、工具等。

（4）原材料及机电设备的各种包装物。

（5）各种维修活动产生的废旧物资等。

3. 生活消费中产生的废旧物资

在人们生活中，每天都会产生各种各样的废旧物资。生活消费中产生的废旧物资可以分为以下几类：

（1）生活消费品的各种包装物，如各种纸制品、塑料、玻璃、铁制品等。

（2）家用设备的更新、损坏而产生的废旧物资。

（3）文化、娱乐产生的废旧物资，如报纸、杂志、唱片等。

4. 由于精神磨损而产生的废旧物资

精神磨损也称无形磨损，它是指由于劳动生产率的提高、科学技术的进步而造成某些物资（设备）不经济的现象。当今是一个科学技术飞速发展的时代，新技术转化为新产品的时间不断缩短，因精神磨损而被淘汰的产品也越来越多。应当指出，由于精神磨损而被淘汰的物资的使用价值一般是没有丧失的。因此，受精神磨损的物资被称为废旧物资是要满足一定条件的，当某种物资在较大范围内没有了使用价值时，才可称为废旧物资。

即使是完全丧失了原有使用价值的物资，尤其是设备，也不可认为是完全废弃的物资。这是因为使用价值的理想角度不同的缘故。例如，一台机床在其不能正常运转且切削功能完全失去的情况下，可以认定为完全报废。但是，机床实体本身也许还存在不少使用价值,如机床的电机仍能担负电能转变为机械能的工作,机床的钢制骨架还可作为冶炼的材料等。从上述例子中可以看到,使用价值的理想角度不同,物资丧失使用价值的程度也不同。废旧物资的物流循环过程如图 13-2 所示:

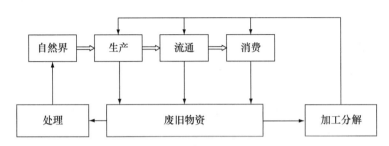

图 13-2　废旧物资的物流循环过程

（二）废旧物资的使用价值分析

废旧物资的使用价值是与科学技术和人们的能力紧密相连的。某种废旧物资,在一定时期的科学技术基础上,可能被认定为完全丧失了使用价值的"废物";但随着科学技术的进步使其重新使用成为可能,当人们认识到它潜存的使用价值时,废旧物资就成为一种新的资源了。

(1) 废旧物资残存着原物资的使用价值。物资的使用价值在使用过程中有两种情况:一是原物资经使用失去原来的化学形态,而形成了新的物资,如木柴、石油等燃烧产生热能后,木柴化为灰烬,石油化为乌有。二是部分和大部分使用价值丧失,但尚有小部分使用价值得以残存。

(2) 物资在某一方面的使用价值丧失,但其废旧物资在另一方面的使用价值尚存。这种情况主要表现为废旧物资与原物资相比,没有发生本质的变化,即可按其原来的属性发挥其效用。如金属材料、麻、布等物资的边角余料,在原使用方向上规格、尺寸、形状等都不能满足要求,但在另一个使用方向上其使用价值可充分发挥。

(3) 废旧物资经简单加工或不经加工就可恢复其使用价值。一些经回收的废旧物资,在既不改变使用方向、也不减少其使用价值的情况下,就可重新投入使用。如回收的包装箱,只要其质量完好、清洁,就可重新投入使用;又如回收的酒瓶、酸罐等,只要进行简单加工清洗,就可重新发挥其原有的功用。

(4) 废旧物资经深加工,可恢复其原始的形态和原有的使用价值。废旧物资的深加工是相对简单加工和浅加工而言,它通常采用物理的或化学的方法,使回收的废旧物资恢复到最初的原始形态。如从电子器件触点中提炼回收金,从洗相废液中提取白银等。被重新提取的金、银可在原使用方向或新使用方向上发挥其原有的使用价值。

（三）废旧物回收物流

当物资失去或部分失去了原有的使用价值以后,为了发挥其潜存使用价值的效能,将其回收,再经加工或完全不加工重新投入使用,废旧物资的这一实物运动过程就形成了废旧物回收物流。

1. 废旧物回收物流的形式

根据废旧物回收物流形成的特点,废旧物回收物流可分为三种不同的形式。

(1) 以生产领域为始点的废旧物回收物流。在产品的生产过程中,各个生产环节都有可能出现产品的报废、不合格等情况。一旦出现以上现象,某种废旧物资的流通便开始了。

下面以机械制造业的基本生产过程为例,分析以生产领域为始点的废旧物回收物流过程。机械制造业的基本生产过程大体可分为毛坯制造、机械加工、装配三个过程。三者之间依靠搬运、储存被连成一个整体(如图13-3所示)。在每一个基本生产过程中都包含有若干工序,如毛坯制造包括铸造、粗加工等;机械加工包括刨、铣、车、钳、磨等工艺过程;装配包括部件装配、整机装配等环节。上述每个基本生产过程中的每个环节、每道工序都有可能出现废品,在生产中就相应地产生了废弃物资,如铸造冒口,车、铣、刨、磨的各种金属切屑等。于是,相应的废旧物回收物流便产生了。应说明,在厂内物资运输、搬运、储存等各环节中也有出现废旧物资的可能,同样汇入以生产领域为始点的废旧物回收物流中。

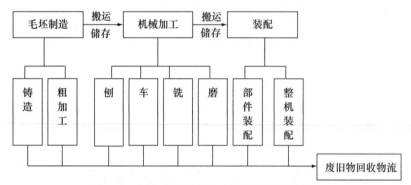

图13-3 以生产领域为始点的废旧物回收物流

(2) 以流通领域为始点的废旧物回收物流。它指废旧物资是在流通领域产生的,如图13-4所示。

图13-4 以流通领域为始点的废旧物回收物流

由于包装不符合要求或装卸作业不慎而造成物资的挤压变形、摔碰损失,运输作业中的碰撞震动,储存过程中的日晒雨淋、保管不善,流通加工的失误等,都会产生大量的废旧物资。应特别指出,处在储存环节中的物资往往是这种物流形成的最大来源。

(3) 以生活消费为始点的废旧物回收物流。生活消费是指人们在日常衣、食、住、行、娱乐等活动中对各种物资的需要过程。这个过程每日每时都在发生,因此大量的废旧物资也随之而产生。生活消费可产生大批的包装物及家用废旧物品、纸张等,也会产生几乎完全不可回收利用的垃圾。因为生活消费具有广泛性、多样性,因而废旧物资的数量也相当可观。

2. 废旧物回收物流的特征

(1) 分散性。废旧物回收物流的产生过程,或始于生产领域,或始于流通领域,或始于生活消费,正是这种多元性使其具有分散性。废旧物回收物流几乎涉及所有领域、部门和个人,在社会的每个角落日夜不停地发生着。从废旧物回收物流的形式来看,其形成与扩大是废旧物资种类由少到多、数量由小到大的结果。正是这一特点,废旧物回收物流的可利用性常常为人们所忽视。

(2) 缓慢性。产品流动是沟通产品生产与产品消费的桥梁和纽带,无论是生产者还是消费者,都希望这一流动过程越快越好。但是废旧物回收物流则不同,尽管废旧物资还潜存有这样或那样的使用价值,但是人们对使用价值的需求往往不在废旧物资上。废旧物资的产生也通常不能立即满足人们的某些需要。废旧物资需要经过加工、改制等环节,甚至只能作为原料使用,这一系列过程的时间是较长的。同时,废旧物资的收集和整理也是一个较复杂的过程。这一切都决定了废旧物回收物流缓慢性这一特点。

(3) 混杂性。产品流的单一性较强,如可分为钢材流、木材流、煤炭流、建筑材料流等。废旧物回收物流在形成阶段是很难分产品的,因为各种废旧物资常常是混杂在一起的。当然,在某些产品单一的部门,其废旧物资的产生可能具有一定的单一性,但从整个社会角度来看,废旧物回收物流则具有极强的混杂性。应指出,废旧物资经人们的归类、集中,在再次使用前,采用分品种的形式,这使得废旧物回收物流的混杂性随着废旧物资的回收再造得以削弱。

3. 废旧物资的加工

废旧物资的加工是指对回收的废旧物资在投入使用前的一系列改变或补充其使用功能的劳动过程。由于废旧物资在重新投入使用前大多数需要进行必要的准备工作,如分类、集合、必要的包装、外形的修整、重修及装配等,这便构成了废旧物资的加工。

废旧物资的加工可根据不同的角度进行分类。

(1) 按加工的目的不同,可分为:① 为了方便物资回收、装卸、运输等物流作业而进行的加工。这种加工活动的主要目的是加快物流速度,如废旧物资的捆扎、压缩、集合等。② 为方便废旧物资投入使用的加工。这种加工的目的是扫除废旧物资在使用前的障碍,如废旧设备的修理、弯曲变形材料的整形等。

(2) 按加工的深度不同,可分为:① 基本上不改变废旧物资形态的加工。这种加工形式基本保持了废旧物资的原有形态或只有较小的形态变动。因此,这种加工也可称为浅加工。② 改变废旧物资形态的加工。这种加工形式无论是从加工用的设备、工具,还是从加工技术上,都要比上一种加工形式复杂得多。它通常使被加工的对象有较大的形态变动,或完全改变原有的形态。这种加工也可称为深加工,如废旧贵金属的冶炼、从废旧物资中运用化学或物理方法提取有用的物质等。

(3) 按加工的对象不同,可分为:① 废旧金属的加工,它的加工对象是各种有色或黑色金属;② 废旧建材的加工;③ 废旧化工材料的加工;④ 废旧设备的加工。

三、废弃物物流

废弃物物流是"将经济活动或人民生活中失去原有使用价值的物品,根据实际需要进行收集、分类、加工、包装、搬运、储存等,并分送到专门处理场所的物流活动"(GB/T 18354-2021)。

(一)废弃物

废弃物是指在生产、流通和消费过程中产生的基本上或完全失去使用价值,无法再重新利用的最终排放物。废弃物物流与废旧物回收物流的最大差别在于废弃物物流的终点是废弃物的"寿终正寝"。废弃物的概念不是绝对的,只是在现有技术和经济水平下,暂时无法利用。目前,许多发达国家的最终废弃物为原垃圾的50%以下。我国也在加强这方面的研究,如我国许多地区将生活垃圾用于堆肥、制肥,尽可能地使之资源化,如图13-5所示:

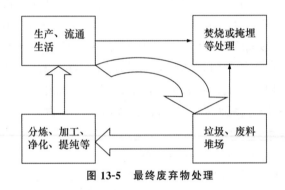

图 13-5 最终废弃物处理

(二)企业废弃物的种类及物流特点

1. 固体废弃物

固体废弃物也被称为垃圾,其形态是各种各样的固体物的混合杂体。这种废弃物一般采用专用垃圾处理设备处理。

2. 液体废弃物

液体废弃物也称废液,其形态是各种成分的液体混合物。这种废弃物物流常采用管道方式。

3. 气体废弃物

气体废弃物也称废气,主要是工业企业,尤其是化工类型工业企业的排放物。多种情况下是通过管道系统直接向空气排放。

4. 产业废弃物

产业废弃物也称产业垃圾,通常是指那些被再生利用之后不能再使用的最终废弃物。

5. 生活废弃物

生活废弃物也称生活垃圾。生活废弃物排放点分散,所以需用专用的防止散漏的半密封的物流器具储存和运输。

6. 环境废弃物

环境废弃物一般有固定的产出来源,主要是企业综合环境。环境废弃物产生的面积大、来源广泛,对环境危害大。

(三)废弃物的几种处理方式

1. 废弃物掩埋

大多数企业处理企业产生的最终废弃物的方式,是在政府规定的规划地区,将废弃物运来并倒入原有的废弃坑塘或挖掘出的深坑,表面用好土掩埋。掩埋后的垃圾场,可以作为农田进行农业种植,也可以用于绿化或作建筑、市政用地。这种处理方式适用于对地下水无毒害的固体垃圾。其优点是不形成堆场、不占地、不露天污染环境,可防止异味对空气产生污染;缺点是挖坑、填埋要有一定投资,在未填埋期间仍有污染。

2. 垃圾焚烧

它是指在一定地区用高温焚毁垃圾。这种方式只适用于有机物含量高的垃圾或经过分类处理将有机物集中的垃圾。有机物在垃圾中容易发生生物化学作用,是造成空气、水及环境污染的主要原因,因其本身又有可燃性,因此,采取焚烧的办法是很有效的。

3. 垃圾堆放

在远离城市地区的沟、坑、塘、谷中,选择合适位置直接倾倒垃圾,也是一种处理方式。这种方式处理距离较远,但垃圾无须再处理,可通过自然净化作用逐渐沉降风化,是低成本的处置方式。

4. 净化处理加工

它是对垃圾(废水、废物)进行净化处理,以减少对环境危害的处理方式。在废弃物物流领域,这种流通加工实现了废弃物的无害排放,优点显著。

第三节　企业绿色物流评估

2014年,国务院通过了《物流业发展中长期规划(2014—2020年)》(国发〔2014〕42号),确定了将大力发展绿色物流作为未来物流业发展的七大任务之一。随着绿色发展理念的深入人心和国家"双碳目标"的战略部署,物流业作为国民经济发展的战略性、基础性、先导性产业,绿色物流发展得到了政府、企业、行业协会和社会民众的广泛关注。2019年7月开始实施的国家标准《绿色物流指标构成与核算方法》(GB/T 37099-2018)明确了绿色物流的概念,规定了企业绿色物流指标体系与指标核算方法,为推动绿色物流发展奠定了重要的基础。

一、绿色物流管理制度

(一)物流行政管理制度

企业内部绿色物流管理制度,即企业内部建立绿色发展管理部门,并在物流活动的各个阶段(如采购、运输、仓储、包装、逆向物流等)制定职责和考核指标;或在现有管理制度和管理组织部门中融入绿色管理理念,组建由企业主管领导牵头,跨部门专职人员组成的绿色发展管理协调组，各部门针对不同阶段物流活动制定职责和考核指标。企业绿色发展管理部门或绿色发展管理协调组应收集企业绿色物流发展现状的数据与资料，并向企业最高管理者报告绿色物流的绩效。

企业合作商绿色管理制度，即企业将绿色管理考核指标纳入供应商招标资质要求，同时与合作商建立绿色发展协调联动与透明机制。

（二）标准化作业流程制度

实施现行国家和行业物流标准。建立标准化物流作业流程制度，使用现行国家或行业大力推广的标准化设施设备和活动组织模式。

企业自发建立标准。在无现行国家、行业标准规定的领域，企业自发推动标准化或形成团体标准，并与合作商进行沟通对接形成标准制度。

（三）绿色物流信息统计及报送制度

绿色物流信息统计制度。企业根据绿色发展管理部门或绿色发展管理协调组对绿色物流统计指标要求，利用信息化技术对物流活动可记录、可追踪、可溯源的能力，建立绿色物流信息管理平台，或在现有统计制度中纳入绿色物流统计指标，定期更新企业绿色物流相关数据和文件。

绿色物流信息报送制度。企业加强绿色物流统计信息的准确性、科学性、及时性和透明性管理，及时向相关部门报送绿色物流发展指标所需数据和文件，保障物流行业绿色发展评估顺利开展。

（四）绿色物流发展规划

企业建立绿色物流发展的短中长期规划及年度规划，或在现有短中长期规划及年度规划中融入绿色物流发展规划，同时根据规划提出落实方案并对落实情况进行定期考核。

（五）绿色物流宣传与培训

企业传播绿色物流的发展理念和知识，定期为员工提供绿色物流相关知识、物流新技术和相关职业技能的教育、培训，并对教育和培训的结果进行考评。

（六）能源、环境管理与监测

企业建立、实施并保持满足《能源管理体系 要求及使用指南》（GB/T 23331-2020）要求的能源管理体系和《环境管理体系 要求及使用指南》（GB/T 24001-2016）要求的环境管理体系，并通过能源管理体系和环境管理体系第三方认证。

二、绿色物流设施设备

企业物流活动所涉及的库区建筑设计、库区节能节水设备、标准化周转容器、新能源装卸设备、新能源与清洁环保车辆、绿色包装等设施设备应在满足企业物流活动高效运行的基础上，遵循节地、节能、节材、节水、环境影响小的原则，减少企业单位业务量所消耗的能源资源。

(一) 库区建筑设计

1. 仓库设计与建设

库区包括企业自有和租用的物流园区、物流中心、货运场站、仓库等物流节点的物流生产区和办公生活区。仓库、冷库设计和建设应按照《通用仓库及库区规划设计参数》(GB/T 28581-2021)和《冷库设计标准》(GB 50072-2021)执行。

2. 库区容积率

按照《绿色物流指标构成与核算方法》(GB/T 37099-2018)核算库区的地上总建筑面积与用地面积之比不低于1.0,提高土地利用效率。

3. 库区分类回收区域

指库区设计和建设可回收材料集中收集、分类和回收的区域。

(二) 库区节能节水设备

1. 库区能源资源计量器具配备率

按照《用能单位能源计量器具配备和管理通则》(GB 17167-2006)和《用水单位水计量器具配备和管理通则》(GB/T 24789-2022)要求,企业在库区物流全过程中配备能源(煤、汽油、柴油、航空煤油、液化天然气、电力等)和水资源的计量器具且达到一定配备率。

2. 库区节能设备配备率

库区使用的通用用能设备采用了节能产品,即用能设备能源效率需高于我国市场的平均水平或符合中国能效标识制度中规定的3级以上。通用用能设备包括但不限于节能灯、显示器、空调、打印机、复印机、冰箱等。库区节能设备达到一定配备率,或库区节能设备配备率保持一定增长率。

3. 库区节水器具

库区采用节水器具和设备,如节水型水龙头、节水型便器系统、中水再生利用装置等。

(三) 标准化周转容器

1. 标准化托盘

企业在物流全过程中应提高自有和租用的标准化托盘(1 200 mm×1 000 mm)数量占托盘总量的比重。企业自有和租用标准化托盘量需达到一定比重,或标准化托盘比重保持一定增长率。

2. 标准化周转箱

企业在物流全过程中应提高自有和租用的标准化周转箱(300 mm×200 mm,400 mm×300 mm,600 mm×400 mm,800 mm×600 mm,1 000 mm×400 mm,1 200 mm×500 mm)数量占周转箱总量的比重。企业自有和租用标准化周转箱量需达到一定比重,或标准化周转箱比重保持一定增长率。

3. 木质周转容器减量化

企业在物流全过程中应减少自有和租用的木质托盘和周转箱数量占托盘和周转箱总量的比重。企业自有和租用木质托盘和周转箱量需减少到一定比重,或木质托盘和周转箱比重保持一定减少率。

（四）新能源装卸设备

1. 新能源叉车

企业在物流全过程中应提高自有和租用的新能源叉车数量占可使用叉车总量的比重。企业自有和租用新能源叉车量需达到一定比重，或新能源叉车比重保持一定增长率。

2. 新能源吊车

企业在物流全过程中应提高自有和租用的新能源吊车数量占可使用吊车总量的比重。企业自有和租用新能源吊车量需达到一定比重，或新能源吊车比重保持一定增长率。

（五）新能源与清洁环保车辆

1. 新能源乘用车、轻型及微型载货汽车

企业在新增与置换自有和租用乘用车、轻型及微型载货汽车时应主要考虑新能源车辆。企业应提高自有和租用的新能源乘用车、轻型及微型载货汽车数量占乘用车、轻型及微型载货汽车总量的比重。企业自有和租用新能源乘用车、轻型及微型载货汽车量需达到一定比重，或新能源乘用车、轻型及微型载货汽车比重保持一定增长率。

2. 新能源与清洁环保中型及重型载货汽车

企业在新增与置换自有和租用中型及重型载货汽车时应主要考虑新能源与清洁环保车辆。企业应提高自有和租用的新能源与清洁环保中型及重型载货汽车数量占中型及重型载货汽车总量的比重。企业自有和租用新能源与清洁环保中型及重型载货汽车量需达到一定比重，或新能源与清洁环保中型及重型载货汽车比重保持一定增长率。

3. 新能源设备辅助设施

企业在自有和租用的库区内配套有满足新能源乘用车、载货汽车和装卸设备等充电需求的集中式充电辅助设施且满足一定桩车比。

（六）绿色包装

1. 绿色低碳包装

企业采用由国家市场监督管理总局指定认证机构证明的低碳包装产品或快递包装绿色产品。

2. 包装减量化

企业通过智能算法、材料减量、包装替代等方式减少单位物流业务量包装消耗量。单位物流业务量包装消耗量达到一定水平或保持一定减少率。

3. 包装可循环化

企业应增加可使用两次以上的可循环包装的使用量。单位物流业务量可循环包装使用量达到一定水平或保持一定增长率。

4. 包装废弃物回收

企业包装废弃物（如塑料、纸、金属等）回收量需保持一定增长率。

三、绿色物流运营过程

（一）能源结构

1. 智能化能源管控系统

企业建有能源管理中心和智能化能源管控系统，监测和统计企业在收派、运输和综合管理（含办公运营、后勤保障、处理中心、仓储装卸环节）等物流活动相关的能耗数据，依托该系统为物流活动提供安防、运营和管理优化支持。

2. 能源利用效率

企业通过优化业务流程提高能源利用效率，企业单位物流业务量能源消耗量达到一定水平或保持一定减少率。

3. 可再生能源消费比重

企业在自有库区建设并运营分布式光伏发电系统和微电网系统，推动光伏发电上网，可再生能源消费量占总能源消费量的比重保持一定增长率。

4. 电力消费比重

企业通过更新用能设备、调整能源结构、完善数字化监管等方式推动物流活动电气化发展，企业电力消费量占总能源消费量的比重需达到一定水平或保持一定增长率。

（二）数字化管理水平

1. 业务持续优化

企业建有数字管理系统，基于互联网、物联网、大数据、云计算等信息技术推动物流数字化管理，定期优化库区选址、库内存储空间、库内拣货路径、运输调度、配送路径等。

2. 数字化技术与设备

企业应用提高运作效率的自动识别标识技术（含条码识别技术、生物识别技术、图像识别技术和射频识别技术等），安全驾驶技术，自动或快速分拣技术，人工智能技术（自动导引运输车及机器人、无人机、无人驾驶车等），环境感知技术（重量、体积、温度、湿度、油量、胎压监测器），电子不停车收费技术以及智能快递柜等。

3. 智能管理系统

企业应用企业管理软件、能源管理系统、订单管理系统、仓库管理系统、运输管理系统等智能管理系统。

（三）业务模式

1. 组织模式

企业物流活动采用多仓融合、统一配送、共同模式、众包模式、无车/船承运人等高效组织模式。

2. 运输模式

企业物流运输活动采取多式联运、江海直达、滚装运输、甩挂运输、驮背运输等节能高效的运输组织模式。

（四）外包物流运输

1. 外包铁路运输量比重

企业应提高外包铁路运输业务量占物流业务总量的比重，外包铁路运输量比重达到一定水平或保持一定增长率。

2. 外包水路运输量比重

企业应提高外包水路运输业务量占物流业务总量的比重，外包水路运输量比重达到一定水平或保持一定增长率。

3. 外包公路新能源车辆运输量比重

企业应提高外包公路新能源车辆运输业务量占物流业务总量的比重，外包公路新能源车辆运输量比重达到一定水平或保持一定增长率。

四、绿色物流环境效益

（一）核算和报告企业物流活动碳排放情况

企业参照《绿色物流指标构成与核算方法》(GB/T 37099-2018)、《快递业温室气体排放测量方法》(YZ/T 0135-2014)、《物流企业温室气体排放核算方法》在编行业标准、全球物流排放委员会碳排放核算框架等适用的标准或规范对其边界范围内的温室气体排放进行核算，并报告企业单位物流业务量碳减排情况。

（二）发布含绿色物流发展信息的企业社会责任报告

企业每年发布含绿色物流发展信息的社会责任报告或可持续发展报告（ESG 报告），且报告公开可获得。

物流行业的绿色转型发展任重而道远，《企业绿色物流评估指标》和《物流企业温室气体排放核算方法》这两项行业标准正在编制中，其目标是将标准落到实处，切实规范和促进物流行业绿色低碳发展。

五、绿色物流指标体系

扫描下方二维码查看具体内容：

思考题

名词解释

绿色物流　　逆向物流　　废旧物回收物流　　废弃物物流　　精神磨损

问答题

1. 你是怎样认识绿色物流内涵的?
2. 简述绿色物流的特征。
3. 为什么说绿色物流已经成为物流产业的必然选择?
4. 简述逆向物流的特点以及逆向物流的主要表现。
5. 如何看待废旧物资的使用价值?
6. 简述废旧物回收物流的形式。
7. 废旧物回收物流具有哪些特征?如何理解?
8. 废弃物有哪几种物流方式?试加以说明。
9. 阐述企业废弃物的物流合理化。
10. 了解《绿色物流指标构成与核算方法》(GB/T 37099-2018)的主要内容。

第十四章 电子商务与物流

学习目的

深刻理解电子商务与物流的关系；对电子商务下的物流系统有全面的了解；对各种电子商务模式与物流支持有充分的认知。

技能要求

掌握电子商务的概念与电子商务运行的条件；了解生产制造企业、商贸企业、直销企业的电子商务运行与物流的运作；深刻理解电子商务下的物流作业流程；掌握 B2B、B2C、O2O 电子商务模式的含义与物流配送。

近些年来随着电子商务环境的改善及电子商务具备的巨大优势,电子商务受到了政府、企业界的高度重视。我国的电子商务开始于 20 世纪 90 年代初的电子数据交换,1998 年进入了基于互联网的发展阶段。在这一发展过程中,人们发现作为支持有形商品网上商务活动的物流,已成为有形商品网上商务活动顺利进行的一个关键因素。因为如果没有一个有效的、合理的、畅通的物流系统,电子商务所具有的优势就难以发挥;没有一个与电子商务相适应的物流系统,电子商务也难以得到有效的发展。

第一节 电子商务与物流的关系

一、电子商务概述

(一) 电子商务的概念

电子商务(Electronic Commerce,EC)是经济和信息技术发展并相互作用的必然产物。目前,电子商务的基本概念有两层含义:狭义的电子商务和广义的电子商务。

1. 狭义的电子商务

狭义的电子商务一般是指基于数据(可以是文本、声音、图像)的处理和传输,通过开放的网络(主要是 Internet)进行的商业交易。它包括企业与企业、企业与消费者、企业与政府等之间的交易活动。

2. 广义的电子商务

广义的电子商务是指一种全新的商务模式,利用前所未有的网络方式,涉及内部网(Intranet)等领域,将客户、销售商、供应商和企业员工连在一起,将有价值的信息传递给需要的人们。

伴随电子商务的发展,电子商务服务业即基于信息技术衍生出的为电子商务活动提供服务的各行业的集合,构成一种新兴服务行业体系。物流业成为促进电子商务发展的重要支撑性力量。

(二) 电子商务概念模型

电子商务的任何一笔交易均包括资金流、物流和信息流。在大多数情况下,物流可能仍然经由传统的销售渠道,而对于有些商品,可以直接以网络传输的方式进行递送服务,如电子出版物、信息咨询服务等。资金流主要是指资金的转移过程,包括付款、转账、兑换等过程。信息流既包括商品信息的提供、促销营销、技术支持、售后服务等内容,也包括诸如询价单、报价单、付款通知单等商业贸易单证,还包括交易方的支付能力、支付信誉、中介信誉等。对于每一个交易主体来说,其所面对的是一个电子市场,必须通过电子市场选择交易的内容和对象。因此,电子商务的概念模型可以抽象地描述为每个交易主体和电子市场之间的交易关系,如图 14-1 所示。

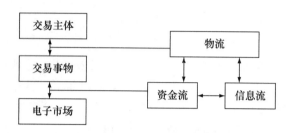

图 14-1　电子商务概念模型

（三）电子商务运行的条件

1. 电子商务运行的必要条件

根据对电子商务基本概念的认识，电子商务应具备的必要条件有：

（1）具备掌握现代信息技术及商务管理与实务的人才是电子商务运行最必要的条件。电子商务是人与电子工具交合的有机系统，而人是起决定作用的关键条件；电子商务是现代高科技的结晶，要保证系统硬件安全、可靠地运行，没有一批高技术人才是办不到的；电子商务活动是商务活动与现代电子技术的有机结合，必然需要既懂商务理论与实践，又懂电子应用的复合型人才。

（2）电子通信工具的现代化。电子商务的开展依赖于电子通信工具、电子信息网络的支持。

（3）电子商务软件的开发。电子商务软件是指供管理者、使用者使用的标准化、安全、可靠、易操作的计算机软件。

（4）商品信息化。所谓商品信息化，是指将商品的各种特征、属性信息化，用一组数据，如大类、品名、规格、型号、单价、厂家、品牌、使用说明、使用期限等来描述，还可以用图形、图像、声音等多媒体等来描述。如果没有商品信息化，就不可能进行互联网上的商品信息传递，也就不可能开展真正的电子商务活动。

2. 电子商务运行的充分条件

必要条件具备了就可以开展电子商务工作。但要很好地开展电子商务活动还必须具备一些充分条件。

（1）商品信息标准化。商品信息采用规范化和标准化的数据格式，便于收发双方理解和认可，这样才不会发生误解，且便于商品信息的使用、统计，使管理者口径一致，做好各方面的工作。

（2）商品交易规范化。电子商务规范化的要求比人工商务高得多。这是因为电子商务的速度快、实效强、交易时间大大缩短，买卖双方一旦做出决定即需确认，确认后不允许后悔，故交易的规范化显得尤为重要。电子商务的透明性，也要求建立健全规范流程，否则交易者容易出现失误和混乱，引起不必要的纠纷。

（3）安全保证。网上交易安全性是一个至关重要的问题。要保障交易安全，应做到以下几方面：① 确认交易双方身份；② 保证信息在网上传输过程中未被篡改；③ 保障敏感信息的隐私权；④ 确保买方不能假称已经支付或卖方假称未支付等。

二、电子商务下商流和物流的一般流程

由于科学技术的进步和流通活动的开展,商品流通过程中"四流"地位发生了转变。现代商务活动成为联系产、供、销社会再生产各个环节的纽带。电子商务下商流与物流的分离形成了历史上从未有过的极端表现,而物流的特殊地位要求人们必须用现代化的技术、手段武装和管理物流,这样才能适应电子商务的发展。

电子商务下商流和物流的一般流程如图 14-2 所示,并可简要表述如下:

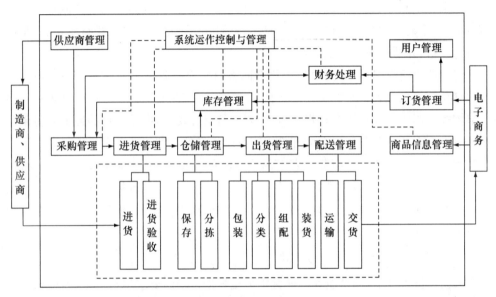

图 14-2　电子商务下商流和物流的一般流程

(1) 企业将商品信息通过网络展示给客户,客户通过浏览器访问网站,选择需要购买的商品,并填写订单。

(2) 制造商、供应商通过订单确认客户,告知收费方法,同时通知自己的应用系统组织货源。

(3) 客户通过电子结算与金融部门交互执行资金转移。

(4) 金融部门通过电子邮件(或其他方式)通知买卖双方资金转移的结果。

(5) 制造商、供应商组织货物,并送达客户手中。

从上述电子商务的一般流程中,我们可以看到,电子商务是集信息流、商流、资金流、物流于一身的交易过程。虽然信息流、商流、资金流在电子工具和网络通信技术支持下,可通过单击(双击)鼠标瞬息完成,但是物流、物质资料的空间位移,即具体的运输、储存、装卸、配送等各种活动是不可能直接通过网络传输的方式来完成的。物流是电子商务的组成部分,缺少了现代化的物流系统,电子商务过程就不完整,电子商务的发展将会受到巨大的制约。

三、电子商务运行与物流

(一) 生产制造企业的电子商务与物流

作为生产企业,首先要千方百计地了解市场的需求,于是商务活动由此开始:调查市场的商品情况,预测生产前景,明确生产什么以及为谁生产等。电子工具在此方面具有无可比拟的优越性。利用计算机网络、电子邮件、电话、传真等工具开展市场调查、对用户进行访问等,收集方方面面有关本企业的生产需求信息,实现按合同进行生产。

在决定了生产什么商品以后,要制订原材料、设备的采购计划。为了使成本尽可能降低,企业希望采购到质量好、价格优的原材料,它们要借助电子工具来进行价格、质量的调查、比较、分析,并通过筛选实现订货。

生产制造出商品以后,企业要按销售合同将商品交付收货人或客户。如果还有未按合同和订单生产的商品,则可通过电子手段,如发信息、做电子广告等向社会推销。当商品需求方按合同要求配送或自行提货时,必须进行资金支付,电子货币的网上支付手段投入使用。生产企业的财务部门会同开户银行及时进行货款结算和电子货币结算。

在生产制造企业的电子商务中有三部分物流包含其中:一是企业采购、供应物流,即企业生产前的原材料、设备的准备;二是在生产过程中的生产制造物流,即原材料、半成品及产成品的企业内部物流;三是以商品销售为目的的销售物流,在现代物流中它是以物资配送为主要方式进行的。

(二) 商贸企业的电子商务与物流

在市场经济条件下,商贸企业要非常审慎地根据市场的要求组织进货,即根据市场需要决定商品采购。商贸企业要根据生产企业或客户的订货和供货要求,将实物交付收货人。在商贸企业的一系列活动中,需要将电子工具与人结合,主要包括:市场需求调查,市场需求统计,商品采购计划制订,商品采购,商品库存管理,商品配送,商品销售以及售后服务。

由于商贸企业没有生产环节,所以商贸企业的电子商务活动几乎覆盖了整个企业的经营管理活动,是利用电子商务最多的企业。通过电子商务,商贸企业可以及时获得消费者信息,准确订货;促进销售,提高效率、降低成本;协调储存、配送等物流活动,满足用户最终消费需求。

(三) 消费者电子商务与物流

在电子商务条件下,消费者能够实现足不出户即可货比三家,然后通过电子支付结算货款,经由供货商配送而获取商品。其商务活动包括:在网上查询所需商品,对某种商品的质量、性能、价格进行咨询,正式购买商品,接收供应商配送的商品,接受售后服务。

在此有必要强调的是,随着生产力水平和人民生活水平的提高,以及消费者需求的多样化和个性化,与之相适应的生产方式是多品种、小批量生产。在这样的生产与需求条件下,电子商务具有特别的优势。

(四) 直销企业的电子商务与物流

直销被公认是电子商务未来的发展趋势之一。直销企业在其直销网站上，提供了一个跟踪和查询消费者订货状况的窗口。直销企业对所有消费者都采用定制的方式销售其产品，其物流服务也配合这一政策而实施。

直销企业的直销过程可分为以下三个阶段、八个步骤：

1. 订货阶段

第一步：接受消费者的订单。消费者可以直接向销售人员订货，也可以通过浏览网上商店进行网上订货。接到网上订货后，订货人员会对订货进行初步检查。首先检查项目是否填写齐全，然后检查订单的付款条件，并按付款条件将订单分类。确认已完成支付的订单会立即自动发出订货确认信息，并转入生产数据库，生产部门据此进行下一步作业。

用户订货后，可以对商品的生产制造过程、发货日期，甚至运输公司发货状况进行跟踪。根据用户发出订单的数量，用户需要填写单一订单或多重订单状况查询表格。提交后，查询结果将通过互联网传送给用户。

第二步：预生产。在正式开始生产前，需要等待零部件的到货，这就是预生产。预生产的时间因消费者所订的商品不同而不同，主要取决于供应商的仓库中是否有现成的零部件。订货确认一般通过两种方式，即电话和电子邮件。

2. 生产阶段

第三步：配件准备。当订单转到生产部门时，所需的零部件清单也就自动生成，相应的零部件备齐后通过传送带送到装配线上。

第四步：装配。组装人员将装配线上的零部件组装成整机，然后进入测试过程。

第五步：测试。检测人员对组装好的整机进行测试，测试通过后，将整机送到包装车间。

第六步：包装。测试后的整机被装进包装箱中，同时装入相关配件及其他文件，如产品说明书等。

3. 发运阶段

第七步：送货准备。工作人员根据订单和用户的具体要求完成送货准备，如分拣、配货、备车等。准备时间长短视订单大小及是否些需要特殊装运作业而定。

第八步：发运。将用户所订货物发出，并按订单上的日期送到指定地点。

直销系统成功的关键是要建立一个覆盖面较大、反应快速、降本增效的物流网络和系统。这种依赖准确的需求预测进行网上或电话订货，然后组织生产和配送的形式，蕴藏着较高的市场、生产及物流风险。

第二节 电子商务下的物流系统与物流业务流程

一、电子商务下的物流系统

(一)电子商务下的物流系统的概念

电子商务下的物流系统是指在实现电子商务特定过程的时间和空间范围内,由所需位移的商品、包装设备、装卸搬运机械、运输工具、仓储设施、人员和通信设施等若干相互制约的动态要素所构成的具有特定功能的有机整体。

电子商务下的物流系统的目的是实现电子商务过程中商品的空间效益和时间效益,在保证商品满足供给需求的前提下,实现各种物流环节的合理衔接,并取得最佳经济效益。

电子商务下的物流系统与一般系统一样,具有输入、转换和输出三大功能。通过输入、输出使物流系统与电子商务系统及社会环境进行交换,并相互依存。输入包括人、财、物和信息;输出包括效益、服务、环境的影响及信息等;实现输入到输出转换的则是电子商务下物流的管理活动、技术措施和信息处理等。

(二)电子商务下的物流系统的特征

如果我们将物流系统比作一条生产线,则每个物流过程犹如一道工序,在软件系统的控制下工作。在电子商务下的物流系统中,起决定作用的已不再是物流设施设备的处理能力,而是在物流过程中进行信息采集、管理、分析和调度,并根据反馈情况及时调整的软件系统。

与传统物流系统相比,电子商务下的物流系统具有以下特征:

1. 整个系统具有无限的开放性

由于电子商务是构建在互联网上的,整个物流系统的物流节点都通过企业网络互相连接,与合作节点互换信息,协同处理业务。基于互联网的开放性,节点的量几乎可以无限多。每个节点可以与其他节点发生联系,快速交换数据。某个节点的变动不会影响其他节点,整个系统具有无限的开放性和拓展能力。

2. 物流节点普遍实行信息化管理

物流连接社会生产、生活的各个部分,使之成为一个有机整体,每个参与物流过程的环节都构成物流系统化的基础。信息化管理在电子商务条件下不仅包括广泛利用自动化、机械化设备操作,还包括利用自动化设备收集与处理商流和物流过程中产生的信息,并对物流信息进行分析和挖掘,以最大限度地利用有效的信息对物流进行指导和管理。

3. 信息流在物流过程中起引导和整合作用

信息流贯穿于商务活动的始终,引导着商务活动的发展。物流要完成商流活动中物资实体的流通过程,同样需要信息流的引导和整合。在紧密联系的网络系统中,每个节点回答上游节点的询问,向下游节点发出业务请求,根据上下游请求和反馈,提前安排货物输送。信息流在物流过程中起到了事先测算流通路程、即时监控输送过程、事后反馈分析的作用。

4. 系统具有明显的规模优势

网络将各个分散的节点联结为紧密联系的有机整体，在一个相当广泛的区域内发挥作用。在电子商务下的物流系统中，系统不以单个点为中心，系统功能分散到多个节点处理，各节点间交叉联系，形成网状结构。大规模联合作业降低了系统的整体运行成本，提高了工作效率，也降低了系统对单个节点的依赖性，抗风险能力明显增强。如果某个节点出现意外，则其他节点可以很快替补。

应当指出，电子商务下物流系统的美好未来召唤我们去努力实现。

（三）电子商务下的物流系统的要求

物资配送经历了三次革命：第一次革命是送物上门，即为了改善经营效率，许多厂家较为广泛地采用了把货物送到买主手里的方式；第二次革命是伴随着电子商务的出现而产生的一次脱胎换骨的变化，不仅影响到物资配送本身，也影响到上下游的各方面，包括供应商和消费者；第三次革命就是物流配送的信息化及网络技术的广泛运用，使得物流配送更有效率。以计算机网络为基础的电子商务催化着传统物流配送的革命。电子商务的发展对物流系统提出了多方面的要求。

1. 物流运作方式——信息化、网络化

电子商务要求物流处理的全过程处于受控状态，能够采集并处理运输、递送等各个环节的信息，并通过信息网络进行汇集，对网络实施有效的控制，实现物流的集约化。同时要求通过互联网实现一个地区、一个国家乃至全球范围整体的、系统的实时控制。

2. 物流运作水平——标准化、信息化

标准化、信息化是现代物流发展的基础。信息社会要求所有的物品以至于运输工具都要采用标准的标识码技术，要求盛装容器、运输包装等符合标准化规范，便于信息的自动采集和自动处理。另外，要求配置机械化、自动化设备，对各种物品和容器实施高效的自动化分拣处理，缩短物品的流通时限。

3. 物流反应能力——快速、系统化

物流系统的快速反应能力是物流发展的动力之一，速度就是效率和效益，这是电子商务制胜的关键。用户轻松地进行网上交易之后，商流和资金流在网上高速流动；它要求实物商品从受理、分拣、配送、运输，直至递送到用户手中也能快速流动，这就要求物流系统拥有较高效的配送中心和快捷的运输方法。

4. 物流动态调配能力——个性化、柔性化

电子商务创造了个性化的商务活动，在网络营销过程中，它可以考虑各个用户不同的产品和服务需求。在这样的背景下，作为支持电子商务的物流也必须能根据用户的不同要求，提供个性化的物流服务，要求物流系统具有个性化和柔性化的动态调配能力。

5. 物流经营形态——社会化、全球化

传统的物流业中某种物流系统往往是由某一企业来进行组织和管理的，而电子商务有跨行业、跨时空的特点，要求从社会化的角度对物流进行系统的组织和管理，实现物流经营的社会化和全球化。在这种背景下，物流企业要联合起来，在竞争中形成一种协同作

业;物流业则要朝第三方代理多元化、综合化的方向发展。

二、电子商务下的物流业务流程

电子商务的本质特征是生产者与消费者的关系是直接的,减少了中间环节,拉近了企业与用户之间的距离。电子商务利用互联网技术,将供应商、企业、用户及其他商业伙伴连接到现有的信息技术上,实现信息共享,彻底改变现有的业务作业方式及手段,达到充分利用资源、缩短商业环节及周期、提高效率、降低成本、提高服务水平的目的。

电子商务下整个供应链是由供应商、制造商、物流中心和客户所组成的,这些主体通过互联网共享需求信息:供应商根据客户的需求,生产所需要的原材料;原材料经过制造商的加工、包装等一系列作业后,变成产品并集中到物流中心;物流中心根据客户的订单情况,将货物送到客户手中,如图14-3所示。

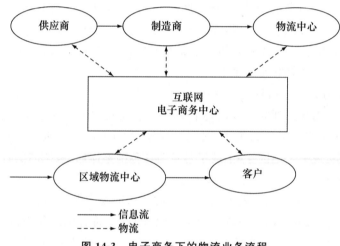

图14-3 电子商务下的物流业务流程

与传统商务相比,供应链环节减少了,物流中心的作用变得越来越显著,物流中心既是制造商的仓库,又是客户的实物供应仓库。如果上述流程再简化一下,就变成电子商务下生产企业与用户之间的物流业务流程(如图14-4所示)。可以看出,用户通过网上的虚拟商店购物,并在网上支付,信息流和资金流的运作过程很快就能完成,剩下的工作就只有实物的物流处理了,物流中心成为所有企业和供应商对用户的唯一供应者,可见,物流中心的作用越来越突出。

三、电子商务下制造企业的物流业务流程

在电子商务环境下,上下游企业之间、企业内部的各个部门之间、企业与用户之间通过互联网共享需求信息。

需求方通过电子订货系统(Electronic Order System,EOS),即"不同组织间利用通信网络和终端设备进行订货作业与订货信息交换的系统"(GB/T 18354-2021),进行订货。

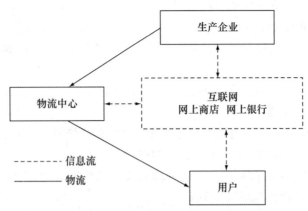

图 14-4　电子商务下生产企业与用户之间的物流业务流程

供应商不是被动地等待需求方订货后再安排生产,而是根据互联网上制造企业的需求信息,提前安排生产。

在制造企业内部,销售部、生产管理部、采购部、生产部对于订货信息的获得没有先后顺序。当用户通过互联网发出订单后,生产管理部制订生产计划;采购部根据订单上所需货物的种类、数量,利用采购软件自动制订采购计划,并将采购信息通过互联网向供应商发布,供应商与采购部经过一系列的网上交易,达成协议后,由供应商将原材料送到企业的原材料仓库,由生产管理部安排生产;生产部经过一系列的生产工序后,将完工的信息反馈给销售部;销售部将供货的信息传递给用户,同时完成供货过程;财务部结算后,用户根据事先协议完成电子支付过程。

在电子商务环境下,因企业与企业之间、企业与用户之间实现了信息共享,信息的传递更加顺畅、准确,提高了企业的生产效率;同时,对于制造企业的物流作业和工艺流程也提出了更高的要求,要求其实现电子化、自动化。

电子商务下制造企业的物流业务流程可划分为如下步骤:

(1) 各个批发商根据自己的销售情况,确定所需货物的品种和数量,给企业的销售部下达订单,下达订单的方式是通过互联网进行的。

(2) 销售部收到订单以后,开始对下达订单的批发商进行信用审计(一般是调查它的财务状况)。如果信用良好,销售部便处理这些需求信息,包括订货的品种、数量、交货期等,并根据双方协商的结果签订供需合同;如果信用审计结果不好,便无法形成供需。

(3) 销售部签订好合同后,将订单上的信息传递给生产管理部,生产管理部接到任务后,如果仓库里有存货,就可以直接发给用户;如果没有存货,则要根据计划组织新的生产。

(4) 在组织新的生产之前,生产管理部根据销售部传来的指令,制订生产计划;管理软件则根据生产计划直接编制采购计划。这个过程是由计算机自动完成的。

(5) 采购部将采购计划进行必要的调整,确定所需原材料的品种和数量。

(6) 采购部确定采购计划后,通过互联网向原材料供应商发布采购信息,确定原材料供应商。

（7）采购部通过互联网向原材料供应商发出采购订单；原材料供应商收到订单后，也要进行信用审计，即确认订单。

（8）原材料供应商通过互联网向采购部发出供货通知；采购部收到通知后，准备收货和办理结账手续。

（9）原材料供应商开始供货，同时准备好供货单和发票。生产部收到原材料后，进行验货和办理货物入库手续。

（10）原材料到库后，生产管理部根据事先安排好的生产任务，布置生产部组织生产。经过一系列的生产工序，生产部生产出所需的产品。

（11）生产部将完工的信息通过互联网同时反馈给生产管理部、销售部和用户，用户收到信息以后准备收货和办理结账手续。

（12）生产部开始供货，同时准备好供货单和发票。用户收到货物后，进行验货和办理货物入库手续。

四、电子商务下物流企业的物流业务流程

现代物流企业一般由物流业务管理部门和仓储中心组成，为了详细说明其业务流程，将其业务流程分为三个部分讨论：第一部分为采购业务流程；第二部分为销售业务流程；第三部分为仓储中心业务流程。

（一）采购业务流程

采购业务过程是物流业务管理部门根据用户的要求及库存情况通过电子商务中心向供应商发出采购订单；供应商收到采购订单以后，通过网络加以确认；物流业务管理部门再确认一下是否订货，如果订货，则确认订货的种类及数量；业务管理部和供应商分别通过互联网向仓储中心发出发货的信息，仓储中心根据货物的情况安排合适的仓库；同时供应商将发货单通过互联网向供应商发送，货物通过各种运输手段送至仓储中心，如图14-5所示。

为了进一步说明采购业务流程，我们将其分成如下步骤：

（1）业务管理部根据仓储中心的商品库存情况，向指定的供应商发出商品采购订单。

（2）电子商务中心将业务管理部的采购订单通过互联网传递给供应商。

（3）供应商在收到采购订单后，根据订单上的要求，通过电子商务中心进行订单确认，即确定订货的品种、数量及交货期。

（4）电子商务中心将供应商发出的采购订单确认信息发送至业务管理部。

（5）业务管理部根据采购订单的确认，向供应商发出订货信息。

（6）同时，业务管理部向仓储中心发出订货通知，以便仓储中心安排检验和仓储空间。

（7）供应商收到业务管理部的订货通知后，通过电子商务中心向仓储中心发出供货通知和供货单。

（8）仓储中心收到供货通知和供货单。

（9）供应商开始供货。

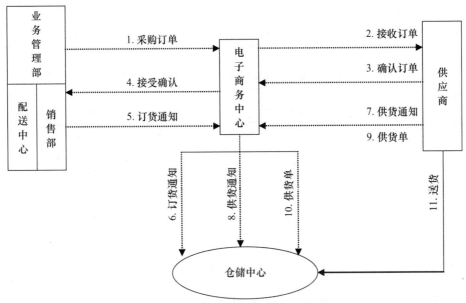

图 14-5　电子商务下的采购业务流程

（10）货物送达后,仓储中心根据供应商发来的供货单进行商品检验,二者相符后,安排入库或根据配送要求进行备货。

（二）销售业务流程

销售业务过程是客户通过互联网向业务管理部发出购物订单；业务管理部收到订单后,对订单加以确认,客户也确认订货后,业务管理部向仓储中心发出配送信息；仓储中心根据发货种类及数量向客户发出配送通知,确定配送时间和配送数量,同时发出送货单并送货,如图 14-6 所示。

为了进一步说明销售业务流程,我们将其分成如下步骤：

（1）客户通过电子商务中心向业务管理部发出订单。

（2）电子商务中心将客户的订单通过互联网传递给业务管理部。

（3）业务管理部在收到订单后,根据订单上的要求,通过电子商务中心进行订单确认,即确定订货的品种、数量及交货期。

（4）电子商务中心将业务管理部发出的订单确认信息发送给客户。

（5）业务管理部在订单确认后,向仓储中心发出配送信息。

（6）仓储中心通过电子商务中心收到配送信息,安排配送。

（7）仓储中心通过电子商务中心向客户发出配送通知和送货单。

（8）客户收到配送通知和送货单。

（9）仓储中心开始根据订货情况进行配送。

（10）货物送达后,客户根据仓储中心发来的送货单进行商品检验,核实数量和质量。

（三）仓储中心业务流程

仓储中心受业务管理部的统一管理,它的主要作业区是进货区、拣货区和发货区。当

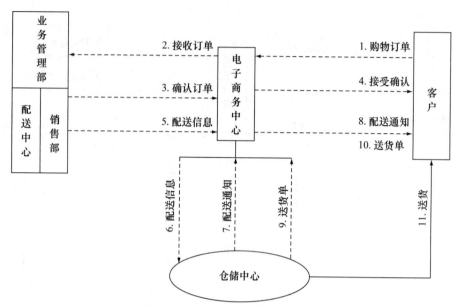

图 14-6 电子商务下的销售业务流程

仓储中心收到供应商的送货单和货物后,在进货区对新进入的货物通过条码扫描仪进行货物验收,确认送货单与货物一致后,对货物进行进一步处理(如验收不合格要退货),一部分货物直接放入发货区,属于直通型货物;另一部分货物属于存放型货物,要进行入库处理,即进入拣货区,拣货通过自动分拣输送设备、自动导向系统自动完成,货物进入自动化仓库。当货物需要发货时,根据发货单上的显示,通过自动分拣输送设备将货物送到相应的装车线,对货物进行包装处理后装车送货,如图 14-7 所示。

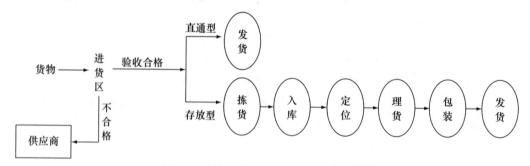

图 14-7 电子商务下的仓储中心业务流程

为了进一步说明仓储中心业务流程,我们将其分成如下步骤:

(1) 供应商将商品送到仓储中心后,卸在指定的进货区。仓储中心在进货区对进入的商品进行商品验收手续,对于验收合格的商品办理入库手续;对于验收不合格的商品办理退货或调换手续。

(2) 对于验收合格的商品,要填写验收合格单和入库单(包括商品的名称、数量、存放期限、存放位置等信息)。

（3）对于即将入库的商品，一部分归为直通型商品，另一部分归为存放型商品。直通型商品不在仓库中停留，可直接发货。

（4）对于存放型的商品，利用电子化的物流设施送入指定存放区的库位。

（5）当仓储中心收到配送中心的配货清单后，按照清单的要求开始备货。

（6）仓储中心备货结束后，开始送货。同时，将配送信息反馈给配送中心，以便配送中心进行库存量统计。

（7）商品送到用户手中后，用户需要对商品进行检验。如果商品与送货单不符或者出现破损等情况，则用户可要求退货。退货的商品要送回仓储中心进行处理。

第三节 电子商务与快递

据国家邮政局数据：2021年全年，我国快递业务量达1083亿件，同比增长29.9%，包裹数量占全球一半以上。

一、网络零售与快递

（一）网络零售

网络零售（E-Retail）是指交易双方以互联网为媒介进行的商品交易活动，即通过互联网进行的信息的组织和传递，实现了有形商品和无形商品所有权的转移或服务的消费。买卖双方通过电子商务（线上）应用实施交易信息的查询（信息流）、交易（资金流）和交付（物流）等行为。

网络零售通过互联网或其他电子渠道，针对个人或者家庭的需求销售商品或者提供服务，网络零售也称网络购物，主要包括企业对消费者（Business to Consumer，B2C）和消费者对消费者（Consumer to Consumer，C2C）两种形式。

1. B2C

B2C，中文简称为"商对客"。"商对客"是电子商务的一种模式，也就是通常说的直接面向消费者销售产品和服务的商业零售模式。这种形式的电子商务一般以网络零售业为主，主要借助互联网开展在线销售活动。B2C即企业通过互联网为消费者提供一个新型的购物环境——网上商店，消费者通过网络实施网上购物、网上支付等消费行为。

B2C电子商务是近年来各类电子商务中发展较快的。其主要原因是：

（1）国际互联网的发展为企业和消费者之间开辟了新的交易平台。随着全球上网人数的不断增多，国际互联网的使用者已经成为企业进行电子商务的主要对象。

（2）从技术角度来看，企业上网面对广大的消费者，并不要求双方使用统一标准的单据传输。在线零售和支付行为通常只涉及信用卡、电子货币或电子钱包。

（3）开展B2C电子商务，障碍最小，应用潜力巨大。互联网所提供的搜索浏览功能和多媒体界面，使消费者更容易查找适合自己需要的产品，并能够对产品有更深入的了解。

2. C2C

C2C 是消费者之间互相进行交易的一种商务模式。它比传统的开店方式更加便捷,省去了店铺租金和人工费用,同时也能节省更多的时间。C2C 最大的特色就是消费者之间可以互相进行交易买卖,典型代表如淘宝。这种模式极大地方便了买家的生活,节约了大量时间,同时也省去了卖家实体店铺的租金以及各种人工费用。

(二)快递的概念

快递又称速递或快运,是指物流企业(含货运代理)通过自身的独立网络或以联营合作(即联网)的方式,将用户委托的文件或包裹,快捷而安全地从发件人送达收件人的门到门(手递手)的新型运输方式。快递服务是"在承诺的时限内快速完成的寄递服务"(GB/T 18354-2021)。

快递有广义和狭义之分。广义的快递是指任何货物(包括大宗货件)的快递;而狭义的快递专指商务文件和小件的紧急递送服务。

从服务的标准来看,快递一般是指在 48 小时之内完成的快件运送服务。从快递的定义中,可以概括出快递的以下三个特征:

(1)从经济类别来看,快递是物流产业的一个分支行业,属于物流学研究的范畴。

(2)从业务运作来看,快递是一种新型的运输方式,是供应链的一个重要环节。

(3)从经营性质来看,快递属于高附加值的新兴服务贸易。

(三)快递作业流程

1. 上门取件

(1)工作准备。主要包括:①确保通信工具、交通工具的工作状态良好;②确认面单、封装物、胶带、电子秤、工具刀等以及价目表、宣传册、发票等物料票据准备齐全;③确认工作证件、驾驶证件、车辆证件携带齐全;④整理个人仪容仪表,调整好工作状态;⑤熟知最新的公司业务动态;⑥至客户处要确保交通工具停放妥当,不违章,不影响他人;⑦妥善放置已揽收快件;⑧进门前先整理好个人仪表,主动向客户表明身份,并出示证件,说明来意。

(2)快件核查。主要是确认客户寄递的快件是否在汇通网络派送区域之内,对不在服务区域内的快件可向客户提供解决方案或不予收寄。

此外,严格按照《邮政业寄递安全监督管理办法》的要求对快件进行验视,若属于禁寄物品或限寄物品的,则不予收寄;若发现违反国家法律法规的物品,则必须及时向公司及国家相关部门报告。

(3)快件包装。包括指导或者协助客户使用规范包装物料和充填物品包装快件,使快件符合中转运输的要求,确保寄递物品安全。

(4)运单填写及称重收费。主要包括:①告知客户阅读运单背书条款,并提醒客户贵重物品建议保价;②若客户已填好运单,则对填写内容进行检查;若客户未填写运单,则指导客户填写或代为客户填写,并让客户在指定的位置签名;③对已包装好的快件进行称重,确认支付方和支付方式,并在运单指定的位置注明;④将填写好的运单、标识等规范贴在快件的合适位置;⑤ 将运单客户联留存给客户,并为客户开具票据;⑥ 对已揽收的快件做信息采集,并上传至系统。

(5) 将揽收快件在规定的时间内运回处理点,并将运单公司留存联及费用交给相关的工作人员。

对客户上门交寄的快件参照以上流程处理。

2. 快件分拣

处理中心工作人员对快件进行分拣封发工作,包括到件接收、分拣、封装、发运等。

(1) 工作准备。主要包括:① 熟知最新的操作处理通知;② 领取操作工具,如扫描设备、拆剪封装工具、笔、防护工具等;③ 检查扫描设备、传输设备是否正常。

(2) 快件接收。主要包括:① 引导快件运输车辆准确停靠,核对车辆及押车人员身份;② 检查车辆封签是否完好,对完好封签进行拆解;③ 将快件从车厢卸出,并查验,将破损及禁寄等异常快件交相关人员处理;④ 将快件运至处理中心称重扫描,并对问题件进行登记。

(3) 按快件流向对快件进行分类分拣。

3. 快件投递

快递员对于本区域的快件提供上门投递服务,在投递过程中要确保人员及快件的安全。

(1) 派件准备。准备好需使用的交通运输工具、操作设备、各式单证、证件等,整理好个人仪容仪表。

(2) 快件交接。主要包括:① 领取属于自己派送范围内的快件,与处理人员当面确认运输方式;② 对快件进行检查,确认核对是否有外包装破损、超范围、地址错误、件数有误、到付价格有异等问题的快件,并及时交予处理人员;③ 与处理人员确认件数,利用扫描工具,逐个对快件进行扫描。

(3) 快件派送。主要包括:① 根据快件属性、目的地、时效等要求,合理安排派送顺序;② 到达目的地妥善放置交通工具及快件;③ 进门前先整理好个人仪表,进门后主动表明身份,并出示相关证件。

二、我国快递的发展

(一) 我国快递的发展历程

中国的快递业务规模在全球领先,2018年中国的快递业务量超过美国、日本、欧盟等发达经济体之和,规模连续五年稳居世界第一,占全球快递包裹市场的一半以上。

中国快递业的发展历史与改革开放的历程密切相关。随着改革开放的发展、交通状况的不断改善以及信息管理技术的提高,中国快递行业应运而生。

1979年,中国的第一家快递企业中国对外贸易运输公司成立。

中国邮政在20世纪80年代初开办了国际、国内特快专递业务。1980年,中国邮政开办了全球邮政特快专递业务(EMS)。随后国际快递巨头也纷纷通过合资、委托代理等方式进入中国市场。

但随着市场经济进一步发展,民营经济不断壮大,企业对商务文件、样品、目录等传递的时效性、方便性、安全性产生了更高的需求。在这种背景下,中国民营快递行业应运而生。

20世纪90年代初至21世纪初,大量的文件在珠三角和香港间传递。1993年以顺丰速运为典型代表的快递企业在长三角地区成立。1994年,宅急送在北京成立,这一时期是快递业的成长阶段。

2009年10月1日,《快递业务经营许可管理办法》和修订后的《中华人民共和国邮政法》同步实施,首次在法律上明确了快递企业的地位,民营快递迅速发展,快递行业多元化格局逐步形成。

在快递市场巨大潜力的驱使下,中国国内相继成立了不同模式的快递公司,它们分属不同的运输系统,主要代表有民航快递(China Air Express,CAE)和中铁快运(China Railway Express,CRE)等。其中,CAE具备民航系统的航线和场站优势;CRE则利用了中国铁路的旅客列车行李车作为主要运输工具,辅以快捷方便的短途接运汽车,开辟了别具特色的利用铁路的快递服务。

总而言之,在迅速发展的快递市场中,多样化的经营模式不断涌现。

中国的快递行业,在促进消费升级、推动物流转型、扩大社会就业等方面,发挥着至关重要的作用,快递正在与电子商务和跨境寄递先进制造业、服务业、农业等领域深度融合。

(二)近十年我国快递的发展

进入21世纪后,中国的快递企业尤其是大型民营快递行业领头企业引领和推动着行业迅猛发展。

2012年以前,快递业年均增速超过40%。这是一段高增长、高盈利,众多资本入局,竞争激烈的阶段。行业领头企业基本是具备先发优势的大规模企业,但竞争也导致快递行业集中度下降。

2012—2019年,快递业年均增速在25%以上,行业增速下了台阶,激烈的价格战压缩了企业的利润空间,快递行业集中度提升。行业领头企业的成本控制及管理水平遥遥领先,企业的上市增强了竞争力。

2019年以来快递业年均增速下降到20%以下,二三线快递企业基本被挤出市场,行业进入头部分化阶段。

(三)对快递业未来的展望

1. 市场规模高速增长

根据国家邮政局发布的《2021年2月中国快递发展指数报告》,2021年2月中国快递发展指数为189.0,同比提高20.2%,快递服务需求旺盛,且快递服务满意度、准时率和有效申诉率均有所改善。2016—2020年,全国快递企业业务量及业务收入均处于逐年增长趋势,业务量及业务收入增速虽在2017年有所下降,但2017—2020年整体业务量增速较为平稳,且近5年仍保持约32%的平均增速;业务收入增速的变化趋势相对大些,但5年平均增速也在25%以上。

2. 行业集中度整体上升

快递业的竞争壁垒在于低成本与高服务质量。随着该行业市场竞争逐渐激烈,低价竞争成为主流,行业平均单价从2010年的24.57元/件下降至2020年的10.55元/件,激烈的价格战淘汰了部分中小企业,新进入企业难以在成本与服务质量上与头部企业抗衡;行业进入壁垒变高,而头部企业凭借资本力量加持,以优质服务和新兴科技带来的网络和品牌效应,占据了大部分的市场份额,行业集中度整体呈上升趋势。

3. 行业规范化发展

未来在国家大力推动内循环政策和电商行业高速发展的双重影响下,快递业将会有更大的发挥空间和发展舞台。企业在大力发展自身、助生产、促消费、畅通循环的同时,也要担起行业规范发展的责任,积极践行社会责任,健全规则,加强监管,共同打造一个高质量、强助力、绿色可持续发展的行业。

4. 行业的科技创新

快递业也正在催生更多的科技创新。"互联网+"、大数据、云计算、机器人等现代信息技术和装备的广泛应用,以及大型自动化分拣中心的建成,实现了仓储分拨的智能化,极大地提升了效率;即时配送、冷链、医药等新兴服务的拓展,也加快了快递企业向综合物流服务商的转型。

未来,中国快递业将继续保持快速增长。我国快递业市场潜力很大:一方面,我国综合国力迅速提升,国内生产总值跃居世界第二位,国家基础设施迅速改善,各具特色的区域发展格局初步形成,产业结构调整取得积极进展,社会基本稳定,法治逐步完善,中国经济进入有史以来最好的发展阶段;另一方面,我国市场化、城镇化、信息化、工业化、国际化等进程的加快,也为快递行业提供了巨大的市场契机。行内初步估计,2021—2026年,我国快递业业务收入将以10%左右的年均增长率不断增长,预计到2026年,快递业业务收入将突破1.5万亿元,业务总量超过1 400亿件。

三、电商直播

(一)电商直播的概念

"电商"是电子商务的简称,电商直播就是在互联网上通过现场直播的方式售卖商品,是一种消费场景的转换,把线下或者电商平台的店铺转换到了直播间。

电商直播指的是以直播为渠道来达成营销目标的电商形式,是数字化时代背景下直播与电商双向融合的产物。电商直播以直播为手段重构"人、货、场"三要素,但其本质仍是电商。与传统电商相比,电商直播拥有强互动性、高转化率等优势。

直播电商产业链由供应端、平台端和消费者构成。上游供应端主要包括商品供应方(厂家、品牌方、经销商等);中游平台端主要包括直播服务商、渠道平台(电商平台、内容平台、社交平台等)以及主播(网红达人、明星艺人、企业家及其他主播);下游需求端主要为消费者。

品牌方/厂家一方面对接电商平台提供货源,另一方面对接网红孵化中心(Multi-Channel Network,MCN)机构或主播,确定直播内容方案,引入直播平台进行内容输出,最终引导消费者在电商平台实现变现转化。电商平台、直播平台、MCN 机构/主播为主要受益者,其收益一般来自按成交额的一定比例收取的佣金。

(二)直播电商对供应链赋能

1. 缩短供应链环节

直播电商缩短了供应链环节,减少了信息差,提高了信息反馈速度。直播电商可以跳过中间商,直连工厂与消费者。环节的减少缩短了用户信息的反馈时间,减少了信息差,同时可帮助品牌发掘并覆盖潜在消费群体。直播还是一种实时互动、灵活快速的销售方式,主播代表粉丝行使选择权,一个单品的直播结果可迅速反馈到生产端,间接加速了行业的优胜劣汰。同时,主播需要丰富优质的单品来支撑直播频次与直播吸引力,倒逼供应链提高响应速度,增加上新频次与数量。

2. 仓配一体化需求增加

直播电商的出货特征是集中爆发的碎片化订单,为高效的仓配一体化模式提供了适用场景。根据预期订单量提前在多地区域分发中心仓备货,就近快速周转发货,至少减少了 1 次转运与分拨。随着供应链数字化程度提高与需求端的预测精准度提高,线下门店可以成为前置仓,仓配一体化模式将得到更多普及。同时,生鲜直播订单的增长促进了冷链运输的发展,更多的直播间与仓库设在了原产地以保证产品的质量。

3. 更真实、精准、稳定的需求反馈

更迅速、准确、真实的消费者的意愿反馈,有利于前端指导生产环节,预测市场趋势与机会。直播电商由于数据集中爆发,极大地缩短了数据收集与分析的周期(12—14 小时),数据的可用性与可靠性更强(例如直播间销量不佳时及时停产);同时基于主播及运营的海量选品经验与直播间用户需求征集及真实反馈,可以更加灵活精准地控制研发设计与产销匹配情况。

4. 稳定的需求可以实现先销售再生产的模式

直播电商提供了最佳的售卖场景,尤其对爆品来说,直播间拥有主播为产品背书,拥有高复购率、高转化率的固定粉丝群,可以短时间促成大量订单。有了销量的保证,虽然用户尚未下单,但直播前即可将订单量与排期向上游反馈,生产商倒推生产周期按需生产,同时以集约化订单与原料商议价压缩生产成本,最大限度地降低库存风险,增加利润。

5. 与上游建立更深度、更长效的合作关系,形成三方共赢

直播电商有更真实、快速、精准、稳定的需求反馈,一方面,主播有高效的匹配团队帮助品牌商分担履约义务与售后跟踪;另一方面,主播有强议价能力,加之对行业成本结构的理解,可以做出更合理的定价调整。最终,消费者享受到高性价比好物,工厂保证了合理的利润率,惠及供需两端。直播电商与上游生产商的合作更加长效密切。

(三)中国直播电商行业发展历程

业内公认的直播电商的直播元年是 2016 年。2016 年 3 月,作为直播电商首创者的蘑菇街在全行业率先上线视频直播功能。

2016 年 5 月,淘宝推出了淘宝直播,随后各综合电商、跨境电商、母婴电商纷纷跳入

直播大潮。这一年,淘宝、京东、蘑菇街、唯品会等电商平台纷纷推出直播功能,开启直播导购模式;快手、斗鱼等直播平台则与电商平台或品牌商合作,布局直播电商业务。国内接连出现了300多家网络直播平台,直播用户数量也快速增长。

2018年"双12"当天,淘宝直播一晚就帮助贫困县卖出农产品超千万元。

2019年"6·18"购物节,淘宝直播成交额超130亿元。

2019年"双11"购物节,淘宝直播成交额达到约200亿元。

2019年"双12"当天,10余家法院首次尝试以直播的方式进行司法拍卖。其中浙江省宁波市中级人民法院的直播拍卖,仅一小时的现场成交额就突破亿元。

2019年11月27日,拼多多首次试水直播,吸引了逾10万人观看。

据《人民日报》报道,2020年一季度,全国网络零售市场运行基本平稳,"宅经济"成为市场热点;商务部大数据监测显示,一季度电商直播超过400万场。截至2020年6月,中国电商直播、短视频及网络购物用户规模较3月增幅均超过5%,其中电商直播用户规模达3.09亿,较2020年3月增长4430万,规模增速达16.7%,成为上半年增长最快的个人互联网应用。截至2020年底,中国直播电商相关企业累计注册有8862家,行业内主播的从业人数已经达到123.4万。

经过近几年发展,越来越多的电商平台、视频直播平台、MCN机构、品牌方/厂家进入直播电商行业,直播电商产业链基本成型,行业进入高速发展期。

2020年以来,行业的风口来到了电商直播领域,同时,在5G直播的技术条件下,电商直播的传播速度更快,能够带给消费者更好的消费体验,转化率更高。而且在此趋势下,商家自播逐渐成为电商直播的中坚力量,电商直播平台越来越多,电商直播的生态越来越多元和完善。

电商直播的核心本质是电商,不是直播。它把电商平台的那些店铺直播间化了,把消费场景转变了。该交易模式的高度互动、实时化、高效率特征,给商业市场带来巨大变化。由于直播场景的拓宽以及政策的推动,直播电商行业未来会是一个非常广阔的市场。

第四节 电子商务运行方式及物流支持

电子商务的核心服务内容没有变化,依然是满足消费者各类层次的需求,包括传统的物质需求、服务需求,以及由于传统技术的局限以前不能满足而现在能够满足的需求。

一、企业对企业的电子商务

(一)企业对企业的电子商务模式的含义

企业对企业(Business to Business,B2B)的电子商务模式指的是企业与企业之间进行的电子商务活动。例如,工商企业利用计算机网络向它的供应商进行采购,或利用计算机网络进行付款等。这类电子商务已经存在多年。特别是企业通过私营或增值网络(Value-Added Network,VAN)采用电子数据交换(Electronic Data Interchange,EDI)方式所进行的商务活动。

尽管网上企业直接面向客户的销售方式发展势头强劲,但为数众多的分析家认为企业间的商务活动更具潜力。Forrester 研究公司预计企业间的商务活动将以三倍于企业—个人商务的速度发展。电子商务,尤其是企业间的电子商务将是电子商务业务中的重头戏。电子商务最热心的推动者是商家,因为相对来说,企业间的交易才是大宗的,才是通过引入电子商务能够产生大量效益的地方。就目前发展看,B2B 电子商务仍将持续发展,是推动其他类型电子商务活动的主要动力之一。

(二) B2B 电子商务的交易过程

1. 电子商务过程与传统商务过程的区别

传统商务过程大致为:需求量调查→材料采购→生产→商品销售→收款→货币结算→商品交割。

当引入电子商务时,这个过程变成:以电子查询的形式进行需求调查→以电子单证的形式调查原材料信息,确定采购方案→生产→通过电子广告促进商品销售→以电子货币的形式进行资金接收→同电子银行进行货币结算→商品交割。

2. B2B 电子商务的通用交易过程

B2B 电子商务的通用交易过程可以分为四个阶段:

(1) 交易前的准备阶段:买卖双方和参加交易各方在签约前做好交易准备;

(2) 交易谈判和签订合同阶段:双方可通过通信设备进行谈判,利用 EDI 签订电子合同;

(3) 办理交易进行前的手续阶段:向有关各中介方如银行、税务系统、运输公司等办理对买方发货的一切手续;

(4) 交易合同的履行和索赔阶段。

3. 支持企业间电子商务的常用技术——EDI 技术

EDI 技术是指机构之间通过计算机网络所进行的统一结构和标准信息的交换。该技术支持计算机系统之间信息的直接交换,因此,可以最大限度地减少甚至消除人为因素的介入和信息录入工作。

(三) B2B 电子商务平台

B2B 电子商务平台以交易服务中心、商务服务中心、信息服务中心、客户服务中心为基本构架。

1. 交易服务中心

为企业提供商品目录、采购、销售、合同管理、物流配送等一整套的交易管理服务。

2. 商务服务中心

为企业进行商品交易之外的商务活动提供服务,对市场策划、销售管理等进行全面支持。通过数据交换功能使电子商务服务平台能够与企业 ERP 系统和其他(国内、国外)交易中心进行通信和数据共享,完成与外贸、海关、商检、税务、银行、保险等服务平台的数据对接。

3. 信息服务中心

为企业提供政策法规、市场信息、行业动态、咨询服务等各种信息。

4. 客户服务中心

以客户关系管理为服务核心，建立平台的统一客户档案，定期进行客户的信用评估，会员企业在接受中心提供服务的同时，通过平台的客户关系管理为自己的客户进行有效的管理与服务。

二、B2C 电子商务

（一）B2C 电子商务的含义

B2C 电子商务，指的是企业与消费者之间进行的电子商务活动。这类电子商务主要是借助于国际互联网开展的线上销售活动。近几年随着国际互联网的发展，这类电子商务异军突起。例如，在国际互联网上已出现许多大型超级市场，所出售的产品一应俱全，从食品、饮料到电脑、汽车等，几乎涵盖了所有的消费品种类。

（二）B2C 电子商务的物流配送支持方式

1. 自建相对完善的配送体系

这是具有雄厚实力的电子商务公司常采取的物流策略。海尔集团投资一亿多元人民币设立的电子商务有限公司，依靠雄厚的财力和形成的营销网络，建立了一套相对完善的配送体系，在实现服务海尔的同时还能为其他企业提供配送服务。

2. 委托第三方物流配送

主要从事信息中介等商务活动的电子商务公司，可将商品采购、存储和配送交由第三方完成，充分发挥自身网络技术和信息优势，在自己的核心竞争优势上抢占先机，为客户提供独特的电子商务服务。这类电子商务公司应将自己的核心业务定位在网络服务的创新，产品的多样化、个性化，以及同第三方物流配送企业的关系处理上。

3. 自营与外包相结合的配送模式

这类电子商务公司一般来说拥有一部分物流资源，但是不能满足商务扩展的需要。建立自有配送体系投资太大、资金不足，对市场估计不足而害怕承担太大的风险，以及配送体系建设周期太长，不能满足自己的赢利期望等，是导致企业采取自营与外包相结合的配送模式的主要原因。

电子商务公司要想取得稳定、快速的发展，应将同第三方配送企业的关系升级为战略伙伴关系，建立起适合自己的供应链，并通过供应链上各方的共同努力，增强供应链的竞争能力。

（三）现阶段我国 B2C 电子商务物流配送存在的一些问题

1. 配送规模较小，发展不平衡

配送的优越性只有在达到一定规模和一定水平，形成规模经济以后才能充分发挥出来。然而我国长期以来受行业限制、地域分割的影响，物流网点没有统一布局，小、散、差的布局状态普遍存在，层层设库、行行设库的现象严重。而在此基础上建造的配送中心，由于其规模达不到提高社会总体效益的程度,形成不了规模优势,导致配送双方的积极性受挫。此外,以企业集团内部为对象的专业化配送发展较快,而面向社会的区域性配送发展比较滞后,这就形成了社会配送资源的闲置与重复配置的突出矛盾。

2. 配送中心现代化程度低

现阶段,我国配送中心现代化程度低主要表现在三个方面。首先,我国配送中心计算机的应用程度较低,仅限于日常事务管理,而对于物流中的许多重要决策问题,如配送中心的选址、货物组配方案、运输的最佳路线、最优库存控制等方面,仍处于半人工化决策状态,适应具体操作的物流信息系统的开发滞后。其次,物流设施设备机械化程度低,无论是技术还是设备都比较陈旧,有的配送中心实质上等于原来的仓库,功能也仅限于原有仓库的储存、保管,同国外以机电一体化、无纸化为特征的配送自动化、现代化相比,仍有较大的差距。最后,整体物流技术水平比较落后,具体体现在运输技术、储存保管技术、装卸搬运技术、包装技术、流通加工技术及同物流各环节都密切相关的信息处理技术等方面,与国外先进技术相比,差距也不小。

3. 配送中心的功能不健全

配送是集诸多流通功能于一体的现代化流通,尤其强调各功能的协调和一体化。目前我国配送中心的功能比较单一,尚不能形成集配货、分拣、装卸、包装、加工、仓储、运输等多项功能的协调配合,建立一套相对完善的配送体系尚待时日。

三、"线上到线下"的电子商务

(一)"线上到线下"的电子商务的含义

"线上到线下"(Online to Offline,O2O)的电子商务的概念最早源于美国,泛指在互联网和物联网时代,在传统电子商务交易和网购的基础模式之上,企业和品牌更注重和倾向于建设"线上营销+线下体验"的新型营销模式和交易方式。

O2O的概念非常广泛,只要产业链既涉及线上,又涉及线下,就可通称为O2O,也有人将其理解为"线下到线上"。O2O模式的本质,是使商品与消费者彼此之间可以更便捷地发现,让购物、交易、搜索与发现无处不在,让买卖和交易无处不在。

简单地讲,只要你能利用网络(互联网或移动互联网)把用户在线下的实际需求由线下传递到或引导到线上,同时又能把传递到线上的需求再返回到线下提供具体服务的实体,就实现了O2O应用模式。图14-8就描述了O2O模式中的需求传递和价值传递过程。

(二)O2O所包含的四个要素

1. 要有一个完整的体验

随着用户对一个产品或服务的接触点从线下实体店服务延伸到通过各种终端设备的虚拟接触点上之后,商家的服务界面就被无限地扩展了,这时候商家是从整体上去考虑给用户的体验和品牌影响力,而不仅仅是从物理上考虑。

其实这也是传统电商和O2O的一个重要区别,传统电商主要依靠物流快递把消费体

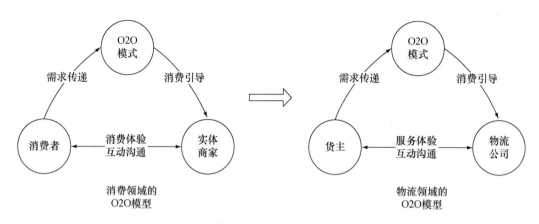

图 14-8　O2O 电子商务

验送到消费者手中,但 O2O 则必须依靠线下的服务过程才能构成消费者的一个完整体验,也就是说线下服务体验是整个环节中必不可少也是最核心的一部分。如果说价格是传统电商的关键词,那么体验就是 O2O 的关键词。

2. 随时随地和用户沟通

受益于移动设备的日益普及,商家随时在线,用户可以就使用感受和问题反馈,随时与商家进行互动沟通。

3. 以用户为中心

在 O2O 模式下,商家真正以用户为中心来打造自己的服务体系,而不是以产品为中心。在商家不断扩大新客户群的同时,还通过一些工具和手段留住老客户,因为商家的绝大多数利润来自那些真正的老客户。

4. 用户消费行为从可追踪到可衡量再到可预测

O2O 模式的精髓是用户消费行为从可追踪到可衡量再到可预测。所有用户在线上到线下的行为都能够被记录和衡量,最终形成基于海量用户消费行为的数据库,商业企业可通过对这些数据的挖掘与分析来预测相应营销行为对用户的影响。

以上要素为 O2O 模式的几个关键点,它们既互相关联,也可以拆成多个小点。这些理念对于整个商业生态的影响将是长期和渐进的,而整个信息技术的进步包括智能手机、电子支付、云服务、大数据等,都是这些理念实践的重要基础。

(三) 物流企业与 O2O 模式

O2O 模式在电子商务企业和互联网企业的应用十分广泛,如团购网、外卖网、社交网等,较早实现了线上购买消费、线下享受服务的互动体验式消费模式。近年来 O2O 模式的火热,让这种方式逐渐为物流企业所关注、重视和尝试。

1. O2O 模式有利于物流企业提供更灵活、更高效、更实时的物流服务

当前,物流企业面临越来越多的客户业务出现多品种、小批量、多批次、长周期的物流服务需求,这需要物流企业能不断提供更灵活、更高效、更实时的服务体验。因此,客户的现实需求和更高的服务要求,让物流企业必须以客户为中心、能够最大限度地覆盖客户营

业网点，必须拥有和掌握更多的分拨中心、干线资源、落地配套资源等线下的物流资源。对于大量的中小型物流企业而言，它们很难有能力自建和整合这些资源，急需通过一种新的联合模式或第三方企业整合这些资源，分享给中小型物流企业使用，共同满足客户日益增长的多样化和个性化的需求。

2. 新型物流人才为物流企业开展O2O服务奠定了基础

物流企业从业者越来越年轻化，越来越能接受互联网和移动互联网，这成为物流企业尝试O2O模式良好的群众基础。更为关键的是，O2O模式是基于智能手机端的应用，而物流领域是天然适合移动应用的行业，无论是货物还是司机、从业者，基本都是处于移动状态的。因此，物流企业更适合采用O2O模式。

3. O2O模式有利于整合物流资源

基于移动互联网的O2O模式，能够让物流企业的车辆定位不再依赖于车载终端，实现了对货物的灵活跟踪、监控、管理，从而能够让物流企业快速与合作物流资源企业建立沟通和互动，高效率地整合物流资源，共同协作完成物流业务操作。O2O运营模式，能够提前让线下的服务走到线上，提前协调各方资源，为业务操作做好准备，避免各个交接环节的时间浪费，明显提高协调性和工作效率。

4. O2O模式使物流企业的业务操作逐渐摆脱了传统的管理方式

O2O模式能够加强货主与物流企业之间的互动，直接提升货主的消费体验。基于智能手机端和移动互联网，货主能够随时联络到物流企业的工作人员，及时沟通业务需求和反馈业务信息，有效地改善货主的服务体验。物流企业的业务操作逐渐摆脱了传统的传真、电话、邮件的沟通方式，取而代之的是微信、App客户端、物流群等自媒体为主的交流方式，每时每刻都可以进行交流和协作处理业务。O2O模式更适合绝大部分时间在移动中的卡车司机，能够让物流企业与司机之间的互动交流随时进行。司机可随时了解物流企业的用车信息，物流企业则可随时了解司机车辆是否处于空闲状态，不必再像传统方式下物流企业打电话找司机、司机打电话问物流企业需不需要用车了。

5. O2O模式有利于物流企业之间的合作

O2O模式能够实现物流企业之间的业务协作和支持，能够让物流企业随时组织起来共同完成客户的某一项业务。物流企业之间通过手机App或微信平台，随时保持信息的沟通和交流，能在极其短的时间之内建立起业务协作关系，互相配合、互相支援，以最经济、最便捷的方式形成联盟。

O2O模式虽然首先在消费行业和互联网行业出现并盛行，但是物流企业基于其业务特点和不断移动的性质，天然与O2O模式有着契合点，未来物流企业的变革之路和发展方向将会是由O2O模式代替传统的物流运作模式。

四、其他电子商务模式

（一）C2C模式

C2C电子商务，简单来说就是消费者本身提供服务或产品给消费者，最常见的形态就是个人工作者提供服务给消费者。C2C模式是通过为买卖双方提供一个在线交易平台，使卖方可以主动提供商品在网上拍卖,而买方可以自行选择商品进行竞价。

(二)企业对企业对消费者模式

企业对企业对消费者模式(Business-to-Business to Consumer,B2B2C)是一种新的网络通信销售方式。第一个B指广义的卖方,即成品、半成品、原材料供应商等;第二个B指交易平台,即供卖方与买方联系的平台,同时提供优质的附加值服务;C即买方。卖方不仅仅是公司,还包括个人,即一种逻辑上的买卖关系中的卖方。平台绝非简单的中介,而是提供高附加值服务的渠道机构,是拥有客户管理、信息反馈、数据库管理、决策支持等功能的服务平台。买方同样是基于逻辑上的买卖关系中的买方,可以是内部的也可以是外部的。B2B2C定义包括了现存的B2C和C2C商业模式,并更加综合化,可以提供更优质的服务。

(三)面向市场营销的模式

面向市场营销(Business to Marketing,B2M)的模式是电子商务公司以客户需求为核心建立起的营销型站点,并通过线上和线下多种渠道对站点进行广泛的推广和规范化的导购管理,从而使得站点成为企业的重要营销渠道。相对于拥有站点的简单电子商务模式,B2M注重的是网络营销市场和企业网络营销渠道的建立,是针对网络市场营销而建立的电子商务平台。该模式通过接触市场、选择市场、开发市场,不断地增强对目标市场的影响力,从而实现销售增长、市场占有,为企业通过网络找到新的经济增长点。

相对于B2B、B2C、C2C的电子商务模式而言,B2M是一种全新的电子商务模式。它相对于以上三种模式有着本质的不同,其根本的区别在于目标客户群的性质不同:前三者的目标客户群都是以消费者的身份出现的,而B2M所针对的客户群是该企业或者该产品的销售者或者为其工作者,而不是最终消费者。

(四)经理人对最终消费者模式

经理人对最终消费者模式(Manager to Consumer,M2C)是对B2M模式的延伸。在B2M模式下,企业通过网络平台发布该企业的产品或者服务,职业经理人通过网络获取该企业的产品或者服务信息,并且为该企业提供产品或者服务,企业则通过经理人的工作达到销售产品或者获得服务的目的。M2C是B2M的延伸,也是B2M这个新型电子商务模式中不可缺少的一个后续发展环节。

(五)代理商、商家和消费者模式

它是一种新型电子商务模式,是由代理商、商家和消费者(Agents,Business,Consumer,ABC)共同搭建的集生产、经营、消费为一体的电子商务平台。商家通过ABC平台发布产品;消费者通过购买ABC平台上的产品而获得积分,积分累加到一定数额,即可提升为"代理商",同时享受购买折扣;成为"代理商"的消费者可向其他消费者推销ABC平台上的产品,如果达成交易,则可从中获取提成,同时,当其引荐的消费者的购买积分达到成为"代理商"的要求时,便自动成为其下线成员。三者之间可以转化,大家相互服务,相互支持,形成一个利益共同体。

(六) 企业、联盟和企业模式

企业、联盟和企业(Business, Alliance, Business, BAB)模式是基于 B2B 提出的新的电子商务模式,该模式把网络提供的技术手段和依靠有信誉的代理商提供保证结合起来,把身份认证、信息服务、网上支付、物流配送等各个环节集成起来,形成统一的、可靠的平台,从而真正实现了"三流"(信息流、资金流、物流)合一,为企业之间的电子商务活动提供了必要的服务和基础条件。

(七) 消费者对政府模式

消费者对政府(Consumer to Government, C2G)模式指的是政府对个人的电子商务活动。这类电子商务活动目前还没有真正形成。然而,在个别发达国家,政府的税务机构已经通过指定私营税务师或财务会计师事务所用电子方式来为个人报税。这类活动虽然还没有达到真正的报税电子化,但是,它已经具备了 C2G 电子商务的雏形。随着商业机构对消费者、商业机构对行政机构的电子商务的发展,政府将会对个人实施更为全面的电子方式服务。政府各部门向社会纳税人提供的各种服务,如社会福利金的支付等,将来都会在网上进行。

(八) 企业对政府模式

企业对政府(Business to Government, B2G)模式指的是企业与政府机构之间进行的电子商务活动。例如,政府将采购的细节在互联网上公布,通过网上竞价方式进行招标,企业也要通过电子的方式进行投标。目前这种方式仍处于初期的试验阶段,但会发展很快。因为政府可以通过这种方式树立政府形象,通过示范作用促进电子商务的发展。除此之外,政府还可以通过这类电子商务实施对企业的行政事务管理,如政府用电子商务方式发放进出口许可证、开展统计工作,企业可以在网上办理交税和退税等。政府在推动电子商务发展方面起到重要的作用。我国的金关工程就是要通过商业机构对行政机构的电子商务,如发放进出口许可证、办理出口退税、电子报关等,建立以外贸为龙头的电子商务框架,并促进我国各类电子商务活动的开展。

课外阅读

到 2025 年中国跨境电商 B2B 市场规模将达 13.9 万亿元

2022 年 3 月 28 日,中国国际经济交流中心发布的《数字平台助力中小企业参与全球供应链竞争》报告预计,到 2025 年中国跨境电商 B2B 市场规模将达到 13.9 万亿元(人民币,下同)。

贸易的数字化推动了贸易的便利化,数字技术的广泛应用极大降低了国际贸易成本。报告显示,近年来,全球跨境 B2B 模式快速发展,并成为跨境电子商务的主体。

从全球市场来看,2020年全球B2B电子商务交易额达7万亿美元左右,预计2020—2027年的复合年均增速可达17.5%,约占全球电子商务交易的80%左右。新冠肺炎疫情以来,国际贸易与供应链遭遇严重冲击,但跨境B2B却呈现逆势增长,预计至2025年,全球将有近八成的B2B交易转向线上。

从中国市场来看,2020年中国跨境电商B2B市场规模约占整体跨境电商市场的72.8%,其中跨境进口占28.9%,跨境出口约占71.1%,跨境出口B2B电商市场规模超3万亿元。预计2023—2025年,中国跨境电商B2B市场将会以25%的复合年均增速增长到13.9万亿元的市场规模。

报告显示,近年来,在政策驱动、需求驱动与供应链驱动的牵引下,中国中小企业参与国际供应链呈现出积极的增长态势。以阿里巴巴国际站、敦煌网等为代表的数字平台,为广大中小企业提供全产业链、全供应链一体化综合服务,推动更多中小企业融入全球普惠贸易,参与全球供应链竞争;同时,助力中国制造出口产品附加值提升,产业向价值链上游攀升。

报告也指出,跨境供应链环节中仍存在诸多瓶颈与堵点,大大增加了中小企业贸易成本,阻碍了全球普惠贸易进一步拓展。同时,中小企业跨境国际供应链的小单化、多频次的交易特点给各国海关和政府监管带来一系列挑战,要求各国政府加强合作,对基于跨境支付、监管程序、跨境物流等整个产业链上的各环节进行整体创新。

报告建议,数字化国际供应链将是打造国内国际双循环的战略节点,应着力拓展数字国际供应链海内外战略布局,加大中小企业融入数字供应链体系的政策支撑,加紧制定持续优化数字国际供应链的政策体系,积极引领形成全球数字供应链与经贸规则新框架。

资料来源:中国新闻网.报告预计:到2025年中国跨境电商B2B市场规模将达13.9万亿元[EB/OL].(2022-03-28)[2022-07-30]. https://www.chinanews.com.cn/cj/2022/03-28/9713616.shtml.

思考题

名词解释

电子商务下的物流系统　　电子订货系统　　B2B电子商务模式
B2C电子商务模式　　　　B2G电子商务模式
C2G电子商务模式　　　　快递服务　　　　网络零售

问答题

1. 通过电子商务概念模型,谈谈你对电子商务的理解。
2. 简要描述电子商务环境中的主要层面。
3. 相对传统商务活动,电子商务有哪些特征和优点?
4. 电子商务的必要条件和电子商务的充分条件各包括哪些内容?

5. 简述电子商务环境下商流和物流的一般流程。
6. 简述制造企业的电子商务与物流。
7. 简述直销企业的电子商务与物流。
8. 与传统物流系统相比,电子商务下的物流系统具有哪些特征?
9. 阐述电子商务的发展对物流系统提出了哪些方面的要求。
10. 说明电子商务下物流企业的物流业务流程。
11. 简述电子商务主要的运行方式。
12. 如何从物流学角度认识快递的概念?
13. 简述快递的作业流程。
14. 何谓电商直播?谈谈电商直播如何对供应链赋能?
15. 阐述B2C模式下的物流配送支持方式。
16. 说明O2O电子商务模式。

21世纪经济与管理规划教材

物流管理系列

第十五章

第三方物流

学习目的

深刻理解第三方物流是现代物流社会化和专业化的先进形式;全面认识第三方物流的理论与实践;认识制造业与物流业从联动到融合的发展的重要意义。

技能要求

掌握第三方物流的概念、特点和优势;了解国外现代物流企业的运营模式与特点;了解我国物流业的构成和我国现代物流业的发展状况;深刻认识我国《物流企业分类与评估指标》(GB/T 19680-2013);掌握物流外包的概念和企业实施物流业务外包的原因;掌握企业物流外包和物流服务承包的形式;了解物流外包的运作应注意的问题。

社会化的物流需求是物流资源配置非常重要的动力,它的结果是物流活动的社会化。物流服务的出现标志着物流活动的专业化,无论是系统的物流活动,还是局部领域的物流活动,都通过社会化的物流服务而变成一个专门的行业。

第一节　第三方物流的概念与内涵

一、第三方物流的概念

对于第三方物流(Third Party Logistics)的概念,国内外有多种理解方式。

中华人民共和国国家标准《物流术语》中给出的第三方物流的概念是"由独立于物流服务供需双方之外且以物流服务为主营业务的组织提供物流服务的模式"(GB/T 18354-2021)。第三方就是指给物流交易双方提供部分或全部物流功能的外部服务提供者。

第三方物流是随着物流业发展而出现的物流专业化的重要形式。1988年,美国物流管理委员会的一项客户服务调查中首次提到"第三方物流提供者",这种新思维被纳入客户服务职能。物流业发展到一定阶段必然会出现第三方物流,而且第三方物流的占有率与物流产业的发展水平之间有着非常规律的相关关系。西方国家的物流业实证分析证明,独立的第三方物流要占到社会的50%,物流业才能形成。所以,第三方物流的发展程度反映着一个国家物流业发展的整体水平。

第三方物流通常又被称为契约物流或物流联盟,是指从生产到销售的整个流通过程中提供物流服务的第三方,它本身不拥有商品,而是通过签订合作协定或结成合作联盟,在特定的时间段内按照特定的价格向客户提供个性化的物流代理服务。其具体内容包括商品运输、储存配送及其他附加的增值服务等。它以现代信息技术为基础,实现了信息和实物的快速、准确的协调和传递,提高了仓库管理、装卸、采购订货及配送发运的自动化水平。

和社会经济领域的许多经济概念一样,第三方物流也有广义和狭义的理解,因而在不同的领域其涵盖的范围也就不同。

广义的第三方物流是相对于自营物流而言的,凡是由社会化的专业物流企业按照货主的要求,所从事的物流活动都可以包含在第三方物流范围之内。至于第三方物流从事的是哪一个阶段的物流,以及物流服务的深度和水平如何,则要看货主的要求。

狭义的第三方物流主要是指能够提供现代化、系统化物流服务的第三方的物流活动。对于执行第三方物流的第三方,其具体特征包括:

(1)具备提供现代化、系统化物流服务的企业素质;

(2)可以向货主提供包括供应链物流在内的全程物流服务和定制化服务;

(3)不是货主对物流服务商偶然的、一次性的物流服务购销活动,而是采取委托—承包形式的业务外包的长期物流活动；

（4）不是向货主提供的一般性物流服务，而是包含增值物流服务的现代化物流活动。

在第三方物流基础上发展起来的第四方物流实际上是供应链整合。美国安德森咨询公司提出并注册的第四方物流的概念是：第四方物流是指集成商们利用分包商来控制与管理客户公司的点到点式供应链运作。

第四方物流的作用是集合及管理包括第三方物流在内的物流资源、物流技术设施，依托现代信息技术和管理技术来提供完整的供应链解决方案。由于供应链的复杂性和多元性，作为一个横向的构筑者，第三方物流可以以自有资源进入供应链。但是由于利益的冲突和自身局限性，第三方物流难以为复杂的供应链，尤其是全球供应链提供可信的构筑方案。这就要求存在更为"中立"的服务形态，这便是第四方物流服务得以产生和发展的原因。所以，第四方物流是在第三方物流基础上发展起来的、涵盖面更广的、能够克服第三方物流所产生的问题并使供应链得以改善的一种组织形态。此外，第四方物流还有一些独特的优势，如在更大范围内整合资源，充分发挥外包物流和自有物流的优势，构建更大规模的、覆盖面更广的物流信息平台。

二、第三方物流的特点

（一）信息网络化

信息流服务于物流，信息技术是第三方物流发展的基础。在物流服务过程中，信息技术发展实现了信息实时共享，促进了物流管理的科学化，提高了物流服务的效率。

（二）关系合同化

一方面，第三方物流是通过合同的形式来规范物流经营者和物流消费者之间的关系的。物流经营者根据合同的要求，提供多功能直至全方位一体化的物流服务，并以合同来管理所有的物流服务活动及其过程。

另一方面，第三方物流也是通过合同形式来明确各物流联盟参与者之间关系的。

（三）功能专业化

第三方物流企业所提供的服务是专业化的服务。作为专门从事物流服务的企业，其物流设计、物流操作及管理都是专业化的，物流设备设施也是标准化的。

（四）服务个性化

不同的消费者所要求的物流服务不同，第三方物流企业可根据消费者的要求，提供针对性强的个性化服务和增值服务。

三、第三方物流所具有的优势

在当今竞争日趋激烈和社会分工日益细化的背景下，第三方物流具有明显的优越性，具体表现在以下四个方面：

（一）企业集中精力于核心业务

由于任何企业的资源都是有限的，很难成为业务上面面俱到的专家，为此企业应把自己的主要资源集中于自己擅长的主业上,而把物流等辅助业务留给专业物流公司。

(二)灵活运用新技术,实现以信息换库存,降低成本

随着科学技术的日益进步,专业的第三方物流企业能不断更新信息技术和设备,而普通的单个制造企业通常在短时间内难以更新自己的资源或技能;不同的零售商可能有不同的、不断变化的配送和信息技术需求,此时,第三方物流企业能以一种快速的、更具成本优势的方式满足这些需求,而这些仅凭单个制造企业是难以做到的。同样,第三方物流企业还可以满足一家企业的潜在客户的需求,从而使企业能够接洽到零售商。

(三)减少固定资产投资,加速资本周转

企业自建物流需要投入大量的资金,用于购买物流设备、建设仓库和信息网络等专业物流设施。这些资源对于缺乏资金的企业特别是中小企业而言,是个沉重的负担。引入第三方物流企业,则不仅可以减少设施的投资,还释放了仓库和车队方面的资金占用,加速了资金周转。

(四)提供灵活多样的客户服务,为客户创造更多的价值

如果你是原材料供应商,而你的原材料需求客户需要迅速的货源补充,你就要有地区仓库。借助第三方物流的仓储服务,你在满足客户需求的同时,可不必因为建造新设施或长期租赁而调拨资金,从而在经营灵活性上受到限制。如果你是最终产品供应商,利用第三方物流还可以向最终客户提供超过自身供应能力的更多样的服务品种(如通过短时的仓储服务及时补给本企业的暂时缺货),为客户带来更多的附加价值,使客户满意度提高。

当然,与自营物流相比较,第三方物流也会给企业带来一些不利,如企业不能直接控制物流职能等。

四、对第三方物流企业的评价

当企业不具备自营物流的能力时,就要将物流业务外包出去。企业可以将物流业务外包给一家第三方物流企业,也可以外包给多家第三方物流企业。要想选择好第三方物流企业,就必须对第三方物流企业进行合理的评价。

(一)第三方物流企业的核心竞争力

在挑选第三方物流企业时,应首先考虑其核心竞争力是什么,例如,美国联邦快递公司(FedEx)和联合包裹运送服务公司(UPS)最擅长的服务是包裹的限时速递;中国物资储运集团有限公司的核心竞争力在于其有大量的仓库和强大的储存能力。

(二)第三方物流企业是自拥资产还是非自拥资产

使用自拥资产或非自拥资产的第三方物流企业各有优缺点。自拥资产的企业具备较大的规模、丰富的人力资源、雄厚的客户基础、先进的系统,但是其工作流程较固定,决策周期较长。非自拥资产的企业在运作上更加灵活,对于企业所提出的服务内容可以自由组合。但是因为其资源有限,物流服务价格会偏高。

(三)第三方物流企业服务的地理范围

第三方物流企业按照其服务的地理范围,可分为全球性、全国性和区域性等。选择第

三方物流企业时要与本企业的业务范围相一致。

（四）第三方物流服务的成本

物流总成本可用下列公式表示：

$$D = T + S + L + F_w + V_w + P + C \tag{15-1}$$

式(15-1)中，D 为物流总成本；T 为总运输成本；S 为库存维持费用，包括库存管理费用、包装费用及返工费；L 为批量成本，包括物料加工费和采购费；F_w 为总固定仓储费用；V_w 为总变动仓储费用；P 为订单处理和信息费用；C 为客户服务费用，包括缺货损失费用、降价损失费用和丧失潜在客户的机会成本。

在计算第三方物流服务的成本时，要弄清自营物流的成本，然后两者进行比较。

（五）第三方物流的服务水平

评价第三方物流的主要指标是物流服务水平和物流成本。值得一提的是，某协会在全国范围内的物流供求状况调查表明：在采用第三方物流的需求企业中，有67%的生产企业和54%的商业企业对第三方物流的服务感到满意，有23%的生产企业和7%的商业企业对第三方物流的服务不满意。不满意的原因中，首先是作业速度慢和物流信息不及时、不准确，其次是作业差错率高、运作成本高，从中可看出生产企业和商业企业对第三方物流服务首先关心的是运作质量和包含物流信息在内的运作能力，其次才是成本。

第二节　物流企业与物流业

一、物流企业

（一）物流企业的概念

物流企业是"从事物流基本功能范围内的物流业务设计及系统运作，具有与自身业务相适应的信息管理系统，实行独立核算、独立承担民事责任的经济组织"（GB/T 18354-2021）。

物流公司（Logistics Company）是一种企业类型，泛指经营物流相关的运输、仓储、配送等业务的公司。其常扮演着供货商与零售业者之间负责集货、理货、库存、配送等的角色。

（二）我国《物流企业分类与评估指标》

2005年，由中华人民共和国国家质量监督检验检疫总局（现国家市场监督管理总局）和中国国家标准化管理委员会发布了《物流企业分类与评估指标》（GB/T 19680-2005）。它规定了物流业的分类原则、物流企业类型与评估指标。考虑到我国物流企业的蓬勃发展和经营水平的不断提高，2013年12月31日重新修订后的《物流企业分类与评估指标》（GB/T 19680-2013）发布，并于2014年7月1日实施。

1. 物流企业分类

根据《物流企业分类与评估指标》（GB/T 19680-2013），物流企业可以分为以下三类：

（1）运输型物流企业。运输型物流企业应同时符合以下要求：① 以从事运输业务为主，具备一定规模；② 可为客户提供运输服务以及其他增值服务；③ 自有一定数量的运输工具和设备；④ 具备信息服务功能，应用信息系统可对运输货物进行状态查询、监控。

（2）仓储型物流企业。仓储型物流企业应同时符合以下要求：① 以从事仓储业务为主，具备一定规模；② 可为客户提供分拨、配送、流通加工等服务以及其他增值服务；③ 自有一定规模的仓储设施、设备，自有或租用必要的货运运输工具；④ 具备信息服务功能，应用信息系统可对仓储货物进行状态查询、监控。

（3）综合型物流企业。综合型物流企业应同时符合以下要求：① 可以为客户提供运输、仓储、货运代理、配送、流通加工、信息服务等多种物流服务，具备一定规模；② 可为客户制订系统化的物流解决方案，可为客户提供综合物流服务及其他增值服务；③ 自有或租用必要的运输工具、仓储设施及相关设备；④ 具有一定市场覆盖面的货物集散、分拨、配送网络；⑤ 具备信息服务功能，应用信息系统可对物流服务全过程进行状态查询和监控。

2．三类物流企业评估指标

表15-1、表15-2、表15-3分别列出的是运输型物流企业、仓储型物流企业和综合型物流企业的评估指标。评估指标分为六个方面，即经营状况、资产、设施设备、管理及服务、人员管理和信息化水平。每种类型的物流企业各分为五个等级，从高到低分别为AAAAA级、AAAA级、AAA级、AA级和A级。在评估指标中，有些是企业达到评估等级的必备指标项目，即表中标注＊的，其他为参考指标项目。

表15-1 运输型物流企业评估指标

	评估指标	级别				
		AAAAA级	AAAA级	AAA级	AA级	A级
经营状况	1．年物流营业收入（元）＊	16.5亿以上	3亿以上	6 000万以上	1 000万以上	300万以上
	2．营业时间（年）＊	5年以上		3年以上		2年以上
资产	3．资产总额（元）＊	11亿以上	2亿以上	4 000万以上	800万以上	300万以上
	4．资产负债率＊	不高于70％				
设施设备	5．自有货运车辆（辆）或总载重量（吨）＊	1 500以上（7 500以上）	400以上（2 000以上）	150以上（750以上）	80以上（400以上）	30以上（150以上）
	6．运营网点（个）	50以上	30以上	15以上	10以上	5以上
管理及服务	7．管理制度＊	有健全的经营、作业、财务、统计、安全、技术等机构和相应的管理制度				
	8．质量管理	通过国家或行业相关认证			具有规范的质量管理体系	
	9．业务辐射面＊	跨省区以上			—	
	10．物流服务方案与实施	提供物流系统规划、资源整合、方案设计、业务流程重组、供应链优化、物流信息化等方面服务			提供整合物流资源、方案设计等方面的咨询服务	
	11．客户投诉率或客户满意度	≤0.05％（≥98％）		≤0.1％（≥95％）		≤0.5％（≥90％）

(续表)

评估指标		级别				
		AAAAA级	AAAA级	AAA级	AA级	A级
人员管理	12. 中高层管理人员*	80%以上具有大专及以上学历，或通过全国性行业组织物流师认证	60%以上具有大专及以上学历，或通过全国性行业组织物流师认证		30%以上具有大专及以上学历，或通过全国性行业组织物流师认证	
	13. 基层物流业务人员	60%以上具有中等及以上学历或物流职业资格	50%以上具有中等及以上学历或物流职业资格		30%以上具有中等及以上学历或物流职业资格	
信息化水平	14. 信息系统*	物流经营业务全部信息化管理			物流经营业务部分信息化管理	
	15. 电子单证管理	90%以上	70%以上		50%以上	
	16. 货物物流状态跟踪*	90%以上	70%以上		50%以上	
	17. 客户查询*	建立自动查询和人工查询系统			建立人工查询系统	

注：1. 标注 * 的指标为企业达到评估等级的必备指标项目，其他为参考指标项目。
2. 物流营业收入指企业通过物流业务活动所取得的收入总额，包括提供运输、仓储、装卸、搬运、包装、流通加工、配送、信息等基本服务及其他相关增值服务所取得的业务收入。
3. 运营网点是指在企业市场覆盖范围内，可以承接并完成企业基本业务的分支机构和联盟伙伴。
4. 客户投诉率是指在年度周期内客户对不满意业务的投诉总量与企业业务总量的比率。
5. 客户满意度是指在年度周期内企业对客户满意情况的调查统计。
6. 基层物流业务人员是指从事物流业务执行活动的企业成员。

表 15-2　仓储型物流企业评估指标

评估指标		级别				
		AAAAA级	AAAA级	AAA级	AA级	A级
经营状况	1. 年物流营业收入(元)*	7.2亿以上	1.2亿以上	2 500万以上	500万以上	200万以上
	2. 营业时间(年)*	5年以上	3年以上		2年以上	
资产	3. 资产总额(元)*	11亿以上	2亿以上	4 000万以上	800万以上	200万以上
	4. 资产负债率*	不高于70%				
设施设备	5. 自有仓储面积(平方米)*	20万以上	8万以上	3万以上	1万以上	4 000以上
	6. 自有/租用货运车辆(辆)或总载重量(吨)*	500以上(2 500以上)	200以上(1 000以上)	100以上(500以上)	50以上(250以上)	30以上(150以上)
	7. 配送客户点(个)	200以上	150以上	100以上	50以上	30以上

(续表)

评估指标		级别				
		AAAAA级	AAAA级	AAA级	AA级	A级
管理及服务	8. 管理制度*	有健全的经营、作业、财务、统计、安全、技术等机构和相应的管理制度				
	9. 质量管理*	通过国家或行业相关认证			具有规范的质量管理体系	
	10. 物流服务方案与实施	提供物流系统规划、资源整合、方案设计、业务流程重组、供应链优化、物流信息化等方面的服务			提供整合物流资源、方案设计等方面的咨询服务	
	11. 客户投诉率或客户满意度	≤0.05%（≥98%）		≤0.1%（≥95%）	≤0.5%（≥90%）	
人员管理	12. 中高层管理人员*	80%以上具有大专及以上学历，或通过全国性行业组织物流师认证	60%以上具有大专及以上学历，或通过全国性行业组织物流师认证		30%以上具有大专及以上学历，或通过全国性行业组织物流师认证	
	13. 基层物流业务人员	60%以上具有中等及以上学历或物流职业资格	50%以上具有中等及以上学历或物流职业资格		30%以上具有中等及以上学历或物流职业资格	
信息化水平	14. 信息系统*	物流经营业务全部信息化管理			物流经营业务部分信息化管理	
	15. 电子单证管理*	100%	70%以上		50%以上	
	16. 货物物流状态跟踪	90%以上	70%以上		50%以上	
	17. 客户查询*	建立自动查询和人工查询系统			建立人工查询系统	

注：1. 标注*的指标为企业达到评估等级的必备指标项目，其他为参考指标项目。
2. 物流营业收入指企业通过物流业务活动所获得的收入总额，包括提供运输、仓储、装卸、搬运、包装、流通加工、配送、信息等基本服务及其他相关增值服务所取得的业务收入。
3. 客户投诉率是指在年度周期内客户对不满意业务的投诉总量与企业业务总量的比率。
4. 客户满意度是指在年度周期内企业对客户满意情况的调查统计。
5. 配送客户点是指企业当前的、提供一定时期内配送服务的、具有一定业务规模的、客户所属的固定网点。
6. 租用货运车辆是指企业通过合同等方式可进行调配、利用的货运车辆。
7. 基层物流业务人员是指从事物流业务执行活动的企业成员。

表 15-3　综合型物流企业评估指标

评估指标		级别				
		AAAAA级	AAAA级	AAA级	AA级	A级
经营状况	1. 年物流营业收入（元）*	16.5亿以上	2亿以上	4000万以上	800万以上	300万以上
	2. 营业时间（年）*	5年以上	3年以上		2年以上	
资产	3. 资产总额（元）*	5.5亿以上	1亿以上	2000万以上	600万以上	200万以上
	4. 资产负债率*	不高于75%				

(续表)

评估指标		级别				
		AAAAA级	AAAA级	AAA级	AA级	A级
设施设备	5. 自有/租用仓储面积(平方米)	10万以上	3万以上	1万以上	3 000以上	1 000以上
	6. 自有/租用货运车辆(辆)或总载重量(吨)*	1 500以上(7 500以上)	500以上(2 500以上)	300以上(1 500以上)	200以上(1 000以上)	100以上(500以上)
	7. 运营网点(个)*	50以上	30以上	20以上	10以上	5以上
管理及服务	8. 管理制度*	有健全的经营、作业、财务、统计、安全、技术等机构和相应的管理制度				
	9. 质量管理	通过国家或行业相关认证			具有规范的质量管理体系	
	10. 业务辐射面*	跨省区以上			—	
	11. 物流服务方案与实施*	提供物流系统规划、资源整合、方案设计、业务流程重组、供应链优化、物流信息化等方面的服务			提供整合物流资源、方案设计等方面的咨询服务	
	12. 客户投诉率或客户满意度	≤0.05%(≥99%)		≤0.1%(≥95%)		≤0.5%(≥90%)
人员要求	13. 中高层管理人员*	80%以上具有大专及以上学历,或通过全国性行业组织物流师认证		70%以上具有大专及以上学历,或通过全国性行业组织物流师认证		50%以上具有大专及以上学历,或通过全国性行业组织物流师认证
	14. 基层物流业务人员	60%以上具有中等及以上学历或物流职业资格		50%以上具有中等及以上学历或物流职业资格		40%以上具有中等及以上学历或物流职业资格
信息化水平	15. 信息系统*	物流经营业务全部信息化管理			物流经营业务部分信息化管理	
	16. 电子单证管理*	100%	80%以上		60%以上	
	17. 货物物流状态跟踪*	100%以上	80%以上		60%以上	
	18. 客户查询*	建立自动查询和人工查询系统			建立人工查询系统	

注:1. 标注 * 的指标为企业达到评估等级的必备指标项目,其他为参考指标项目。
2. 物流营业收入指企业通过物流业务活动所取得的收入总额,包括提供运输、仓储、装卸、搬运、包装、流通加工、配送、信息等基本服务及其他相关增值服务所取得的业务收入。
3. 运营网点是指企业市场覆盖范围内,可以承接并完成企业基本业务的分支机构和联盟伙伴。
4. 客户投诉率是指在年度周期内客户对不满意业务的投诉总量与企业业务总量的比率。
5. 客户满意度是指在年度周期内企业对客户满意情况的调查统计。
6. 租用货运车辆是指企业通过合同等方式可进行调配、利用的货运车辆。
7. 租用仓储面积是指企业通过合同等方式可进行调配、利用的仓储总面积。
8. 基层物流业务人员是指从事物流业务执行活动的企业成员。

(三)我国2020年物流企业的情况调查

1. 调查说明

(1)主办单位:中国物流与采购联合会。

(2)调查对象:① 中国物流企业50强,即我国经济领土内登记注册从事物流服务活动,实行独立核算、独立承担民事责任的各种经济类型独立法人企业,且年物流业务收入大于30亿元。②中国民营物流企业50强,即我国经济领土内登记注册从事物流服务活动,实行独立核算、独立承担民事责任的各种经济类型的独立民营法人企业,且年物流业务收入大于8亿元。

(3)方式及时间:按照公开、公平、公正原则,中国物流与采购联合会将组织相关专家进行审核,按照资料提交、公示、发布等程序完成调查发布工作。各地协会应积极宣传、鼓励、推荐相关企业申报,以提高上榜企业的代表性。

调查企业自愿上报材料,下载通知附件报表,如实、完整上报2020年全年数据信息。《2020年企业经营及创新报告》应与填报数据相符,内容包括但不限于企业介绍、经营情况、业务创新和行业展望等。

2020年,物流业经受住前所未有的严峻挑战,在国民经济中的基础性、战略性、保障性作用进一步提升。为表彰优秀企业,树立行业典范,推动物流高质量发展,根据《社会物流统计调查制度》(发改运行〔2019〕758号),中国物流与采购联合会在全国开展统计调查工作,依据调查结果发布"2021年度中国物流企业50强""2021年度中国民营物流企业50强"。

2. 2021年度中国物流企业50强

2021年度中国物流企业50强2020年物流业务收入合计13 589亿元,按可比口径计算,同比增长16.6%。50强物流企业门槛提高到40.6亿元,比上年增加3.5亿元。

其中,中国远洋海运集团有限公司排名第一,物流业务收入为2 628.6亿元;象屿集团排名第二,物流业务收入为2 161.3亿元;顺丰集团排名第三,物流业务收入为1 517.4亿元;中国外运股份有限公司排名第四,物流业务收入为845.3亿元;京东物流股份有限公司排名第五,物流业务收入为733.7亿元。此外,圆通、韵达、百世、中通、申通分别排名第八、第九、第十、第十二、第十五。

3. 中国民营物流企业50强

2021年度中国民营物流企业50强2020年物流业务收入合计5 770亿元,同比增长21.9%,增速高于物流企业50强5.3个百分点。50强民营物流企业门槛提高到10.7亿元,比上年增加2亿元。

二、物流业

(一)物流业的概念

《国民经济行业分类》(GB/T 4754-2017)对产业的划分中,还没有"物流业"。其中门类代码"G"代表的是"交通运输、仓储业和邮政业",包括了铁路运输业、道路运输业、水上运输业、航空运输业、管道运输业、多式联运和运输代理业、装卸搬运和仓储业、邮政业等大类。物流业是一个新兴产业,大家都理解这些大类是物流业的中坚,但不是物流业的全部,物流业不等同于运输业或者仓储业。在《国民经济行业分类》中有些中小类就不属于物流业的范畴,如"除管道运输外的运输"中的"旅客运输"等。需要引起物流界重视的是:如何严谨地表述"物流业"。

1. 物流业是基础性产业

物流对所有生产、流通和消费活动都有重大的影响，它通过运输、仓储等生产、流通条件与手段对国民经济起基础性作用。物流业通过不断输送各种物品使生产者获得原材料、燃料、零配件，以保证生产过程的正常进行；又不断将产品输送给不同的需求者，使这些需求者的生产、生活得以正常进行。这些互相依赖的关系需要物流维系，国民经济也由此得以成为一个具有内在联系的整体。基础性也体现在物流的基本要素中，许多重要载体如铁路、邮政、电信等一直被认为是关系国民经济、人民生命财产及国防安全的基础性行业和部门。

2. 物流业是服务性产业

物流本身并不提供物质产品，而是为客户提供专业化服务。物流业是服务性产业有两方面的含义：一是就供应链与客户的关系而言，物流业强调以客户需求为中心，实现由供应方到需求方的高效流动；二是就物流服务供需双方的关系而言，物流业强调在仓储、运输等基本功能之外的附加值服务或增值服务是物流业的核心竞争力。

物流业是生产性服务业。把产业化的物流资源加以整合，就形成了一种新的物流服务业。生产性服务业是指为第一、二、三产业的实物生产和服务生产提供服务的产业。我们可以把生产区分为农业生产、工业生产和服务业生产。农业生产产出农产品，工业生产产出工业品，服务业生产产出服务产品。无论是农业生产、工业生产还是服务业生产，都需要外购服务作为生产要素投入本企业的生产过程，这些外购服务就构成服务性生产资料。

国际上，一般把50%以上产品用于生产的服务部门称为生产性服务业，50%以上产品用于消费的服务部门称为消费性服务业。在发达国家，生产性服务业在整个服务业中的比重超过60%，其发展速度也明显快于消费性服务业，特别是金融、物流、运输、信息、商务服务发展最快。

3. 物流业是战略性产业

物流是一个庞大的纵向经济领域，也是一个为其他经济领域服务的横向经济领域，其战略性表现在横跨多个基础性、服务性行业，涉及并影响国民经济的各个领域。

从产业链角度来看，物流业上游主要为提供物流业发展的基础设施和设备的行业，包括道路基础设施建设行业、仓储地产业以及物流设备制造业；中游包括提供运输、仓储以及物流管理服务的物流企业；下游主要为对仓储、运输等服务有需求的行业或个人。

从企业来看，物流业上游涉及仓储地产投资运营企业，公路、铁路、航道投资建设企业，物流硬件和软件制造企业；在物流行业中，又可以分为主要从事运输业务的企业和以仓储为核心的企业以及提供物流管理与服务的企业；下游包括钢铁、煤炭、汽车等各类生产制造企业。

4. 物流业是复合型产业

国务院发布的《物流业发展中长期规划（2014—2020年）》文件指出："物流业是融合运输、仓储、货代、信息等产业的复合型服务业，是支撑国民经济发展的基础性、战略性产业。"

物流业是物流资源产业化而形成的一种复合型或聚合型产业。物流资源包括运输、仓储、装卸、搬运、包装、流通加工、配送、信息平台等,其产业化就形成了运输业、仓储业、装卸业、包装业、加工配送业、物流信息业等。物流资源同时分散在多个领域,包括制造业、农业、流通业中,这些产业的物流资源不是简单的叠加,而是通过优化的整合,可以起到复合性、聚合性的功效。

(二)我国物流业的构成

1. 从大行业角度分类

(1)交通运输业。

交通运输业不但包括各种不同运输形式的小行业,还包含为主体交通运输起支撑、保证、衔接作用的许多行业,交通运输业本身便是一种综合若干小行业的大行业,是物流业的主体行业。

(2)储运业。

储运业是以储存物资为主体的兼有多种职能的行业,既包含若干小储存行业,也包括某些和储存联系密切的运输业。从规模上看,我国储运业远小于交通运输业。我国储运业有五大行业,即物资储运业、粮食储运业、商业储运业、军队储运业及乡镇储运业。

(3)通运业。

通运业是国外物流业中的主要行业之一,是货主和运输业之外的第三者从事托运和货运代理的行业。各种运输业只负责办理承运手续,货主的运输要求皆由通运业实现。我国此行业启动较晚,尚未达到一定规模。这也是物流领域发展较快的一个行业,在国外已达到了较大规模。

(4)配送业。

配送业是以配送为主体的各类行业。

2. 主要的物流产业类型

(1)铁道运输业。

在物流领域具体指铁道货运业,这一行业包括与铁道运输有关的装卸、储运、小搬运等,在物流概念中属于运输范畴的活动。铁道运输业涉及的业务有整车运输业务、集装箱运输业务、混载货物运输业务和行李货物运输业务四类。

铁道领域的不少生产性行业,如机车车辆制造等不包含在物流领域的铁道运输业内。

(2)汽车货运业。

在我国,汽车货运业分为特殊汽车货运业和一般汽车货运业。其中,特殊汽车货运业专运长、大、重或危险品、特殊物品;一般汽车货运业从事长途或区域内货运。汽车货运业在许多领域是附属于其他行业的,而不自成行业或不独立核算。例如,为配合仓储存发货的汽车运输,为实现配送的汽车运输,为增加铁道、航空、水运等服务功能的汽车运输等,都各自隶属于相关主体行业。

(3)远洋货运业。

远洋货运业指从事海上长途运输的船运行业,就是一般所称的海运业。这种行业的业务活动是以船舶运输为中心,还包括港湾装卸和运输、保管等,属于国际物流的一个领域。远洋货运业涉及的业务包括船舶运输、船舶租赁和租让、运输代办等。

(4) 沿海船运业。

主要从事近海沿海的海运行业。

(5) 内河船运业。

在内河水道从事船舶货运的行业。

注：海运、沿海船运及内河船运三种运输形态使用船舶的吨位、技术性能、管理方式都有所区别，因而各自形成独立的行业。

(6) 航空货运业。

航空货运业又可分为航空货运业和航空货运代理业，前者直接受货运委托，后者是中间人行业，受货主委托，代办航空货运。航空货运业的主要业务有国际航空货运、国内航空货运、快运、包机运输等。

(7) 集装箱联运业。

它是专门办理集装箱"一票到底"联运的行业，可以代货主委托完成各种运输方式的联合运输，并组织集装箱"门到门"运输、集装箱回运等业务。

(8) 仓库业。

以仓库存货为主体的行业，包括代存、代储、自储等。

(9) 中转储运业。

以中转货物为主的仓储业。

(10) 托运业。

以代办各种小量、零担运输及代包装为主体的行业。

(11) 运输代办业。

以代办大规模、大批量货物运输为主体的行业。

(12) 起重装卸业。

以大件、笨重货物装卸、安装及搬运为主体的行业。

(13) 快递业。

以承接并组织快运快送服务为主体的行业。

(14) 拆船业。

以拆船加工为主体的"再生资源物流"行业。

(15) 拆车业。

以拆解汽车为主体的行业。

(16) 集装箱租赁业。

专门从事集装箱出租的行业。

(17) 托盘联营业。

组织托盘出租、交换等业务的行业。

(三) 我国现代物流业的发展

我国目前的市场经济日益发达，但物流总体水平明显滞后。我国从 1992 年开始了物流配送中心的试点工作，原国内贸易部印发了《关于商品物流(配送)中心发展建设的意见》,提出大中型储运企业要发挥设施和服务优势,改造、完善设施,增加服务项目,完善服务功能,向社会化的现代物流中心转变。

原国内贸易部于1996年印发了《关于加强商业物流配送中心发展建设工作的通知》,指出了发展建设物流配送中心的重要意义,提出发展建设的指导思想和原则等。同时,还印发了《商业储运企业进一步深化改革与发展的意见》,提出了"转换机制、集约经营、完善功能、发展物流、增强实力"的改革与发展方针,确定以向现代化物流配送中心转变、建设社会化的物流配送中心、发展现代物流网络为主要发展方向。

2001年,我国"十五"计划把物流领域的发展列入战略目标。2001年发布的《关于加快我国现代物流发展的若干意见》,具体提出了关于现代物流发展的指导思想和总体目标。

2004年12月,全国发展和改革工作会议上提出加快经济结构调整,优先发展现代金融、现代物流、信息服务等新兴服务业。

2006年,《中华人民共和国国民经济和社会经济发展第十一个五年规划纲要》发布,文件提出要"推广现代物流管理技术,促进企业内部物流社会化,实现企业物资采购、生产组织、产品销售和再生资源回收的系列化运作。培育专业化物流企业,积极发展第三方物流。建立物流标准化体系,加强物流新技术开发利用,推进物流信息化。加强物流基础设施整合,建设大型物流枢纽,发展区域性物流中心"。中央和地方政府相继建立了推进现代物流业发展的综合协调机制,出台了支持现代物流业发展的规划和政策。

2009年3月,国务院发布《物流业调整和振兴规划》。文件指出:当前,国际金融危机对我国实体经济造成了较大冲击,物流业作为重要的服务产业,也受到较为严重的影响。制定实施物流业调整和振兴规划,不仅是促进物流业自身平稳较快发展和产业调整升级的需要,也是服务和支撑其他产业的调整与发展、扩大消费和吸收就业的需要,对于促进产业结构调整、转变经济发展方式和增强国民经济竞争力具有重要意义。

2011年,国务院发布《关于促进物流业健康发展政策措施的意见》,提出切实减轻物流企业税收负担等具体措施。

2012年,商务部发布《关于促进仓储业转型升级的指导意见》,引导仓储企业由传统仓储中心向多功能、一体化的综合物流服务商转变。

2014年9月,国务院发布《物流业发展中长期规划(2014—2020年)》文件。文件指出:物流业是融合运输、仓储、货代、信息等产业的复合型服务业,是支撑国民经济发展的基础性、战略性产业。加快发展现代物流业,对于促进产业结构调整、转变发展方式、提高国民经济竞争力和建设生态文明具有重要意义。我国物流业的发展进入了一个崭新的阶段。

2016年,国务院办公厅转发国家发展改革委《物流业降本增效专项行动方案(2016—2018年)》。

2019年2月,国家发展改革委等部门联合印发《关于推动物流高质量发展促进形成强大国内市场的意见》,提出构建高质量物流基础设施网络体系等措施,以巩固物流降本增效成果,增强物流企业活力,提升行业效率效益水平,畅通物流全链条运行。

第三节 物流外包

物流外包是指"企业将其部分或全部物流的业务交由合作企业完成的物流运作模式"（GB/T 18354—2021）。

企业业务外包即在供应链管理环境下，企业将主要精力放在其关键业务上，充分发挥企业的核心竞争力，同时与全球范围内的合适企业建立合作伙伴关系，将企业中的非核心业务交给合作伙伴来完成。

一、企业物流业务外包的原因

自 20 世纪 80 年代以来，外包已成为商业领域中的一大趋势。企业越来越重视专注于主业，而把辅助性功能外包给其他企业。因为物流一般被工商企业视为支持与辅助功能，所以它是一个外部化业务的候选功能。

在供应链管理环境下，企业如何做好资源配置是至关重要的，如果企业能以更低的成本获得比自制更高价值的资源，那么企业选择业务外包是合适的。

企业实施物流业务外包的原因主要有以下几点：

（一）集中精力发展核心业务

在企业资源有限的情况下，为取得竞争中的优势地位，企业只掌握核心功能，即把企业知识和技术依赖性强的高增值部分掌握在自己手里，而把其他低增值部门虚拟化。通过借助外部力量进行组合，其目的就是在竞争中最大效率地利用企业资源。像耐克、可口可乐等企业就是这样经营的，它们没有自己的工厂，通过把一些劳动密集型的部门虚拟化，并把它们转移到许多劳动成本低的国家进行生产，企业只保留核心业务。

（二）分担风险

企业可以通过资源外向配置分散由政府、经济、市场、财务等因素产生的风险。因为企业本身的资源是有限的，通过资源外向配置，与外部合作伙伴分担风险，企业可以变得更有柔性，更能适应外部变化的环境。

（三）加速企业重组

企业重组需要花费很长的时间，获得效益也需要很长的时间，通过业务外包可以加速企业重组的进程。

（四）辅助业务运行效率不高、难以管理或控制

当企业内出现一些运行效率不高、难以管理或控制的辅助业务时，需要将其进行外包。值得注意的是，这种方法并不能彻底解决企业的问题，相反这些业务职能可能在企业外部更加难以控制。这时候，企业必须花时间找出问题的症结所在。

（五）使用企业缺乏的资源

如果企业没有有效完成业务所需的资源，而且不能赢利时，企业也会将业务进行外

包。但是企业必须同时进行成本-利润分析,确认在长期情况下这种外包是否有利,由此决定是否应该采取外包策略。

（六）实现规模效益

资源外向配置服务提供者拥有能比本企业更有效、更便宜地完成业务的技术和知识,可以实现规模效益。企业可以通过资源外向配置避免在设备、技术、研究开发上的大额投资。

二、企业物流外包和物流服务提供的形式

（一）企业物流外包的形式

1. 物流业务完全外包

物流业务完全外包是最彻底的外包形式。如果企业不具备自营物流的能力,就会采取这种形式。如果企业具备自营物流的能力,但企业进行物流系统的评价时,评价的结果倾向于外包,就应该关闭自己的物流系统,将所有的物流业务外包给第三方物流供应商。

2. 物流业务部分外包

企业将物流业务分成两大部分：一部分是可以自营的业务,另一部分是非自营业务,企业一般将非自营业务或者低效的自营业务外包给第三方物流供应商。

3. 物流系统接管

物流系统接管是企业将物流系统全部卖给或承包给第三方物流供应商,也叫物流社会化。第三方物流供应商接管企业的物流系统并采用原企业的员工。

4. 战略联盟

在战略联盟这种物流外包形式中,企业与第三方物流供应商或其他企业合资,企业保留物流设施的部分产权,并在物流作业中保持参与；同时,物流合资者提供部分资本和专业服务,企业也为合资者提供特色服务,达到资源共享的目的。

5. 物流系统剥离

物流系统剥离是指企业将物流部门分离出去,使其成为一个独立的子公司,允许其承担其他企业的物流业务。

6. 物流业务管理外包

物流业务管理外包是指企业拥有物流设施的产权,将管理职能外包出去。

（二）物流服务提供者的类型

由于物流服务种类的多样性和企业物流外包的多样性,物流服务提供者的类型也是多种多样的。对于物流服务提供者的类型有多种划分方法,以下介绍两种主要划分方法：

1. 按照提供物流服务的种类划分

（1）以资产为基础的物流服务提供者。该类提供者自己拥有资产,如运输车队、仓库和各种物流设备,通过自有的资产提供专业的物流服务。

（2）以管理为基础的物流服务提供者。该类提供者通过系统数据库和咨询服务为企业提供物流管理或者提供一定的人力资源；不具备运输和仓储设施,只是提供以管理为基

础的物流服务。

(3) 综合物流服务提供者。该类提供者自己拥有资产,并能提供相应的物流管理服务。同时,它可以利用其他物流服务提供者的资产,提供一些相关的服务。

2. 按照所属的物流市场进行分类

(1) 操作性的物流公司。该类物流公司以某一项物流作业为主,一般擅长于某一项或某几项的物流操作;在自己擅长的业务上具有成本优势,往往是通过较低的成本在竞争中取胜。

(2) 倾向性的物流公司。行业倾向性公司又称行业性公司,它们通常为满足某一特定行业的需求而设计自己的作业能力和作业范围。

(3) 客户化的物流公司。客户化的物流公司面向的对象是专业需求用户,同类公司之间竞争的焦点不是费用而是物流服务。

(4) 多元化的物流公司。该类物流公司提供多种相关的物流服务,且这种物流服务是综合性的。

三、物流外包的运作

虽然外包具有很多优点,但并不是每一家企业都应该选择外包。企业应深入分析内部物流状况,并探讨企业是否具备物流的核心能力,物流能否为企业带来外部战略经济利益,外包的物流功能能否被有效地监控等,从而做出综合的判断。

(一) 严格筛选物流供应商

在选择供应商时,要深入分析企业内部物流状况,调查供应商管理深度和幅度、战略导向、信息技术支持能力、自身的可塑性和兼容性、行业运营经验等,其中战略导向尤为重要。对于外包业务的承诺,尤其是涉及政府政策或供应商战略方面的项目,必须来自供应商企业的最高管理者,避免在合约履行过程中出现对相关条款理解不一致的现象。

(二) 明确列举服务要求

许多外包合作关系不能正常维持的主要原因是服务要求模糊。由于服务要求没有量化或不明确,导致供需双方理解出现偏差,供应商常常认为需求商要求过高,而需求商认为供应商未认真履行合约条款。供应商在没有充分了解货物流量、货物类别、运输频率的情况下就提交了外包投标书,或者供应商缺乏应有的专业理论知识,不能对自身的物流活动进行正确、详细的描述等。为此,需求商应该详细列举供应商应该具备的条件,如生产能力、服务水平、操作模式和财务状况等。

(三) 合理选择签约方式

合理选择签约方式能有效协调沟通,确保与供应商签订的合约满足各方的需求,实现各自目标。合约不可能对环境变化做出全面准确的预测,签订前后的各种情况会有所不同,诸如行业政策、市场环境、供应商内部发展状况等。在某种情况下,即使供应商的操作方式或理念比较先进,也并不一定适合需求商发展的需要。

（四）共同编制作业流程

需求商不能认为外包作业是供应商单方面的工作，而应当与供应商一起制定作业流程，确定信息渠道，编制作业计划供双方参考使用。双方对口人员在作业过程中应步调一致，为检验对方作业是否符合外包要求提供标准和依据。

（五）积极理顺沟通渠道

一般而言，导致外包合作关系失败的首要原因是计划错误，然后是沟通不畅。建立正确的沟通机制有利于双方就矛盾产生的根源达成共识，即矛盾和冲突是业务本身产生的，还是工作人员或主管原因导致的。当问题出现时，双方应理性对待，并给对方考虑和回复的时间。在履行合约的过程中，花费一定的时间和精力相互沟通了解，探讨合约本身存在的问题及合约以外的问题对维持双方的合作关系是很重要的，这一点常常容易被忽视。

（六）明确制定评估标准

对供应商服务水平的评估一般是基于合约条款，而合约条款多数只对结果做出描述，对外包业务过程并不能进行有效的评估，也不能建立适宜的持续改进机制。随着时间的推移，当需求商准备向供应商增加外包项目时，才发现供应商已不符合企业进一步发展的要求。不能有效考核的工作，正是管理薄弱的环节。在建立合作关系后，双方应依据既定合约详细列举绩效考核标准，并对此达成一致。绩效评估和衡量机制不是一成不变的，应该不断更新以适应企业总体战略的需要。绩效考核标准应立足实际，具有可操作性，不能设置过高而使供应商无法达到。

第四节 制造业与物流业从联动到融合

一、制造业与物流业从联动到融合的发展

国家发展改革委同13个部门和单位联合印发了《推动物流业制造业深度融合创新发展实施方案》（发改经贸〔2020〕1315号），对推动两业融合和高质量发展具有重要意义。早在2007年，国家发展改革委就联合工业和信息化部、中国物流与采购联合会组织召开了首届全国制造业与物流业联动发展大会。随后的2009年国务院首次推出我国物流业发展的第一个国家规划《物流业调整和振兴规划》，将"制造业与物流业联动发展工程"列为"九大工程"之一。

制造业是国民经济的根基，也是物流需求的重要来源。在我国社会物流总额中，工业品物流占90%以上，工业品从原材料采购、生产制造到消费端的整个流程中，90%以上的时间处于物流环节。物流业与制造业的融合程度，决定着"两业"发展水平和国民经济的综合竞争力。

十几年来，我国物流业制造业联动融合发展趋势不断增强，在推动降低制造业成本、提高物流业服务水平等方面取得积极成效，但融合层次不够高、范围不够广、程度不够深，与促进形成强大国内市场，构建现代化经济体系，适应"双循环"新发展格局的总体要求还

不相适应。

进入2020年,一场突如其来的新冠肺炎疫情严重冲击物流业、制造业。供应链弹性不足、产业链协同不强、物流业制造业联动不够等问题凸显,直接影响到产业平稳运行和正常生产生活秩序。国家发展改革委等部门紧扣"双循环"新发展格局,对制造业和物流业联动发展赋予新的时代内涵,由两业联动发展到深度融合。"两业联动"是两个主体之间的协同互动关系,而"深度融合"则是将"两业"融为一体,你中有我、我中有你,形成利益共同体、命运共同体。这是深化供给侧结构性改革、推动经济高质量发展的现实需要;是进一步提高物流发展质量,深入推动物流降本增效的必然选择;也是适应制造业服务化、智能化、绿色化发展趋势,加快物流业态模式创新的内在要求。

一直以来,国家高度重视制造业与物流业的联动发展,并将其作为深化供给侧改革,推动经济高质量发展的重要抓手。按照制造业产业链、物流业供应链相互关系和发展的规律与趋势,两业融合发展不仅是提升制造业核心竞争力和降本增效的重要手段,也是培育高品质物流服务需求、促进物流业提质发展的重要途径,在推动形成以国内大循环为主体、国内国际双循环相互促进的新发展格局下,加快两业融合发展,推动我国制造业迈向全球产业链供应链价值链中高端,已成为高质量发展的必然选择。

在总结过去"两业联动"经验基础上,提出"深度融合、创新发展"的政策举措,更着眼于前瞻性、战略性、全球性竞争的考量,有利于统筹推动物流业降本增效提质和制造业转型升级,促进物流业、制造业协同联动和跨界融合,延伸产业链,稳定供应链,提升价值链的总体要求,这对于物流业、制造业实现"一体化"运作,适应"双循环"新发展格局,构建现代化产业链、供应链体系具有很强的现实意义。

二、从"关键环节"到"重点领域"

(一)发展目标

《推动物流业制造业深度融合创新发展实施方案》(以下简称《方案》)从18个方面作出了总体部署,提出了明确的发展目标:到2025年,物流业在促进实体经济降本增效、供应链协同、制造业高质量发展等方面作用显著增强。探索建立符合我国国情的物流业制造业融合发展模式,制造业供应链协同发展水平大幅提升,精细化、高品质物流服务供给能力明显增强,主要制造业领域物流费用率不断下降;培育形成一批物流业制造业融合发展标杆企业,引领带动物流业制造业融合水平显著提升;初步建立制造业物流成本核算统计体系,对制造业物流成本水平变化的评估监测更加及时准确。

为落实上述目标,对五个关键环节和六个重点领域进行了重点部署。

(二)五个关键环节

1. 促进企业主体融合发展

《方案》中明确提出"支持物流企业与制造企业通过市场化方式创新供应链协同共建模式,建立互利共赢的长期战略合作关系",有利于改变产业链与供应链上的不稳定、难协同问题,强化在国际市场竞争的抗风险能力。

2. 促进设施设备融合联动

《方案》中提出"积极推进生产服务型国家物流枢纽建设,充分发挥国家物流枢纽对接干线运力、促进资源集聚的显著优势,支撑制造业高质量集群化发展",势必加速物流基础设施集成化发展,加速生产制造与物流服务的集群化协同。

3. 促进业务流程融合协同

《方案》中提出"加快发展高品质、专业化定制物流,引导物流、快递企业为制造企业量身定做供应链管理库存、线边物流、供应链一体化服务等物流解决方案,增强柔性制造、敏捷制造能力",必将推动适应数字化竞争环境下的个性化、智能化、柔性化供应链协同。

4. 促进标准规范融合衔接

《方案》中提出"建立跨部门工作沟通机制,对涉及物流业制造业融合发展的国家标准、行业标准和地方标准,在立项、审核、发布等环节广泛听取相关部门意见,加强标准规范协调衔接",有利于营造两业联动融合发展的专业化、标准化软环境。

5. 促进信息资源融合共享

《方案》中"促进工业互联网在物流领域融合应用""建设物流工业互联网平台""推动将物流业制造业深度融合信息基础设施纳入数字物流基础设施建设""积极探索和推进区块链、第五代移动通信技术(5G)等新兴技术在物流信息共享和物流信用体系建设中的应用"等新提法,将助推新基建与两业融合发展,促进传统行业数智化改造。

(三)六个重点领域

1. 大宗商品物流

抓大宗商品物流,维护国家能源及战略物资供应链安全。《方案》重点提到了原油、矿石、粮食、有色金属等大宗商品物流,明确提出"依托具备条件的国家物流枢纽发展现代化大宗商品物流中心,促进大宗商品物流降本增效"。

2. 生产物流

抓生产物流,力推智能化制造物流和支柱产业(汽车制造)高效物流保领先发展。

《方案》要求"鼓励制造业企业适应智能制造发展需要,开展物流智能化改造,推广应用物流机器人、智能仓储、自动分拣等新型物流技术装备,提高生产物流自动化、数字化、智能化水平"。

3. 消费物流

抓消费物流,力推消费物流升级促进相关消费制造满足高品质需求。《方案》要求鼓励邮政、快递企业针对"个性化较强的产品提供高品质、差异化寄递服务,促进精益制造和定制化生产发展",以及稳步推进国家骨干冷链物流基地建设。

4. 绿色物流

抓绿色物流,强化发展贯穿产品全生命周期的绿色制造供应链。《方案》要求"引导制造企业在产品设计、制造等环节充分考虑全生命周期物流跟踪管理,推动产品包装和物流器具绿色化、减量化、循环化",以及探索符合我国国情的逆向物流发展模式。

5. 国际物流

抓国际物流,强化跨部门协调机制和骨干物流体系建设保国际产业链供应链安全。

《方案》要求"发挥国际物流协调保障机制、全国现代物流工作部际联席会议等作用,加强顶层设计,构建现代国际物流体系,保障进口货物进得来,出口货物出得去",为"中国制造"构筑"买全球,卖全球"的国际供应链体系。

6. 应急物流

抓应急物流,加强产业链、供应链的应急保障和修复再生体系建设。《方案》要求"研究制定健全应急物流体系的实施方案""增强相关制造产业链在受到外部冲击时的快速恢复能力",这将有利于强化制造业供应链应急保障和再生能力,积极应对公共卫生事件和自然灾害等带来的供应链风险。

抓好了这些重点行业及领域的工作,必将带动其他领域的融合创新发展,也可为"双循环"新发展格局赢得竞争制高点。

三、制造业与物流业融合发展的基础建设

(一)信息共享是两业融合发展的环境基础

信息共享是两业融合发展的核心基础和关键环节,有利于从内在价值挖掘层面打破信息不对称引起的产业链、供应链构建壁垒,为两业要素资源整合和发展数字经济营造信息环境。

首先,信息共享将为制造业、物流业在供需有机衔接层面提供战略、规划和运作决策支持,在产业链供应链对接基础上提高两业运作效率,降低成本及提高质量。

其次,信息共享将加快两业闭环的信用体系建设,既有利于改善我国制造业、物流业之间供应链各环节信息共享不深入不全面、相互信任度较低的状况,又有利于产业链供应链各个环节对接,解决制造企业核心业务信息共享难、物流外包业务常常局限于储运环节的浅层次供应链建设等问题。

最后,两业在供应链上的采购、生产、销售等各个环节的信息共享,还有利于生产与消费循环系统的建设,彻底解决产业链供应链合作不全面不深入,无法对制造企业各环节物流业务进行系统优化的问题。

《方案》的出台,不是简单的两业在业务层面的对接,而是产业链供应链流程与模式的再造,对促进工业互联网基础上的物流大融合,应用工业互联网平台、物联网、云计算等技术,实现采购、生产、流通等经济循环信息实时采集、互联共享,提高生产制造和物流一体化运作水平,均将产生积极的影响,将创造两业各自及整体的新价值。

(二)标准衔接是两业融合发展的运营基础

产业链供应链衔接标准的规范一致,是打破两业界线,实现融合发展的运营基础。

首先,只有两业标准规范一致,制造业和物流业各个运营环节才能顺畅衔接,有效降低不必要的人力物力等要素资源的重复投入和浪费,提高要素的利用效率,降低两业各自和整体的运营成本。

其次,两业标准规范一致是适应制造业服务化、智能化、绿色化发展趋势,加快物流新型业态模式发育的内在要求。

最后,物流服务标准化体系的加快建设,将在已经制定的一些重要的国家标准,如《商

品条码》《储运单元条码》《物流单元条码》等的基础上,向制造业、流通业两端延伸,为产业链供应链高效衔接奠定标准基础。

《方案》提出促进标准规范融合衔接,加强国家标准、行业标准和地方标准的衔接,鼓励制造企业和物流企业在包装模数上取得一致,将提高制造业、物流业的整体效率。

(三)设施协同是两业融合发展的运作载体

在两业信息共享和标准衔接的基础上,加快设施、设备协同,必将为两业融合发展提供产业链供应链一体化运作的载体,产生基于价值创新和效率提升的新效益。

一是物流设施、设备围绕服务制造业进行协同布局,在满足制造业原材料、零部件、半成品、产成品快速供应的同时,必然产生基于专业装卸、运输、周转的规模经济效益。

二是有效解决物流设施与制造业布局衔接不畅的问题,有利于优化物流自身布局,充分发挥在物流网络中居于要素聚集和整合顶端位置的物流枢纽的功能和作用,实现干线、支线、配送的无缝衔接,有效提升物流业发展效益。

三是两业基于物流设施载体的有机衔接,必将最大限度地提升装卸、运输等载运设备的利用效益,并提高标准化、专业化程度。

《方案》提出促进设施设备融合联动,在国土规划、物流枢纽布局、设备对接等方面提出进一步完善的要求,必将有利于提高物流业对制造业经济效益,并为两业融合的深度和韧性提供效益保障。

(四)市场主体是两业融合发展的动力所在

两业融合是市场行为,是市场运行主体追求价值实现和产业链供应链创新的经营活动,具有由市场决定的资源配置能力和动力,必将为两业高质量发展带来活力。

首先,两业融合发展是企业追求价值和提高效率、效益基础上的深度融合与创新发展,具有创新的可持续性和不断提高效益的内生性动力。

其次,两业市场主体的融合,将有效解决物流企业小、散、弱的问题,培育符合市场配置资源要求的高质量物流龙头,整合过于分散的经营资源,激发物流市场活力。

最后,物流企业活力增强后,有利于制造企业业务充分外包,提升制造业供应链能力,降低物流成本,增强抗风险能力。

《方案》提出"支持物流企业与制造企业通过市场化方式创新供应链协同共建模式,建立互利共赢的长期战略合作关系",抓住了产业链与供应链稳定、协同的关键所在。

(五)流程贯通是两业融合发展的支点,将促进大循环格局

两业融合不是简单的业务合作关系,而是基于现代信息技术和供应链技术的两业业务流程融会贯通,将形成从生产到终端消费的产业运行大循环。

一是提升制造业与物流业供应链协同能力,促进两业资源整合、流程对接、组织协同,奠定大循环的两业链接环境。

二是优化设计从生产、采购、销售到配送整个供应链流程,加快流程再造,实现产业链供应链各环节一体化运作,为两业融合提供微观循环落脚点。

三是制造业产生第三方物流服务需求,将产生规模经济发展路径和集成化管理模式

创新，形成专业供应链服务循环。

《方案》提出促进业务流程融合协同，有利于促进我国物流企业向供应链一体化服务方向转变，推动制造企业聚焦其核心创新能力，提升两业产业链供应链融合效率，加快形成国内大循环，并在扩大开放下形成国内国际双循环。

课外阅读（一）

2021年12月6日，经国务院批准，中国物流集团有限公司（以下简称为"中国物流集团"）正式成立。

这家以综合物流为主业的新央企，由原中国铁路物资集团有限公司（以下简称中国铁物）、与中国诚通控股集团有限公司物流板块的中国物资储运集团有限公司（以下简称中国物资储运）、华贸国际物流股份有限公司（以下简称华贸物流）、中国物流股份有限公司（以下简称中国物流）、中国包装有限责任公司（以下简称中国包装）4家企业整合而成。同步引入中国东方航空集团有限公司、中国远洋海运集团有限公司、招商局集团有限公司作为战略投资者，形成紧密战略协同。

合并之后，国务院国资委和中国诚通控股集团有限公司分别持有中国物流集团38.9%的股权；3家战略投资者持有中国物流集团的股权比例分别为10%、7.3%、4.9%。

公开资料显示，中国物流集团的组建阵容强大，从目前整合的5家公司来看，各家在仓储、运输和产业资源领域已经深耕多年。

目前，中国物流集团经营网点遍布国内30个省（市、区）及海外五大洲，拥有土地面积2426万平方米、库房495万平方米、料场356万平方米；拥有铁路专用线120条、期货交割仓库42座；整合社会公路货运车辆近300万辆；国际班列纵横亚欧大陆，在国际物流市场具有较强竞争优势。

其中，中国铁物主要面向轨道交通产业为主的物资供应链管理及轨道运维技术服务，油品业务和工程建设物资集成服务业务的收入占该公司总营业收入的50%以上。中国物资储运则是一家大型仓储物流商，业务涵盖期现货交割物流、大宗商品供应链、互联网＋物流、工程物流、消费品物流、金融物流等领域。华贸物流为第三方国际综合物流服务商，海外网络遍布160多个国家及地区。中国物流在30余个枢纽城市建立了大型物流园区，拥有10余个海外监管库和堆场，3座内河码头，铁路专用线31条。中国包装则是一家具有比较完整的包装工业体系和国内外贸易服务体系的大型企业集团。

中国物流集团是国务院国资委直接监管的又一家股权多元化央企。作为我国以综合物流作为第一主业的新央企，中国物流集团的成立开启了我国打造世界一流综合物流集团的全新篇章，在国际物流市场具有显著竞争优势，在我国物流行业发展史上具有里程碑意义。

组建中国物流集团,是国务院国资委学习贯彻习近平总书记关于培育壮大具有国际竞争力的现代物流企业重要讲话精神,积极落实党中央、国务院决策部署,着眼于加快国有经济布局优化和结构调整,对中央企业物流业务实施专业化整合,推动我国物流业高质量发展的一项重要举措和实际行动,将为构建"以国内大循环为主体、国内国际双循环相互促进"的新发展格局提供有力支撑。

中国物流集团在"十四五"乃至今后较长时期,将定位于"专业综合物流服务方案提供者、值得信赖的全球供应链组织者",以"促进现代流通、保障国计民生"为己任,着力发展供应链物流、民生物流、特种物流、危险品物流、工业物流、应急物流、冷链物流、军民融合物流、国际跨境物流等,涵盖仓储、运输、配送、包装、多式联运、国际货代、期货交割、跨境电商、国际贸易、物流设计、供应链管理、加工制造、科技研发、电子商务等多种业态。

面对难得的历史发展机遇,中国物流集团表示:将融入国家战略,践行央企使命,努力降低社会物流成本,着力提升国际竞争力,当好维护产业链供应链安全稳定的"国家队",在国家现代物流体系中发挥领军作用,致力于打造具有全球竞争力的世界一流综合性现代物流企业集团。

资料来源:作者根据相关资料整理。

课外阅读(二)

2020年7月20日,罗宾逊全球物流与微软宣布双方将强强联手,整合罗宾逊Navisphere、微软Azure和Azure物联网的优势以满足全球供应链不断变化的需求,共同致力于未来供应链数字化发展。这一合作旨在为罗宾逊的客户提供实时可视化的服务。

罗宾逊全球物流拥有全美最大的卡车运输网络,却没有一辆货车。它曾用1.5亿美元的固定资产,创造了114亿美元的收入、4.5亿美元的利润。它的新生始于1997年的商业模式变革,在这次变革中,公司主动放弃了自有货车,建立了专门整合其他运输商的物流系统,通过系统对社会资源进行整合建立了新的平台经济。

罗宾逊全球物流是世界领先的物流平台,为全球各行各业解决从最简单到最复杂的物流问题,每年管理超过200亿美元的货物。

罗宾逊全球物流的平台模式由三部分构成:TMS平台,用来连接运输商;Navisphere平台,用来连接客户;做支付的中间账户,同时提供咨询服务。

罗宾逊全球物流的物流服务解决方案有利于加速商贸的进程,为客户无缝递送推动世界经济的产品和商品。结合其独资研发的多式联运运输管理系统及专业知识,罗宾逊全球物流利用信息优势为超过11.9万家客户和7.8万家公司提供更智慧的解决方案;由供应链专家打造且专为供应链专家服务的技术平台能更高效、更富意义地改善客户的业务。在亚洲,罗宾逊全球物流是货代行业和第三方物流服务商的翘楚,在亚洲设有广泛的分公司网络,也是跨太平洋东向航线上的领先无船承运人之一。

上海罗宾升国际货运有限公司已于2020年5月获得中国政府批准为亚洲地区总部，全权管理12个亚洲实体。公司于2020年11月参加上海市政府举办的跨国公司地区总部颁证仪式并领取证书。

资料来源：作者根据相关资料整理。

思考题

名词解释

第三方物流　　物流企业　　物流公司　　物流业务外包　　物流服务水平

问答题

1. 第三方物流为什么通常被称为契约物流或物流联盟？
2. 比较广义的第三方物流和狭义的第三方物流的含义。
3. 简述第三方物流的特点。
4. 分析第三方物流具有哪些优势。
5. 如何计算物流总成本？
6. 怎样评价第三方物流企业？
7. 了解我国《物流企业分类与评估指标》(GB/T 19680-2013)。
8. 如何理解物流业的含义？
9. 了解我国物流业的构成。
10. 阐述企业实施物流业务外包的原因。
11. 企业物流外包和物流服务提供有哪些形式？各种形式的含义是什么？
12. 物流服务提供者有哪些类型？
13. 阐述物流外包的运作过程。
14. 谈谈你对《推动物流业制造业深度融合创新发展实施方案》的认识。

21世纪经济与管理规划教材
物流管理系列

第十六章

供应链管理

学习目的

高度认识供应链管理是一种新的管理理念和管理措施;学习《关于积极推进供应链创新与应用的指导意见》(国办发〔2017〕84号),了解文件对供应链的定义。

技能要求

深刻理解供应链管理与传统的企业管理的区别;掌握供应链、供应链管理的概念;掌握供应链的特征、供应链管理的要点;了解供应链管理所涉及的主要领域和涉及的主要问题;了解影响供应链设计的主要影响因素与供应链设计的过程;认识供应链战略管理所涉及的集中型战略和分散型战略、推动型战略和拉动型战略、供应链联盟战略等。

供应链管理是近些年来在国内外备受重视的一种新的管理理念。供应链管理的研究最早是从物流管理开始的,起初人们把库存控制、物资供应、物资分销等供应链管理的局部性研究作为重点。随着经济全球化和知识经济时代的到来及全球制造的出现,供应链管理得到了普遍的应用。

第一节　供应链与供应链管理

一、供应链的概念

中华人民共和国国家标准《物流术语》(GB/T 18354-2021)中将供应链的概念定义为"生产及流通过程中,围绕核心企业的核心产品或服务,由所涉及的原材料供应商、制造商、分销商、零售商直到最终用户等形成的网链结构",如图16-1所示。

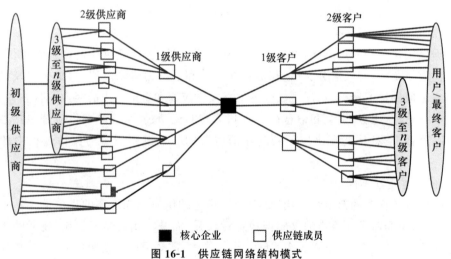

图16-1　供应链网络结构模式

（一）供应链的特征

1. 供应链的每个节点都是供应链的必不可少的参与者

从范围上观察,供应链把对成本有影响的和在产品满足客户需求的过程中起作用的每一方都考虑在内:从供应商、制造商、分销商、零售商、物流服务商直到最终用户。供应链上的节点企业间是供需协调、物流同步的关系。

2. 供应链是一条物流链、信息链、资金链、增值链

供应链不仅是一条连接从供应商直到最终用户的物流链、信息链、资金链,而且是一条增值链,使所有供应链的参与者受益。物流在供应链上因加工、包装、运输、配送等过程发生了增值,给相关企业带来了收益,如图16-2所示。

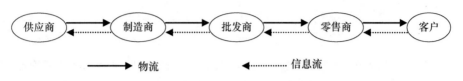

图 16-2　供应链中相关企业的关系

3. 供应链是由若干供应链集成的网链结构

一家企业可以是一条供应链的成员,同时又是另一条供应链的成员,众多的供应链形成交叉结构。供应链往往由多个、多类型,甚至多国企业构成。

(二) 供应链的类型

根据不同的视角,供应链划分方法有以下几种:

1. 根据范围不同

根据范围不同,可划分为内部供应链和外部供应链。内部供应链是指企业内部产品生产和流通过程中所涉及的采购部门、生产部门、仓储部门、销售部门等组成的供需网络;外部供应链则是指企业外部的,与企业相关的产品生产和流通过程中涉及的原材料供应商、生产厂家、储运商、零售商及最终消费者组成的供需网络。

2. 根据复杂程度不同

根据供应链复杂程度不同,可划分为直接型供应链、扩展型供应链和终端型供应链。直接型供应链是在产品、服务、资金和信息往上游和下游的流动过程中,由公司及其供应商和客户组成的供需网络;扩展型供应链把直接供应商和直接客户的客户包含在内,这些成员均参与产品、服务、资金和信息往上游和下游的流动过程;终端型供应链包括参与产品、服务、资金、信息从终端供应商到终端消费者的往上游和下游的流动过程中的所有组织。

3. 根据稳定性不同

根据供应链存在的稳定性不同,可划分为稳定的供应链和动态的供应链。基于相对稳定、单一的市场需求而组成的供应链稳定性较强;而基于相对频繁变化、复杂的市场需求而组成的供应链动态性较强。在实际管理运作中,需要根据不断变化的需求,相应地改变供应链的组成。

4. 根据容量与需求关系的不同

根据供应链容量与用户需求关系的不同,可划分为平衡的供应链和倾斜的供应链。

一条供应链具有相对稳定的设备容量和生产能力(所有节点企业能力的综合,包括供应商、制造商、运输商、分销商、零售商等),但用户需求处于不断变化的过程中,当供应链的容量能满足用户需求时,供应链处于平衡状态;而当市场变化加剧,导致供应链成本增加、库存增加、浪费增加等现象时,此时企业不是在最优状态下运作,供应链处于倾斜状态。平衡的供应链可以实现各主要职能(采购/低采购成本、生产/规模效益、分销/低运输成本、市场/产品多样化和财务/资金运转快)之间的均衡。

5. 根据功能模式不同

根据供应链的功能模式（物理功能、市场中介功能和客户需求功能）不同，可划分为有效性供应链和反应性供应链。有效性供应链主要体现供应链的物理功能，即以最低的成本将原材料转化成零部件、半成品、成品，以及完成在供应链中的运输等；反应性供应链主要体现供应链的市场中介的功能，即把产品分配到满足用户需求的市场，对未预知的需求做出快速反应等。

6. 根据企业地位不同

根据供应链中企业地位不同，可划分为盟主型供应链和非盟主型供应链。盟主型供应链是指供应链中某一成员的节点企业在整个供应链中占据主导地位，对其他成员具有很强的辐射能力和吸引能力，通常称该企业为核心企业或主导企业；非盟主型供应链是指供应链中企业的地位彼此差距不大，对供应链的重要程度基本相同。

（三）供应链系统

供应链是一个系统，是由相互作用、相互依赖的若干组成部分结合而成的具有特定功能的有机整体。供应链的系统特征主要体现在以下几方面：

1. 供应链系统的整体功能

整体功能是组成供应链的任一成员企业都不具有的特定功能，是供应链合作伙伴间的功能集成，而不是简单叠加。如果要打造一个真正的以全程供应链为核心的市场能力，就必须从最前端的供应控制开始，到最末端的消费者为止。在整个全程供应链上，不断优化、建设、集成这些外部资源。供应链系统的整体功能集中表现在供应链的综合竞争能力上，这种综合竞争能力是任何一个单独的供应链成员企业都不具有的。

2. 供应链系统的目的性

如何有效地降低库存，加速物流、资金流、信息流的流转，提高企业生产及商流的效率，迅速对市场进行快速反应等，都成为企业迫切需要解决的问题。供应链系统有着明确的目的，即在复杂多变的竞争环境下，以最低的成本、最快的速度、最好的质量为用户提供最满意的产品和服务。通过不断提高用户的满意度来赢得市场，供应链管理这一目的也是供应链各成员企业的共同目的。

3. 供应链合作伙伴间的密切关系

供应链中各主体之间具有竞争、合作、动态等多种性质的供需关系。这种关系是基于共同利益的合作伙伴关系。一旦供应链系统的目的达到，从中受益的就不是一家企业，而是一个企业群体。供应链管理改变了企业的竞争方式，强调核心企业通过与供应链中的上下游企业建立战略伙伴关系，使每家企业都发挥各自的优势，在增值链上达到多赢互惠的效果。因此，各成员企业均具有局部利益服从整体利益的系统观念。

4. 供应链系统的环境适应性

在经济全球化迅速发展的今天，企业面对的是一个迅速变化的买方市场，用户在时间方面的要求也越来越高，用户不但要求企业按时交货，而且要求的交货期越来越短，这就要求企业能对不断变化的市场做出快速反应，不断地开发出定制的"个体化产品"去占领市场以赢得竞争。供应链具有灵活快速响应市场的能力，通过各节点企业业务流程的快速组合,加快对用户需求变化的反应速度;各主体通过聚集而相互作用,以期不断地适应环境。

5. 供应链系统的层次性

供应链的运作单元、业务流程、成员企业、运作环境构成了不同层次上的主体,每个主体都具有自己的目标、经营策略、内部结构和生存动力。供应链各成员企业分别都是一个系统,同时也是供应链系统的组成部分。供应链是一个系统,同时也是它所从属的更大系统的组成部分。从系统层次性的角度来理解,相对于传统的基于单个企业的管理模式而言,供应链管理是一种针对更大系统(企业群)的管理模式。

二、供应链管理的概念

供应链管理是"从供应链整体目标出发,对供应链中采购、生产、销售各环节的商流、物流、信息流及资金流进行统一计划、组织、协调、控制的活动和过程"(GB/T 18354-2021)。

(一)供应链管理的目标

供应链管理的基本理念是在满足期望的服务水平的同时,使系统在成本最小的目标下把供应商、制造商、分销商、仓库、零售商和客户有效地结合成一体来生产商品,并将正确数量的商品在正确的时间送达正确的地点。

供应链管理的目标具体可体现为:

1. 总成本最小化

总成本最小化并不是指运输费用或库存成本,或其他任何单一供应链物流运作与管理活动的成本最小化,而是整个供应链运作与管理过程的成本总和最小化。

2. 客户服务最优化

供应链管理的实施目标之一,就是通过上下游企业协调一致的运作,保证达到令客户满意的服务水平,吸引并留住客户,最终实现企业价值的最大化。

3. 总库存成本最小化

按照准时化生产管理思想,库存是不确定性的产物,任何库存都是浪费。因此,供应链管理目标之一是使整个供应链的库存控制在最低的程度。

4. 总周期时间最短化

供应链之间的竞争实质上是时间竞争,即必须实现快速有效的客户反应,最大限度地缩短从客户发出订单到获取满意交货的整个供应链的总周期时间。

5. 物流质量最优化

达到与保持物流服务质量水平,也是供应链管理的重要目标。而这一目标的实现,必须从原材料、零部件供应的零缺陷开始,直至供应链管理全过程、全方位质量的最优化。

(二)供应链管理所涉及的主要领域

1. 供应链管理所涉及的主要领域

从图16-3中可以看出供应链管理所涉及的主要领域有:供应(Supply),生产计划

(Schedule Plan)、物流(Logistics)、需求(Demand)。

供应链管理是以同步化、集成化生产计划为指导,以各种技术为支持,尤其以 Internet/Intranet 为依托,围绕供应、生产计划、物流、需求来实施的。

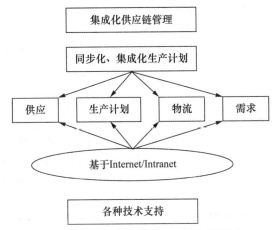

图 16-3　供应链管理所涉及的主要领域

2. 供应链管理涉及的主要问题

(1) 随机性问题。包括供应商可靠性、运输渠道可靠性、需求不确定性、价格波动影响、汇率变动影响、随机固定成本、提前期的确定、顾客满意度的确定等。

(2) 供应链结构性问题。包括规模经济性、选址决策、生产技术选择、产品决策、联盟网络等。

(3) 供应链全球化问题。包括贸易壁垒、税收、政治环境、各国产品差异性等。

(4) 协调机制问题。如供应—生产协调、生产—销售协调、库存—销售协调等。

3. 供应链管理涉及的其他内容

供应链管理关心的并不仅仅是物料在供应链中的流动,除了企业内部与企业之间的运输问题和实物分销,供应链管理还包括以下内容:

(1) 战略性供应商和用户合作伙伴关系管理;

(2) 供应链产品需求预测和计划;

(3) 供应链的设计(全球节点企业、资源、设备等的评价、选择和定位);

(4) 企业内部之间物料供应与需求管理;

(5) 基于供应链的用户服务和物流(运输、库存、包装等)管理;

(6) 基于供应链管理的产品设计与制造管理、生产集成化计划、跟踪和控制;

(7) 企业间资金流管理(汇率、成本等问题);

(8) 基于 Internet/Intranet 的供应链交互信息管理等。

供应链管理注重总的物流成本与用户服务水平之间的关系,为此把供应链各个职能部门有机地结合在一起,从而最大限度地发挥出供应链整体的力量,达到供应链企业群体获益的目的。

（三）供应链管理的四个要点

第一，供应链是一个单向过程，链中各环节不是彼此分割的，而是通过链的联系成为一个整体。

第二，供应链管理是全过程的战略管理，应从总体来考虑，如果只依赖于部分环节信息，就可能由于信息的局限或失真，导致计划失真。

第三，在物流的供应链管理中，不把库存当作维持生产和销售的措施，而将其看成是供应链的平衡机制。

第四，供应链管理采取新的管理方法，诸如用解除最薄弱环节寻求总体平衡，用简化供应链的方法防止信号的堆积放大，用经济控制论实现控制等。

供应链管理在欧洲较为盛行，这和欧洲对物流的认识有关。在欧洲的物流观念中，始终强调的是综合的观念而不是分离的观念。英国采用的新的综合物流观念强调总体战略目标，而不是某一环节如何先进。许多企业通过直接控制供应链所获得的效益显著。

三、供应链合作伙伴关系

（一）供应链合作伙伴关系与传统企业关系的区别

供应链合作伙伴关系一般是指在供应链内部两个或两个以上独立的成员之间形成的一种协调关系，以保证实现某个特定的目标或效益。

在新的竞争环境下，供应链合作伙伴关系强调直接的、长期的合作，强调共同努力实现共有的计划和解决共同的问题，强调相互之间的信任与合作。这与传统的企业关系模式有着很大的区别，如表16-1所示。从表16-1二者关系的对比中，我们可以总结出以下两点：

（1）供应链中合作成员要通过信息公开、信息共享、计划共有、业务共同化等，积极为合作者提供利益。

（2）合作成员的风险分担对消除供应链瓶颈，取得合作利益具有积极意义。

表16-1 供应链合作伙伴关系与传统企业关系比较

比较要素	传统企业关系	供应链合作伙伴关系
相互交换的主体	物料	物料、服务、技术等核心资源
供应商选择标准	价格、投标	多标准评估（交货的质量、准时性、可靠性、服务）
稳定性	变化频繁	长期、稳定、互信
合同性质	单一	开放的长期合同
供应批量	小	大
供应商数量	多	少
供应商规模	小	大
信息交流	信息专用、严格保密	信息共享
质量控制	输入检验控制	制造商的标准管理和供应商的全面质量管理
选择范围	投标评估	广泛评估可增值的供应商

建立供应链合作伙伴关系的目的,在于通过提高信息共享水平,减少整个供应链的库存总量、降低成本和提高整个供应链的运作绩效。

(二) 供应链合作伙伴的选择原则

供应链合作伙伴关系是指同一供应链中上下游实体之间达成的一种长期合作的战略关系。建立良好的供应链合作伙伴关系有利于成本的降低、反应时间的缩短及新市场价值的创造等,其核心问题是如何选择理想的合作伙伴。

在合作伙伴的选择过程中,应根据不同的供应链组成形式和具体任务制定不同的选择原则和标准,一般的通用原则如下:

1. 核心能力原则

该原则即要求参加供应链的合作伙伴,必须具有能为供应链贡献自己的核心能力,而这一核心能力正是供应链所确实需要的,从而避免重复投资。

2. 总成本核算原则

该原则即实现供应链总成本最小化、实现多赢的战略目标,要求伙伴之间具有良好的信任关系,彼此的连接成本较小。

3. 敏捷性原则

供应链管理的一个主要目标就是把握快速变化的市场机会,因此要求各个伙伴企业具有较高的敏捷性,要求对来自供应链核心企业或其他伙伴企业的服务请求具有一定的快速反应能力。

4. 风险最小化原则

供应链运营具有一定的风险性,只不过在伙伴企业之间得到了重新分配,因为伙伴企业面临不同的组织结构、技术标准、企业文化和管理观念,所以必须认真考虑风险问题,尽量回避或降低供应链整体运行风险。

违反上述原则将会极大地影响供应链的效率。违反核心能力原则和总成本核算原则,难以满足供应链外部经济性的要求;违反敏捷性原则,则不能达到快速迎合市场机遇的目的;而忽视风险最小化原则,会为供应链的运营埋下巨大的隐患。因此在选择供应链合作伙伴时,必须全面认真地考虑以上四个通用原则。

上述四个原则只是供应链合作伙伴选择的一般性原则或基本原则。由于具体问题的不同,以及供应链核心企业具体目标的差异,在选择合作伙伴时除以上四个基本原则外,还要考虑很多其他方面的因素。

要打造这种伙伴关系,就要求每一个成员在获益的同时必须对业务联盟有所贡献,提供为他人和供应链提高生产力的能力。目前,差异化的竞争优势不再只源于产品、销售技巧或内部效率,也逐渐地来自能否提供与其他企业共同创造恒久地提高生产力关系的能力。这也是伙伴关系一词所特有的、与传统的企业关系模式截然不同的内容。

(三) 成功供应链合作伙伴关系的三因素

1. 贡献

贡献用以描述伙伴间能够创造具体有效的成果,它是成功供应链合作伙伴关系的最根本因素。

从历史进程看,一旦企业间能超越传统的交易关系结构,就能明显而具体地提高生产力,这是传统的买卖关系所望尘莫及的。成功的合作伙伴关系可以提高生产力和附加价值,改善获利能力,因而贡献可以说是每一个成功合作伙伴关系"存在的理由"。贡献可能来自供应商与客户间创新能力的整合,也可能来自系统(如信息、资源、业务流程等)的整合,因而贡献可以依产业不同而呈现出不同的形式。

贡献来自从未使用过的巨大的生产力宝库。借助重新思考、彼此合作的形态、重新设计组织界限,企业就能赋予自己和合作伙伴更佳的生产力,从而打开这个取之不竭的宝库,这在传统的买卖关系中是完全不可能实现的。例如,在传统的买卖关系中,供应商不时被竞争者取代,这种关系是充满变化且不堪一击的,相反,合作伙伴关系提供了一种真正持久的竞争优势。

所以简单地说,合作伙伴关系是实现贡献最大化的利器。

2. 亲密

亲密用来描述业务伙伴间关系的紧密程度。

贡献不会凭空而得,在以买卖为基础的环境下,想要改变供应商与客户间的贡献基本上是行不通的。贡献需要一个培育伙伴关系生生不息的环境,激励它们彼此进行变革,以维系长期的深层次的合作方式。成功的合作伙伴关系超越了交易关系而达到相当高的紧密程度,这种紧密的结合在以往的买卖模式中是难以建立的。

当合作双方都愿意就提高生产力的目标来重新思考与改变现有关系时,就开发了一种新的生产力之源。合作伙伴关系归功于彼此间的高度信任,甚至可以超越对自己公司内部同仁的信赖。一些伙伴团队树立了积极的可达成的目标,并一致合力支持该目标,因此能够获得辉煌的成功;而一些企业则是因为能与伙伴共享价值理念,所以才能建立长久有益的关系。

3. 远景

远景是供应链合作伙伴关系的导航系统,它显示出伙伴关系所要达成的目标和为实现这些目标提供的导向。

合作伙伴关系对于供应商与客户双方都有着强烈且深远的影响,因此绝对需要有一个清晰的指引方向,并有明确的远景。在非常亲密的合作伙伴关系中,远景可以彻底转变伙伴企业的组织,引导出一个在普通环境下绝对无法达成的潜在机会。远景是诱人的目标,它可以激励伙伴企业寻求互相合作,并展现出合作的成效会远大于独立完成的结果。因此,远景对合作伙伴关系所要达成的目标与如何达成该目标提供了一个导向。

在成功的合作伙伴关系中,总有一个远景引导和帮助他们为合作的贡献设定期望值以及衡量评估成效,并不断激励伙伴企业做出更大的贡献,让其价值发挥到极致。远景是一种对于合作伙伴获得成就的共享理念,也是维系所有成功合作伙伴关系的基石。

在远景中明确描述出潜在的价值,借此为合作伙伴关系提供指引方向,也为这个过程中的规避风险和节省费用提供了合理化的引导。

远景必然会出现在成功的合作伙伴关系中,它是维系合作伙伴关系和实现共享信念的关键,在合作伙伴关系被确认后,就必须创造与维系一个共同的远景;它作为合作伙伴关系的目标和合作发展的指导,在创造与管理合作伙伴关系的艰巨过程中提供导向与激励。

第二节 供应链设计

物流科学一经形成便被注入了系统的思想,因为分散的功能要素集合成一个物流系统,是物流的根本意义所在。物流各功能要素的效益背反关系的解决,是系统管理的重要操作。物流科学解决这一问题的传统方法是沿着形成物流的供应链,在各种效益背反、相互矛盾的主要功能要素环节之间,权衡利弊,协调关系,寻求两条背反趋势曲线的合成曲线的最优范围。这种处理办法在物流系统变得更大、更复杂之后,往往不再有效。供应链管理决策便是针对这一状况出现的新管理思想。

一、影响供应链设计的主要影响因素

（一）物流系统因素

物流系统是供应链的物流通道,是供应链管理的重要内容。物流系统设计是指原材料和外购件所经历的采购、存储、投料、加工、装配、包装、运输、分销、零售等一系列物流过程的设计。物流系统设计（也称通道设计）是供应链设计中最主要的工作之一。供应链设计不等同于物流系统设计,供应链设计是企业规模的设计,它从更广泛的思维空间——企业整体的角度勾画企业蓝图,是扩展的企业模型。它既包括物流系统,也包括信息、组织及价值流和相应的服务体系建设。在供应链设计中,创新性的管理思维和观念极为重要。要把供应链的整体思维观融入供应链的构思和建设,企业间要有并行的设计才能实现并行的运作模式,这是供应链设计中最为重要的思想。

（二）环境因素

一个设计精良的供应链在实际运行中并不一定能按照预想的那样,甚至无法达到预想的要求,这是主观设想与实际效果的差距,原因并不一定是设计或构想得不完美,而是环境因素在起作用。构建和设计一个供应链,环境因素极为重要。环境因素包括供应链的运作环境（如政治、文化、经济等因素）,以及未来环境的变化对供应链的影响。因此供应链设计的柔性化程度是提高供应链对环境适应能力的保证。

（三）企业因素

从企业的角度来看,供应链的设计是一个企业的改造问题。因为供应链管理引进的是一种新的思想,要按照这种思想重构企业的运作框架和战略系统,就要对原有的管理架构进行反思,必要时应进行一些突破性的变革。所以,供应链系统的建设也就是企业或者企业群体进行业务流程的重构过程。要从管理思想革新的角度,以创新的观念武装企业（如动态联盟与虚拟企业、精细生产）。

（四）制造模式因素

供应链设计既是从管理新思维的角度去改造企业，也是先进制造模式的客观要求和推动的结果。如果没有全球制造、虚拟制造这些先进的制造模式的出现，集成化供应链的管理思想则很难实现。正是先进制造模式的资源配置沿着"劳动密集→设备密集→信息密集→知识密集"的方向发展，才使得企业的组织模式和管理模式发生相应的变化，从制造技术的技术集成演变为组织和信息等相关资源的集成。供应链管理适应了这种趋势，因此，供应链设计应把握这种内在的联系，使供应链管理成为适应先进制造模式发展的先进管理思想。

二、供应链设计的原则

设计一个有效的供应链，对于链上的每一位成员来说，都是至关重要的。它不仅可以减少不必要的损失和浪费，而且可以显著地改善客户服务水平，降低运营成本，赢得竞争优势。为了保证供应链的设计能满足供应链思想顺利实施的要求，供应链设计应遵循必要的原则。

（一）战略性原则

供应链的建模立足于战略视角，考虑减少不确定的影响。应从全局的角度来规划和设计供应链，使供应链的所有环节都朝着同一个目标运转。另外，在供应链竞争时代，企业的发展战略是依托供应链战略来实现的，供应链设计应与企业的战略规划保持一致，并在企业战略指导下进行。

（二）创新性原则

创新性是系统设计的重要原则，没有创新性思维，就不可能有创新的管理模式，因此在供应链的设计过程中，创新性是很重要的一个原则。要敢于打破各种陈旧的思维框架，用新的角度、新的视野审视原有的管理模式和体系，进行大胆的创新设计。进行创新设计，要注意以下四点：一是创新必须在企业总体目标和战略的指导下进行，并与战略目标保持一致；二是要从市场需求的角度出发，综合运用企业的能力和优势；三是发挥企业各类人员的创造性，集思广益，并与其他企业共同协作，发挥供应链整体优势；四是建立科学的供应链和项目评价体系及组织管理系统，进行技术经济分析和可行性论证。

（三）系统性原则

供应链设计是一项复杂的系统工程。在设计中，必然会牵涉方方面面的关系，尤其是要考虑战略合作伙伴关系的选择、链上成员如何在以后的实践中实现协同、如何实现共赢的目标、如何进行成本分摊和利益分配等具体问题。此外，在供应链设计中，还要系统地研究市场竞争环境、企业现状及发展规划、供应链设计目标等战略性问题。

（四）协调和互补原则

供应链涉及众多的成员和复杂的供求关系，在设计供应链时，应注意强调供应链的内部协调和优势互补。供应链效能高低取决于供应链合作伙伴关系是否和谐，因此建立合作伙伴关系模型是实现供应链最佳效能的保证。只有和谐的系统才能发挥最佳的效能。供应链各个节点的选择应遵循强强联合的原则,达到资源外用的目的。

（五）发展原则

供应链构建之后不可能一成不变。随着市场环境的变化、链上合作伙伴关系的调整,以及企业内部组织和其他因素的改变,原有的供应链可能会存在这样或那样的问题。同时,企业常常不只参与一个供应链,并且在不同的供应链中担当不同的角色,供应链中某个企业角色的变化必然会带来供应链的波动甚至结构上的变化。这些都要求在设计供应链时,尽量留有余地。另外,所设计的供应链应具有一定的自适应和自修补能力,能够随着市场环境的变化而自我调整、自我优化。

（六）客户中心原则

供应链是由众多的有上下游关系的企业根据市场竞争的需要构建而成的,供应链在成员组成及相互关系方面虽然可以本着发展的原则进行动态的调整,但是,无论如何,都应当自始至终地强调以客户为中心的供应链设计理念。供应链在运作中一般包括的新产品开发和设计、原材料采购和产品制造、运送、仓储、销售等活动,虽然是由供应链上不同的成员去做,但都应当围绕客户这个中心来展开。

三、供应链设计的过程

供应链设计分为八个作业过程,如图16-4所示。

（一）分析市场竞争环境

分析市场竞争环境的目的是找到针对哪种产品市场开发供应链才有效。为此,必须回答:现在的产品需求是什么？产品的类型和特征是什么？用户想要什么？用户在市场中的分量有多大？以确认用户的需求和因卖主、用户、竞争产生的压力。这一过程的输出是按重要性排列的每一产品的市场特征。同时对于市场的不确定性要有分析和评价。

（二）分析企业现状

分析企业现状主要是分析企业供需管理的现状(如果企业已经有供应链管理,则分析供应链现状)。这一过程的目的不在于评价供应链设计的重要性和合理性,而是着重研究供应链开发的方向,分析寻找企业存在的问题及影响供应链设计的因素。

（三）提出供应链设计项目

提出供应链设计项目应基于企业存在的问题,重点是分析其必要性和可行性。

（四）形成供应链设计目标

根据基于产品的供应链设计策略形成供应链设计目标。目标分为主要目标和一般目标。主要目标在于获得高水平用户服务与低库存投资和低单位成本两个目标之间的平衡。一般目标包括进入新市场、开发新产品、开发新分销渠道、改善售后服务水平、提高用户满意程度、降低成本、提高工作效率等。

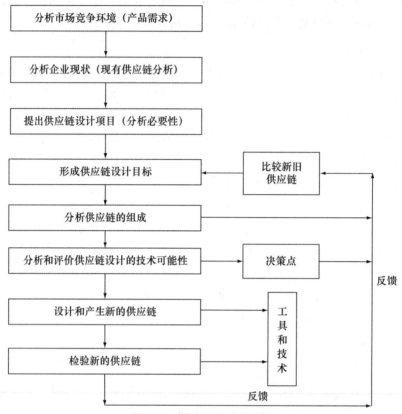

图 16-4　供应链设计的过程

(五) 分析供应链的组成

分析供应链的组成,提出组成供应链的基本框架。供应链的成员主要包括制造商、供应商、分销商、零售商及用户等。选择供应链成员的关键是确定选择和评价标准。

(六) 分析和评价供应链设计的技术可能性

在可行性的基础上,结合本企业的实际情况为开发供应链提出技术选择建议和支持。方案可行与否是进行设计的基础,如不可行则必须重新设计。

(七) 设计和产生新的供应链

在设计供应链时,人们必须借助各种技术手段和科学方法解决以下问题:

(1) 供应链的成员组成,包括供应商、设备、工厂、分销中心的选择和定位及流转计划和控制等;

(2) 原材料的来源,包括供应商、供应量、供应价格、物流量和供应服务质量、服务费用等;

(3) 生产设计,包括需求目标预测、产品生产品种、生产能力、生产计划、生产作业计划、供应路径、库存管理、跟踪控制等;

(4) 分销任务和能力设计,包括产品服务哪些市场、运输方式、运输价格;

(5) 信息管理系统设计；
(6) 物流管理系统设计。

(八) 检验新的供应链

供应链设计完成后，要通过科学的方法和技术对供应链进行测试、检验和试运行。其结果会出现三种情况：一是供应链不能运行，则要回到形成供应链设计目标的阶段；二是供应链运行顺畅，这样新的供应链即可运行了；三是供应链在某些环节还存在一些问题，则根据具体问题进行修改或补充。此工作也可在供应链运行过程中进行。

第三节 供应链战略管理

一、集中型战略和分散型战略

在一个集中型系统中，中心机构为整个供应链做出决策。通常情况下，其决策目标是在满足某种程度的服务水平下使系统的总成本最小。显然，单个组织拥有整个网络时属于这种情况，在包括许多不同组织的集中型系统中也是如此。在这种情况下，必须利用某种契约机制在整个网络中分配成本节约额或利润。在一般情况下，集中型控制能够导致全局最优。而在一个分散型系统中，每一个机构都寻找出各自最有效的战略，而不考虑对供应链其他机构的影响。因此，分散型系统只能导致局部优化。上述观点是较容易理解的。

从理论上讲，一个集中型销售网络至少和分散型销售网络一样有效，这是因为集中型决策者能够做出分散型决策者所做出的全部决策，还可以考虑为网络不同地方所作决策的相互作用。

在一个各机构只能获得自己信息的物流系统中，集中型战略是行不通的。然而，随着信息技术的发展，集中型系统中的所有机构都能获得同样的信息。在这种情况下，不管在供应链中哪个位置、不管使用何种查询方式以及不管谁在查询，它们所获得的信息是一样的。因此，集中型系统允许共享信息，更重要的是利用这一信息降低了"牛鞭效应"，提高了预测的准确性。

集中型系统允许整个供应链使用协调控制战略，降低系统成本和提高服务水平。当然，有时一个系统不能够"自然"地集中。零售商、制造商和分销商可能都有不同的所有者和不同的目标。在这种情况下，通常实用的方法是形成合作伙伴关系来达到共享信息的目的。

二、推动型战略和拉动型战略

供应链战略可划分为推动型战略和拉动型战略。它来源于20世纪80年代的制造业革命。

(一) 推动型战略

在一个推动型供应链中，根据长期预测进行生产决策（如图16-5所示）。

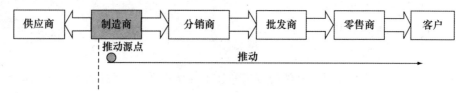

图 16-5 推动型供应链

一般来说,制造商利用从零售商仓库接到的订单来预测客户需求。因此,推动型供应链对市场变化做出反应需要很长的时间,由此可能会导致:

(1) 当某些产品的需求消失时,供应链库存将过时;
(2) 从分销商到仓库接到的订单的变动性要比客户需求的变动性大得多,即牛鞭效应;
(3) 由于需要大量的安全库存而引起过多库存;
(4) 更大和更容易变动的生产批量;
(5) 无法让人接受的服务水平。

具体来说,牛鞭效应将导致资源的无效率利用,因为这时的计划和管理要困难得多。例如,当制造商不清楚应该如何确定生产能力,即生产能力是根据需求峰值确定,还是根据平均需求确定时,前者意味着大多数时间内制造商有大量和高额的资源闲置,而后者意味着要准备需求高峰时的额外生产能力。同样,对运输能力进行计划时是根据需求峰值,还是根据平均值,也很难抉择。因此,在一个推动型供应链中,人们经常发现由于紧急生产转换而引起运输成本增加、库存水平上升和制造成本增加。

(二) 拉动型战略

拉动型供应链中,生产是由外部需求驱动的,因此生产是根据实际客户需求而不是预测需求进行协调的(如图 16-6 所示)。

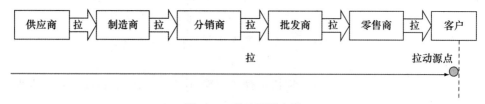

图 16-6 拉动型供应链

为此,供应链使用快速信息流机制把客户需求信息传送给制造商。这将导致:

(1) 通过能够更好地预测零售商的订单而缩短提前期;
(2) 零售商库存减少,因为零售商的库存水平随着提前期的增减而增减;
(3) 由于提前期缩短,系统变动性减小,尤其制造商面对的变动性变小了;
(4) 由于变动性的减小,制造商的库存降低了。

因此,在一个拉动型供应链中,人们通常看到系统库存水平明显下降,而管理资源的能力明显加强,与相应的推动型战略相比,系统成本降低了。

从另一个方面观察,当提前期很长,以至于无法切合实际地对需求信息做出反应时,人们经常难以实施拉动型战略。同样,在拉动型战略中,更难以利用制造和运输的规模经济,因为系统并不是提前很多时间进行计划安排。

三、供应链联盟战略

供应链联盟战略是指共享收益和共担风险的企业之间典型的多方位、目标导向的长期合作关系。供应链联盟战略会为合作双方带来长期战略利益。

零售商与其供应商之间建立战略联盟在许多行业中十分普遍。传统零售商—供应商合作关系中,零售商对供应商需求的变动远大于零售商看到的需求变动。此外,供应商比零售商更了解自身的提前期和生产能力。故而,当客户满意度变得愈发重要时,在供应商与零售商之间开展合作来平衡双方的认识是非常有意义的。

(一)零售商—供应商联盟战略

零售商—供应商联盟战略可以看作一个连续体。一头是信息共享,零售商帮助供应商更有效地计划;另一头是寄售方式,供应商完全管理和拥有库存直到零售商将其售出为止。在快速反应条件下,供应商从零售商处获得销售点数据,并使用该信息来协调其生产、库存活动。根据这一战略,零售商依旧准备单个订单,而供应商使用销售点数据来改善预测和计划。

零售商—供应商联盟战略面临的主要问题是:

(1)要使用先进技术,而这些技术往往比较昂贵;

(2)必须在原先可能相对抗的供应商与零售商关系中建立起相互信任;

(3)在战略合作中,供应商往往比以前承担更多的责任,这可能迫使供应商增加员工、增加成本,以满足相关责任的要求;

(4)零售商—供应商联盟战略中,随着管理责任的增加,供应商的费用往往逐渐上升。因此,有必要建立契约性关系,使供应商与零售商共享整体库存成本下降的利益。

(二)第三方物流联盟战略

由第三方物流供应商来接手部分或全部物流职能的做法是当前很普遍的选择。第三方物流是真正的战略联盟,它集中体现了战略联盟的优势,即集中核心竞争力,体现技术和管理的灵活性等。

在实施第三方物流联盟战略时,购买物流服务的公司必须明确,成功的合作关系需要什么,并能向第三方物流提供特定的绩效衡量方式与需求。物流服务供应商必须诚实、彻底地考虑和讨论这些需求,包括其现实性和关联问题。双方都必须承诺投入时间和精力来实现合作的成功。这是一个互惠互利、风险共担、回报共享的第三方联盟。

物流供需双方是合作者,有效的沟通对任何外购项目走向成功都是必要的。对雇主公司来说,管理者必须确切地沟通、明确为什么外购,以及从外购过程中期盼得到什么。这样,所有相关部门才能站在同一位置上,并恰当地参与其中。

在与第三方物流供应商合作时应注意的问题:

(1) 第三方及为其提供服务的企业必须尊重雇主公司所提供的信息的保密性；
(2) 必须对特定的绩效衡量方式协商一致；
(3) 关于附属合同的特定标准；
(4) 在合同达成前考虑争议仲裁问题；
(5) 协商合同中的免责条款；
(6) 确保通过物流供应商的定期报告来实现绩效目标等。

（三）经销商一体化战略

经销商拥有客户需求和市场的大量信息，成功的制造商在开发新产品时会重视这些信息，这主要体现在经销商与最终用户之间的特殊关系上。

经销商一体化战略可用来解决与库存、服务等相关的问题。在库存方面，经销商一体化可用来创造一个覆盖整个经销网络的库存基地，使总成本最小而服务水平最高。同样，通过将有关需求引导到最适合解决问题的经销商那里，经销商一体化可用于满足客户的特殊技术服务要求。

传统上，经销商通过增加库存来满足非正常的需求。在经销商一体化中，每个经销商可以查看其他经销商的库存来确定所需产品和零部件。经销商们有契约性义务，即在一定条件下交换零部件并支付一致同意的报酬。这种方法改善了每一个经销商的服务水平，并降低了整个系统所需库存的总成本。当然，这种类型的一体化安排只有在下述情况下才是可能的：有先进的信息系统，允许经销商们互相查看库存。

四、电子商务下的供应链战略管理

电子商务正在改变工业化时代企业客户管理、采购、定价及内部运作的模式。消费者开始要求能在任何时候、任何地点以最低价格和最快速度获得产品。为了满足这一需求，企业不得不调整客户服务驱动的物流运作流程，实施与业务合作伙伴（供应商、客户等）协同作战的供应链管理。供应链管理模式是利用一连串有效的方法，配合现代信息技术手段来整合供应商、制造商、分销商、零售商和服务提供商，使得商品可以按市场需求的准确数量生产，并在准确的时间配送到准确的地点。三个"准确"，目的只有一个，就是在一个令人满意的服务水准下，使得企业的成本最小化。

在企业运作中，物流被看成是企业与其供应商和客户相联系的能力。一个企业的物流，其目的在于以最小的总成本创造客户价值。物流作业可分成三个领域：配送、制造和采购。这三个领域的结合使在特定位置和地点的供应源和客户之间进行材料、半成品和成品等运输的综合管理成为可能。企业通过存货的移动（存货流）使物流过程增值。

电子商务环境下，由于B2B运营模式的主体形式不同，因而生产商、批发商、零售商所面对的物流问题是不一样的。因此，不可能存在统一的物流模式。

（一）生产商的物流系统

生产商的物流可分为采购物流、制造物流和销售物流。采购物流指的是原材料、零部件的采购与调拨;制造物流涉及生产运作管理;销售物流是将生产出的产品销售给批发商、零售商传递的物流。

1. 采购物流的高度化

采购物流高度化的基本思想是为了削减商品制造过程中大量零部件的库存占用费用,提升企业的竞争能力,即"在必要的时间,对必要的零部件从事必要量的采购"。在具体方法上,生产商以时间为单位来划分各时间段所需的零部件,相应零部件的订货单位也呈小型化;生产商以此为基础向零部件生产商订货,并要求在指定的时间内送到装配工厂。

2. 销售物流的高度化

许多生产商正考虑构筑自身的物流系统,向位于流通最后环节的零售店直送产品。构筑生产商到零售业者的直接物流体系的一个最明显的措施是实行生产商物流中心的集约化,即将原来分散在各地或中小型物流中心的库存集中在大型物流中心。通过数字化设备或信息技术实现进货、保管、在库管理、发货管理等物流活动的效率化、省力化和智能化,实现由生产商销售公司专职从事销售、促进订货等商流服务。从配送的角度看,物流中心的集约化造成了成本上升,但是它削减了与物流关联的人力费、保管费、在库成本等,达到了从整体上提高物流效率的目的。

3. 流通信息网络与零售支持的高度化

生产商以现代物流为基础,从生产、销售、物流一体化的试点出发,设计实施从产品设计(包装尺寸)开始的使物流系统有机运转、追求总体效率化的信息系统和网络。在现代生产商的物流管理中,另一个明显的发展趋势是零售支持型的物流活动,对本企业在零售店的订货方式、商品陈列方式、储存等活动予以支持和指导。

(二)批发商的物流系统

批发商的职能大致可以划分为五种类型:备货职能、物流职能、信息职能、金融职能、零售店经营支援职能。随着信息化的发展,在电子商务环境下,现代批发商也开始从原来作为生产商销售代理人的地位向零售商购买代理人的地位转变。从总体上看,现代批发商的物流系统构筑表现为:

1. 备货范围广泛化,配送行为快速化

批发商扩大备货范围和幅度,利用自己在物流服务上的经验和完善的物流设施,快速联系生产商和零售商,消除他们在商品配送要求上的差异。批发商越来越朝"订货少量化""少量化、多频度配送""在库时间缩短"等方向发展,这表明针对零售商的配送要求,集约灵活的物流能力是批发商的发展趋势。

2. 建立高度现代化的物流中心

针对物流需求多频度、少量化的状况,应建立高度现代化的物流中心,积极采用计算机在库管理、自动化的作业手段,推动物流中心现代化。这是备货范围广泛化、配送行为快速化的物质基础。

3. 物流中心的职能化

随着商品消费的多样化及企业营销战略的差异化,对于不同商品种类或同一商品的不同销售方式,物流管理的在库要求、配送要求是不同的。如果将这些不同要求的产品的物流管理集中在一起进行,就增加了批发商物流管理的复杂性和难度,不利于管理效率提高,又难以灵活应对零售商物流活动及物流服务质量的不同要求。因而,根据物流要求、流通特性等标准进行适当划分,在物流中心内设立单独的物流职能是目前批发商为适应物流发展而进行的组织职能变革的重要措施。经过职能分化后,再在物流作业自动化、机械化的基础之上,争取客户信赖,渐渐使物流活动向无检查进货发展。

4. 向零售支持型发展

努力确保客源是当今批发商物流发展战略的重要方面。其中,扩大不同批发商企业批发商品的范围,打破产业界限,实行零售支持和共同配送是电子商务环境下批发商的一个重要发展趋势。

(三)零售商的物流系统

自 20 世纪 80 年代以来,零售商急速地朝信息系统化方向发展;通过 POS 系统实行单品管理,把握每种商品的需求动向;然后将需求信息与发货作业联系在一起,并使整个物流系统协同运转、综合应用,实现适时的备货和在库成本的削减。其中,24 小时连锁店的物流系统的设计管理是零售商电子商务物流系统发展的标志。

24 小时连锁店实行的是在有限的空间陈列大量商品,为了使店铺销售面积实现最大化,就必须尽可能地把补充商品的库存空间压缩到最低限度。所以,24 小时连锁店基本上是通过配送来实现补充进货,而不是通过仓储来补充商品。另外,在销售进货管理上,必须避免店铺中出现客户预购商品断货的现象。为了防止断货发生,24 小时连锁店实行对售完商品频繁订货的制度,与此同时,24 小时连锁店本部,在了解各店铺订货状况的基础上,实行高频度的商品配送。为适应店铺经营的特征,必须对多品种、少量化商品实行多频度、小单位配送,为此相应的系统必须实现商品调度的集约化。在商品调度集约化的基础之上,在物流方面开展共同配送并建设高度自动化的配送中心成为趋势。从现在零售商物流系统的发展状况看,具体表现为:

(1) 通过物流中心、配送中心实现效率化;

(2) 商品配送的计划化和集约化;

(3) 物流系统设置成本的合理分担,成为电子商务下零售商物流系统的变革方向。

未来供应链的竞争组织模式是资源导向、产品导向、利益导向、业务导向,抑或是供应链导向?它们对市场和流通格局的影响又是怎样的?这些都是有趣的、有待于深入研究的理论。传统理论已远远解答不了这些问题,因为从企业组织制度上看,由依附于生产的组织,到独立于生产的组织,再上升到企业之上的价值链组织,企业组织的这些重大变革带来了理论研究的新课题。

课外阅读

顺丰助力医药供应链新发展

据新华社消息,截至2021年9月18日,我国累计报告新冠病毒疫苗接种人数超过11亿,接种人数占全国总人口的78%,接种总剂次和覆盖人数均居全球首位,人群覆盖率位居全球前列。新冠病毒疫苗接种工作的顺利推进,离不开强大的医药冷运供应链支持;依靠科技赋能全面提升运营效率与质量,一些物流企业深度参与疫苗运输,成功化疫情挑战为机遇,在有力保障了人民健康安全的同时,自身也取得了重大的发展突破。

回顾:顺丰在扛鼎新冠病毒疫苗运输的这一年

2021年1月,交通运输部公示了第一批新冠病毒疫苗货物道路运输重点联系企业。部委组织有关行业协会和新冠病毒疫苗研发生产企业,遴选出28家道路运输企业,对接新冠病毒疫苗货物运输供需两端。在这份几乎全部为医药物流专业领域企业的名单中,一向从事综合物流服务的顺丰,显得格外突出。入围这个名录,意味着企业在运力、服务水准和信息技术系统方面能力优异、得到部委认可,企业足以承担重任,担纲国家新冠病毒疫苗物资的专项承运。

顺丰医药专业保障团队

新冠病毒疫苗研发和上市展现了中国能力和中国速度。自疫苗研发以来,顺丰医药积极参与疫苗运输工作。事实上,顺丰团队在2020年6月即已开启了新冠病毒疫苗的专项运输保障工作,随着11月国内疫苗上市,服务保障全线铺开。

2020年7月,一批中国临床研究用新冠病毒疫苗亟须从北京运往巴西圣保罗。顺丰医药获知需求后成立专项服务小组,紧急制订解决方案。针对运输环节多、中转经停/转飞、超长距离等特点,专项小组提出了使用温控性能及安全性更强的RAP E2医药冷链专用航空集装箱,切实保障疫苗全程2℃—8℃精准温控。专项小组还考虑到出口报关、安检、入仓等多环节,安排专业提货员上门打包、上门提货,以端到端一站式服务方案保障在超长距离运输情况下各环节的顺畅衔接。

不到两周的时间,顺丰医药与有关方面即确定了全部方案细节,方案服务能力和项目执行能力得到了对方认可。到2021年9月,顺丰医药已经完成了在海外四个国家及地区的疫苗包机运输服务。顺丰人用自己的实践和努力,克服了无数现实中或烦琐或意料之外的难题,在国家履行对全球抗疫庄严承诺的过程中,怀着诚挚之心诠释了对国家和社会责任的理解。在这个过程中,截至2021年9月,顺丰医药团队在国内累计运输新冠病毒疫苗突破3.2亿剂。

能力爆表:顺丰医药行业解决方案团队

这个组建于2015年的顺丰医药队伍,致力于为药品厂家、流通企业、疫苗厂家、各级疾控中心、医院和连锁药店等医药产业链上各类型企业,提供质量安全、经营合规、科技领先的仓储物流和供应链服务。目前,顺丰医药已为赛诺菲、拜耳、哈药集团、华润三九等国内外知名药企,以及中生集团、智飞集团、广东省疾控、上海疾控等疫苗厂家和疾控中心提供了优质的仓储、运输和全程质量追溯等服务。顺丰医药已与全国诸多疫苗生产企业中的22家建立了合作关系,疫苗配送范围已经覆盖全国34个省(市、自治区)逾2000家疾控中心,占全国疾控中心的60%。

顺丰集团在医药领域经历了7年的发展积累,在为医药企业提供行业解决方案的服务的层面,已建树颇丰。单就疫苗品类而言,截至2021年9月,顺丰医药项目团队已与22家国内疫苗生产企业合作,业务覆盖仓储服务、干线运输及省、市疾控中心落地配送,累计配送各类疫苗总数超6亿人份。

由于大量医药产品的生产、储存、运输、配送要求低温环境,以防止污染与变质,医药运输也因此被称为冷链行业金字塔的顶尖。各类疫苗对温度变化尤其敏感,通常要保证2℃—8℃的冷藏,并须定时监测、记录温度,以保持活性。这是关乎人民的健康安全的大事,疫苗运输各环节的技术指引、严苛的法规,对物流业来说都是巨大的挑战,也体现了企业的实力和担当。

顶格配置:以科技赋能的医药供应链

在整个疫苗运输领域,顺丰医药深入研究,基于临床与上市两大阶段细化了14个整体供应链场景,以此为基础并结合国家对于医药服务质量安全性的要求,打造出国内疫苗运输解决方案,建立了"四个100%":保证疫苗运输过程中的操作人员、司机100%为顺丰自有;保证储存、运输疫苗的仓库、车辆100%为顺丰自有,且按照国家GSP规范标准要求验证合格;保证疫苗配送过程100%顺丰运营,杜绝业务转嫁外包;保证100%全程监控疫苗温度。

此外,顺丰医药还针对设备管理建立了16类精细化的管理规范,针对运营管理细化了32个环节,并制定了9项应急机制及12项项目保障措施,以端到端的全方位专业人才及专项服务团队保障疫苗的运输。在入围第一批运输重点联系企业后,顺丰医药还利用物联网、区块链等科技全面赋能疫苗运输,以智能化、可视化、强监控及可追溯的科技医药服务平台,形成完整的疫苗全程追溯闭环体系,确保疫苗不流失、不出现质量问题。

同时,基于顺丰自主研发的OTMS(医药版)系统,实现订单、运输、仓储、结算等业务环节闭环管理,满足医药行业对于路由轨迹信息可视、温湿度可视、预警报警、物联网、结算功能相关的要求,构建端到端的一体化供应链管理体系,提升医药物流研发及系统服务能力,推进医药行业数智化升级。

继续做强:助力中国企业出海,不止于全球抗疫合作

医药冷运、疫苗运输等同于与时间的赛跑,需要最高程度的跨流程协作。顺丰医药利用智能化科技,全面优化运输路线,最大限度地提升配送时效并节约成本,同时在国内新增80辆医药GSP冷藏车,实现"一站式"干线运输,为疫苗提供全程不断链服务,保证疫苗及时到达每一个接种点。

> 据悉,顺丰医药还启用了苏州、长沙、长春等7个医药仓提供仓配一体的疫苗服务一体化解决方案。这些医药仓全部具有药品第三方存储资质,符合GSP监管要求,并配备全方位的监控设施,24小时对储运全流程进行监控,保障药品温度和性能。
>
> 我国的对外疫苗援助、中国生物医药走出国门,都离不开冷链物流企业的支持,像顺丰这样能够充分利用自身航空运力及全球供应链网络优势的企业,值得期待。
>
> 资料来源:顺丰.顺丰助力医药供应链新发展[EB/OL].(2021-10-28)[2022-07-30].http://www.chinawuliu.com.cn/zixun/202110/28/562738.shtml.

思考题

名词解释

供应链　　　　供应链管理　　　　供应链联盟战略

问答题

1. 谈谈你如何理解国办发〔2017〕84号文件和《物流术语》(GB/T 18354-2021)对供应链的定义。
2. 谈谈供应链合作伙伴关系与传统企业关系的区别。
3. 供应链类型的划分方法有哪些?
4. 阐述供应链管理的基本理念。
5. 供应链管理的四个要点是什么?
6. 简述供应链管理所涉及的主要领域和涉及的主要问题。
7. 阐述成功供应链合作伙伴关系的三因素。
8. 简述供应链合作伙伴的选择原则。
9. 供应链设计的六大原则是什么?
10. 供应链设计的八个作业过程是什么?
11. 分析说明推动型供应链战略和拉动型供应链战略的区别。
12. 谈谈你对供应链联盟战略的认识。

第十七章

智 慧 物 流

> **学习目的**
>
> 全面认识智慧物流的概念及其发展趋势,从智慧物流的实施基础出发多角度、多方位、多层面地认识我国智慧物流建设和发展的重要意义。

> **技能要求**
>
> 掌握中华人民共和国国家标准《物流术语》(GB/T 18354-2021)对智慧物流的定义,了解智慧物流的发展路径;理解智慧物流的划分层次;了解智慧物流的技术体系;深入学习、理解国务院印发的《"十四五"数字经济发展规划》,展望智慧物流在我国的发展。

2021年10月14日,国家主席习近平以视频方式出席第二届联合国全球可持续交通大会开幕式并发表主旨讲话。

习近平强调:"坚持创新驱动,增强发展动能。当今世界正在经历新一轮科技革命和产业变革,数字经济、人工智能等新技术、新业态已成为实现经济社会发展的强大技术支撑。要大力发展智慧交通和智慧物流,推动大数据、互联网、人工智能、区块链等新技术与交通行业深度融合,使人享其行、物畅其流。"

第一节 智慧物流的概念

中华人民共和国国家标准《物流术语》(GB/T 18354-2021)对智慧物流(Smart Logistics)的定义是:"以物联网技术为基础,综合运用大数据、云计算、区块链及相关信息技术,通过全面感知、识别、跟踪物流作业状态,实现实时应对、智能优化决策的物流服务系统。"

一、智慧物流的沿革

IBM 于 2008 年 11 月提出,建立一个面向未来的具有先进性、互联性和智能性三大特征的供应链,通过感应器、RFID 标签、制动器、GPS 和其他设备及系统生成实时信息的智慧供应链概念,进而构建"智慧地球"。智慧物流的概念由此延伸而出。

按照 IBM 的定义,"智慧地球"包括三个维度:第一,能够更透彻地感应和度量世界的本质和变化;第二,促进世界更全面地互联互通;第三,在上述基础上,所有事物、流程、运行方式都将实现更深入的智能化,企业因此获得更智能的洞察。

2009 年 1 月,时任美国总统奥巴马公开肯定了 IBM"智慧地球"的思路,提出将"智慧的地球"作为美国国家战略。

2009 年 1 月 9 日,在由澳信中国传媒集团旗下 IT168 网站主办的"2009 中国 IT 产品创新与技术趋势大会"上,时任 IBM 全球副总裁王阳博士(Matt Wang)在大会作了主题为"构建智慧的地球"的演讲。

2009 年 8 月,IBM 发布了《智慧地球赢在中国》计划书,正式揭开 IBM"智慧地球"中国战略的序幕,锚定 IT 产业下一阶段的目标是把新一代 IT 技术充分运用在各行各业之中。具体地说,就是把感应器嵌入和装备到电网、铁路、桥梁、隧道、公路、建筑、供水系统、大坝、油气管道等各种设施中,实现互联互通,形成所谓的"物联网",然后将"物联网"与现有的互联网整合起来,实现人类社会与物理系统的整合。在这个整合的网络中,存在能力超级强大的中心计算机群,它们能够对整合网络内的人员、机器、设备和基础设施实施实时的管理和控制。在此基础上,人类可以以更加精细和动态的方式管理生产和生活,达到"智慧"状态,提高资源利用率和生产力水平,改善人与自然间的关系。

2009 年 8 月,温家宝在无锡提出"感知中国","要在激烈的国际竞争中,迅速建立中国的传感信息中心或'感知中国'中心"。物联网被正式列为国家五大新兴战略性产业之一,并写入《政府工作报告》。

考虑到物流业是最早接触物联网的行业,也是最早应用物联网技术,实现物流作业智能化、网络化和自动化的行业,企业界与学术界于 2009 年率先提出智慧物流概念。智慧物流也入选 2010 年物流领域的十大关键词。

在智慧物流概念产生的同一年,国务院印发的《物流业调整和振兴规划》提出,积极推进企业物流管理信息化,促进信息技术的广泛应用;积极开发和利用全球定位系统(GNSS)、地理信息系统(GIS)、道路交通信息通信系统(VICS)、不停车自动交费系统(ETC)、智能交通系统(ITS)等运输领域新技术,加强物流信息系统安全体系研究。

2011 年 8 月,国务院办公厅发布《关于促进物流业健康发展政策措施的意见》。文件强调,加强物流新技术的自主研发,重点支持货物跟踪定位、无线射频识别、物流信息平台、智能交通、物流管理软件、移动物流信息服务等关键技术攻关。适时启动物联网在物流领域的应用示范。两项政策都从国家宏观层面,强调了发挥关键信息技术在物流信息化中的作用。

2015 年 7 月,商务部办公厅印发《关于智慧物流配送体系建设的实施意见》。文件指出,发展智慧物流配送,是适应柔性制造、促进消费升级、实现精准营销、推动电子商务发展的重要支撑,也是今后物流业发展的趋势和竞争制高点。

2015 年,国家提出"互联网＋"物流战略;2016 年,国家发展改革委出台了《"互联网＋"高效物流实施意见》。

2018 年,中央经济工作会议重新定义了基础设施建设,把 5G、人工智能、工业互联网、物联网定义为"新型基础设施建设"。

2019 年,中共中央、国务院印发了《交通强国建设纲要》。文件指出:大力发展共享交通,打造基于移动智能终端技术的服务系统,实现出行即服务。发展"互联网＋"高效物流,创新智慧物流营运模式。

2021 年 12 月,国务院印发了《"十四五"数字经济发展规划》。文件指出,数字经济发展速度之快、辐射范围之广、影响程度之深前所未有,正推动生产方式、生活方式和治理方式深刻变革,成为重组全球要素资源、重塑全球经济结构、改变全球竞争格局的关键力量。

2022 年 1 月,国家发展改革委印发了《"十四五"现代流通体系建设规划》。文件指出,加快发展智慧物流,积极应用现代信息技术和智能装备,提升物流自动化、无人化、智能化水平。

当前,物联网、云计算、移动互联网等新一代信息技术的蓬勃发展,正推动着中国智慧物流的变革。智慧物流标志着信息化在整合网络和管控流程中进入到一个新的阶段,即发展到一个动态的、实时进行选择和控制的管理水平。智慧物流开始成为连接经济社会生态系统的基础支撑,具有了公共属性,成为支撑国民经济发展的新的基础。

二、智慧物流的发展路径

智慧物流是在物流自动化、智能化、智慧化基础上发展起来的。

(一) 物流自动化

首先需要明确的是,物流自动化不是智慧物流,也不是智能物流,简单的物流自动化设备有时甚至连物流智能硬件都算不上。但是,当物流自动化设备接入智慧物流系统时,就成为智慧物流的一个执行单元。

关于物流自动化技术,如果按照智慧物流的定义来分析,它只具备了自动的感知和执行功能。初级物流自动化中的感知往往是被动的,是通过连线的感知,并不具有主动性。这是物流自动化 1.0,即被动感知、自动执行。

随着互联网和物联网技术的发展,物流自动化技术也在不断进步,陆续出现了主动感知功能、无线感知功能,并可以根据预设条件对感知的命令进行简单判断后自动执行,这是物流自动化 2.0,即状态感知、分析判断、自动执行。

现在的物流自动化技术具备了比较完善的感知能力,也具备了连接组网的能力,借助物联网技术连接入网,可以在互联网基础设施上架构自动化系统,并按照模块化理论对物流自动化系统进行柔性调整,这是物流自动化 3.0,即状态感知、联网互动、判断决策、自动执行。这样的自动化系统具备了作为智慧物流执行系统的基本功能。

但是,物流自动化本身仍不具备实时分析、科学决策的能力,还停留在直接执行命令或根据预设条件判断分析后执行命令的阶段。如果自动化技术装备本身可以具备实时分析和科学决策的能力,就可以进化到物流智能硬件了。

(二) 物流智能化

在物流系统中,智能化物流是由自动化物流发展而来的,当一个自动化系统的知晓能力上升到状态感知、实时分析、科学决策、精准执行层面时,该物流系统就具有了智能,知晓感知和分析信息,并根据分析结果具体执行。

智能化物流系统是聪明的物流系统,但这个系统还是程控化的自动执行系统,也就是由程序来控制与主导的物流系统,其状态感知功能的发挥依赖于借助物联网感知技术进行实时分析、信号的实时传输与基于数据的计算分析。决策程序依靠的是软件,执行系统依靠的是命令实时传输和设备的自动执行。智能化物流可以做到无人化,也可以有人,人也可以成为智能化物流执行系统的一部分。

智能物流是物流系统向智慧物流进化的重要阶段,但是智能物流不等同于智慧物流,智能物流的能力聚焦于"知晓",即系统的感知、分析、判断、执行形成的闭环,重点体现的还是执行的能力,系统只知其然而不知其所以然,尚不具备智慧能力。智能物流的进化重点体现在执行能力与感知能力,执行能力反映出智能硬件与智能硬件的系统集成;感知能力是指物联网技术的全面感知能力。

智能物流单元是由智能物流硬件或人组成的、具有不可分割性的智能物流系统最小单元,可以是一个部件、一个产品或一个人。智能物流硬件可构成"感知—分析—决策—执行"的数据闭环,具备了可感知、可计算、可交互、可延展、可决策的功能,如物流机器人、配送机器人、无人叉车等。

智能物流系统则是智能物流硬件通过感知系统联网组成的,是多个最小单元通过网络实现更大范围、更宽领域的数据自动流动,可实现多个最小单元智能物流硬件的互联、互通和互操作,如由机器人、主动引导搬运车、传送带等构成的智能物流系统。系统级的智能物流硬件基于多个最小单元的状态感知、信息交互、实时分析,实现了局部自组织、自配置、自决策。智能物流硬件的感知能力极为重要,智能物流硬件通过感知系统接收和传送信息。

（三）物流智慧化

物流智慧化是具备状态感知、实时分析、科学决策、精准执行功能,并最终实现自主决策和学习提升的最先进的物流运作模式。

智能物流主要是从物流系统是否具备了"智"的能力这个角度上去界定的。这里的"智"是一个动态的概念,是可以通过学习而不断进化、迭代升级的。

智慧物流的发展必然要求物流系统既知其然也知其所以然,概括来讲,智慧物流基于物联网技术应用实现互联网向物理世界延伸,是互联网与物流实体网络融合创新的产物。相对智能物流而言,智慧物流多了一项自主决策和学习提升的能力。

三、对智慧物流的认识

（一）智慧物流的本质是智慧

中国物联网校企联盟认为,智慧物流是利用集成智能化技术,使物流系统能模仿人的智能,具有思维、感知、学习、推理判断和自行解决物流中某些问题的能力。即在流通过程中获取信息、分析信息从而做出决策,使商品从源头开始被跟踪与管理,实现信息流快于实物流。即可通过 RFID、传感器、移动通信技术等实现货物配送自动化、信息化和网络化。

与智能物流强调构建一个虚拟的物流动态信息化的互联网管理体系不同,智慧物流更重视将物联网与现有的互联网整合起来,通过精细、动态、科学的管理,实现物流的自动化、可视化、可控化、智能化、网络化,从而提高资源利用率和生产力水平,创造更丰富的社会价值。

智慧物流的本质是智慧,物流是智慧应用的客体。智慧物流的核心和灵魂是提供科学物流解决方案,为客户和社会创造更好的综合效果。综合考虑智慧物流,可从以下几方面理解：

第一,智慧物流是通过智能软硬件及物联网、大数据等智慧化技术手段,实现物流各环节精细化、动态化、可视化管理,以提高物流系统智能化分析决策和自动化操作执行能力从而提升物流运作效率的现代化物流模式。

第二,智慧物流是在流通过程中获取信息、分析信息从而做出决策,使商品从源头开始被跟踪与管理。

第三,智慧物流是利用集成智能化技术,使物流系统能模仿人的智能,具有思维、感知、学习、推理判断和自行解决物流中某些问题的能力。

第四,智慧物流是以信息技术为支撑,在物流运输、仓储、包装、装卸搬运、流通加工、配送、信息服务等各个阶段实现系统感知。

第五,智能物流是迅速、灵活、准确地了解物流问题,并运用科学的思维方式、方法和先进技术解决物流问题,创造更好的社会效益和经济效益的物流体系。

(二)智慧物流的特点

1. 互联互通,数据驱动

所有物流要素实现互联互通,一切业务数字化,实现物流系统全过程透明可追溯;一切数据业务化,以"数据"驱动决策与执行,为物流生态系统赋能。

2. 深度协同,高效执行

跨集团、跨企业、跨组织之间深度协同,基于物流系统全局优化的智能算法,调度整个物流系统中各参与方高效分工协作。

3. 自主决策,学习提升

软件定义物流实现自主决策,推动物流系统程控化和自动化发展;通过大数据、云计算与人工智能构建物流大脑,在感知中决策,在执行中学习,在学习中优化,在物流实际运作中不断升级,学习提升。

(三)智慧物流的三大核心系统

根据智慧物流定义并结合人类智慧的特点,智慧物流主要由智慧思维系统、信息传输系统和智慧执行系统组成。

1. 智慧思维系统

智慧思维系统是物流大脑,是智慧物流最核心的系统。大数据是智慧思考的资源,云计算是智慧思考的引擎,人工智能是智慧思考与自主决策的能力。

2. 信息传输系统

信息传输系统是物流神经网络,是智慧物流最重要的系统。物联网是信息感知的起点,也是信息从物理世界向信息世界传输的末端神经网络;"互联网+"是信息传输基础网络,是物流信息传输与处理的虚拟网络空间;信息物理系统技术反映的是虚实一体的智慧物流信息传输、计算与控制的综合网络系统,是"互联网+物联网"的技术集成与融合发展。

3. 智慧执行系统

智慧执行系统是物理世界智慧物流具体运作的体现,呈现的是自动化、无人化的自主作业,核心是智能操作执行中智能硬件设备的使用,体现的是智慧物流在仓储与配送领域的全面应用。

(四)智慧物流的基本功能

1. 感知功能

运用各种先进技术获取运输、仓储、包装、装卸搬运、流通加工、配送、信息服务等各个环节的大量信息;实现实时数据收集,使各方能准确掌握货物、车辆和仓库等信息。该功能初步实现了感知智慧。

2. 规整功能

继感知之后把采集的信息通过网络传输到数据中心,用于数据归档;建立强大的数据库,分门别类后加入新数据,使各类数据按要求规整,实现数据的联系性、开放性及动态性;并通过对数据和流程的标准化,推进跨网络的系统整合。该功能实现了规整智慧。

3. 智能分析功能

运用智能的模拟器模型等手段分析物流问题;根据问题提出的假设,在实践过程中不断验证问题,发现新问题,做到理论与实践相结合;在运行中,系统会自行调用原有经验数据,随时发现物流作业活动中的漏洞或者薄弱环节。该功能实现了发现智慧。

4. 优化决策功能

结合特定需要,根据不同的情况评估成本、时间、质量、服务、碳排放和其他标准;评估基于概率的风险,进行预测分析,提出最合理有效的解决方案。该功能实现了创新智慧。

5. 系统支持功能

系统智慧集中表现于智慧物流并不是各个环节各自独立、毫不相关的物流系统,而是每个环节彼此联系的有机体。智慧物流能优化资源配置,为物流各个环节提供最强大的系统支持,使得各环节协作、协调、协同。

6. 自动修正功能

在上述各个功能的基础上,按照最有效的解决方案,系统自动遵循最快捷有效的路线运行;并在发现问题后自动修正,备用在案,方便日后查询。

7. 及时反馈功能

智慧物流是一个实时更新的系统,反馈是实现系统修正、系统完善必不可少的环节。反馈贯穿于智慧物流的每一个环节,为物流相关从业者了解物流运行情况、及时解决系统问题提供了强大的保障。

第二节　智慧物流运作体系

一、智慧物流的体系结构

按照智慧物流的服务对象和服务范围划分,智慧物流体系可以分为企业智慧物流、行业智慧物流、国民经济智慧物流三个层次。

(一) 企业智慧物流

企业智慧物流旨在推广信息技术在企业中的应用,集中表现在将新的传感技术应用到智慧仓储、智慧装卸、智慧配送、智慧供应链等各个环节,从而培育一批信息化水平高、示范带动作用强的智慧物流示范企业。

(二) 行业智慧物流

其建设内容主要包括智慧区域物流中心、区域智慧物流行业以及预警机制三个方面。

1. 智慧区域物流中心

建立智慧区域物流中心,关键在于搭建区域物流信息平台,它是区域物流活动的神经中枢,连接着物流系统组成的各个层次、各个方面,将原本分离的商流、物流、信息流和采购、运输、仓储、代理、配送等环节紧密联系起来,形成了一条完整的供应链。

智慧物流园区是智慧区域物流中心的一种形式,它是融合了信息平台的先进性、供应链管理的完整性、电子商务的安全性的物流园区。其基本功能是实现商流、信息流、资金流快速安全地运转,以满足企业信息系统对相关信息的需求;通过共享信息支撑政府部门监督行业管理与市场规范化管理,在确保物流信息正确、及时、高效、通畅方面建立协同工作机制。

智慧物流园区运用智慧技术,不断推进运输合理化、仓储自动化、包装标准化、装卸机械化、加工配送一体化以及信息管理网络化等。

2. 区域智慧物流行业

区域智慧物流行业可根据其主要业务特征划分为仓储、运输、流通加工、配送等企业。如快递企业加强先进技术的应用,重视新技术的开发与利用,运用自动报单、自动分拣、自动跟踪等系统,加强信息主干网以及无线通信和移动数据交换系统的建设等。这些技术的植入不仅使运件的实时跟踪变得轻而易举,还大大降低了快递服务成本。

3. 预警机制

预警机制是通过加强监测,对物流运行的基础数据进行开拓和挖掘,及时统计数据和收集相关信息,适时反映相关问题的制度安排。

(三) 国民经济智慧物流

国民经济智慧物流旨在打造国家层面的一体化的交通同制、规划同网、铁路同轨、乘车同卡的现代化物流支持平台。

国民经济智慧物流以制度协调、资源互补和需求放大效应为目标,以物流一体化推动整个国民经济的快速增长。与此同时,着眼于实现功能互补、错位发展;着力构建运输服务网络,基本建成以国际物流网、区域物流网和城市配送网为主体的快速公路货运网络,"水陆配套、多式联运"的港口集疏运网络,"客货并举、以货为主"的航空运输网以及"干支直达、通江达海"的内河货运网络。打造智慧物流网络中的物流节点对优化整个物流网络起着重要作用,它不仅履行一般的物流职能,而且越来越多地发挥指挥调度、信息神经中枢的作用。

二、智慧物流的实施模式

1. 第三方物流企业运营模式

不同于传统的第三方物流系统,第三方智慧物流可支持顾客在网上直接下单,然后系统将对订单进行标准化,并通过 EDI 传给第三方物流企业。第三方企业利用传感器、RFID 和智能设备来自动处理货物信息,实现实时、透明地收集数据,准确掌握货物、天气、车辆和仓库等信息;利用智能的模拟器模型等手段,评估成本、时间、碳排放和其他标准,将商品安全、及时、准确无误地送达客户。

2. 物流园区模式

物流园区模式强调信息平台的先进性、供应链管理的完整性、电子商务的安全性，以确保物流园区商流、信息流、资金流的快速安全运转。该模式要求智慧园区有良好的通信基础设施，共用信息平台系统，提供行业管理的信息支撑手段来提高行业管理水平。通过建立智慧配送中心使用户订货适时、准确，尽可能避免用户所需的订货断档，保证订货、出货、配送信息畅通无阻。

3. 大型制造企业模式

大型制造企业模式要求制造企业里的每个物件都能够提供关于自身或者与其相关联的对象的数据，并且能够将这些数据进行通信。这样一来，每一个物件都具备了数据获取、数据处理以及数据通信能力，从而构建起由大量智慧物件组成的网络。在智慧物件网络基础上，所有的物品信息均可连通并组成物联网。由此，企业就有了感知智慧，能够及时、准确、详细地获取关于库存、生产、市场等的所有相关信息，然后通过规整智慧，发现智慧找出其中的问题、机会和风险，再借助创新智慧及时做出正确的决策，尽快生产出满足市场需求的产品，从而实现企业的最大效益。

三、智慧物流的实施基础

（一）信息网络是智慧物流的基础

智慧物流的信息收集、交换共享、指令的下达都要依靠一个发达的信息网络。没有准确实时的需求信息、供应信息、控制信息，智慧物流就无法对信息进行筛选、规整、分析，也就无法发现物流作业中有待优化的问题，更无法创造性地做出优化决策，整个智慧系统将无法实现。

（二）网络数据挖掘和商业智能技术是实现智慧物流的关键

要对海量信息进行筛选规整、分析处理并提取其中有价值的信息，实现规整智慧、发现智慧，从而为系统的智慧决策提供支持，就必须依靠网络数据挖掘和商业智能技术。并在此基础上，自动生成解决方案供决策者参考，实现技术智慧与人的智慧的结合。

（三）良好的物流运作和管理水平是实现智慧物流的保障

智慧物流的实现需要与之配套的物流运作和管理水平。实践证明，如果没有良好的物流运作和管理水平，盲目发展信息系统，则不仅不能改善业绩反而会适得其反。只有将智慧物流与良好的物流运作和管理水平相结合，才能实现智慧物流的系统智慧，发挥协同、协作、协调效应。

（四）专业人才是智慧物流运作的保证

人才是智慧物流转型发展的关键，必须大力培养物流专业人才，为智慧物流领域输送高端人才。物流业是一个专业密集型和技术密集型行业，没有人才，大量信息的筛选、分析乃至应用将无从入手。政府应制定相关人才政策，鼓励高校、企业等在人才培养上的深度融合，建立高效的人才激励机制，完善人才服务市场机制，促进人才优化配置，为智慧物流人才提供良好的工作和生活环境。

（五）相关技术有机结合是实现智慧物流的有力支撑

只有将物流技术、智慧技术等相关技术有机结合，才能实现智慧物流。只有应用这些技术，才能实现智慧物流的感知智慧、规整智慧、发现智慧、创新智慧和系统智慧。

四、智慧物流信息系统的核心技术

智慧信息技术的支持是智慧物流信息系统得以建立并运行的有效保证。

目前，随着各类技术的不断发展，大数据、物联网、云计算、人工智能等新兴技术及装备开始广泛地融入物流行业及其应用，助力智慧物流行业的快速发展。

（一）云计算技术

云计算是一种计算方式，该技术具有非常强的计算能力和处理能力。

云计算技术在智慧物流信息系统中的应用主要体现在：利用分布式储存和计算的技术，将物流系统中各个流程包含的数据、机械、人力等进行连接整合，使其进行高效的协同合作，完成某一个或者多个特定的任务，并将其间产生的大量数据进行分布式储存和分析，根据数据分析结果进一步调整物流管理过程。

目前，云计算技术已经被广泛应用于各类物流活动中，特别是依托物流信息系统的各类平台中，如云仓储平台、云营销平台、云信息平台等。

云计算技术改变了传统物流系统的基本运营模式，建立了一个基于云的完整的供应链系统，形成了一种"云物流"。它是一种集合社会化、节约化、规范化等标准的物流运营、管理模式，推动物流产业的持续发展和良性循环。

（二）物联网技术

物联网技术是以互联网为基础发展起来的新兴技术，在当今的智慧物流行业中应用十分广泛，其能够对物品进行智能识别定位、跟踪和管理。具体来看，通过有线和无线的信息网络，处于物流状态的货物信息在网络中实现状态同步，并通过可靠实时的信息共享，企业、用户之间的物流信息得以同步，有效地实现了物流产业和其他产业的沟通和融合，逐步形成了一体化服务，满足了顾客的多元化需求。

随着物流业的不断发展，运输物资和路线的数量不断增加，为了适应这种变化，物流企业应用物联网技术加速物流运输中的融合，使相关工作开展更加简单方便。

（三）智能化装备相关技术

为了满足智慧物流信息系统的信息化、高效化的要求，适应大数据技术对收集数据的需求，还需要一批相适应的智能化装备，如智能包装设备、智能存储设备、智能搬运设备、智能配送设备、智能分拣设备，以及与物流相关的无人装备（如无人机、无人车、无人仓库等）。无人化不仅代表了智能配送设备的发展趋势，也指引着智慧物流的发展方向。

目前，智能化装备技术在实际操作中已经展示了其先进性。例如，无人车能够根据目的地自主规划和实时调整路径，在保证自身和货物安全的前提下，高效地完成运输工作，其在仓储、运输、分拣、配送等领域都有着出色的表现。

（四）系统集成技术

系统集成技术是实现云物流平台的技术保证之一，而云物流平台的建立使物流企业只需使用一台电脑即可管理全部的物流业务。

系统集成是将各种彼此分离的设备和功能通过物流集成网络、数据流集成系统、信息集成系统，借助物流业务流程集成技术集成到统一、互联的系统中，实现资源共享，达成高效、统一、便利的管理。

系统集成技术的应用能够为用户提供更加便利和个性化的物流服务。

五、智慧物流的技术体系

（一）感知技术与产品体系

感知技术是物联网的核心技术，是实现物品自动感知与联网的基础，具体包括：

1. 编码技术

目前中国编码体系主要有 OID、GS1 等。奠定物联网基础的电子产品代码（EPC）也属于 GS1 体系。编码形式主要有条形码、二维码等。

2. 识别技术

识别技术包括条码识别技术、RFID 技术、各类光电扫描设备与产品、RFID 识别装置等。

3. 传感技术

包括位置、距离、温度、湿度等各类传感设备与技术。

4. 追踪定位技术

主要包括 GPS 导航技术、北斗导航技术、各类室内导航与定位技术、视觉导航与定位技术、GIS 技术等。

5. 其他感知技术

如红外、激光、无线连接技术（NFC）、机器视觉等。

（二）网络层技术体系

网络层是智慧物流的智慧中心，主要由网络传输技术、数据处理技术、智能决策技术组成。

1. 网络传输技术

网络传输技术包括现场总线技术、无线局域网技术、智能物联网技术、互联网技术、信息物理系统技术等。信息物理系统可以视为"数据输入＋数字孪生承载体＋数据输出"的一个有机整体，与严格意义下的智能产品、智能设备等同。技术实现上，信息物理系统通过网络或接口将实时采集到的物理世界对象状态数据，作为数据孪生承载对象的输入，经过加工处理，再通过网络或接口实时地直接作用到物理对象上。

2. 数据处理技术

主要包括大数据存储技术，如数据记录、数据存储、数据清洗、数据验证、数据共享等；大数据处理技术，如数据统计、概率分析、数据可视化、数据挖掘等；云计算技术，如云计算、雾计算、边缘计算等。

3. 智能决策技术

智能决策技术包括人工智能技术、仿真模拟技术、物流软件技术以及其他技术。

(1) 人工智能技术包括智能预测、智能搜索、机器学习、神经网络、遗传算法等;

(2) 仿真模拟技术包括数字孪生技术、数字仿真技术、远程诊断技术等;

(3) 物流软件技术包括智能优化分析系统、统计预测分析系统、智能决策系统、智能调度分析系统、仓储控制与管理系统以及各类运输软件系统等;

(4) 其他技术包括区块链技术、5G 技术等。

(三) 执行层技术体系

1. 物流单元化技术与设备

物流单元化技术与设备包括托盘、物流周转箱、集装箱、集装袋等。

2. 自动化分拣技术与设备

自动化分拣技术与设备包括机器人分拣、自动输送分拣、语音拣选、电子标签拣选、货到人拣选等。其中,自动输送分拣技术与设备种类众多,有交叉带分拣机、滑块分拣机、摆臂分拣机、模组带分拣系统、万向摆轮分拣机、麦克纳姆轮分拣机、翻盘分拣机等。分拣系统结构形式上也多种多样,有直线式、环绕式、矩阵式、多层结构式等。

3. 智能搬运技术与设备

智能搬运技术与设备通过自主控制技术,进行智能搬运及自主导航,使整个物流作业系统具有高度的柔性和扩展性,例如搬运机器人、自动引导搬运机、无人叉车、伸缩机、堆码垛机器人等。

4. 自动存储技术与设备

自动存储技术与设备通过货架系统、控制系统、自动分拣系统、自动传输系统等技术装备集成的自动存储系统,实现货物自动存取、拣选、搬运等环节的机械化与自动化。

5. 智能货运设备技术与设备

智能货运设备技术与设备包括货运车联网、智能卡车系统、无人机系统、配送机器人系统等。

第三节 智慧物流在我国的发展

一、《"十四五"数字经济发展规划》

2021 年 12 月,国务院印发了《"十四五"数字经济发展规划》。文件指出,数字经济是继农业经济、工业经济之后的主要经济形态,是以数据资源为关键要素,以现代信息网络为主要载体,以信息通信技术融合应用、全要素数字化转型为重要推动力,促进公平与效率更加统一的新经济形态。

(一) 我国数字经济发展现状

"十三五"时期,我国深入实施数字经济发展战略,不断完善数字基础设施,加快培育新业态新模式,推进数字产业化和产业数字化取得积极成效。2020年,我国数字经济核心产业增加值占国内生产总值(GDP)比重达到7.8%,数字经济为经济社会持续健康发展提供了强大动力。

1. 信息基础设施全球领先

建成全球规模最大的光纤和第四代移动通信(4G)网络,第五代移动通信(5G)网络建设和应用加速推进。宽带用户普及率明显提高,光纤用户占比超过94%,移动宽带用户普及率达到108%,互联网协议第六版(IPv6)活跃用户数达到4.6亿。

2. 产业数字化转型稳步推进

农业数字化全面推进。服务业数字化水平显著提高。工业数字化转型加速,工业企业生产设备数字化水平持续提升,更多企业迈上"云端"。

3. 新业态新模式竞相发展

数字技术与各行业加速融合,电子商务蓬勃发展,移动支付广泛普及,在线学习、远程会议、网络购物、视频直播等生产生活新方式加速推广,互联网平台日益壮大。

4. 数字政府建设成效显著

一体化政务服务和监管效能大幅度提升,"一网通办""最多跑一次""一网统管""一网协同"等服务管理新模式广泛普及,数字营商环境持续优化,在线政务服务水平跃居全球领先行列。

5. 数字经济国际合作不断深化

《二十国集团数字经济发展与合作倡议》等在全球赢得广泛共识,信息基础设施互联互通取得明显成效,"丝路电商"合作成果丰硕,我国数字经济领域平台企业加速出海,影响力和竞争力不断提升。

与此同时,我国数字经济发展也面临一些问题和挑战:关键领域创新能力不足,产业链供应链受制于人的局面尚未根本改变;不同行业、不同区域、不同群体间数字鸿沟未有效弥合,甚至有进一步扩大趋势;数据资源规模庞大,但价值潜力还没有充分释放;数字经济治理体系需进一步完善。

(二)"十四五"期间我国数字经济发展面临的形势

当前,新一轮科技革命和产业变革深入发展,数字化转型已经成为大势所趋,受内外部多重因素影响,我国数字经济发展面临的形势正在发生深刻变化。

1. 发展数字经济是把握新一轮科技革命和产业变革新机遇的战略选择

数字经济是数字时代国家综合实力的重要体现,是构建现代化经济体系的重要引擎。世界主要国家均高度重视发展数字经济,纷纷出台战略规划,采取各种举措打造竞争新优势,重塑数字时代的国际新格局。

2. 数据要素是数字经济深化发展的核心引擎

数据对提高生产效率的乘数作用不断凸显,成为最具时代特征的生产要素。数据的爆发增长、海量集聚蕴藏了巨大的价值,为智能化发展带来了新的机遇。协同推进技术、模式、业态和制度创新,切实用好数据要素,将为经济社会数字化发展带来强劲动力。

3. 数字化服务是满足人民美好生活需要的重要途径

数字化方式正有效打破时空阻隔,提高有限资源的普惠化水平,极大地方便群众生活,满足多样化个性化需要。数字经济发展正在让广大群众享受到看得见、摸得着的实惠。

4. 规范健康可持续是数字经济高质量发展的迫切要求

我国数字经济规模快速扩张,但发展不平衡、不充分、不规范的问题较为突出,迫切需要转变传统发展方式,加快补齐短板弱项,提高我国数字经济治理水平,走出一条高质量发展道路。

(三)《"十四五"数字经济发展规划》的指导思想

以习近平新时代中国特色社会主义思想为指导,全面贯彻党的十九大和十九届历次全会精神,立足新发展阶段,完整、准确、全面贯彻新发展理念,构建新发展格局,推动高质量发展,统筹发展和安全,统筹国内和国际,以数据为关键要素,以数字技术与实体经济深度融合为主线,加强数字基础设施建设,完善数字经济治理体系,协同推进数字产业化和产业数字化,赋能传统产业转型升级,培育新产业新业态新模式,不断做强做优做大我国数字经济,为构建数字中国提供有力支撑。

(四)《"十四五"数字经济发展规划》的基本原则

1. 坚持创新引领、融合发展

坚持把创新作为引领发展的第一动力,突出科技自立自强的战略支撑作用,促进数字技术向经济社会和产业发展各领域广泛深入渗透,推进数字技术、应用场景和商业模式融合创新,形成以技术发展促进全要素生产率提升、以领域应用带动技术进步的发展格局。

2. 坚持应用牵引、数据赋能

坚持以数字化发展为导向,充分发挥我国海量数据、广阔市场空间和丰富应用场景优势,充分释放数据要素价值,激活数据要素潜能,以数据流促进生产、分配、流通、消费各个环节高效贯通,推动数据技术产品、应用范式、商业模式和体制机制协同创新。

3. 坚持公平竞争、安全有序

突出竞争政策基础地位,坚持促进发展和监管规范并重,健全完善协同监管规则制度,强化反垄断和防止资本无序扩张,推动平台经济规范健康持续发展,建立健全适应数字经济发展的市场监管、宏观调控、政策法规体系,牢牢守住安全底线。

4. 坚持系统推进、协同高效

充分发挥市场在资源配置中的决定性作用,构建经济社会各主体多元参与、协同联动的数字经济发展新机制。结合我国产业结构和资源禀赋,发挥比较优势,系统谋划、务实推进,更好发挥政府在数字经济发展中的作用。

(五)《"十四五"数字经济发展规划》的发展目标

到2025年,数字经济迈向全面扩展期,数字经济核心产业增加值占GDP比重达到10%,数字化创新引领发展能力大幅提升,智能化水平明显增强,数字技术与实体经济融合取得显著成效,数字经济治理体系更加完善,我国数字经济竞争力和影响力稳步提升。

1. 数据要素市场体系初步建立

数据资源体系基本建成,利用数据资源推动研发、生产、流通、服务、消费全价值链协同。数据要素市场化建设成效显现,数据确权、定价、交易有序开展,探索建立与数据要素价值和贡献相适应的收入分配机制,激发市场主体创新活力。

2. 产业数字化转型迈上新台阶

农业数字化转型快速推进,制造业数字化、网络化、智能化更加深入,生产性服务业融合发展加速普及,生活性服务业多元化拓展显著加快,产业数字化转型的支撑服务体系基本完备,在数字化转型过程中推进绿色发展。

3. 数字产业化水平显著提升

数字技术自主创新能力显著提升,数字化产品和服务供给质量大幅提高,产业核心竞争力明显增强,在部分领域形成全球领先优势。新产业新业态新模式持续涌现、广泛普及,对实体经济提质增效的带动作用显著增强。

4. 数字化公共服务更加普惠均等

数字基础设施广泛融入生产生活,对政务服务、公共服务、民生保障、社会治理的支撑作用进一步凸显。数字营商环境更加优化,电子政务服务水平进一步提升,网络化、数字化、智慧化的利企便民服务体系不断完善,数字鸿沟加速弥合。

5. 数字经济治理体系更加完善

协调统一的数字经济治理框架和规则体系基本建立,跨部门、跨地区的协同监管机制基本健全。政府数字化监管能力显著增强,行业和市场监管水平大幅提升。政府主导、多元参与、法治保障的数字经济治理格局基本形成,治理水平明显提升。与数字经济发展相适应的法律法规制度体系更加完善,数字经济安全体系进一步增强。

展望 2035 年,数字经济将迈向繁荣成熟期,力争形成统一公平、竞争有序、成熟完备的数字经济现代市场体系,数字经济发展基础、产业体系发展水平位居世界前列。

二、我国智慧物流的发展

近些年来,尤其 2021 年以来,智能制造、电商快递已成为智慧物流发展的主要需求领域,是推动智慧物流发展的核心要素。以电商快递行业为例,2021 年中国快递业务量达到了 1 085 亿件,在上年巨大基数上仍然保持了同比增长 30% 的高速度。近几年中国快递业务增长量已经超过了除中国以外的世界快递业务总量。

(一) 发展智慧物流的作用

智慧是能迅速、灵活、正确地理解事物和解决问题的能力。由智慧的定义可以引申出,智慧物流就是能迅速、灵活、正确地理解物流,运用科学的思路、方法和先进技术解决物流问题,创造更好的社会效益和经济效益。那么,智慧物流到底有哪些具体的作用呢?

1. 降低物流成本,提高企业利润

智慧物流能大大降低制造业、物流业等各行业的成本。智慧物流的关键技术诸如物体标识及标识追踪、无线定位等新型信息技术的应用,能够有效实现物流的智能调度管理、整合物流核心业务流程,加强物流管理的合理化,降低物流消耗,从而降低物流成本、减少流通费用、增加利润。生产商、批发商、零售商三方通过智慧物流相互协作,实现信息共享,扩大物流业的规模,促进经济效益的提高。

2. 加速物流产业的发展,成为物流业的信息技术支撑

智慧物流的建设将加速当地物流产业的发展,使其集仓储、运输、配送、信息服务等多功能于一体,打破行业限制,协调部门利益,实现集约化高效经营,优化社会物流资源配置。同时,通过将物流企业整合在一起,将过去分散于多处的物流资源进行集中处理,发挥整体优势和规模优势,实现传统物流企业的现代化、专业化和互补性。此外,这些企业还可以共享基础设施、配套服务和信息,降低运营成本和费用支出,获得规模效益。

智慧物流概念的提出对现实中局部的、零散的物流智能网络技术应用有了系统的提升,契合了现代物流的智能化、自动化、网络化、可视化、实时化的发展趋势,对物流业的影响将是全方位的。现代信息技术为现代物流业提供了有力的支撑。

3. 为企业生产、采购和销售系统的智能融合奠定基础

RFID 技术与传感器网络的普及,以及物与物的互联互通,为企业的生产、采购和销售系统的智能融合奠定了基础。此外,网络的融合必将促进智慧生产与智慧供应链的融合,智慧物流融入企业经营,打破工序、流程界限,成就智慧企业。与此同时,智慧物流帮助企业提升服务客户的能力,使消费者得到最大的受益。

4. 智慧物流符合科学发展观与可持续发展战略,有助于提高政府部门工作效率

智慧物流可加强物流基础设施在规划上的宏观协调和功能整合,使物流基础设施的空间布局更合理、功能更完善,提高既有资源的整合水平和设施的综合利用水平,提升各种运输服务方式对物流基础设施的支持能力、物流基础设施的经营与网络化服务能力以及物流基础设施的信息化水平。通过计算机和网络的应用,政府部门的工作效率将大大提高,有助于我国改革政治体制,精简政府机构,裁汰冗员,从而削减政府开支。

5. 提高国民经济运行效率,提升综合竞争力

智慧物流的发展有利于降低物流成本在 GDP 中的比重,从而提高国民经济的运行效率。智慧物流集多种服务功能于一体,体现了现代经济运作的需求,即强调信息流与物流快速、高效、通畅地运转,从而降低社会成本,减轻环境污染,提高生产效率,提升综合竞争力。

智慧物流的建设,在物资辐射及集散能力上同邻近地区的现代化物流配送体系相衔接,全方位打开企业对外通道,以产业升级带动城市经济发展,推动当地经济的发展。物流中心的建设将增加城市整体服务功能,提升城市服务水平,增强城市竞争力,从而有利于商流、人流、资金流向物流中心所属地集中,形成良性互动,对当地社会经济的发展有较大的促进作用。

(二)我国智慧物流发展现状

国家发展改革委一直高度重视智慧物流的发展,2016 年就出台了《"互联网+"高效物流实施意见》,2019 年出台了《关于推动物流高质量发展促进形成强大国内市场的意见》等重要政策文件,围绕促进智慧物流的发展,推广应用物流新科技、新技术、新设备等提出了一系列鼓励和支持政策。2022 年 1 月 24 日,《"十四五"现代流通体系建设规划》

正式实施,这也是中华人民共和国成立以来推出的首个现代流通体系建设的五年规划。

1. 物流互联网逐步形成

随着移动互联网的快速发展,我国大量物流设施通过传感器接入互联网。目前,我国已经有超过几百万辆重载货车安装北斗定位装置,还有大量托盘、集装箱、仓库和货物接入互联网。物流连接呈快速增长趋势,以信息互联、设施互联带动物流互联,"物流在线化"奠定了智慧物流的发展基础。

2. 物流大数据得到应用

物流运行产生了大量的业务数据,使得物流大数据从理念变为现实。数据驱动的商业模式推动产业智能化变革,大幅度提高了生产效率。通过对物流大数据进行处理与分析,挖掘对企业运营管理有价值的信息,从而科学合理地进行管理决策成为物流企业的普遍需求,其典型场景包括数据共享、销售预测、网络规划、库存部署及行业洞察等。

3. 物流云服务提供保障

依托基于大数据和云计算能力的物流云来高效地整合、管理和调度资源,并为各个参与方按需提供信息系统及算法应用服务,是智慧物流的需求。物流云服务的应用为物流大数据提供了重要保障,"业务数据化"正成为智慧物流的重要基础。

4. 协同共享助推模式创新

智慧物流的核心是协同共享。该理念通过分享使用权而不占有所有权,从而打破了传统企业边界,深化了企业分工协作,实现了存量资源的社会化转变和闲置资源的最大化利用。

近年来,"互联网+"物流服务成为贯彻协同共享理念的典型代表。利用互联网技术和互联网思维,推动互联网与物流业深度融合,重塑产业发展方式和分工体系,为物流企业转型提供了方向指引,其典型场景包括"互联网+高效运输""互联网+智能仓储""互联网+便捷配送"及"互联网+智能终端"等。

5. 人工智能技术在物流中广泛应用

以人工智能为代表的物流技术服务迎合了物流企业应用物流信息化、自动化和智能化技术实现物流作业高效率、低成本的迫切需求。其中,人工智能通过赋能物流各环节、各领域,实现智能配置物流资源、智能优化物流环节及智能提升物流效率。特别是在无人驾驶、无人仓储、无人配送和物流机器人等人工智能的前沿领域,一批领先企业已经开始开展试验应用,有望与国际电商和物流企业携手前行。

(三)智慧物流的实施步骤

1. 完善基础功能

提高既有资源的整合水平和设施的综合利用水平。加强物流基础设施在规划上的宏观协调和功能整合,使物流基础设施的空间布局更合理、功能更完善,逐步提升各种运输服务方式对物流基础设施的支持能力、物流基础设施的经营与网络化服务能力以及物流基础设施的信息化水平。

2. 开发物流模块的智慧

智慧物流系统设计可以采取模块设计方法,即先将系统分解成多个部分,逐一设计,再根据最优化原则组合成为一个令人满意的系统。

智慧物流的感知记忆功能模块可分解为基本信息维护模块、订单接收模块、运输跟踪模块、库存管理模块、规整调度模块、分析决策模块等。

3. 确立目标和方案

智慧物流的建设目标包括构建多层次智慧物流网络体系,建设若干智慧物流示范园区、示范产业基地,引进一批智慧企业。

智慧物流方案要点包括:搭建物流基础设施平台,加强物流基础功能建设,开发一些最主要的物流信息管理软件;强化服务共享的管理功能和辅助决策的增值服务功能,进一步完善物流信息平台的网上交易功能。

4. 实现智慧物流

利用传感器、RFID 和智能设备来自动处理货物信息,实现实时收集数据,使各方能在准确掌握货物、车辆和仓库等信息的基础上通过对数据的挖掘和商业智能对信息进行筛选,提取其中有价值的信息,找出其中的问题、机会和风险,从而实现系统的规整、发现智慧。利用智能的模拟器模型等手段,评估成本、时间、质量、服务、碳排放和其他标准,评估基于概率的风险,从而实现具有优化预测及决策支持的网络化规划、执行,从而实现系统的创新智慧和系统智慧。

(四)中国智慧物流发展的重点

1. 大宗商品物流有望成为智慧物流发展的关键方向

近年来,与电商、快递物流相比,虽然以大宗商品为代表的生产资料物流具有发展相对缓慢、行业关注度低、物流技术手段落后等问题,但大宗商品种类超千余种,是国民经济的发展基石,关系着国计民生,因此提升大宗商品物流的发展空间和潜力、使大宗商品物流朝智慧化方向发展,是未来大宗商品物流,同时也是智慧物流发展的必然趋势。

2. 建设以绿色低碳为基础的全链数字化智慧物流体系

随着中国物流的快速增长,智慧物流的发展方向正在从单点信息化向全链数字化转变,同时由于碳排放增长量与物流运行发展呈现出较强的关联性,因此需要将可持续发展、绿色物流、低碳排放等理念贯穿于全链数字化的各环节中,在提高供应链要素利用率的同时,还需要持续关注碳排放对环境的影响。

3. 智慧物流仍需多方面进一步完善,发展高效物流新模式

高智能、全覆盖、高柔性是未来智慧物流行业发展的方向,但目前我国智慧物流仍存在政府支持力度不够、监管机制不完善、技术应用范围不广、专业人才缺乏等问题。因而,学术界和业界需要对物流发展方向、人才培养、政策支撑等课题加强研究,提出相应的建设性意见,促进智慧物流健康发展。

课外阅读(一)

日日顺——智慧物流引擎升级

日日顺供应链科技股份有限公司(以下简称"日日顺"),顺应制造业产业集群化发展趋势,运用云计算、大数据等技术,把传统的仓储和运输服务发展为云仓和云配的服务体系,把服务延伸到制造企业供应链的前后端,构建了服务数智化、流程透明化、衔接标准化、全程一体化的物流服务体系。

一、做法和经验

(1) 建设三级云仓网络。基于大数据预测,建立线上线下库存共享的分布式三级云仓网络(全国超900座仓库、6000多家网店,覆盖2840个区县);通过打通线上线下库存共享通道,制造商在将产品交给日日顺供应链仓库后可以实时监控产品库存,制订生产计划,减轻品牌客户的库存资金压力,同时将合理的库存放在离用户最近的地方,缩短配送周期、提升用户体验。

(2) 打造全链条用户服务体系。建设大件物流首个全自动化智能仓库,基于硬件设备(无人仓/无人车)和软件系统(信息系统和用户服务平台)的搭建和开发,联合仓储—干线—配送—送装同步的全流程资源,搭建端到端的全链条用户服务体系。

(3) 推进三个"统一"。一是统一入口,为用户、货主、车主、服务网点打造包括App、PC、微信等多端的信息交互入口,并实现各入口数据同步。二是统一平台,搭建开放的接口系统API平台,实现外部订单的自动接入,来自不同客户、不同业务类型、不同标准的订单自动优化,以及订单合并、分拆、配送优先级等的自动选择等功能。三是统一数据,搭建数据仓库,实现数据统一存储;开发多种业务报表,实现对日常业务的智能管理和监控,并通过海量数据分析,实现用户配送服务升级和用户体验优化。

二、实施效果

以日日顺即墨智能仓储项目为例,智慧物流节省人力40—50人,机械设备(夹抱车、电动地牛等)15辆,储存效率提升3倍以上,出入库效率较传统仓储提升5倍以上。通过物流全流程系统监控,提升仓储和配送服务质量,为用户提供差异化的用户体验(送装同步/用户订单轨迹监控/车辆轨迹优化),提升与用户交互水平;同时也整合了网点/专卖店资源,实现专卖店入仓,线上线下库存共享,减少中间多级转运环节,提升物流全流程运行效率。

资料来源:政研室.典型案例|日日顺——智慧物流引擎升级[EB/OL].(2021-12-17)[2022-07-30]. https://www.ndrc.gov.cn/fzggw/jgsj/zys/sjdt/202112/t20211217_1308525.html?code=&state=123.

课外阅读（二）

5G、北斗、人工智能齐上阵 "智慧码头"来了！

目前，全球港口95%以上的集装箱码头都是传统人工操作，属于典型的劳动力密集型产业。人工作业劳动强度大且效率越来越难以匹配码头发展需求，如何在传统集装箱码头基础上进行技术升级改造，实现全流程无人自动化作业，是摆在全球港口面前的一道世界性难题。

我国在破解这道难题的路上走在了世界前列。2022年世界移动通信大会上，由天津港、华为和中国移动联合打造的"5G＋智能港口"项目荣获"互联经济最佳移动创新奖"。该项目是基于5G、AI等前沿信息技术的全场景创新应用，实现了全球首个港口自动驾驶和5G远程控制，建立了自动化码头2.0水平运输新形态和新模式，大幅降本增效，促进了智慧、绿色、安全港口的全面发展。

天津港第二集装箱码头上多辆智能水平运输机器人（ART）在自动化码头堆场装载集装箱后，依次通过集装箱地面智能加解锁站完成加解锁操作后到达岸桥下完成精准对位，最后吊具自动升起将集装箱稳稳地放置在轮船上。整个过程一气呵成，现场没有一名工人，但所有操作都被后台掌握。

实现码头全流程自动化，最重要、最需要解决的问题之一就是水平运输环节的自动化。水平运输系统并不只是简单实现多辆ART两点间的自动驾驶，还要解决各种场景下的车辆冲突、道路死锁问题，实现全场车辆的高效协同，提升码头整体作业效率。为解决这个难题，项目首创了全局路径规划和局部精细化引导相结合的新模式。基于多图层融合技术在云端构建的动态业务高精地图，可实时汇集船舶、岸桥、场桥、ART等关键生产要素的实时位置，以及充电桩、加解锁站、道路、围栏、堆场等基础设施地理信息和交通语义，通过高速5G网络实现76台ART的统一协调和管控，保障多车协同作业时行车路线的确定性和安全性，有效解决了基于无人驾驶技术实施集装箱码头全自动化水平运输的关键问题。

解决方案还通过建设智能调度中心，在港口中控室实现了自动化场桥和岸桥的远程控制。操作人员坐在中控室就可以回传高清视频信息和设备状态信息对场桥岸桥进行远程操控，发送指令，驱动场桥岸桥自动运行起升，指挥小车、大车等，辅助开展集装箱的自动化装卸作业。1名操作员可操控6—8台场桥，不再需要人机一一对应。

2021年10月17日，全球首个"智慧零碳"码头——天津港北疆港区C段智能化集装箱码头正式投产运营。这个码头通过风能、太阳能等清洁能源的使用，实现了绿电供能100%自给自足；而且通过5G、北斗、人工智能等技术的应用，率先全面实现了水平布局集装箱码头全流程自动化作业。"智慧零碳"码头较同等岸线传统自动化集装箱码头投资减少30%，集装箱作业倒运环节减少50%，综合能耗降低17%以上，码头人员减少60%。

资料来源：陈曦.5G、北斗、AI齐上阵 无人驾驶车队码头高效装卸集装箱[EB/OL].(2022-03-23)[2022-07-30].http://finance.people.com.cn/n1/2022/0323/c1004-32381927.html.

思考题

名词解释

智慧物流　　　物流智慧化　　　云计算技术　　　物联网技术

问答题

1. 谈谈你对智慧物流的认识。
2. 智慧物流可从哪几方面理解？
3. 简述智慧物流的特点。
4. 简述智慧物流系统的核心技术。
5. 谈谈你对智慧物流的技术体系的认识。
6. 简述发展智慧物流的作用。
7. 结合我国智慧物流发展现状，谈谈你对智慧物流实施步骤的看法。

参 考 书 目

1. 崔介何.电子商务与物流[M].北京:中国物资出版社,2002.
2. 崔介何.现代物流管理教程[M].北京:华文出版社,2004.
3. 崔介何.企业物流[M].北京:北京大学出版社,2008.
4. 崔介何.物流学[M].北京:北京大学出版社,2010.
5. 〔美〕戴夫·纳尔逊,帕特里夏·E.穆迪,乔纳森·斯特格纳.供应链管理最佳实践[M].北京:机械工业出版社,2003.
6. 邓凤祥.现代物流成本管理[M].北京:经济管理出版社,2003.
7. 丁俊发.中国物流[M].北京:中国财富出版社,2007.
8. 纪红任,游战清,刘克胜等.物流经济学[M].北京:机械工业出版社,2007.
9. 林毅夫.发展战略与经济发展[M].北京:北京大学出版社,2004.
10. 刘凯.现代物流技术基础[M].北京:北京交通大学出版社,2004.
11. 〔英〕马丁·克里斯托弗.物流竞争:后勤与供应链管理[M].马越,马月才,译.北京:北京出版社,2001.
12. 〔英〕马丁·克里斯托弗.物流与供应链管理:创造增值网络[M].3版.何明柯,崔连广,郑媛,等译.北京:电子工业出版社,2006.
13. 马士华,林勇,陈志祥.供应链管理[M].北京:机械工业出版社,2000.
14. 齐二石.物流工程[M].天津:天津大学出版社,2001.
15. 〔美〕罗纳德·H.巴罗.企业物流管理:供应链的规划、组织和控制[M].王晓东,胡瑞娟,等译.北京:机械工业出版社,2002.
16. 荣朝和.探究铁路经济问题[M].北京:经济科学出版社,2004.
17. 汝宜红.物流学[M].北京:高等教育出版社,2009.
18. 〔美〕森尼尔·乔普瑞,彼得·梅因德尔.供应链管理:战略、规划与运营[M].2版.李丽萍,等译.北京:社会科学文献出版社,2003.
19. 〔美〕唐纳德·J.鲍尔索克斯,戴维·J.克劳斯,M.比克斯比·库珀.供应链物流管理[M].李习文,王增东,译.北京:机械工业出版社,2004.
20. 宋则,郭冬乐,荆林波.中国流通理论前沿(4)[M].北京:社会科学文献出版社,2006.
21. 丁俊发.中国物流竞争力研究[M].北京:中国财富出版社,2011.
22. 汪鸣.物流产业发展规划理论与实践[M].北京:人民交通出版社,2014.
23. 霍红,牟维哲.物流管理学(第二版)[M].北京:科学出版社,2014.
24. 小保罗·墨菲,迈克尔·克内梅耶.物流学[M].12版.杨依依,译.北京:中国人民大学出版社,2019.
25. 尹军琪.现代物流系统集成:方法、实践与思辨[M].北京:中国财富出版社有限公司,2020.
26. 中国物流与采购联合会,中国物流学会.中国物流发展报告(2020—2021)[M].北京:中国财富出版社有限公司,2021.
27. 刘伟华,李波,彭岩.智慧物流与供应链管理[M].北京:中国人民大学出版社,2022.

教辅申请说明

北京大学出版社本着"教材优先、学术为本"的出版宗旨,竭诚为广大高等院校师生服务。为更有针对性地提供服务,请您按照以下步骤通过**微信**提交教辅申请,我们会在 1~2 个工作日内将配套教辅资料发送到您的邮箱。

◎扫描下方二维码,或直接微信搜索公众号"北京大学经管书苑",进行关注;

◎点击菜单栏"在线申请"—"教辅申请",出现如右下界面:

◎将表格上的信息填写准确、完整后,点击提交;

◎信息核对无误后,教辅资源会及时发送给您;如果填写有问题,工作人员会同您联系。

温馨提示:如果您不使用微信,则可以通过以下联系方式(任选其一),将您的姓名、院校、邮箱及教材使用信息反馈给我们,工作人员会同您进一步联系。

联系方式:

北京大学出版社经济与管理图书事业部
通信地址:北京市海淀区成府路 205 号,100871
电子邮箱:em@pup.cn
电　　话:010-62767312 /62757146
微　　信:北京大学经管书苑(pupembook)
网　　址:www.pup.cn